21世纪 **MBA** 规划教材

融资、并购 与公司控制（第三版）

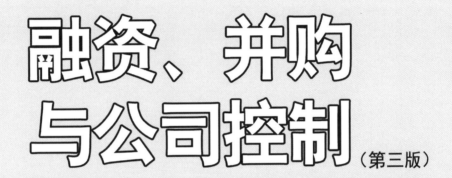

FINANCING, MERGERS, ACQUISITIONS AND CORPORATE CONTROL

周春生/编著

北京大学出版社
PEKING UNIVERSITY PRESS

图书在版编目（CIP）数据

融资、并购与公司控制/周春生编著. —3版. —北京：北京大学出版社，2013.11
（21世纪MBA规划教材）
ISBN 978-7-301-23266-8

Ⅰ.①融… Ⅱ.①周… Ⅲ.①企业融资-工商管理硕士-教材 ②企业兼并-工商管理硕士-教材 ③公司-企业管理-工商管理硕士-教材 Ⅳ.①F275.1 ②F271 ③F276.6

中国版本图书馆CIP数据核字（2013）第228237号

书　　　名	融资、并购与公司控制（第三版）
	RONGZI、BINGGOU YU GONGSI KONGZHI（DI-SAN BAN）
著作责任者	周春生　编著
策划编辑	张　燕
责任编辑	姚大悦
标准书号	ISBN 978-7-301-23266-8
出版发行	北京大学出版社
地　　　址	北京市海淀区成府路205号　100871
网　　　址	http://www.pup.cn
微信公众号	北京大学经管书苑（pupembook）
电子邮箱	编辑部 em@pup.cn　总编室 zpup@pup.cn
电　　　话	邮购部 010-62752015　发行部 010-62750672　编辑部 010-62752926
印刷者	北京虎彩文化传播有限公司
经销者	新华书店
	787毫米×1092毫米　16开本　23.75印张　593千字
	2005年7月第1版　2007年3月第2版
	2013年11月第3版　2024年1月第8次印刷
定　　　价	52.00

第三版前言

本书第二版自出版以来,承蒙广大读者青睐,已印刷多次,作者在此向广大读者表示最衷心的感谢。

最近这几年,随着中国经济的持续发展,中国国内的资本市场和资本运作正在发生着翻天覆地的变化,与此同时,中国经济全球化的脚步也越来越坚实,不同类型企业跨国并购的案例也越来越丰富。为了更好地反映融资、并购领域的这些巨变,作者于2013年春节开始着手对《融资、并购和公司控制》一书的内容进行修订、调整和更新。此次修订和再版,除了对第二版少数笔误进行了修改之外,为了适应中国经济全球化的大势,还对中国企业跨境融资和全球化并购的相关内容进行了大幅的扩充和更新,并丰富了相关跨国资本运作的案例。在国内融资与并购方面,作者更是在内容和案例方面做了大量的修改和补充,以力求反映国内资本运作的最新发展,以及金融政策和监管要求的最新变化。

希望本书第三版能够给各大院校的 EMBA、MBA 学员,管理、金融领域的本科生、研究生,以及对资本运作感兴趣的企业家和管理人员带来更新、更准确、更丰富的信息,并继续期待大家的支持和厚爱。

周春生
2013 年 10 月 6 日

第二版前言

本书自 2005 年 7 月出版以来,已印刷两次,皆已销售一空。这既反映了中国经济蓬勃发展的大背景下,企业管理人员和广大在校学生对资本运作问题的兴趣和重视,也是对作者的鞭策。

自本书第一版出版以来的短短一年多的时间里,中国资本市场整体情况和资本运作的法律规定发生了巨大的变化:首先是股权分置改革取得了巨大成功,非流通股和流通股相互割裂、同股不同价、同股不同权的历史基本宣告终结;其次是一系列法律规章相继进行了重大修改和调整,其中包括 2006 年 1 月开始施行的新的《公司法》和《证券法》,以及 2006 年 9 月开始施行的中国证监会《上市公司收购管理办法》。为了及时反映市场和法律法规的变化,作者从 2006 年下半年起便着手对本书的内容进行修订,以便再版。

新版本的主要变化如下:

(1) 对第十一、十七、十八章等章节有关中国资本运作和相关法律法规的内容进行了重大调整和改写,以体现资本市场的新变化和法律法规的新要求。

(2) 每章增加了本章小结和思考题,以方便读者阅读和学习。

(3) 增加了一些新的案例,以反映中国资本运作的最新动向,特别是为了适应中国涉外并购不断增加的需要,补充了跨国并购的相关内容和案例。

(4) 修正了第一版中存在的一些错漏和笔误。

本书的修订再版得到了北京大学李达、石珊等同学和北京大学出版社张燕编辑的大力支持,以及国家自然科学杰出青年基金(基金资助号:70325001/G0206)的鼎力资助,在此表示衷心感谢。

周春生
2007 年 2 月 10 日

第一版前言

资本运营：
现代企业提升竞争能力的利器

　　我们正在步入一个金融经济的新时代，而资本运作、融资上市、并购重组则是这一时代的最热门话题之一。2004—2005年的岁末年初，就在本书书稿交付出版社之后不久，在中国接连发生的具有轰动效应的两起大手笔并购案例——联想收购IBM PC和盛大收购新浪——更激发了人们对现代资本运作的关心和兴趣。

　　企业资本运作的实质是在资金和企业控制权运动过程中，各权利主体依据企业产权所作出的制度安排而进行的一种资金和权利让渡行为。资本运作包含的活动范围非常广泛，包括企业的上市，股权增发与变更，债券发行，企业资产的扩张、收缩、重组以及所有权结构变动等等。从本质上讲，资本运作是一种金融交易，旨在通过企业财权、产权、控制权的重新组合，达到整合资源、增加或转移财富的目的。

　　资本运作是异常复杂的商业活动。

　　一方面，如果运用得当，可起到事半功倍、迅速将企业做大做强的作用。首先，资本运作可促进产业结构的调整，实现规模经济。我国现在有许多行业，企业数量很多，但各企业的生产规模都较小，远未达到规模经济的要求。通过并购重组这样的资本运作提升企业规模效益，有可能创造巨大财富。其次，资本运作可促进竞争性资源的集中，从而增强企业的竞争地位。再次，资本运作可优化生产资源的配置，从而改善企业的经营效率。我国现在不同企业在经营效率上的差异是相当显著的，高效率企业通过并购低效率企业，能够更好地利用后者的资源，从而创造价值。

　　另一方面，资本运作的失败也可能成为诱发企业管理危机或财务危机的导火索。纵观资本运作百年史，横看国内外一幕幕资本运作故事，我们发现，并购的效果并不如人们设想的那样美好。麦肯锡在1997年上半年公布的一份研究报告显示:在此之前的十年中,通过弱肉强食方式并购企业后,80%的大公司未能收回投资成本。通过并购而快速扩张的企业,后来因资金供应与管理滞后而发生危机的为数不少。

本书的初稿来源于我在北京大学光华管理学院 EMBA 和高层管理培训项目(EDP)中教授"资本运作"等课程的讲义和笔记。在写作过程中,我的同事和相关课程的学员提供了许多宝贵意见,我的各位研究生更是花费了大量的时间和心血协助收集整理资料、校对书稿,为本书的顺利完成作出了巨大贡献。在此,我谨向他们表示诚挚的谢意。作者同时感谢国家自然科学基金杰出青年基金(基金号:70325001/G0206)的慷慨资助。在本书的写作过程中,作者参考、引用了各种书报刊物和网站的大量资料,特别是相关案例资料。在此,我也向本文所引用文献的所有作者表示衷心感谢。本书力求详细列举各种参考或引用资料的出处,但由于本书系由讲义整理而来,又承蒙多人收集、补充资料,如在文献列举中存在一些疏漏或偏差,还望各位作者和读者原谅,并请告知宝贵意见,以便再版时更正。

随着中国经济的快速发展及市场化、国际化进程的深入,随着加入 WTO后中国企业面临竞争的不断加剧,中国势必迎来企业并购重组的高潮。也正是基于这种大背景的考虑,作者才鼓起勇气,下决心花时间将自己的讲义和研究心得整理成书,以便和更多的朋友分享。

周春生

2005 年 5 月 7 日

目　　录

第一章　价值与价值评估基础

- 资本运作的本质
- 价值评估的基本方法
- 几种特殊资产的价值确定方法
- 金融资产定价的一般方法

第一节　资本运作的本质

无论是资本运作的并购活动还是公司的融资操作活动,本质上都是一种交易,所以具有交易的特征。在市场经济里,对于任何一项交易,最核心的问题都是价格问题。实际上,资本运作中的股权交易与商品市场上大米、棉花的交易,在某种意义上是类似的。交易能否成功,很大程度上取决于交易的价格是否合适。

任何一个并购的交易,不管采取什么样的并购方式(现金收购或者换股),都涉及价格问题,即每股股票或某项资产值多少钱。并购的交易对象为股权、产权等金融资产。金融资产的价格怎么确定? 在商品市场上,供求决定价格;同样,在资本市场上,供求仍然发挥作用。但是,又是什么因素决定金融资产的供求呢? 购买股票等金融资产的目的不是为了消费或使用,而是为了获取未来的收益。因此,决定金融资产供求的因素,一般来说,并不同于决定普通商品供求关系的因素。对于一个投资者来说,要不要购买某种金融资产以及购买多少,取决于资金的成本(或机会成本),取决于该资产的风险状况及其可以产生的预期回报的高低,也就是说,取决于投资者对该资产产生现金流能力的预测和所作的价值评估。毫无疑问,价值评估是资本运作及金融交易的最基本的环节。

第二节　价值评估的基本方法

为了弄清价值评估的方法,首先必须理解货币的时间价值这一概念。货币的时间价值是企业财务管理和资本运营中经常使用的一个重要概念。企业进行筹资、投资和利润分配时都要考虑货币的时间价值。简单来说,货币的时间价值是指货币经过一定时间的投资和再投资所增加的价值。举个简单的例子,假设现在的市场利率为每年5%,并且在未来两年维持不变。那么,今天的100元,一年后将增加至105元,两年后更会变成110.25元,共增值10.25元。这种增值体现的就是货币的时间价值。换句话说,一年后的105元或两年后的110.25元,在年利率保持5%的情况下,等值于现在的100元。

从量的规定性来看,货币的时间价值是在没有风险的条件下社会平均的资金利润率。由于竞争,在没有风险的条件下,市场经济中各部门的投资利润率趋于平均化。由于不同时间的资金价值不同,在进行价值大小的比较时,必须将不同时间的资金折算为同一时间的资金。例如,如果不进行折算,你将无法比较现在的100元和明年的103元何者具有更高的价值。

在生产经营活动过程中,公司投入生产活动的资金,经过一定时间的运转,其数额会随着时间的持续而不断增长,从而实现价值创造,带来货币的增值。资金的这种循环与周转以及因此实现的货币增值,需要一定的时间。随着时间的推移,资金不断周转使用,时间价值不断增加。

为了计算货币的时间价值量,我们首先引入"现值"和"终值"两个概念来表示不同时期的货币时间价值。现值(present value,PV),顾名思义,是指资金现在的价值。终值(future value,FV),又称本利和,是指资金经过若干时期后包括本金和时间价值在内的未来价值。通常使用的有单利终值与现值、复利终值与现值、年金终值与现值。

一、单利终值与现值

单利是指只对借贷的原始金额或本金支付(收取)的利息。我国银行一般是按照单利计算利息的。在单利的计算中,我们设定以下符号:

PV——现值;i——利率;FV——单利终值(本利和);t——时间。

1. 单利终值

单利终值是以单利计算的本金与未来利息之和。其计算公式为:

$$FV = PV + PV \times i \times t = PV \times (1 + i \times t)$$

例1-1:将100元存入银行,假设利率为每年5%,按单利计算,一年后、两年后、三年后的终值是多少?

解:一年后的终值:$100 \times (1 + 5\%) = 105$(元)

两年后的终值:$100 \times (1 + 5\% \times 2) = 110$(元)

三年后的终值:$100 \times (1 + 5\% \times 3) = 115$(元)

2. 单利现值

单利现值是以单利计算的资金现在的价值。单利现值的计算就是确定未来终值的现在价值。例如,在公司贴现商业票据时,银行按一定利率从票据的到期值中扣除自借款日至票据到期日的应计利息,将余款支付给持票人。

二、复利终值与现值

所谓复利,就是不仅本金要计算利息,本金所产生的利息在下期也要加入本金一起计算利息,即通常所说的"利滚利"。在复利的计算中,我们设定以下符号:

FV——复利终值;i——利率;PV——复利现值;n——期数。

1. 复利终值

复利终值是指一定数量的本金在一定的利率下按照复利的方法计算出的若干时期以后的本金和利息之和。例如,公司将一笔资金 PV 存入银行,年利率为 i,如果每年计息一次,则 n 年后的本利和就是复利终值。

一年后的终值:$FV_1 = PV \times (1 + i)$

两年后的终值:$FV_2 = FV_1(1 + i) = PV \times (1 + i)^2$

由此可以推出 n 年后复利终值的计算公式为:

$$FV_n = FV_{n-1}(1 + i) = PV \times (1 + i)^n$$

例 1-2:将 100 元存入银行,利率假设为每年 5%,按复利计算,一年后、两年后、三年后的终值是多少?

解:一年后的终值:$100 \times (1 + 5\%) = 105.00(元)$

两年后的终值:$100 \times (1 + 5\%)^2 = 110.25(元)$

三年后的终值:$100 \times (1 + 5\%)^3 = 115.76(元)$

2. 复利现值

复利现值是指未来一定时间的特定资金按复利计算的现在价值,即为取得未来一定本利和,现在所需要的本金。例如,将 n 年后的一笔资金 FV,按年利率 i 折算为现在的价值,就是复利现值。由终值求现值,称为折现,折算时使用的利率称为折现率。

复利现值的计算公式为:$PV = \dfrac{FV_n}{(1 + i)^n}$

例 1-3:张三计划 5 年后以付现方式购置新房,需要资金 100 万元,当银行利率为 5% 时,他现在应存入银行的购房资金为:

$$PV = \frac{1\,000\,000}{(1 + 0.05)^5} = \frac{1\,000\,000}{1.276282} = 783\,526.17(元)$$

三、金融资产的价值评估

在介绍了现值的概念后,我们可以回过头来考虑金融资产的价值评估问题。所谓价值,简言之,是金融资产将来所能产生的现金流的现值。因此,价值评估最核心的方法,就是所谓的现金流折现法(DCF)。假设 CF_t 是未来某个时间段 t 产生的净现金流量或其预期值,该资产的折现率为 r[①],那么,该金融资产在当前时点(假设为时间 0)的价值即为未来各期现金流(或期望现金流)的现值之和。用公式表示为:

$$PV_0 = \sum_{t=1}^{n} \frac{CF_t}{(1 + r)^t}$$

式中:PV——现值;CF_t——t 期现金流量;r——折现率;n——资产存续期数。对于绝大多数金融资产,由于其未来现金流 CF_t 存在不确定性,无法事前确定,我们用其期望值代替。

例 1-4:某项投资性资产在未来 3 年可持续产生现金流,分别是 300 元、320 元、330 元。假设该资产适用的折现率为每年 10%。那么,该资产的价值应为:

$$PV = \frac{300}{1.1} + \frac{320}{1.1^2} + \frac{330}{1.1^3} = 785.12(元)$$

---

① 一般来说,折现率 r 与金融资产的风险有关,不一定等于无风险的利率。关于折现率 r 的决定,我们将在后文介绍。

第三节 几种特殊资产的价值确定方法

下面我们来研究几种常用的特殊资产的价值确定方法。

一、年金

年金,是定期(固定时间间隔)发生的固定数量的现金流入与流出,如分期等额付款赊购、分期等额偿还贷款、支付租金以及按期收取固定金额养老金等都属于年金收付形式。时间间隔在理论上可以是任何的时间长度,一个月、一个星期、三个月、一年等都可以。按照收付的次数和支付的时间划分,年金可以分为普通年金(后付年金)、永续年金和先付年金等。

1. 普通年金的现值

普通年金,又称后付年金,指一定时期内每期期末等额收付之款项。普通年金的现值是其对应的现金流的复利现值之和。假设某普通年金共持续 n 期,每期的折现率为 r,每期的现金流金额为 C,则其现值为:

$$PV = C\sum_{t=1}^{n}\frac{1}{(1+r)^{t}} = \frac{C}{r}\Big[1 - \frac{1}{(1+r)^{n}}\Big]$$

例1-5:李四中了一项大奖,在以后20年中每年将获得50万元的现金奖励。李四因此而被人称为千万富翁,因为 20×50 万 $= 1\,000$ 万。如果年利率为8%,这笔奖金的真实价值是多少?

解:由年金的公式可知,这笔奖金的真实价值(现值)只有:

$$PV = \frac{50}{0.08}\Big[1 - \frac{1}{(1+0.08)^{20}}\Big] = 490.9(万元)$$

2. 永续年金的现值

永续年金,就是永远存续的年金。例如,每个月收100元钱,如果永远都能收下去,或者每半年收1000元钱,一直收下去,永不间断,这样的年金称为永续年金。永续年金的现值公式非常简单,对上述普通年金的现值公式求极限($n \to +\infty$),我们发现

$$PV = C/r$$

永续年金的现值公式在实践中的应用非常普遍。给股票定价,给企业作价值评估,都会经常用到这一公式。例如,月利率现在是0.5%,假设公司给某退休人员每月发6000元的退休金,永远持续下去,那么这个退休金价值就是6000元除以0.5%,即120万元。实际上因为没有人会永远活下去,退休金价值因而应少于120万元。

3. 先付年金的现值

先付年金是指一定时期内每期期初等额收付之款项。只要对普通年金的现值公式稍作修改,我们即可得到先付年金的现值:

$$PV = C\sum_{t=1}^{n}\frac{1}{(1+r)^{t-1}} = \frac{(1+r)C}{r}\Big[1 - \frac{1}{(1+r)^{n}}\Big]$$

也就是说,先付年金的价值等于相应普通年金(后付年金)的价值的$(1+r)$倍。

4. 递延年金的现值

递延年金是指从将来某个时期开始的在一定时间段内每期等额收付之款项。用 m 表示递延期数,用 n 表示款项支付的期数,用 C 表示递延期后每期的现金流金额,我们可给出递延年金现值的两种计算方法。

方法一:第一步,把递延年金看作 n 期普通年金,计算出递延期末的现值;第二步,将已计算出的现值折现到第一期期初。

方法二:第一步,计算出 $(m+n)$ 期的年金现值;第二步,计算 m 期年金现值;第三步,将计算出的 $(m+n)$ 期年金现值扣除递延期 m 的年金现值,得出递延年金现值。

以上两种方法,可得到如下相同的结果:

$$PV = \frac{C}{(1+r)^m} \sum_{t=1}^{n} \frac{1}{(1+r)^t} = \frac{C}{r(1+r)^m} \left[1 - \frac{1}{(1+r)^n}\right]$$

例 1-6:王五有一项投资,在从第 3 年开始的未来 10 年每年年底可产生 50 000 元净收入。假设年利率为 8%,该投资的价值有多高?

解:在这个例子中,递延期 $m=2$,年金支付的期数 $n=10$,该投资的现值为:

$$PV = \frac{1}{(1+0.08)^2} \times \frac{50\,000}{0.08} \left[1 - \frac{1}{(1+0.08)^{10}}\right]$$

$$= \frac{1}{(1+0.08)^2} \times 335\,504.07$$

$$= 287\,640.66(\text{元})$$

5. 增长型年金的现值

在解释普通年金的时候,我们用到了两个固定,即固定的时间间隔、固定的收付金额。但在很多时候,现金流金额并不是固定的。如果等期发生的支付金额以固定的速度增长,我们将其称为增长型或成长型年金。以员工的工资为例,如果今年年薪为 5 万元,明年涨 3%,而且以 3% 的预期速度一直增长下去,就会形成一种增长型年金。所以增长型年金也有两个固定,即固定的时间间隔、固定的现金流增长速度。假设本期(首期)期末的现金流金额为 C,g 是现金流的增长速度,r 是折现率,对于共有 n 期的增长型年金,我们得到其现值公式如下:

$$PV = \sum_{t=1}^{n} \frac{C(1+g)^{t-1}}{(1+r)^t} = \frac{C}{r-g} \left[1 - \left(\frac{1+g}{1+r}\right)^n\right]$$

对于永续增长型年金,现值公式可被简化为:

$$PV = \frac{C}{r-g}$$

固定的时间间隔,固定的增长速度,在实际中有这种可能吗?实践证明,增长型年金是实际情况的一个非常好的近似,增长型年金的现值计算公式是在价值评估时用得最多的公式。这一章的题目就是价值评估。评估,顾名思义,就是估算或估计。实际上我们在估算价值时用到的一些参数,如增长速度、现金流金额、折现率等都是估计值。虽然估计出来会产生误差,但评估依然非常重要。因为任何资产都要有一个在一定范围内可以接受的估价。价值评估就是要确定一个可以接受的范围。于是,计算年金现值的核心就变成了怎样预计未来的现金流,怎样确定这个折现率——r。这些参数选择不同,结果就肯定会不一样。

6. 年金应用举例:附息票的债券

债券从法律意义上讲,是债权人和债务人之间的一种契约。拥有了债券,就成了债权人,债务人就要承担义务,按照债券的契约向债权人支付利息。到期的时候,债权人可以凭着债权凭证按照面值去兑换本金。C 代表票面利息(coupon),每期等额支付一次;F 代表票面价值(face value),在债券到期时支付;T 代表债券距离到期的时间(期数)。则债券的价格(现值)为:

$$PV = \left(\sum_{t=1}^{T} \frac{C}{(1+r)^t} \right) + \frac{F}{(1+r)^T}$$

$$= \frac{C}{r} \left[1 - \frac{1}{(1+r)^n} \right] + \frac{F}{(1+r)^T}$$

因此,附息票债券的价值就是年金的现值加上面值的现值。

以上公式是否意味着债券的价格可以稳定不变呢?答案当然是否定的。债券的价格会随着市场利率 r 的变化以及时间的变化而变化。因为市场利率不是一成不变的,今天的利率跟明天的利率可能不一样,因而投资债券有时候也是很有风险的。

如果某债券的票面利息 $C = 0$,这种债券被称作零息票债券或折扣型债券。折扣型债券的价格就等于其票面价值 F 的现值。

二、股票的价值——红利折现法

股票同其他金融资产一样,其价值等于对应的(预期)现金流的现值。换句话说,股票的价值应当等于将来所有现金股利的现值。以 DIV_t 表示第 t 期的现金股利,r 表示该股票的折现率,那么,股票在当前时点(假设为时间 0)的价值为:

$$P_0 = \sum_{t=1}^{\infty} \frac{DIV_t}{(1+r)^t}$$

公式中的 DIV 是英文 dividend(现金红利)的缩写。如果一个股票现在不分红,它还有价值吗?有。那么价值体现在什么地方?虽然今天不分红,但资本积累还是留在公司里,股票早晚是要分红或给股东现金回报的(除非公司倒闭)。

1. 固定股利股票

我们先来考虑一个简单的特例。假设股票的现金股利或其期望值是固定的,记作 DIV,这个股票就变成了永续年金。按照前面的公式,股票的价格为:

$$P_0 = \sum_{t=1}^{\infty} \frac{DIV}{(1+r)^t} = \frac{DIV}{r}$$

2. 固定增长股票

如果股票的现金股利增长率 g 是固定的,我们可以轻易地使用增长型永续年金的公式来计算其价值。固定现金股利增长率的股票价值为:

$$P_0 = \sum_{t=1}^{\infty} \frac{DIV_1(1+g)^{t-1}}{(1+r)^t} = \frac{DIV_1}{r-g}$$

其中,DIV_1 为本期期末的现金股利金额。

以上公式常被称为 Gordon 增长模型。依据该模型,收益率可分解为现金股利回报率与资本利得率两项,用公式表示为:

$$r = \frac{DIV_1}{P_0} + g$$

上述公式看似简单,但却蕴藏着深刻的道理。宏观而言,股利的长期平均增长率是相对稳定的,而股利与股价的比率即股利收益率(DIV_1/P_0)通常较低,在很多国家或地区只有1%—2%。因此,股票的红利或盈利的增长速度对于决定股票的长期收益率起着举足轻重的作用。一只股票若想长期维持10%的资本利得率,则必须相应保持10%左右的平均红利增长速度。换句话说,投资一个公司、一只股票,要想长久得到高的回报,这家公司或者说这只股票的盈利和分红必须要有一个长久的高速度的增长。而从长期来看,增长速度一般都是有限的,人们很难期待哪只股票能长期保持20%或更高的年增长速度。

3. 变动增长股票

一般而言,股票红利的增长速度与公司、行业的生命周期有关。在公司发展的初期,许多公司的分红比率通常很低,而公司一旦进入成熟期,分红比率一般较高,但红利及利润增长速度却放慢。为了更准确地估计股票的价值,我们可以将股票红利的预期增长速度分成几个阶段来考虑。假设在最近 m 年,股票的预期红利分别为 $DIV_1, DIV_2, \cdots, DIV_m$;从第 m 年往后,直到第 $m+n$ 年,预期股利按每年 g_1 的速度增长;然后,预期股利按每年 g_2 的速度增长,直到永远。这样一来,就相当于股票包含了期初 m 年的现金流加两个增长型递延年金。股票的价值公式可表示为:

$$P_0 = \sum_{t=1}^{m} \frac{DIV_t}{(1+r)^t} + \frac{DIV_m \times (1+g_1)}{(1+r)^m \times (r-g_1)}\left[1 - \left(\frac{1+g_1}{1+r}\right)^n\right] + \frac{DIV_m \times (1+g_1)^n(1+g_2)}{(1+r)^{m+n} \times (r-g_2)}$$

例1-7: 某医药公司的股票在1年以后的每股股利为1.15元,紧接着以后的4年内股利将以每年15%的比率增长。而从第6年开始,股利将以每年10%的比率增长。如果要求的回报率为15%,那么该公司股票的现值是多少?

解:我们需要分两步来折现这些股利。首先,我们要计算每年股利增长15%时股票的现值,也就是要计算前5年股利的现值;其次,我们要计算从第6年开始股利的现值。

第1—5年股利的现值如下:

将来年份	增长率(g_1)	预计股利(元)	现值(元)
1	0.15	1.15	1
2	0.15	1.3225	1
3	0.15	1.5209	1
4	0.15	1.7490	1
5	0.15	2.0114	1
1—5 年	股利的现值 = 5		

一般情况下这一步可以使用年金增长公式。但是,在这个例子中必须注意,由于股利增长率15%等于折现率,增长年金公式不能使用(计算公式的分母将为零)。

第6年开始股利现值的计算:

第5年年末的价格为:

$$P_5 = \frac{DIV_6}{r-g_2} = \frac{DIV_5 \times (1+g_2)}{r-g_2} = \frac{2.0114 \times 1.10}{0.15-0.10} = 44.25(元)$$

将第5年年末的价格折现到现在:

$$\frac{P_5}{(1+r)^5} = \frac{44.25}{(1+0.15)^5} = 22(元)$$

所有股利折现到现在的现值就是 27(22 + 5) 元。

4. 增长速度

增长率 g 是决定股价高低的非常重要的因素。那么增长速度 g 是怎么决定的呢？它有一个很简单的公式。公司如果有盈利，通常会做什么呢？公司每股净盈利(EPS)当中的一部分，用来作为现金股利派发给股东，另外一部分则留在公司里面，作为公司进一步发展的资金积累。这个资金积累当然是用来再投资的。假如今年每股挣了五毛钱，分了两毛，三毛留下来，用于扩大再生产。这个时候每股股票对应的净资产提高了，如果净资产的回报率(ROE)保持不变，净资产越高，每股的盈利就越高，从而产生盈利的增长。假定公司净资产回报率或者叫股东权益回报率是稳定的，而且公司的再投资的比率，也叫留存比率①(记为 b)是常数。增长的速度就等于留存比率乘以净资产回报率。净资产回报率越高，增长速度越快。我们不妨作一下相关推导：

现金股利发放率 $= DIV_1/EPS_1$

留存比率 $(b) = 1 -$ 现金股利发放率

$ROE = EPS_1/$每股账面净值

若企业不对外融资，则股东收益的增长只能来源于利用留存收益所进行的再投资，则有：

$EPS_1 = EPS_0 + EPS_0 \times$ 留存比率 $\times$ 投资收益率

$EPS_1/EPS_0 = 1 +$ 留存比率 $\times$ 投资收益率

因为，$EPS_1/EPS_0 = 1 + g$

因而，$1 + g = 1 +$ 留存比率 $\times$ 投资收益率

所以：$g = b \times ROE$

5. 市盈率(股价/盈利比率，即 P/E)

当公司每股盈利的期望值及留存比率一定时，依据 Gordon 增长模型及增长速度的公式，我们有：

$$P = \frac{DIV_1}{r - g} = \frac{(1 - b) \times EPS_1}{r - b \times ROE}$$

定义 $E = EPS_1$，我们马上得到股票的动态市盈率：

$$\frac{P}{E} = \frac{(1 - b)}{r - g} = \frac{(1 - b)}{r - b \times ROE}$$

由此可见，增长速度或公司的净资产回报率，是决定股票市盈率高低的关键所在。增长率或净资产回报率越高，股票市盈率也应越高。影响市盈率的另一重要因素是折现率 r。高折现率会导致市盈率的下降。一般来说，一项资产的风险越大，折现率也会相应越高。关于折现率 r 的决定，我们将在后文中加以分析。

例 1-8：假设某成熟公司股票的折现率 r 为每年 10%，留存比率为 70%。若该公司的净资产回报率为每年 8%，则股票的市盈率只有 6.8 [(1 - 70%)/(10% - 70% × 8%)] 倍；若该公司的净资产回报率为每年 12%，则股票的市盈率可达 18.8 倍。

6. 增长机会的价值

前面我们提及了股利的增长率，现在我们来分析与增长机会相关的概念。想象一下，如果一家公司具有稳定的净资产收益率且每期将所有的盈利都支付给投资者，则依据股利增长

---

① 留存比率定义为公司未分配盈余与其净盈余的比率。

的计算公式,公司每股盈利与股利将始终维持不变:

$$EPS = DIV$$

其中,EPS 是每股盈利,DIV 是每股股利。

根据永续年金公式,我们可以得到此类公司股票的价值:

$$\frac{EPS}{r} = \frac{DIV}{r}$$

其中,r 为公司股票的折现率。

将公司所有的盈利都作为股利也许并不是最佳的策略。许多公司都有增长机会,或者说,有机会投资于高回报的项目。因为这些项目代表公司股票价格的一个重要部分,因此将所有的盈利都用于分红而放弃这些投资机会有时是不明智的。

假设公司有一些净现值[①](NPV)为正的投资机会。我们将这些净现值平均分摊到每股股票的值记为 $PVGO$,称之为每股股票含有的增长机会的现值,则股票价值可以分解为:

$$P_0 = \frac{EPS_1}{r} + PVGO$$

增长的机会越好,公司的股票就越值钱。所以有些公司虽然现在的盈利是负的,但是股票价格很高,就是因为公司增长的前景很好,将来可能会赚到很多钱。一般来说,高科技行业的市盈率比传统行业高,就是因为高科技行业的增长速度要比传统行业快得多。

7. Gordon 增长模型的应用

考虑一个简单的例子。基本假设为:

- 目前公司净资产回报率 ROE 为 8%,且预期可持续至永远;
- 每股股票对应的净资产为 50 元;
- 贴现率为 10%。

我们来计算股票的价值。

(1) 再投资比率为 0 的情形

目前的 $EPS = 0.08 \times 50$ 元 $= 4$(元)

由于所有利润均用于分配,因此 $g = 0, DIV = EPS$

公司股票价格:$P_0 = DIV/r = 4/0.1 = 40$(元)

(2) 再投资比率为 60% 的情形

第一年现金股利为:

$$DIV_1 = (1 - 60\%) \times 4 = 1.6(元)$$

现金股利增长率为:

$$g = 再投资比率 \times ROE = 0.60 \times 0.08 = 4.8\%$$

根据 Gordon 增长模型,股票价格为:

$$P_0 = DIV_1/(r - g) = 1.6/(0.10 - 0.048) = 30.77(元)$$

在上例中,公司因利用利润进行内部投资而导致股票价格下降。其原因是公司的再投资只能产生 8% 的收益率(ROE),而市场要求的投资回报率为 10%。

由于公司利用股东的收益(用于再投资的资金本来是股东可以得到的现金股利)进行投资不能向股东提供其要求的回报率,投资者利益因此受到损害,当然会对股票价格产生负面

---

① 净现值指产出的现值与投入的现值之差,将在后文中详细介绍。

影响。由此我们建议遵守如下投资律条:**如果企业的投资回报低于公司股东在同等风险条件下通过其他投资渠道可能得到的回报,则该企业不应利用留存收益进行投资。**

8. 市场非有效性与股价泡沫

我们上述对股票价格所作的分析,估算的值是股票的内在价值,而市场交易价格与内在价值是否一致,则取决于股票市场的效率。根据法玛(E.Fama)的有效市场假说(EMH),证券市场有效率是指与证券有关的信息都能准确及时地反映在其价格上,或者说,在一个有效率的市场中,证券的真实价值是其当前的交易价格。根据这一假说,市场可分为弱式有效市场、半强式有效市场和强式有效市场。

如果市场是弱式有效的,则过去的历史价格信息已完全反映在当前价格中。这时,使用技术分析和图表来分析当前及历史价格进而对未来作出预测就将是徒劳的。因此,在弱式有效市场中,技术分析将失效。如果市场未达到弱式下的有效,则当前的股票价格未完全反映历史价格信息,那么未来的价格变化将进一步对过去的价格信息作出反应。在这种情况下,人们有可能利用技术分析从过去的价格信息中分析出未来价格的某种变化趋势,从而在交易中获利。

如果市场是半强式有效的,则所有公开的可用信息已假定都被反映在股票价格中。在这样一个市场中,已公布的基本面信息无助于分析家挑选价格被高估或低估的股票,基于公开资料的基础分析毫无用处。

如果市场是强式有效的,任何信息(包括公开的和内部的)都会通过信息获得者的交易行动而迅速在市场中得到反映。所以在这种市场中,任何企图寻找内部信息来跑赢大市的做法都是无效的。

到目前为止,我们依据现金流折现方法所作的价值评估,得到的都是金融资产的"内在价值"、"真实价值"或"基本面价值"。而只有在一个充分有效的市场上,资产的价格才会与其价值长久保持一致。国内外大量的实证研究表明,资本市场其实并不充分有效。近年来,行为金融研究的大量成果更是显示,由于市场参与者的心理偏差和非理性行为,资本市场上的价格波动与有效市场假说的预测可能相去甚远。也就是说,金融资产的市场价格与其真实价值之间可能存在一定程度的偏差。

市价和基本面价值的差异常被称为泡沫。如果我们将泡沫记为 B,则股票的价值公式还可写成:

$$P_0 = EPS_1/r + PVGO + B$$

泡沫对公司的融资决策与资本运作有非常重要的影响。我们会在后面有关章节中对此详加讨论。

三、股票的价值——其他评估方法

1. 账面资产

股票的估价,除现金流折现法外,同时还有其他一些可供参考的方法。第一个是账面资产法。股票的账面资产,也就是通常讲的净资产,指的是公司股票对应的账面价值,即公司剔除了所有债务之后的账面资产余额,在会计报表中用股东权益加以表示。从某种意义上说,净资产代表着股东拥有的公司生产要素的多寡。公司净资产除以股票数量,就得到了每股净资产。每股净资产越高,那么投资者购买的每股股票对应的实际资产一般也就越高。这种方法主要从成本的角度考察股票的价值,因为净资产是公司依靠历史投入形成的积淀,较少考虑公司的经营现状及无形资产。

尽管净资产在股票定价时有重要参考意义,但它并非股票定价的决定性依据。公司股票的价值在于公司为股东创造财富的能力。投资者看中一家公司,看中的是这家公司在未来能够创造多少现金流、投资于该公司的股票能够得到多少回报,但净资产反映的却是公司的历史,是以前投资及盈余的积累。净资产与公司价值的关系有赖于净资产的投资收益能力。只有在公司之间的资产质量相当、投资回报率一致的情况下,公司的净资产才会同公司的价值有一个正比例关系。如果公司的净资产能够为股东带来高于股权资金成本的回报,那么公司的股票价值理论上应当高于其净资产值;公司股票的市场价值与账面价值之比(ME/BE),即俗称的"市净率",就大于1。对于两家净资产额相同且风险相当的公司,期望净资产投资收益率较高的公司价值将高于另一家公司的价值,具有更高的市净率。所以说,由于公司的净资产收益率不一样,它们的价值也就不一样;净资产值高的公司并不一定有更高的市场价值,因为它们的市净率也可能是不一样的。也就是说,净资产反映的是"量",而价值不仅取决于资产的"量",更取决于资产的"质"。在会计信息的公信力不强、公司资产不实较为普遍的情况下,资产的"质"就显得更加重要了。

以美国通用汽车(General Motor)和微软(Microsoft)为例。据有关资料,1997年,在全美前500家大公司中,微软公司账面资产价值排在第165位,仅相当于通用汽车公司账面资产价值的6.28%,但股票市值却位列第二,为通用汽车的3.7倍。软件行业与汽车制造业不同的投资回报率导致了微软与通用汽车不同的市净率。但即使在同一行业中,各公司的盈利能力也是不一样的,导致它们的市场价值与账面价值之比出现差异。例如,现在开发两幢楼盘,它们的建造成本、账面价值都一样,但是后来其中一幢所在的地方变成了繁华区,而另一幢则一直处于郊区。处于繁华区的楼盘因为可预期的丰厚租金回报将会迅速升值,而处于郊区的楼盘的价值则不会有同样的改变。

2. 清算价值

股权的清算价值是指一旦公司破产,出售其资产、偿还债务以后,还可以分给股东的金额。这对于正常运营的公司来说,没有太大意义。但是对于一些经营不善,甚至濒临破产的公司,这种清算价值就是股票定价很重要的参考指标。就这种公司而言,因为它们可能已经丧失继续创造现金流的能力,现金流折现法的使用因而会受到限制。一般来讲,清算价值给出了股票价值的底线。

第四节　金融资产定价的一般方法

一、现金流折现法

理论上讲,现金流折现法可广泛用于各种金融资产的价值评估。利用这种方法计算金融资产的价值,需要两个步骤:第一步,预测将来各个时期的现金流 CF_t;第二步,估计该资产所使用的折现率 r。金融资产的价值即为:

$$PV_0 = \sum_{t=1}^{n} \frac{CF_t}{(1+r)^t}$$

这里,n 表示金融资产产生现金流的期数。

我们必须牢记,理论上非常简单的价值评估公式,在实践中使用起来并非轻而易举。首先,对一项金融资产的未来现金流加以预测绝非易事;其次,对于折现率的估算,并不存在一个被理论界与投资银行界普遍接受的准确方法。正因为如此,不同的投资者对同一金融资产的价值评估常会有很大出入。比如说,20 世纪 90 年代兴起的网络公司,如何对它们进行估价就曾存在激烈的争论。因此,对金融资产进行价值评估,适当的敏感性分析通常是必要的。

二、折现率的决定

利用现金流折现法进行价值评估,计算折现率(也称贴现率)非常重要。折现率实际上就是投资者投资金融资产时所要求的预期收益率。每种金融资产所使用的折现率应当能反映其风险的大小。投资的目的是为了获得收益,但是在有些情况下最后实际获得的收益可能低于预期收益,而有些投资则根本没有收益甚至血本无归。比如在股票投资时,如果价格下跌,导致卖出股票时的价格低于买入股票时的价格,给投资者造成损失,这就是风险。又比如,在进行债券投资时,债券发行者不能按时付息,甚至不能归还本金,给投资者造成损失,这也是投资的风险。

理论上,投资风险是指投资最终的实际收益与预期收益的偏离,或者说是证券收益的不确定性,包括收益波动的可能性和波动幅度的大小。在有风险的情况下,实际收益既可能高于预期收益,也可能低于预期收益。

在投资活动中,预期收益与投资风险是高度相关的,也就是说,风险大的投资要求的收益率也高,而预期收益率低的投资往往其风险也比较小。正所谓"高风险,高收益;低风险,低收益"。风险与收益的关系可以用"预期收益率 = 无风险利率 + 风险补偿"来表示。无风险利率是指把资金投资于某一没有任何风险的投资对象所能得到的利息率。风险补偿通常用资本资产定价模型(CAPM)来计算,公式如下:

$$E[r_i] - r_f = \beta(E[r_M] - r_f)$$

这里,$E[r_i]$ 表示资产 i 的预期收益率或折现率,也就是我们要得到的折现率;r_f 表示市场的无风险利率,一般以国债或风险很小的债券收益率计算;$E[r_M]$ 表示市场组合的预期收益率,一般以市场指数长期平均收益率来计算;β 表示该资产的 β 系数,是指该股票的市场表现与总体市场表现之间的关联程度,具体计算方法可在绝大多数投资学或资产定价的著作中找到。这个公式说明一个资产的预期收益率 $E[r_i]$ 等于无风险利率 r_f 加上风险补偿 $\beta(E[r_M] - r_f)$。所以,要估计 $E[r_i]$,就必须先得到市场的无风险利率、市场组合的收益率和该股票的 β 系数。

本章小结

本章从资本运作的本质入手,阐述了价值评估的基本方法,引入了货币时间价值这一概念,用终值和现值来表示不同时期的货币时间价值,并介绍了单利与复利、终值和现值的概念与计算。

- 年金是金融领域常用的概念,指的是每阶段现金流固定的金融工具;如果每阶段现金流按固定速度增长,则被称为增长型年金。年金、增长型年金及其变种的现值计算方法在价值评估中经常被使用。
- 股票价值可以理解为预期未来现金红利的现值。本章讨论了固定股利股票、固定增长股票、变动增长股票的估值方法,同时讨论了计算股票价值的其他方法。
- 折现率是投资者要求的预期投资回报率,是确定资产价值的重要变量。折现率的高低与金融资产风险相关。

思考题

1. 在金融资产的价值评估中,为什么要进行折现?

2. 什么是股票定价的 Gorden 增长模型? 股息或金融资产现金流的增长速度对金融资产的价值有什么重要影响?

3. 金融资产的折现率如何选择?

第二章 企业长期融资：工具与方法

- 企业融资概述
- 股票
- 普通债券
- 可转换债券
- 租赁融资
- 项目融资

第一节　企业融资概述

　　正如前言中所说,资金是企业运营与发展的最重要的资源之一。企业在生产经营过程中,特别是在扩大生产经营规模时,常会遇到资金不足的困难。在企业自有资金不能完全满足其资金需求时,便需要向外部筹资。对外筹资可以有两种方法:一是资金需求者直接通过金融市场向社会上的资金盈余单位和个人筹资;二是向银行等金融中介机构申请贷款等。第一种方式被称为直接融资,第二种方式则是所谓的间接融资。直接融资的主要形式有发行股票、债券(普通债券和可转换债券)、商业票据等,其中股票融资和债券融资是两种最重要的形式。银行信贷融资是间接融资最重要的形式,间接融资中的金融中介机构主要是商业银行。

　　股票融资属于权益型融资,而债券融资和信贷融资则属于负债型融资。两类不同的融资方式在融通资金的性质、作用及公司治理等方面有很大的不同。对此,我们稍后将加以讨论。

一、金融市场

　　金融市场是投资、融资的场所,也是金融产品交易转让的场所。金融市场通常分为资本市场和货币市场。

　　资本市场指中长期资金(通常是一年以上的资金)融通的金融市场,包括股票市场、中长期债券市场和中长期信贷市场等,其融通的资金主要作为扩大再生产的资本使用,资本市场因此而得名。证券市场(包括股票市场、债券市场及衍生金融产品市场)是资本市场最重要的组成部分,具有通过在一级市场上发行股票、债券和其他金融产品的形式吸收中长期资金的功能,公开发行的股票和债券还可在二级市场上自由买卖和流通,有着很强的灵活性。

　　货币市场指短期资金(通常是一年以内的资金)融通的金融市场,包括同业拆借市场、票据贴现市场、回购市场和短期信贷市场等。从西方国家的情况来看,美国的货币市场最为发达,自由化程度高,交易品种繁多。1999 年 11 月 4 日,美国参众两院通过了《1999 年金融服务法》,彻底结束了银行、证券、保险的分业经营与分业监管的局面,其强大的货币市场以及货币市场与资本市场之间互相促进的关系,已成为全球金融结构发展的一个典范。

二、负债型融资与权益型融资的区别

　　如前所述,债券融资和信贷融资属于负债型融资,股票融资则属于权益型融资,两者的区别主要表现在以下方面：

（1）债券融资和信贷融资筹集的资金是公司的对外负债，一般不涉及公司的所有权关系；而公司通过股票融资筹集的资金是公司的资本金（自有资金），它反映的是财产所有权关系。

（2）债券融资和信贷融资作为公司的负债，必须在到期时或到期前按约定还本付息，因而构成公司的财务负担；而股票融资没有到期偿还的问题，投资者拥有公司的部分所有权，一般不得撤资。

（3）债权人（包括银行）提供的借贷资金不论数量多少，一般都没有参与公司经营管理的权利；而提供股票融资者即成为公司的股东，可以参与公司的经营决策（享有参加股东大会与投票的权利）。

（4）从收益看，债权人的收益是固定（或根据一定的标准浮动）的利息收入，无论公司经营好坏，只要公司还有偿还能力，就有义务支付应付的利息和本金；而股票的收益通常是不固定的，它与公司的经营好坏有着密切的关系。

（5）在公司破产清算时，银行和债权人提供给公司的资金，不论有无担保，都应当优先偿付，即在股东之前获得清偿；而股东通常只有剩余财产的求偿权。

第二节　股票

我们在第一章简单介绍了股票的价值评估方法。现在我们来介绍股票的基本特点。股票是一种由股份有限公司签发的用以证明股东所持股份的凭证，它表明股票的持有者对股份公司的部分所有权。股份制是股票赖以存在的制度基础。股份公司通过面向社会发行股票，迅速集中大量资金，实现生产的规模经营；而社会上分散的资金盈余者本着"利益共享、风险共担"的原则投资股份公司，谋求财富的增值。

一、股票的产生

最早的股份公司产生于17世纪初荷兰和英国成立的海外贸易公司。这些公司通过募集股份资本而建立，实行有限责任制。这些股份公司的成功经营和迅速发展使得更多的企业群起效仿，在荷兰和英国掀起了成立股份公司的浪潮。到1695年，英国已有约100家股份公司。在18世纪后期英国的工业革命中，股份制更是立下了汗马功劳。随着工业革命向其他国家扩展，股份制也传遍了资本主义世界。

19世纪中叶，美国产生了一大批靠发行股票和债券筹资的筑路公司、运输公司、采矿公司和银行，股份制逐步进入了主要经济领域。到第一次世界大战结束时，美国制造业产值的90%是由股份公司创造的。

19世纪后半叶，股份制传入日本和中国。日本明治维新后出现了一批股份公司。我国在洋务运动时期建立了一批官办和官商合办的股份制企业，1873年成立的轮船招商局（招商局集团的前身）发行了我国最早的股票。

股票的出现促使了股票交易所的产生。早在 1611 年,就有一些商人在荷兰的阿姆斯特丹买卖海外贸易公司的股票,形成了股票交易所的雏形。1773 年,在伦敦正式成立了英国第一个证券交易所,即今天的伦敦证券交易所。1792 年,一批股票经纪人在纽约华尔街订立协定,形成经纪人联盟,即纽约证券交易所的前身。长时间的发展与技术的进步,使得现如今股票已成为许多国家和地区最重要的金融工具之一,股票融资业已成为当今公司的重要融资方式。

股票的用途有三点:其一是作为一种出资证明,可表明出资人的股东身份与出资份额;其二是股票的持有者可凭借股票来确定其法律地位,参加股份公司的股东大会并享有相应的投票表决权;其三是股票持有人凭借着股票可获得一定的经济利益,参加股份公司的利润分配,也就是通常所说的分红。

在现实的经济活动中,人们获取股票通常有四种途径:其一是作为股份有限公司的发起人而获得股票;其二是在股份有限公司向社会募集资金而发行股票时,自然人或法人出资购买而获得原始股;其三是在二级流通市场上通过出资的方式受让他人手中持有的股票;其四是因他人赠与或依法继承而获得股票。不论股票的持有人是通过何种途径获得股票,只要他是股票的合法拥有者,持有股票,就表明他是股票发行企业的股东,就享有相应的权利,负有相应的义务。

二、股票的形式

由于股票包含的权益不同,股票的形式也不完全一样。一般来说,股票可分为普通股股票和优先股股票。

1. 普通股股票

普通股股票是股票中最普遍、最重要的股票种类。此类股票的主要特点如下:

(1) 普通股股票是股份有限公司发行的标准股票,其有效期限是与股份有限公司相始终的,此类股票的持有者是股份有限公司的基本股东。

(2) 任何一项投资都伴随着风险,股票投资也不例外。股票的风险主要表现为以下几点:其一,影响股份公司经营的因素繁多且变化不定,使公司每年的经营业绩都不确定,并因此影响股东收益;若公司破产,股票持有者就可能血本无归。其二,股票的价格除受公司的经营业绩影响外,还要受众多其他因素的影响。其三,普通股股东作为公司的所有者,拥有公司的剩余收益分配权及剩余财产清偿权。持有此类股票的股东获取的经济利益是不稳定的,它不但要随公司的经营水平而波动,而且因其收益顺序处于最后,股份公司必须在偿付公司的债务、利息以及优先股股东的股息以后才能给普通股股东分红。所以,持有普通股股票的股东的收益最不稳定,投资风险最大。

(3) 对于股份公司而言,持有普通股股票的股东所处的地位是绝对平等的,在公司存续期间,他们都毫无例外地享有下述权利:

① 通过参加股东大会来参与股份公司的重大经营决策。在股东大会上,股东除了听取公司董事会的业务和财务报告外,还可对公司的经营管理发表意见,参加投票和选举公司董事、监事。

② 具有分配公司盈余和剩余资产的权利。普通股股东有权分享公司的经营成果。在股

份有限公司解散清算时,有权按顺序和比例分配公司的剩余资产。

③ 优先认股权。当股份公司为增加公司资本而决定增资扩股(配股)时,普通股股东通常有权按持股比例优先认购新股,以保证普通股股东在股份有限公司中的控股比例不变。当然,这种权利可能因公司章程或法律制度的不同而存在很大差异。我国的上市公司在配股时,都是按比例先配给现有的普通股股东。当普通股股东不愿或无力参加配股时,可放弃配股。

2. 优先股股票

与普通股股票不同,优先股股票持有者(股东)的权益要受一定的限制。优先股股东的特别权利就是可优先于普通股股东以固定的股息分取公司收益,并在公司破产清算时较普通股股东优先分取剩余资产,但一般不能参与公司的经营决策,其具体的优先条件必须由公司章程加以明确。

(1) 优先股股票的特点

与普通股股票相比,优先股股票有以下特点:

① 在分配公司利润时先于普通股股票且以约定的比率进行分配。

② 当股份有限公司因解散、破产等原因进行清算时,优先股股东先于普通股股东分取公司的剩余资产。

③ 优先股股东所持股票不包含表决权,但在涉及优先股股票所保障的股东权益时,优先股股东可发表意见并享有相应的表决权。

④ 优先股股票可由公司赎回。由于股份公司需向优先股股东支付固定的股息,优先股就其实质而言,更像是公司的负债。但优先股股票又不同于公司债券和银行贷款,这是因为,优先股股东分取收益和公司资产的权利只能在公司满足了债权人的要求之后才能行使,且所分取的收益一般在公司缴纳所得税后支付。优先股股东不能要求退股,却可以依照优先股股票上所附的赎回条款,由股份有限公司予以赎回。大多数优先股股票都附有赎回条款。

(2) 优先股股票的分类

如果将优先股股票细分,它还可分为:① 累积优先股股票和非累积优先股股票。累积优先股股票是指在上一营业年度内未支付的股息可以累积起来,由以后财会年度的盈利一起付清。非累积优先股股票是指只能按当年盈利分取股息的优先股股票,如果当年公司经营不善而不能分取足够的股息,未分的股息不能予以累积,以后也不能补付。② 参加分配优先股股票和不参加分配优先股股票。参加分配优先股股票的持有人不仅可按规定分取当年的定额股息,还有权与普通股股东一同参加利润分配。③ 可转换优先股股票和不可转换优先股股票。可转换优先股股票可以在特定条件下按公司条款转换成普通股股票或公司债券。④ 可赎回优先股股票和不可赎回优先股股票。可赎回优先股股票是指股份有限公司可以按事先约定的条件加以回购的优先股股票,而不附加赎回条件的优先股股票就是不可赎回优先股股票。

3. 股票的其他形式

除了普通股股票和优先股股票外,股票还有其他多种形式。例如,根据股票持有者对股份公司经营决策的表决权,股票可分为有表决权股股票和无表决权股股票;根据股票的票面是否记载有股东姓名,股票可分为记名股票和不记名股票。

三、股权融资:私募与公募

企业通过发行股票的方式募集资金,既可进行公开募集(即向公众发行股票,下一章将详细介绍),也可进行私下募集。

企业通过向少数特定对象非公开转让股权以募集资金的方式被称为股权私募。这些特定私募对象既可以是企业和个人,也可以是专业的投资机构,如风险投资(VC)基金和私募股权(PE)投资基金。一般而言,VC投早期的项目,项目已初具规模,但是商业模式可能还不成熟,一般投资额也不大;PE则投资相对比较成熟,已具有一定规模和盈利能力,经过一段不长时间的培育可以申请在公开市场上市的项目。当然,从广义上说,VC属于PE。

第三节 普通债券

一、债券的基本要素

同股票一样,债券也是一种有价证券,是金融市场上常见的金融工具。债券是社会各类经济主体(不限于股份公司)为筹措资金而向债券购买者出具的、承诺按一定利率定期支付利息并到期偿还本金的凭证,是一种重要的信用工具。其基本要素有票面价值、偿还期限和票面利率。

(1)票面价值。债券的票面价值又称面值,指债券票面载明的币种和金额大小,一般也是债券到期时发行人应偿付持有人的金额。因此,债券的面值与股票面值有着极不相同的含义(股票面值已基本不具备实际意义)。

(2)偿还期限。债券的偿还期限是从债券发行日起至债券到期日止的时间间隔。偿还期限在1年以内的为短期债券,偿还期限在1年以上的为中长期债券。债券的偿还期限主要由债券的发行者根据所需资金的使用情况及利率的变动趋势来确定。

(3)票面利率。债券的票面利率是债券每年应付利息与债券票面价值的比率。一种债券的票面利率为10%,即表示每认购100元债券,每年便可得到10元的利息。债券的票面利率并非投资人购买债券所获得的投资回报率。例如,一张面值100元、票面利率为10%的5年期债券,如果售价为120元,则投资该债券的到期收益率仅为5.34%。

二、债券的基本特征

债券是债务人为筹集资金而向债权人承诺按期交付利息和偿还本金的有价证券,具有以下基本特征:

（1）偿还性。除永久性公债不规定到期时间，持有者不能要求清偿，只能按期取得利息以外，其他一切债券都对债券的偿还期限有严格的规定，且债务人，也就是债券发行人，必须如期向持有人支付利息和偿付本金。否则，发行人会被视为违约或倒账（default）。

（2）流动性。债券的流动性是指债券变现的便利程度。与普通借贷相比，债券具有明显的流动性优势。一般来说，债券的发行人即债务人资信程度越高，债券发行规模越大，则债券的流动性就越强。

（3）收益性。债券的收益性是指获取债券利息或回报的能力。因债券的风险比银行存款要大，所以债券的收益率也比银行高。如果债券到期能按时偿付，购买债券就可以获得固定的、一般是高于同期银行存款利率的利息收入。

三、债券的种类

债券的种类繁多，按发行主体、期限长短、利息支付方式、发行方式、有无抵押担保以及是否记名等，可划分为多种类型。

（1）根据发行主体的不同，债券可分为政府债券、金融债券和公司债券（或企业债券）三大类。第一类是由政府发行的债券，其中由中央政府发行的债券也称公债或国库券，而由各级地方政府机构发行的债券就称为地方政府债券。第二类是由银行或其他金融机构发行的债券。第三类是公司债，它是由非金融性质的企业发行的债券，其发行目的是为了筹集长期建设资金。因为企业的资信水平一般比不上金融机构和政府，所以公司债券的风险相对较大，因而其利率一般也较高。值得一提的是，在西方，企业债和公司债本质上并无区别，但在中国，2005年的《公司法》和《证券法》明确规定，由股份有限公司或有限责任公司发行的债券才是公司债；企业债则是由中央政府部门所属机构、国有独资企业或国有控股企业发行的债券。

（2）根据偿还期限的长短，债券可分为短期债券、中期债券和长期债券。一般的划分标准是：期限在1年以下的为短期债券；期限在1年到10年之间的为中期债券；期限在10年以上的为长期债券。

（3）根据利息的支付方式的不同，债券可分为附息债券和纯折扣（零附息）债券。附息债券是在它的券面上附有各期息票的中长期债券，息票的持有人可按其标明的时间期限和利息额领取利息。纯折扣债券在债券到期前不派发利息，但在发行时按规定的折扣率将债券以低于面值的价格出售，在到期时持有人仍按面额领回本息，其票面价格与发行价格之差即为利息。

（4）根据是否公开发行，债券可分为公募债券和私募债券。公募债券是指按法定手续，经证券主管机构批准在市场上公开发行的债券，其发行对象是不限定的。私募债券是发行人以与其有特定关系的少数投资者为募集对象而发行的债券，流动性较差，但其利率水平一般较公募债券要高。

（5）根据有无抵押担保，债券可分为信用债券和担保债券。信用债券是仅凭债券发行者的资信而发行的、没有抵押品作担保的债券。一般政府债券及金融债券都为信用债券。一些信用良好的公司也可发行信用债券，但在发行时须签订信托契约，对发行人的有关行为进行约束限制，以保障投资者的利益。担保债券指以抵押财产为担保而发行的债券。具体包括：以土地、房屋、机器、设备等不动产为抵押担保品而发行的抵押债券，以公司的有价证券（股票和其他证券）为抵押担保品而发行的质押债券，以及由第三者担保偿付本息的承保债券。当债券的发行人不能履行还本付息义务时，债券持有人有权变卖抵押品来清偿抵付或要求担保人承担还本付息的义务。抵押担保是债券投资者降低信用风险的手段之一。

（6）根据在券面上是否记名，债券可分为记名债券和无记名债券。记名债券须在券面上注明债权人姓名，同时在发行人的账簿上作同样的登记。转让记名债券时，除要交付票券外，还要在债券上背书并在发行人账簿上更换债权人姓名。现在市面上流通的一般都是无记名债券。

（7）根据是否可转换成其他金融工具，债券可分为可转换债券（convertible bonds）与不可转换债券。可转换债券是能按一定条件转换为公司其他资产（通常为普通股股票）的债券，而不可转换债券就是不能转化为公司其他资产的债券。关于可转换债券，我们将在稍后作更多讨论。

（8）根据债券发行人是否可提前赎回债券，债券可分为可赎回债券（callable bonds）与不可赎回债券。所谓可赎回债券，指发行人有权在一定的时间，按事先约定的价格而非市场价格赎回债券。在市场利率下跌时，此类赎买会对债券发行人有利。

例 2-1：现有一种 10 年期、面值 100 元的债券，票面利率为 9%，发行人 3 年后能以 102 元的价格赎回债券。假设因市场条件变化，3 年后该债券的到期收益率下降为 6.8%，则对应债券价格在不能提前赎回的条件下将高达 112 元。发行人以 102 元的价格赎回债券，每张债券可赚 10 元。

四、债券的评级

与股票投资相似，债券投资也隐藏风险。例如，发债人可能因经营失败或其他原因而无法依据债券合约的规定而按时偿还本金和利息。这种风险被称为信用风险。所谓对债券的评级就是指对债券的信用风险进行评价，揭示发债人偿还本金和利息的履约可靠程度。通过债券评级将发债人的信誉和偿还能力公之于众，让购买债券的人对企业的资信程度有较为清晰的了解，从而维护投资者的利益。资信评估一般由权威专业机构进行，如美国穆迪公司和标准普尔公司等。表 2-1 给出了穆迪公司和标准普尔公司的信用评估分级信息。

表 2-1　穆迪公司和标准普尔公司的信用评估分级信息

	债券等级			
	高等级	较高级	投机级	低级
穆迪公司	Aaa　Aa	A　Baa	Ba　B	Caa　Ca　C　D
标准普尔公司	AAA　AA	A　BBB	BB　B	CCC　CC　C　D

注：有时，穆迪公司和标准普尔公司会调整债券等级以对债券资信作更细致的分类。标准普尔公司使用加、减号，例如，A+代表 A 级中的最高级别，A-则代表 A 级中的最低级别。穆迪公司采用的是符号 1、2 或 3，其中 1 代表最高级别，如 A1 是 A 级中的最高级别。

穆迪公司	标准普尔公司	说　明
Aaa	AAA	Aaa 级和 AAA 级是债券等级中的最高级别,表明债券具有极强的偿付本利的能力。
Aa	AA	Aa 级和 AA 级债券有较强的本利偿付能力,它同最高等级债券一起构成债券的高级别种类。
A	A	A 级债券偿还本利能力强。但是它比较容易随环境和经济状况的变动而发生不利的变动。
Baa	BBB	评为 Baa 级和 BBB 级的债券被看作具有足够的能力偿还本利。但比起高级别债券,不利的经济状况或环境变化更能削弱该级别债券的本利偿付能力。这类债券属于中级债券。
Ba	BB	一般认为该等级债券具有显著的投机性。
B	B	投机性质与信用风险高于 Ba 级或 BB 级的投机级债券。
Caa	CCC	低等级债券,投机性很高。
Ca	CC	比 Caa 级或 CCC 级更低等级的债券,投机性质与信用风险极高。
C	C	该等级归属于从未支付利息的收益债券。
D	D	无力清偿债务的债券被判定为 D 级债券,该种债券无法按时支付利息以及归还本金。

资料来源:Standard & Poor's Bond Guide and Moody's Bond Guide.

五、股票与债券的比较

　　股票与债券都是有价证券,都是投融资工具。但两者又显著不同。认购股票是向股份公司的投资,构成公司的自有资金。相应地,投资者成为公司的股东,成为公司的所有者。公司的经营状况与股东的利益息息相关,因而股东有权从公司经营中获取收益,有权参与公司的重要决策,并通过投票表达意见和权益诉求。而购买债券所投入的资金是发行人所需追加的资金,属于负债的范畴。投资者成为发行人的债权人,与发行人之间产生的是债权债务关系。债券持有人可向发行人行使债权,要求收取利息,但无权参与其经营决策。

　　从收益多寡与风险程度来讲,股票和债券也有所不同。持有股票的股东依法获取的收益是股票红利。由于它是从公司利润中支出,故其数额事先难以确定,完全依赖于股份有限公司的经营状况。经营好的,可获取大大高于公司债券的收益,而经营不善的,则可能获得低于公司债券的收益,甚至分文不收。与持有股票不同,持有公司债券的债权人依法获取的收益是利息,其数额事先固定(或随某种基准利率浮动),并在公司的经营成本中支付,其支付顺序要优先于股票的红利。且公司经营效益的优劣与债券持有人的经济收益呈刚性关系,只要发债人在经营上实现盈亏平衡,债券持有人到期就能收回本息,公司的盈利水平再高,债券持有人也不会因此得到额外的利益。

第四节　可转换债券

一、基本概念

可转换债券是一种复杂的金融衍生工具,既有一般债券的特性,又包含多种期权,如转股权、回售权和赎回权等。可转换公司债券是一种可以在特定时间按特定条件转换为普通股股票的特殊企业债券。作为一种混合型金融工具,可转换债券兼具债券和股票的特性。

(1) 债权特性。作为债券,可转换债券和其他债券一样,也有规定的利率和期限,投资者若不将其转换成股票,则可收取本金和利息。

(2) 股权特性。可转换债券在转换成股票之前是纯粹的债券,但在转换成股票之后,债权人将成为公司的股东,可参与公司的经营决策和红利分配。

(3) 期权特性。可转换债券投资者会因持有债券而获得一种期权,即在购入"转债"的同时也获得了在一定时间按约定价格将"转债"转换为股票的权利。

由于可转换债券附有普通债券所没有的转股权,因此可转换债券的利率一般远低于普通公司债的利率。对投资者来说,投资可转换债券既可享受债券的相对安全性,又可分享股票价格上涨的利益,因此愿意接受相对较低的利率。发行可转换债券的公司则可因相对较低的筹资成本而受益。但由于可转换债券在一定条件下可转换成公司股票,因而可能会稀释原有股东的权益,并影响到公司的控制权。可转换债券比股票有优先偿还的要求权。可转换公司债券属于次等信用债券,同普通公司债券、长期负债(银行贷款)等具有同等追索权利,但在清偿顺序上,排在一般公司债券之后、优先股和普通股之前。

二、可转换债券的赎回与回售

许多可转换债券设置有赎回条款。赎回是指可转换债券发行人的股票价格在一段时期内连续高于转股价格达到一定幅度时,发行人按事先约定的价格买回尚未转换成公司股票的债券。赎回条款是为了保护发行人而设计的,旨在迫使可转换债券持有人提前将可转换债券转换成公司股票,从而达到增加股本、降低负债的目的,也避免了利率下调造成的利率损失。

赎回条款一般又分无条件赎回(即在赎回期内按照事先约定的赎回价格赎回可转换债券)和有条件赎回(即在基准股价涨到一定程度时,发行人有权行使赎回权)。当赎回条件满足时,发行人可以全部或按一定比例赎回未转换为股份的可转换公司债券,也可以不行使赎回权。由于赎回价格一般要大大低于债券的转换价值,该条款往往迫使投资者迅速转股,缩短可转换债券的存续期限。

可转换债券也可设置回售条款。回售是指可转换债券发行人的股票价格在一段时间内连续低于转股价格达到一定幅度时,可转换债券持有人按事先约定的价格将所持有债券卖给发行人。这是一种保护投资者利益的条款,设置目的在于可以有效地控制投资者一旦转股不成带来的收益风险,同时也可以降低可转换债券的票面利率。

三、可转换债券的影响与融资风险

由于可转换债券的转股权可能导致公司总股本的迅速增加,因此有可能大大稀释原有股东的权益和控制权。如果企业在股市低迷时发行可转换债券,转股价也必然较低,对老股东未必有利。尽管可转换债券对投资者有相当大的吸引力,但投资可转换债券,尤其是未上市国有企业发行的可转换债券也存在着很大的风险:一是可转换债券的利率远低于同期普通公司债的利率;二是企业未来股票市价如果低于转换价格,投资者将无法实现转股的目的。

对于发行企业而言,发行可转换债券后,企业资本结构中的负债比例增加,权益比例相对下降。从长远来看,企业发行可转换债券的目的是最终将债券转换成股本,筹集股权资本,因此可转换债券的股权特性更胜于其债务特性。但是企业转股计划未必都能如愿以偿。一是在可转换债券转换期内企业股票市价持续低迷,导致股价低于转换价格,投资者不愿行使转换权利,这时就会出现"呆滞"可转换债券,使企业资本结构中债务资本比例居高不下,增加企业的财务风险。二是在企业经营不佳、股票市价远低于转换价格时,投资者不仅不会选择转换,而且还可能根据可转换债券契约规定的回售条款将债券回售给企业,使企业在短期内不得不支付巨额债券本息。此时若企业现金存量不足或无法获取足够现金流量,将会面临支付困难而陷入困境。三是在转换期内如果企业股票市价持续上升,涨幅高于转换价格,这时投资者会预期股价继续走强而迟迟不愿行使转换权,将会使企业蒙受损失。股价越高,企业可能遭受的损失越大。如果企业此时依据可转换债券发行契约中的赎回条款以现金赎回债券,可能会导致企业资金周转上的困难。

四、可转换债券定价

可转换债券是一种复杂的证券,其价值同时受到股票价格变动、利率变动以及可转换债券中的回售条款和赎回条款等多种因素的影响。本书将按照由浅入深的顺序,逐步引入多种影响因素来介绍可转换债券的定价问题。

(一) 简单的可转换债券定价公式

由于可转换债券兼具债券和期权的性质,因而作为一种简化的做法,可转换债券可以被拆解为债券和期权两部分来分别定价。可转换债券的价值就应当是这两部分价值之和。

Black 和 Scholes(1973)提出的 B-S 期权定价公式假定在任意一个微小的时间 dt 内,公司股票的价格变动 dS 满足 $dS = rSdt + \sigma Sdz$,其中 r、σ 均为常数,r 代表股票的期望收益,σ 代表股票价格波动的方差,dz 为布朗运动。期权的执行价格用 K 表示,到期时间为 T,则在 t 时刻欧式买权的价格为:

$$c(S,t) = SN(d_1) - Ke^{-r(T-t)}N(d_2)$$

其中,N(.)为正态分布的累积分布函数,

$$d_1 = \frac{\ln\left(\frac{S}{K}\right) + \left(r + \frac{1}{2}\sigma^2\right) \times (T - t)}{\sigma \sqrt{T - t}}, \quad d_2 = d_1 - \sigma \sqrt{T - t}$$

B-S 期权定价公式可以给可转换债券的转换期权价值部分的定价以有益提示。在一些实际应用当中,为简单起见,人们常把可转换债券的价值视作相应普通债券价格与期权的价值之和。但是,简单使用 Black 和 Scholes(1973)提出的欧式期权定价公式来对可转换债券的转换期权进行定价毕竟有其局限性。即使不考虑可转换债券可能提前执行转换权利和转换权利执行会稀释现有股权的问题,也必须注意到 B-S 公式中期权的到期执行价格是确定的,而可转换债券中包含的期权是用一定数量的可转换债券换取一定数量的股票资产的权利。由于可转换债券的市场价格是不断变化的,用货币来衡量就相当于期权的执行价格会随着可转换债券的市场价格的改变而不断改变,因而执行价格并不确定。

Margrabe(1978)提出了转换期权(exchange option)的概念,即用一种资产交换另一种资产的权利。可转换债券的价值就可以拆解为债券价值以及其中所包含的转换期权的价值的和。转换期权是两种资产 X_1 和 X_2 的交换权利。假定用资产 X_1 交换资产 X_2 的交换比例为 1:1,且两种资产的价格过程分别满足 $dX_1 = r_1 X_1 dt + \sigma X_1 dz_1$, $dX_2 = r_2 X_2 dt + \sigma X_2 dz_2$,其中 r_1、r_2、σ_1、σ_2 为常数,r_1、r_2 分别为资产 X_1 和 X_2 的期望收益,σ_1、σ_2 分别为资产 X_1 和 X_2 价格波动的方差,dz_1、dz_2 为布朗运动,且满足 $\text{cov}(dz_1, dz_2) = \rho_{1,2}$。

很明显,转换期权的价值同时取决于两种资产的价格和期权的剩余期限,用符号 $c(X_1, X_2, t)$ 表示转换期权在时间 t 的价值,则通过构造无风险组合(买入一份转换期权,同时卖出 $c_1 = \partial c / \partial X_1$ 份资产 X_1,买入 $-c_2 = -\partial c / \partial X_2$ 份资产 X_2)。由于转换期权的价值是两种资产价值的一次齐次线性函数(这一组合的投资额为零),用推导 B—S 期权定价公式类似的方法得到转换期权的定价公式如下:

$$c(X_1, X_2, t) = X_1 N(d_1) - X_2 N(d_2)$$

$$d_1 = \frac{\ln\left(\frac{X_1}{X_2}\right) + \left(\frac{1}{2}\sigma^2\right) \times (T - t)}{\sigma \sqrt{T - t}}, \quad d_2 = d_1 - \sigma \sqrt{T - t}$$

其中,$\sigma = \sigma_1^2 - 2\sigma_1\sigma_2\rho_{1,2} + \sigma_2^2$ 是两种资产价格之比的变化率 $d\left(\frac{X_1}{X_2}\right) \Big/ \left(\frac{X_1}{X_2}\right)$ 的方差。

可以将转换期权的定价公式经过简单的整理写成如下形式:

$$\frac{1}{X_2} c(X_1, X_2, t) = \frac{X_1}{X_2} N(d_1) - 1 \times e^{-0 \times (T - t)} N(d_2)$$

即可转换债券中的转换期权部分价值可以看作标的资产为 X_1/X_2、执行价为 1、无风险利率水平为 0 的买权价值的 X_2 倍。

Margrabe(1978)证明了转换期权不会提前执行,因而可以使用上述欧式转换期权定价公式为实际中的美式转换期权定价。

上述转换期权定价公式给出了可转换债券中转换期权价值的一个显式解,可以很简单地给出可转换债券的价值。但是必须注意到它同时也存在着一定的缺陷。

首先,用带漂移的布朗运动过程 $dX_1 = r_1 X_1 dt + \sigma X_1 dz_1$ 来刻画债券的价格过程不符合实际中债券在到期日价格为面值、债券价格最高不会超过未来所有现金流的总和以及在接近到期日时债券价格的波动率会降低等特性。这一公式假定利率水平不变,但是影响债券价值最重要的因素正是利率水平的变动。因而这一公式只适用于期权的到期日远小于债券的到期日并且利率水平稳定的情况。

其次，如前文所述，可转换债券中往往同时包含着赎回条款和回售条款。McConnell 和 Schwartz(1986)指出，可转换债券中有无赎回条款和回售条款会显著影响可转换债券的价值，并且两者对可转换债券价值的影响是不对称的。由于各种期权的执行相互影响，可转换债券的价值并不是债券价值和其中所包含的转换期权、赎回期权和回售期权价值的简单加总。精确地计算可转换债券的价值还需要综合考虑这些期权相互之间的影响。

最后，虽然在理论上转换期权不会提前执行，但是由于可转换债券中的赎回条款(尤其是某些强制赎回条款)和回售条款的影响，实际中可转换债券往往在到期日之前就会被转换为股票。因而可转换债券的正确定价还必须考虑提前转换的情况。

(二) 可转换债券定价的单因素模型

McConnell 和 Schwartz(1986)提出可转换债券定价的单因素模型，即假定可转换债券的价格只受公司股票价格 S 的影响，则可转换债券的价格 $C(S,t)$ 必须满足下述随机微分方程：

$$\frac{1}{2}\sigma_s^2 S^2 C_{SS} + rsC_s + C_t - rC = 0$$

其中，C_s、C_t 分别为转债价格对股价和时间的一阶偏微分，C_{SS} 为转债价格对股价的二阶偏微分。

另外，可转换债券的价格必须满足以下边界条件：

(1) 到期条件。在到期日，如果可转换债券的转换价值 nS(n 为转换比例)小于债券的面值 F，投资者会要求公司兑现，因而可转换债券的价格等于债券面值。如果转换价值大于债券面值，投资者会进行转换。所以可转换债券在到期日的价格满足：

$$C(S,t) = Max(nS,F)$$

(2) 转换条件。在可以转换的任意时间 t，可转换债券的价值都必须大于或者等于转换价值，否则投资者会购买可转换债券并进行转换获得无风险收益。

$$C(S,t) \geq nS$$

(3) 赎回条件。在公司可以赎回可转换债券的期间，如果可转换债券的价值大于赎回价格 $Call(t)$，而且赎回价格又小于转换价值，则公司可以宣布进行赎回，从而强制投资者进行转换。所以可转换债券的价值必须小于赎回价格和转换价值中较大的一个。

$$C(S,t) \leq Max(Call(t),nS)$$

(4) 回售条件。在规定的回售期间内，可转换债券的价值必须大于规定的回售价格 $P(t)$，否则投资者同样可以购买可转换债券并回售给公司获得无风险收益。

$$C(S,t) \geq P(t)$$

根据上述随机微分方程和四个边界条件，应用 Cox、Ross 和 Rubinstein(1973)提出的二叉树定价模型或者其他数值方法就可以得到可转换债券的现值，解决了前述定价公式中没有解决的赎回和回售条款以及提前赎回的可能对可转换债券价格的影响问题。但是若要考虑利率变动对股票价格的影响，则还要引入双因素模型。

(三) 可转换债券定价的双因素模型

应用数值方法同样可以处理利率变动对可转换债券价格的影响。所谓双因素模型就是同时考虑股票价格变动和利率水平变动两个因素对可转换债券价格的影响。

沿用 Brennan 和 Schwartz(1980)的做法,假定利率的变动服从一个均值回归过程,即在任意一个很短的期间 Δt 内,利率的变动 $\Delta r = \alpha(\mu_r - r) + r\sigma_r z_r$。$\alpha > 0$,为利率向均值 μ_r 回归的速度;z_r 是一个服从均值为 0、方差为 1 的正态分布的随机变量。

同样假定公司的股票价格变动 $\Delta S = \mu_s S + S\sigma_s z_s$,其中 μ_s 为股票的期望回报率,z_s 是均值为 0、方差为 1 的正态分布的随机变量,且 z_r, z_s 的协方差为 ρ。

则基于股票价格变动和利率水平变动两个指标的可转换债券的价格 $C(S, r, T)$ 满足:

$$\frac{1}{2}S^2\sigma_s^2 C_{SS} + r\rho S\sigma_s\sigma_r C_{Sr} + \frac{1}{2}r^2\sigma_r^2 C_{rr} + C_r[\alpha(\mu_r - r) - \lambda r\sigma_r] +$$
$$C_S(rS - cF) - rC + cF + C_t = 0$$

其中,λ 为利率风险的市场价格,c 为可转换债券的票面利率。

若可转换债券不支付利息,则 $c = 0$;利率和股票价格变动的协方差 ρ 的估计很不稳定,实践中往往简化为零。这样上式可以简化为

$$\frac{1}{2}S^2\sigma_s^2 C_{SS} + \frac{1}{2}r^2\sigma_r^2 C_{rr} + C_r[\alpha(\mu_r - r) - \lambda r\sigma_r] + rSC_S - rC + C_t = 0$$

可转换债券的价值可以根据上述双因素模型得到的随机方程和边界条件,利用数值法求解得到。求解过程中需要比单因素模型多估计以下四个参数:利率的波动率 σ_r,利率向均值回归的速度 α,利率风险的市场价格 λ 以及利率和股票价格变动的协方差 ρ。虽然双因素模型在理论上更为完美,但是这些参数极大地增加了估计的复杂性和估计错误的概率,因而在实践应用中受到一定的限制。引入一个新的不确定因素会极大地增加计算量。读者必须在更高的精确性和更繁复的计算之间作出权衡。

第五节　租赁融资

一、租赁的含义

租赁,是一种以一定费用租借生产资料等实物的经济行为。在这种经济行为中,出租人将自己所拥有的某种物品交与承租人使用,承租人由此获得在一段时期内该物品的使用权,但物品的所有权仍保留在出租人手中。承租人为其所获得的使用权需向出租人支付一定的费用(租金)。

现代租赁的主要特征有:

(1)租赁一般采用融通设备使用权的租赁方式,以达到融通资产的目的。对出租人来说,它是一种金融投资的手段;对承租人来说,它是一种筹措资金的方式。

(2)租金是融通资金的代价,具有贷款本息的性质。

(3)租赁期内,设备的所有权归出租人,使用权归承租人。

二、租赁的种类

租赁可从不同的角度进行分类。从租赁的目的来分,可分为融资租赁和经营租赁;从征税角度来分,可分为正式租赁和租购式租赁;从交易的程度来分,可分为直接租赁、杠杆租赁、回租租赁和转租赁等。

1. 融资租赁

所谓融资租赁,是指出租人根据承租人的请求及对租赁标的物(设备)的具体要求,与第三方——供货方订立一项供货合同,在出租人取得租赁标的物所有权的前提下,出租人与承租人同时订立一项租赁合同,以承租人支付租金为条件,出租人授予承租人使用标的物的权力。在这一租赁过程中,承租人表面上是租用出租人的标的物,而实质上是利用了出租人的资金,属于一种金融创新的范畴。

融资租赁是设备租赁的基本形式,其特点是:(1) 不可撤销。这是一种不可解约的租赁,在基本租期内双方均无权撤销合同。(2) 租期较长。基本租期一般相当于设备的有效寿命。(3) 承租人负责设备的选择、保险、保养和维修等;出资人仅负责垫付货款,购进承租人所需的设备,出租给承租人。

在融资租赁中,出租人实际上已将租赁所有权所引起的成本和风险全部转让给了承租人。拥有一项固定资产是要承担一定成本和风险的。所有权所引起的成本主要有因租赁物的维修、保险所花费的成本。所有权风险则主要包括两个方面:(1) 出售风险。企业拥有某项资产后如因某种原因须将其脱手,往往要蒙受一定的损失,以低于买进的价格在市场上出售。(2) 技术陈旧风险。企业拥有的设备有可能因有技术更先进的同类设备出现,或因技术进步使同样设备的价格下降而贬值,从而使企业蒙受损失。

2. 经营租赁

经营租赁是以获得租赁标的物的使用权为目的的。其主要特点是:(1) 可撤销性。这种租赁是一种可解约的租赁,在合理的条件下,承租人预先通知出租人即可解除租赁合同,或要求更换租赁物。(2) 经营租赁的期限一般比较短,远低于租赁标的物的经济寿命。(3) 出租人不仅负责提供租金信贷,而且要提供各种专门的技术设备。经营租赁中,租赁标的物所有权引起的成本和风险全部由出租人承担。其租金一般较融资租赁高。经营租赁的对象主要是那些技术进步快、用途较广泛或使用具有季节性的物品。

3. 正式租赁

正式租赁是指符合国家有关税法、能真正享受租赁税收优惠待遇的租赁交易。正式租赁的出租人可享有加速折旧、投资减税等税收优惠;承租人支付的租金可作为企业经营费用,从应纳税的收入中扣除,而且还能间接分享出租人获得的一部分减税优惠。因此,正式租赁的租金较为低廉。

4. 租购式租赁

租购式租赁是非正式租赁和有条件的销售租赁。它是指承租人在租期届满时,可以名义价留购设备并获得所有权的租赁交易。许多国家把它看成一项分期付款交易,一般来讲,租金较高。

5. 直接租赁

直接租赁是指由出租人独自承担购买出租设备全部资金的租赁交易。

6. 杠杆租赁

杠杆租赁一般是指出租人只投入少量资金(如全部资金的 20%—40%),并以此为"杠杆",其余部分依靠银行和银团贷款来购置用于租赁的大型设备。出租人要把租赁标的物的所有权、融资租赁合同的担保收益权、租赁标的物的保险受益权、租赁标的物的担保收益权及租赁合同的收益权转让或抵押给贷款人,贷款人对出租人无追索权。这种租赁方式多在金额较大的融资租赁交易上采用,如飞机租赁、大批的电信设备租赁等,交易结构比较复杂,特别是在出租人与贷款人的融资安排方面更为复杂。

杠杆租赁主要有以下几个优点:(1) 某些租赁标的物过于昂贵,租赁公司不愿或无力独自购买并将其出租,杠杆租赁往往是这些物品唯一可行的租赁方式。(2) 美国等国家的政府规定,出租人所购用于租赁的资产,无论是靠自有资金购入的还是靠借入资金购入的,均可按资产的全部价值享受各种减税、免税待遇。因此,杠杆租赁中,出租人仅出一小部分租金却能按租赁资产价值的 100% 享受折旧及其他减税、免税待遇,从而大大减少了出租人的租赁成本。因此,杠杆租赁又称减税杠杆租赁。(3) 在正常条件下,杠杆租赁的出租人一般愿意将上述利益以低租金的方式转让给承租人一部分,从而使杠杆租赁的租金低于一般融资租赁的租金。

7. 回租租赁

回租又称出售回租,是指承租人将其所拥有的物品出售给出租人,再从出租人手里将该物品重新租回。采用这种租赁方式可使承租人迅速回收购买物品的资金,加速资金周转。在这种方式中,承租人也是出卖人,该种交易是由买卖和租赁两个合同组成的融资租赁交易。

8. 转租赁

转租赁是指租赁公司从另一家租赁公司租进物品,然后再将其转手租给用户。转租赁的主要目的:一是为了从其他租赁公司手中获得租金融通,从而扩大自己的租赁业务;二是为了利用各国间关于租赁的税务规定的差别,以获得更多的免税好处。转租赁一般有两种方式:第一种方式是出租人将租赁物租给第一承租人,第一承租人经出租人同意,又以第二出租人的身份把租赁物转给第二承租人。第二种方式是出租人把购买租赁物的买卖合同卖给第三人或转让给第三人,由第三人作为买入人及出租人履行买卖合同,他再从第三人手中租回租赁物,并转租给最终承租人。出租人采用这种业务方式往往是为了取得融资便利。在跨国租赁时,这种做法有时也是为了利用出租人在不同国度的税收优惠,降低融资成本。转租赁业务只不过是出租人分离为二而已。

三、租赁与购买投资现值对比

为了使用一项设备,企业可以通过租赁获得设备的使用权,也可通过借资直接购买设备。哪种方式更合适,须视具体情况而定:租赁设备的税后现金流出量的现值是高于还是低于购买设备的税后现金流出量的现值。在此我们介绍一个基本概念,即租赁筹资净现值(net advantage to leasing,NAL)。租赁筹资净现值,等于购买价格减去与该租赁活动有关的净增税后现金流出量(Cash Flow after Taxes,CFATs)的现值,可用公式表示为:

$$NAL = P - PV(\text{CFATs})$$

其中,P 是购买价格,$PV(\text{CFATs})$ 是净增税后现金流出量的现值。

例 2-2：ABC 公司可用 1 000 万元购买一套大型生产设备,也可按租约租用该设备,这一租约要求在 10 年内于每年年底支付 150 万元。表 2-2 说明了租入设备对 ABC 公司的现金流量造成的直接影响。公司不必花 1 000 万元来购买设备。其效果相当于公司因租赁而不是购买设备得到 1 000 万元的现金流入量。但是,ABC 公司必须定期支付租金。所付租金可以作为当期费用,从而减少所得税负担(具体情况取决于税法的规定)。[①] 假设公司所得税税率为 40%,支付 150 万元的租金每年会产生金额为 60(= 0.4 × 150)万元的税额扣减。但 ABC 公司必须为此放弃折旧产生的税额扣减以及所有权的残余价值。设备折旧后的残值可忽略不计。折旧采用直线式。每年的折旧额为 100(= 1 000 ÷ 10)万元。该折旧的省税额为 40(= 0.4 × 100)万元。把所有这些因素加在一起,就可以得出:同购买相比,租入设备实际初始净现金流入为 1 000 万元;随后各年度(第 1 年至第 10 年)每年的实际净现金流出为 130 万元。

表 2-2 采用租赁筹资取得设备对 ABC 公司的直接现金流量影响   单位:万元

年	0	1	2	3	4	5	6	7	8	9	10
租赁收益											
初始开支(被避免)	1 000										
租赁成本											
租赁支付*		−150	−150	−150	−150	−150	−150	−150	−150	−150	−150
租赁支付的税收抵免**		60	60	60	60	60	60	60	60	60	60
放弃的折旧抵税***		−40	−40	−40	−40	−40	−40	−40	−40	−40	−40
放弃的残值											0
承租人净现金流量	1 000	−130	−130	−130	−130	−130	−130	−130	−130	−130	−130

注：* 在每年年末支付。

** 假设承租人的边际所得税税率为 40%。

*** 假设计税时按直线式折旧,账面残值为 0 元。

为了分析 ABC 公司的租赁或购买决策,我们首先必须具体确定当前的资本市场条件。假设 ABC 公司能按每年 11.5% 的税前利率借到 10 年期有担保分期偿还贷款,其金额为设备价值的 80%;对于设备其余的 20% 的价款,公司可按每年 14.0% 的税前利率借到无担保分期偿还贷款。

假设 ABC 公司是 100% 负债筹资,其中 80% 有担保,20% 无担保。那么,ABC 公司的平均负债成本在税前是 12.0%(= 0.8 × 11.5% + 0.2 × 14.0%);在税后是 7.2%[=(1 − 0.4)× 12.0%]。因此,运用公式,ABC 公司租赁筹资净现值为:

$$NAL = 10\,000\,000 - \sum_{t=1}^{10} \frac{1\,300\,000}{1.072^t} = 9\,046\,837.4(元)$$

结果是,按现值计算,租赁比购买节省约 90 万元。因此,从财务角度看,公司应当选择租赁该设备。

① 中国《企业所得税暂行条例实施细则》第 17 条规定:"纳税人根据生产、经营需要租入固定资产所支付租金的扣除,分别按下列规定处理:(1) 以经营租赁方式租入固定资产而发生的租赁费,可以据实扣除。(2) 融资租赁发生的租赁费不得直接扣除。承租方支付的手续费,以及安装使用后支付的利息等可在支付时直接扣除。"依此规定,对通过经营租赁方式租入的固定资产,承租方不能提取折旧,而对通过融资租赁方式租入的固定资产,因承租方不能扣除租赁费,可以在税前计提折旧。

第六节　项目融资

一、项目融资的含义与特点

项目融资(project financing)是为一个特定经济实体或针对某一特定项目所安排的融资活动。通常由发起人为该项目的筹资和经营成立一家项目公司,由项目公司承担贷款。它是以项目公司的现金流量和收益作为还款来源,以项目的资产或权益作抵(质)押而取得的一种无追索权或有限追索权的贷款方式。项目融资主要用于需要巨额资金而现金流量较稳定或前景较好的工程项目,如天然气、煤炭、石油等自然资源的开发,以及道路桥梁、电力、化工、公用事业等大型工程建设项目。

项目融资一般具有如下一些特点:

1. 项目导向

项目融资,顾名思义,是以项目为主体诉求的融资安排。它主要是依赖于项目的现金流量、盈利前景和资产,而不是依赖于项目的发起人的资信和还款能力来安排融资。

2. 一次性融资金额大

项目融资主要应用于同发起人资产和财力相比,投资规模较大的项目。项目融资所获得的资金通常占整个项目投资所需资金的60%—75%,有时甚至接近100%。

3. 项目一般具有良好的经济效益和相对稳定的现金流

由于项目融资所筹资金主要依靠项目本身所能产生的现金流来偿还,因此,项目本身能否产生可以预见的现金流显得至关重要。

4. 无追索权或有限追索权

项目融资的方式有两种:无追索权的项目融资和有追索权的项目融资。所谓追索权,指在借款人未按期偿还债务时,贷款方要求借款人用除抵押资产之外的其他资产偿还债务之权力。

无追索权的项目融资也称纯粹的项目融资。在这种融资方式下,贷款的还本付息完全依靠项目的经营效益。同时,贷款银行为保障自身的利益,必须从该项目拥有的资产取得物权担保。如果该项目由于种种原因未能建成或经营失败,其资产或收益不足以清偿全部的贷款时,贷款银行无权向该项目的发起人追索。这种无追索权的项目融资方式在20世纪20年代最早出现于美国,主要用于开发得克萨斯州的油田。这种做法使贷款人承担很大风险,一般较少采用。

除了以贷款项目的经营收益作为还款来源和取得物权担保外,贷款银行还可要求由项目实体以外的第三方在一定时间段(如项目建设期)提供担保。贷款银行有权向第三方担保人追索,这里的第三方包括项目的主办人、项目产品的未来购买者、东道国政府或其他保证人。但担保人承担债务的责任以他们各自提供的担保金额为限,所以称为有限追索权的项目融资。有限追索权的项目融资是目前国际上普遍采用的一种项目融资方式。

5. 非公司负债型融资

非公司负债型融资指不用反映在公司资产负债表相关科目内的融资安排,也称资产负债表之外的融资。项目融资,经过适当的融资结构设计,可以使项目的负债不反映在项目发起人的资产负债表中,而是以某种说明的形式体现在公司财务报表的注释中。

6. 风险回报

如果项目有风险,项目的贷款人会因承担项目风险而要求较高的资金回报。

二、项目的投资结构

项目发起人(投资者)既可以是一个公司,也可以是一个由多家利益关联方构成的联合体或财团。采用项目融资方式的融资项目通常由几个投资者共同参与,这主要是因为:

(1)大型项目的开发有可能超出一个公司的财务、管理或者风险的承受能力。使用合资结构,项目的风险可以由多个项目参加者共同承担。

(2)资源互补与共享。

(3)投资者强强联合,有可能在安排项目融资时获得较为有利的贷款条件。

由多家投资者共同参与融资项目可有多种投资结构安排,常见的包括公司型合资结构、合伙制结构和非公司型合资结构等。

公司型合资结构(incorporated joint venture)的基础是有限责任公司,投资者作为公司股东,以其出资额承担有限责任,并分享相应份额的利益。合伙制结构是两个或两个以上合伙人以获利为目的,共同从事某项商业活动而建立的一种法律关系。与公司型合资结构不同,合伙制结构并不构成一个独立的法律实体。非公司型合资结构(unincorporated joint venture)也被称作契约型结构,是投资者之间建立的一种契约关系,在项目融资安排中常被使用。在这种结构安排中,投资者直接拥有项目资产中一个不可分割的部分,而不是公司型结构中的股权。相应地,投资者获得的是合资项目中一定份额的产品,而非利润。

在项目融资的结构安排方面,以下几个因素可谓至关重要,必须认真加以考虑:

(1)如何实现有限追索。追索的形式和追索的程度取决于贷款银行对一个项目的风险的评价以及项目融资结构的设计。包括:所处行业的风险程度、投资规模、投资结构、项目开发阶段、市场安排以及项目投资者的组成、财务状况、管理水平、市场销售能力等。

(2)如何分担项目风险。关键问题是如何在投资者、贷款银行以及其他与项目利益有关的第三方间有效地划分项目的风险。

(3)如何利用项目的税务亏损来降低投资和融资成本。世界上多数国家都因为大型工程项目的投资大、建设周期长等问题而给予一些相应的鼓励政策以及税收优惠条件。

(4)如何满足投资者对项目融资资金的要求。项目融资中股本资金的注入方式比传统的公司融资更为灵活,但在设计融资结构时应最大限度地控制项目的现金流量,保证现金流量不仅可以满足项目融资结构中正常债务部分的融资要求,而且还可以满足股本资金部分的融资要求。

三、项目融资模式

项目融资主要有以下几种代表性的融资模式：

1. 投资者直接安排融资的模式

在这种融资模式中，由项目发起人（投资者）直接安排项目的融资，并且直接承担项目融资过程中相应的责任和义务。这种模式比较适合投资者本身财务结构相对简单的情形。由于投资者以自己的名义直接出面融资，对于资信良好的公司而言，即便使用的是有限追索权的项目融资，直接融资安排仍有可能助其获得资金成本相对较低的贷款。这是因为，对于贷款银行来说，资信良好的公司名誉本身就是一种担保。但这种融资模式也有明显的缺点，如项目贷款很难安排成非公司负债型（即资产负债表之外）的融资。

2. 投资者通过项目公司安排融资的模式

在这种融资模式中，由项目发起人（投资者）建立一个专门的项目公司来安排融资。比较常见的形式是由各投资者共同组建一个独立的项目公司，再以该公司的名义安排资金，拥有和经营项目。

3. 以杠杆租赁为基础的融资模式

这种模式指在项目投资者的安排下，由租赁合同中的出租方融资购买项目所需资产，然后租借给项目资产承租人（项目主办方或项目公司）的一种融资结构。

以杠杆租赁为基础的融资模式有以下特点：（1）杠杆租赁融资由于充分利用了项目的税务好处作为投资者的投资收益，所以降低了投资者的融资成本和投资成本，同时又增加了融资结构中债务偿还的灵活性。（2）杠杆租赁融资的应用范围比较广泛。（3）项目的税务结构以及税务扣减的数量和有效性是杠杆租赁融资模式的关键。

4. 以产品支付为基础的融资模式

在这种融资模式中，项目贷款方（银行）通过直接拥有项目的产品和销售收入，而不是通过抵押或权益转让的方式来获得收益和信用保证，因此，产品支付法是完全以项目产品和销售收入的所有权作为担保品的融资安排。这种融资模式在石油、天然气和矿产品项目融资中有较为广泛的应用。

以产品支付为基础的融资模式有以下特点：（1）由于所购买的资源储量及其销售收入被作为产品支付融资的主要偿还债务资金来源，因此，融资比较容易被安排成无追索权或有限追索权的形式。（2）融资期限将短于项目的经济生命期。（3）在产品支付融资结构中，贷款银行一般只为项目的建设资本费用提供融资，而不承担项目生产费用的贷款，并且要求项目投资者提供最低生产量、最低产品质量标准等方面的担保。

5. BOT 项目融资模式

BOT（build-operate-transfer，即建设—经营—移交）项目融资是指私营机构参与国家公共基础设施项目，并与政府机构形成一种伙伴关系，在互利互惠的基础上分配该项目的资源、风险和利益的融资方式。BOT 模式也称为特许权融资模式。这种模式的基本思路是：私营机构经项目所在国（所在地）政府或所属机构的准许，为项目的建设和经营安排资金、承担风险，开发建设项目并在限定时间内拥有项目的特许经营权，经营项目获取商业利润，最后根据协议将该项目转让给相应的政府机构。

BOT 模式具有以下特点：（1）批准项目公司建设开发和经营项目，并给予其使用土地、获取原材料等方面的便利条件。(2)政府按照固定价格购买项目产品(如发电项目)或政府担保项目可以获得最低收入。(3)项目所在国政府为项目建设和经营提供一种特许权协议(concession agreement),作为项目融资的信用保证基础。(4)在特许权协议终止时,政府以固定价格或无偿收回整个项目。在融资安排中,一般要求项目公司特许权协议的权益转让给贷款银行作为抵押,有时贷款银行要求政府提供一定的从属贷款或贷款担保作为融资的附加条件。(5)项目公司在特许期限内拥有、运营和维护这项设施,并通过收取使用费或服务费用,回收投资并取得合理的利润。特许期满后,这项基础设施的所有权无偿移交给政府。(6)运用BOT方式承建的工程一般都是大型资本、技术密集型项目,主要集中在市政、道路、交通、电力、通信、环保等方面。(7)BOT的演化方式还有BOO(建设—经营—拥有)、BLT(建设—租赁—转让)、BTO(建设—转让—经营)、TOT(转让—运营—移交)等。

BOT项目能否成功取决于多种因素,包括项目发起人(投资者)自身的实力与风险管理能力,以及项目所在国的法律环境、经济环境、政治环境等。近年来中国经济的飞速发展要求加强基本领域的建设,单靠国内资源是不能满足投资需求的。因此,继续改善中国的投资环境,灵活运用BOT及多种相关的融资手段吸引外资,对于缓解中国经济发展过程中的资金短缺矛盾,促进中国经济的快速稳定发展,具有十分重要的意义。

案例分析
项目融资案例:广东省深圳沙角火力发电厂 B 厂

一、项目背景

广东省深圳沙角火力发电厂 B 厂(以下称"深圳沙角 B 电厂")系于 1984 年签署合资协议,于 1986 年完成融资安排并动工兴建,于 1988 年投入使用。总装机容量 70 万千瓦,总投资为 42 亿港币。被认为是中国最早的一个有限追索的项目融资案例,也是事实上在中国第一次使用 BOT 融资方式兴建的基础设施项目。

二、项目融资结构

投资结构:采用中外合作经营方式兴建。合资中方为深圳特区电力开发公司(A 方),合资外方是一家在香港注册的专门为该项目成立的公司——合和电力(中国)有限公司(B 方)。合作期 10 年。合作期间,B 方负责安排提供项目全部的外汇资金,组织建设,并且负责经营电厂 10 年(合作期)。作为回报,B 方获得在扣除项目经营成本、煤炭成本和支付给 A 方的管理费后 100% 的项目收益。合作期满时,B 方将深圳沙角 B 电厂的资产所有权和控制权无偿转让给 A 方,退出该项目。

1. 融资模式

深圳沙角 B 电厂的资金结构包括股本资金、从属性贷款和项目贷款三种形式。

股本资金:

股本资金/股东从属性贷款(3.0 亿港元)	3 850 万美元
人民币延期贷款(5 334 万元人民币)	1 670 万美元

债务资金:

A 方的人民币贷款(从属性项目贷款,2.95 亿元人民币)	9 240 万美元
固定利率日元出口信贷(4.96 兆亿日元)	26 140 万美元

欧洲日元贷款(105.61亿日元)	5 560 万美元
欧洲贷款(5.86亿港元)	7 500 万美元
资金总计：	**53 960 万美元**

根据合作协议安排,在深圳沙角B电厂项目中,除以上人民币资金之外的全部外汇资金安排由B方负责,项目合资B方——合和电力(中国)有限公司利用项目合资A方提供的信用保证,为项目安排了一个有限追索的项目融资结构。

2. 融资模式中的信用保证结构

(1) A方的电力购买协议。这是一个具有"提货与付款"性质的协议,规定A方在项目生产期间按照协议规定的价格从项目中购买一个确定的最低数量的发电量,从而排除了项目的主要市场风险。

(2) A方的煤炭供应协议。这是一个具有"供货或付款"性质的协议,规定A方负责按照一个固定的价格提供项目发电所需要的全部煤炭,这个安排实际上排除了项目的能源价格与供应风险以及大部分的生产成本超支风险。

(3) 广东省国际信托投资公司为A方的电力购买协议和煤炭供应协议所提供的担保。

(4) 广东省政府为上述三项安排所出具的支持信。虽然支持信并不具备法律约束力,但作为一种意向性担保,其在项目融资安排中具有相当的分量。

(5) 设备供应及工程承包财团所提供的"交钥匙"工程建设合约,以及为提供担保的银行所安排的履约担保,构成了项目的完工担保,排除了项目融资贷款银行对项目完工风险的顾虑。

(6) 中国人民保险公司安排的项目保险。项目保险是电站项目融资中不可缺少的一个组成部分,这种保险通常包括对出现资产损害、机械设备故障以及发生相应损失的保险,在有些情况下也包括对项目不能按期投产情况的保险。

三、融资结构简评

(1) 作为BOT模式中的建设、经营一方(在我国现阶段,有较大一部分为国外投资者),必须是一个有电力工业背景、具有一定资金力量,并且能够被金融界接受的公司。

(2) 项目必须要有一个具有法律保障的电力购买合约作为支持,这个协议需要具有"提货与付款"或者"无论提货与否均需付款"的性质,严格按照事先规定的价格从项目购买一个最低量的发电量,以保证项目可以创造出足够的现金流量来满足项目贷款银行的需要。

(3) 项目必须有一个长期的燃料供应协议。从项目贷款银行的角度来看,如果燃料是进口的,通常会要求有关当局对外汇支付作出相应安排;如果燃料是由项目所在地政府部门或商业机构负责供应或安排的,则通常会要求政府对燃料供应作出具有"供货或付款"性质的承诺。

(4) 根据提供电力购买协议和燃料供应协议的机构的财务状况和背景,有时项目贷款银行会要求更高一级机构提供某种形式的财务担保或者意向性担保。

(5) 与项目有关的基础设施的安排,包括土地、与土地相连接的公路、燃料传输及贮存系统、水资源供应、电网系统的联结等一系列与项目开发密切相关的问题及其责任,必须要在项目文件中作出明确的规定。

(6) 与项目有关的政府批准,包括有关外汇资金、外汇利润汇出、汇率风险等问题,必须在动工前得到批准和作出相应的安排,否则很难吸引到银行加入该项目融资的贷款银团行列。

有时,在BOT融资期间,贷款银团还可能要求对项目现金流量和外汇资金的直接控制。

案例资料来源:中国能源网。

本章小结

本章主要介绍了什么是金融市场以及企业融资工具与方法,包括股票、普通债券、可转换债券、租赁融资、项目融资。

- 金融市场是投资融资的场所,通常分为资本市场和货币市场。

- 股票一般可分为普通股和优先股。我国因为历史原因和所有制形式,一般将股票分为流通股和非流通股。

- 债券的基本要素有票面价值、偿还期限和票面利率。债券的基本特征包括偿还性、流动性、收益性。债券按照发行主体、期限长短、利息支付方式、发行方式、有无质押担保以及是否记名等,可划分为多种类型。

- 可转换债券兼有股票和债券的特性以及期权特性。可转换债券的定价包括简单的可转换债券定价公式、单因素模型和双因素模型。

- 租赁是一种以一定费用租借生产资料等实物的经济行为。租赁可从不同的角度进行分类,本章重点介绍了融资租赁、经营租赁、正式租赁、租购式租赁、直接租赁、杠杆租赁、回租租赁与转租赁,并进行了购买与租赁的比较。

- 项目融资是为一个特定经济实体或针对某一特定项目所安排的融资活动,具有项目导向、一次性融资金额大、项目一般有较好的收益、无追索权或有限追索权、非公司负债型融资、风险回报等特点。几种有代表性的融资模式有投资者直接安排融资、投资者通过项目公司安排融资、以杠杠租赁为基础的融资模式、以产品支付为基础的融资模式、BOT 项目融资模式。

思考题

1. 简要描述本章所介绍的各种融资工具和方法的主要特点。
2. 可转换债券与普通债券的主要区别是什么?简述可转换债券的定价方法。
3. 如何做购买或者租赁决策?

第三章 股票发行与国内上市

- 股票初次发行
- 中介机构在证券发行中的作用
- 国内 A 股上市
- 新股定价
- 上市公司股票再融资发行

第二章谈到债券与股票是现代企业最常用的融资工具,但企业要达到利用债券或股票融资的目的,就必须通过一定的程序与步骤将债券或股票发行出去。本章和第四章在前面各章内容的基础上,介绍债券与股票发行的基本程序与相关知识。

第一节　股票初次发行

股票初次发行(initial public offering,IPO),是企业融资的一个重要方式与步骤。IPO 会把一个私有公司变成一个公众公司,因为每个人都可以在资本市场上购买已经进行 IPO 的公司的股票,从而成为该公司的股东。IPO 过程通常被称作上市。

一、为什么 IPO

企业上市的原因主要有以下几点:

第一,筹集资金,即筹集扩大再生产或建设新项目的资本。企业规模做大需要资金,要投资新项目也需要资金。上市是筹集资金的一个途径。

第二,增加股票的流通性。上市以后企业变成公众公司,那么不流通的股票就变成流通的股票。对金融资产而言,流动性是至关重要的,是提升资产价值的重要手段。在其他条件不变的情况下,股票价格会因流动性提高而提高。这一点可以从中国的股市明显地看出来。2005 年股改之前,中国上市公司的股票既有流通股,也有不可在交易所交易的非流通股,流通股与非流通股的价格差距悬殊。一个公司一旦上市,那么股东手头所持有的股票,就从流动性差的资产变成了流动性强的金融资产,可在公开市场以更高的价格出售套现。同时,由于流动性增强,新股东会按更高的价值估价股本,从而会提升公司的再融资能力。

第三,股票价格随着时间推移可提供有关企业经营状况的信息,有助于激励和制定投资决策。实际上,很多的激励措施,如股票、期权激励,都是与股价挂钩的,但是对于一个非上市公司来说,这个挂钩的意义就大打折扣了。

第四,增加公司知名度。上市公司因为受到广大投资者及媒体的关注而提高知名度与市场影响力。公司上市后,各大媒体每天都要提无数遍。证券公司顶级分析师还经常免费进行行业前景的研究和预测。

第五,为收购、兼并提供更多、更灵活的支付选择,即以股份收购其他公司,无需太多的收购现金。

Zingales(1995)认为公众公司更能吸引潜在收购者的注意,比起一般的外部投资者,企业家在与收购者谈判的时候能施加更大的价格压力,因而通过公开上市,早期创业者更容易在收购中获得一个更高的价格。Black 和 Gllson(1998)认为,在早期以风险投资为主要资金来源的公司中,创业者经常在 IPO 活动中重新从风险投资家手中获取控制权,因而,很多 IPO 活动是风险投资家的退出途径而不是早期创业者的途径。Maksimovic 和 Pichler(2001)认为公开股票的交易因为能从其他投资者、顾客、债权人、供应商当中获取更高的忠诚度而增加公司的价值。

二、IPO 的成本

股票发行上市的成本多种多样。首先是直接成本,即为了上市而产生的各种各样的中介费用,包括支付给投资银行、律师和会计师事务所的费用,也包括各种路演(road show)费用。其次是间接费用,也就是股票在初次发行时给投资者提供的价格折让,通常以股票上市后的首日异常收益表示。Stoll 和 Curley(1970)、Reilly(1973)、Logue(1973)、Ibbotson(1975)等学者较早发现了 IPO 股票第一天的收盘价格比发行价格有一个系统性的提高。根据相关统计,美国股票发行的直接成本约占 IPO 募集资金的 11%,而 IPO 折价更是高达12%,如表 3-1 所示。

表 3-1　1990—1994 年美国股票 IPO 的直接成本和间接成本(以百分比的形式)

收益 (百万美元)	发行公司数目 (个)	发行总差价 (%)	其他直接费用 (%)	总直接成本 (%)	折价率 (%)
2—9.99	337	9.05	7.91	16.96	16.36
10—19.99	389	7.24	4.39	11.63	9.65
20—39.99	533	7.01	2.69	9.70	12.48
40—59.99	215	6.96	1.76	8.72	13.65
60—79.99	79	6.74	1.46	8.20	11.31
80—99.99	51	6.47	1.44	7.91	8.91
100—199.99	106	6.03	1.03	7.06	7.16
200—499.99	47	5.67	0.86	6.53	5.70
500 及以上	10	5.21	0.51	5.72	7.53
总计	1 767	7.31	3.69	11.00	12.05

资料来源:Inmoo Lee,Scott Lockhead,Jay Ritter,and Quanshui Zhao,"The Cost of Raising Capital",*Journal of Financial Research*,1,Spring 1996.

正如我们讨论的,IPO 的折价发行是发行者的额外成本。IPO 首日的高回报在各国均存在,但程度各不相同。在中国以及许多发展中国家或地区的资本市场,上市成本通常会更高,股票上市后的首日异常收益更是高得惊人。如韩国、马来西亚等地股票上市后的首日异常收益率约为 80%,泰国为 58%,中国台湾地区为 45%,而中国内地 IPO 的首日异常收益率则曾一度高达 150% 左右(2002 年以后出现了明显下降),如表 3-2 所示。

表 3-2　部分国家和地区股票 IPO 的折价表现

国家(地区)	研究者	样本容量	研究区间	平均初始回报(%)
澳大利亚	Lee,Taylor & Walter	266	1976—1989	11.9
奥地利	Aussenegg	61	1984—1995	6.5
比利时	Rogiers,Manigart & Ooghe	28	1984—1990	10.1
巴西	Aggarwal,Leal & Hernandez	62	1979—1990	78.5
加拿大	Jog & Riding;Jog Srivastava	258	1971—1992	5.4
智利	Aggarwal,Leal & Hernandez	19	1982—1990	16.3
中国内地	朱江、田映华		1997—2000	145.0
丹麦	Bisgard	29	1989—1997	8.0
芬兰	Keloharju	85	1984—1992	9.6
法国	Husson & Jacquillat; Leleux & Muzyka;Paliard & Belletante	187	1983—1992	42.0
德国	Ljungqvist	170	1978—1992	10.9
希腊	Kazantzis and Levis	79	1987—1991	48.5
中国香港	McGuinness;Zhao and Wu	334	1980—1996	15.9
印度	Krishnamurti and Kumar	98	1992—1993	35.3
以色列	Kandel,Sarig & Wohl	28	1993—1994	4.5
意大利	Cherubini & Ratti	75	1985—1991	27.1
日本	Fukuda;Dawson & Hiraki; Hebner & Hiraki;Pettway & Kaneko;Hamao,Packer,& Ritter	975	1970—1996	24.0
韩国	Dhatt,Kim & Lim	347	1980—1990	78.1
马来西亚	Isa	132	1980—1991	80.3
墨西哥	Aggarwal,Leal & Hemandez	37	1987—1990	33.0
荷兰	Wessel;Eijgenhuijsen & Buijs	72	1982—1991	7.2
新西兰	Vos & Cheung	149	1979—1991	28.8
葡萄牙	Alpalhao	62	1986—1987	54.4
新加坡	Lee,Talor & Walter	128	1973—1992	31.4
西班牙	Rahnema,Fernandez & Martinez	71	1985—1990	35.0
瑞典	Rydqvist	251	1980—1994	34.1
瑞士	Kunz & Aggarwal	42	1983—1989	35.8
中国台湾	Chen	168	1971—1990	45.0
泰国	Wethyavivorn & Koo-smith	32	1988—1989	58.1
土耳其	Kiymaz	138	1990—1996	13.6
英国	Dimson;Levis	2 133	1959—1990	12.0
美国	Ibbotson,Sindelar & Ritter	13 308	1960—1996	15.8

三、上市之弊

前面我们介绍了公司上市的积极意义,但必须指出,公司上市也有一些相应的弊端。

第一,上市公司可能不得不披露一些敏感的信息。私人公司一般不需要向大众披露其经营信息,但是上市公司都有强制性的信息披露要求。一旦成为上市公司,就有义务披露各种重要信息,甚至是一些敏感信息。

第二,接受更为严格的监管。证监会和各种监管部门对上市公司有很高的要求,上市公司在很多方面,如董事会的构成、资本运作方式上,都会受到一些限制。

第三,上市必然会增加股东人数及公司的股本总量,从而导致原有股东的股权被稀释,削弱原有股东的控制权。

第四,面临维持成长方式及迎合外部投资者短期偏好的压力。一个上市公司的业绩增长若达不到投资者的预期,股价就很可能出现较大幅度的下跌。这种压力可能会导致公司经营管理上的短期行为,甚至财务上的弄虚作假(美国的安然和世界通信以及中国的银广夏的假账问题可谓人尽皆知),对公司的长远发展造成负面影响。

第五,股价波动的干扰。上市公司的管理层对其股价的波动通常比较敏感。然而,由于市场并不充分有效,股价波动有时并不准确反映公司的经营情况。这种波动有时会干扰上市公司的正常经营决策。例如,安然作为一个能源公司,在20世纪90年代大规模投资宽带业务,从长远来看,可能是财富的浪费,但是安然为了迎合投资者的口味,甚至是迎合财经媒体的口味,也投资了网络。

第六,IPO发行成本比企业其他融资方式的成本通常要高,而且没有省税的好处。

第二节　中介机构在证券发行中的作用

中介机构(如律师、会计师、资产评估师、投资银行等)是指在股票发行过程中为发行人提供咨询、策划、会计、法律、资产评估、审计等服务的法人或具有从事此类服务资格的特许自然人。中介机构在股票发行过程中起着联结发行人和投资者的作用,它具有双重功能,既是保证市场正常运行的联结主体,又是发行人的监督审核机构。股票发行本身是一种专业性极强的工作,操作技术性要求很高,操作过程既复杂又具体,因而需要中介机构为其提供全面的专业性服务。可以说,聘请优秀的中介机构是公司成功上市的重要一步。

一、中介机构的职能与任务

1. 承销商(投资银行)的职能与任务

在股票发行上市的运作中,承销商起着至关重要的作用,例如,按中国证监会的规定,承销商必须对发行人申请股票发行提交推荐意见。承销商不但向发行人提供全面的、专门的和综合性的服务,还要承担一定的法律责任和市场风险,并向投资者负责。在发行市场的运作过程中,承销商和发行公司之间既是同生死、共命运的共同利益关系,同时又有一定的矛盾。这是因为,承销商不但要对自己的经济效益负责,还要对投资者负责;他们既希望得到发行公司将来的业务,又希望将自己承担的法定责任降至最低。承销商于新发行证券销售期间,在稳定价格操作规定的限制下,有义务尽力维持股价的稳定,以避免股票发行不久就跌破原始的发行价。对投资者而言,此做法具有保护的功用,避免买入发行价格偏高的证券。对承销者而言,此做法可便利承销,并降低包销的风险。如果股票发行价定得太高,承销商将承担较大的风险。因此,承销商将维持承销证券的市价稳定,以建立投资者的信心,增强证券销售的效果。

2. 会计师事务所与审计事务所的职能与任务

我国有关法律法规明文规定,股票发行人必须聘请有资格的会计师事务所和审计事务所对其账目进行检查与审验,主要任务包括查账、验资、盈利预测等工作,如对股份公司前三年的财务报表进行审计并出具审计报告,对以后的盈利进行预测,同时也为其提供财务咨询和会计服务。

3. 律师事务所的职能与任务

协助发行人处理股票发行与上市的各类法律问题,并为发行人起草各类法律文件和发行以前的各种法律文书,如《法律意见书》和《律师工作报告》,对相关法律问题提出咨询意见等。同时参与股票发行有关问题的法律谈判,对股票发行与上市的各种文件进行法律把关。

4. 资产评估机构的职能与任务

按有关法律法规的规定,我国的股票发行人必须在股票发行之前进行资产评估,并由土地评估机构、资产评估机构出具土地评估报告、资产评估报告,等等。这一工作通常由具有证券业执业资格的资产评估机构承担。资产评估的方法有很多,主要有收益现值法、重置成本法、现行市价法、清算价格法。收益现值法是评估资产剩余寿命期内每年的预期收益(现金流)后,将其按照适当的折现率折现,累加得出评估基准日资产现值的资产评估方法。重置成本法是在当前的条件下确定被评估资产全部更新的重置成本,然后再加上该项资产的实体性贬值、功能性贬值和经济性贬值,以此估算出被评估资产价值的方法。现行市价法是指通过市场调查,选择若干个与评估对象相类似的资产作为比较对象,然后分析比较对象的成交价格与交易条件,通过对比和调整估算出评估对象价值的方法。清算价格法是指以企业清算时其资产的可变现价值为标准,对被评估资产进行价值评估的评估方法。

以上所有的中介机构,在股票发行过程中,是一个有机的整体,必须相互协调和配合,一般在主承销商的组织下,分工负责,共同工作。在企业发行上市的过程中,中介机构的真正角色应该是幕后的顾问,而不是企业的决策者和发言人。企业与中介机构之间,既有成功发行股票的共同目标,又有各自的立场和利益,因而也难免会出现分歧和矛盾。从发行公司和管理人员的角度来看,他们希望得到最高的 IPO 价格,同时希望股票价格在上市以后维持上升的势头。如果股票的发行价格低了,对公司和自己来说都没有好处。而承销商等中介机构自然想多赚佣金,但又不希望承担太大的风险。企业和中介机构及时沟通并携手工作是充分发挥中介机构应有作用的关键。

二、承销方式

1. 包销与代销

承销有两种常见的方式：一种是包销(firm commitment)，一种是代销(best effort)。包销指在承销协议所规定的承销期结束后，承销商将按发行价认购未售出的股票。代销，又称尽力承销，指在承销协议所规定的承销期结束后，承销商将未售出的股票全部退还给发行企业或包销商。在代销的情况下，承销商按承销股票的数额取得佣金。

2. 超额配售选择权

超额配售选择权是指承销商在发行股票时，可以超额发售不超过包销数量一定比例的股票，这个比例一般是15%左右。举例来说，某承销商承销某拟上市公司1000万股的新股，在引入超额配售选择权之后，它可能在一定的情况下在150万股范围内超额发售，实际发行数量可能达到1150万股。这种制度最早是一种关于卖空的设计，应用于1963年美国波士顿绿鞋制造公司的股票发行，所以俗称"绿鞋"。

超额配售选择权的设计目的是为了稳定新股上市后短期内的股价表现。具体操作时，主承销商可以超额发售不超过15%的股份，使自己处于卖空位置，然后在规定的期限内，比如说在新股上市之日起的30日内，可以采取两种方式弥补卖空缺口：(1) 股价低于发行价格时，承销商可以运用超额发售股票获得的资金从二级市场购回该股票。在这种情况下，股票发行的总额没有改变，超额配售资金实际上成了承销商用来"护盘"的头寸，起到了稳定股价的作用。(2) 股价高于发行价格时，承销商可以要求发行人增发一定比例的股票。在这种情况下，发行总额扩大了，可以在一定限度内扩大发行人的筹资规模，同时也有抑制二级市场后期过度上涨的作用。超额配售协议一旦签订，承销商是权利的一方，它可以在协议结束之后以发行价格将股份出售给认购人，而不论当时的市场价格有多低，认购人都必须购买，这时期权的性质是卖出期权。如果股价高于发行价格，认购人当然会乐意购入股票，这时期权的性质又变成买入期权，不过承销商无需承担风险，只要要求发行人增发股票就可以了，因为此时承销商拥有超额配售选择权。由此可见，承销商是超额配售选择权的最大受益者。

第三节　国内 A 股上市

一、A 股主板和中小板上市要求

首次申请在国内 A 股市场公开发行股票的公司必须符合《中华人民共和国公司法》(简称《公司法》)、《中华人民共和国证券法》(简称《证券法》)、《首次公开发行股票并上市管理办法》(简称《管理办法》，中国证监会2006年5月颁布)及相关法律、法规和规范性文件的规定，符合IPO上市条件和信息披露的要求。这些规定和要求包括：第一，拟上市公司应有足够的规模,运营独立,财务规范;第二,股权清晰,控股股东和受控股股东、实际控制人支配的股东持有的发行人股份不存在重大权属纠纷;第三,发行人一般应成立三年以上,经营状况良好,最近三年连续盈利(见表3-3)。需要指出的是,表3-3所列条件只是国内A股主板和中小板上市基本的要求,而非充分条件。

表3-3　国内A股主板和中小板上市基本要求

股本	发行前股本总额不低于人民币3 000万元;上市后股本总额不低于人民币5 000万元;公众持股至少为25%;如果发行时股份总数超过4亿股,发行比例可以降低,但不得低于10%。
存续时间和营业记录	发行人自股份有限公司成立后,持续经营时间应当在三年以上,但经国务院批准的除外。
盈利要求	(1) 最近三个会计年度净利润均为正数且累计超过人民币3 000万元,净利润以扣除非经常性损益前后较低者为计算依据; (2) 最近三个会计年度经营活动产生的现金流量净额累计超过人民币5 000万元;或者最近三个会计年度营业收入累计超过人民币3亿元。
治理要求	发行人最近三年内主营业务和董事、高级管理人员没有发生重大变化,实际控制人没有发生变更。发行人的股权清晰,控股股东和受控股股东、实际控制人支配的股东持有的发行人股份不存在重大权属纠纷。

依据我国现行的发行管理办法,中国证监会设立股票发行审核委员会(以下简称发审委),依照法定条件审核股票发行申请,以投票方式对股票发行申请进行表决,提出审核意见。发审委委员审核公司申请时通常会特别关注下列问题,并根据这些问题存在与否及是否影响公司发行上市进行判断。

(1) 公司在最近三年内是否存在重大违法行为。包括但不限于:① 公司发起人出资不实;② 公司未经批准发行或变相发行过股票、债券,以欺诈或其他不正当手段发行和交易证券;③ 公司设立或运作期间未履行合法的审批、登记程序;④ 其他重大的违法行为等。

(2) 公司三年前是否存在对公司未来产生影响的违法违规行为。包括但不限于:定向募集公司,其设立行为及内部职工股发行、增资等是否符合当时法律、法规及有关政策文件的规定等。

(3) 公司在最近三年内是否连续盈利。包括但不限于:公司在最近三年内发生的重大重组行为(包括公司整体资产置换、公司分立等)对公司的资产、负债、经营业绩产生了重大影响,发审委委员可以判断公司是否可以连续计算重组前原企业的三年盈利业绩。

(4) 公司预期利润率是否达到同期银行存款利率。这里的"同期银行存款利率"为一年期定期存款利率。

(5) 公司累计投资额是否未超过公司净资产的百分之五十。

(6) 发行前一年年末,净资产在总资产中所占比例不低于百分之三十,无形资产在净资产中所占比例不高于百分之二十。上述比例按经审计的发行上市主体(母公司)会计报表数据计算,其中无形资产按扣除土地使用权后的余额计算。

(7) 公司是否存在重大诉讼、仲裁、股权纠纷或潜在纠纷。

(8) 公司设立后股权转让及增资、减资的行为是否合法,是否履行了法定程序。

(9) 公司的股东大会、董事会、监事会是否依法独立履行职责、行使权力,公司治理结构是否完善。

（10）公司与股东在业务、资产、人员、机构、财务等方面是否分开，是否独立运作。

（11）公司是否存在重大或频繁的关联交易，且关联交易有失公允，公司内部缺乏保障关联交易公允性的措施。

（12）公司是否与控股股东及其所属企业存在严重的同业竞争。

（13）公司生产经营是否较严重地存在下列风险因素。包括但不限于：① 公司生产经营存在国家产业政策明确予以限制或禁止的领域；② 公司的募股资金投向不明确，投资项目与公司主营业务不相关，或存在市场、效益、环保等其他重大风险；③ 公司的内部治理存在严重不规范，公司管理层不能证明其建立了相应的管理手段与内控制度。

（14）公司最近三年内财务会计文件是否存在虚假记载；所申报的财务资料是否合规，是否充分、完整、准确地反映了公司的财务信息；公司是否存在重大的财务风险。

（15）是否存在其他问题。包括但不限于：① 中介机构出具的相关文件不符合有关部门和中国证监会规定的要求；② 出席会议的发审委委员一致认为存在影响公司发行上市的其他因素。

依据发审委的审核意见，中国证监会对发行人的发行申请作出核准或不予核准的决定。

二、深圳创业板上市要求

中国创业板市场于 2009 年 10 月在深圳证券交易所推出，当月便有 28 家公司在该板挂牌交易。创业板作为多层次资本市场体系的重要组成部分，主要目的是促进自主创新企业及其他成长型创业企业的发展，是落实自主创新国家战略及支持处于成长期的创业企业的重要平台，重点支持自主创新企业。创业板将青睐"两高"、"六新"企业："两高"即成长性高、科技含量高；"六新"即新经济、新服务、新农业、新材料、新能源和新商业模式。其中，新商业模式又包括连锁经营的企业、创意领域的企业、个人消费品结构升级的企业等。

具体来讲，创业板公司应是具备一定的盈利基础，拥有一定的资产规模，且需存续一定期限，具有较高的成长性的企业。IPO 并在创业板上市主要应符合如下条件：

（1）发行人应当具备一定的盈利能力。为适应不同类型企业的融资需要，创业板对发行人设置了两项定量业绩指标，以便发行人选择：第一项指标要求发行人最近两年连续盈利，最近两年净利润累计不少于一千万元，且持续增长；第二项指标要求最近一年盈利，且净利润不少于五百万元，最近一年营业收入不少于五千万元，最近两年营业收入增长率均不低于百分之三十。

（2）发行人应当具有一定规模和存续时间。根据《证券法》第五十条关于申请股票上市的公司股本总额应不少于三千万元的规定，《管理办法》要求发行人具备一定的资产规模，具体规定为最近一期期末净资产不少于两千万元，发行后股本不少于三千万元。规定发行人具备一定的净资产和股本规模，有利于控制市场风险。《管理办法》规定发行人应具有一定的持续经营记录，具体要求发行人应当是依法设立且持续经营三年以上的股份有限公司，有限责任公司按原账面净资产值折股整体变更为股份有限公司的，持续经营时间可以从有限责任公司成立之日起计算。

（3）发行人应当主营业务突出。创业企业规模小，且处于成长发展阶段，如果业务范围分散，缺乏核心业务，既不利于有效控制风险，也不利于形成核心竞争力。因此，《管理办法》

要求发行人集中有限的资源主要经营一种业务,并强调符合国家产业政策和环境保护政策。同时,要求募集资金只能用于发展主营业务。

三、国内借壳上市

借壳上市或买壳上市是指一家希望上市的私人公司(private company)通过把资产注入一家市值较低的已上市公司(shell,又称壳公司),得到上市公司一定程度的控股权,通过被注入壳公司的资产借助壳公司得以间接上市,私人公司的母公司或原股东则成为壳公司新的控股股东。通常壳公司在借壳完成后会被改名。借壳上市一般通过反向收购(reverse merger)来实现。比较直接的方式是由上市的壳公司通过向非上市公司股东定向增发股票收购非上市公司准备上市的资产,而非上市公司的股东则因受让壳公司定向增发的股票成为壳公司的大股东。另一种方法则是由非上市公司股东收购上市公司股份,控制一家已经上市的股份公司,然后通过上市公司用配股等方式募集资金,收购非上市公司的相关资产。

企业之所以借壳上市,大多是因为直接 IPO 无望或等待时间过长。

挑选壳公司最重要的一条是"干净"。所谓"干净"的壳公司,是指那些公司经营历史比较清楚,没有债务纠纷或债务问题易于处理,没有任何法律纠纷和其他遗留问题的壳公司。同时,壳公司上市资格保留完整,有足够的"公众股份"和"公众股东"。

挑选壳公司的另外一条是成本低廉。借壳上市的成本有三大块:取得壳公司控股权的成本、对壳公司注入优质资产的成本、对壳公司进行整合的成本。其中整合成本又包括以下内容:(1) 对壳公司的不良资产的处理成本。大多数通过借壳上市的公司要对壳公司的经营不善进行整顿,要处理原来的劣质资产;(2) 对壳公司的经营管理作重大调整,包括一些制度、人事的变动需要大量的管理费用和财务费用;(3) 改变壳公司的不良形象,取得公众和投资者的信任,需要投入资本进行大力的宣传和策划;(4) 维持壳公司持续经营的成本;(5) 控股后取得良好经营业绩的成本,即为了实现壳公司业绩的稳定增长,取得控股的公司,必须对壳公司进行一定的扶持所花的资金。

此外,在借壳上市时,还应充分考虑壳公司资源的风险,包括壳公司对债务的有意隐瞒和财务造假、政府的干预、壳公司设置障碍、融资的高成本及资产重组中的风险等。

在相当长的时间里,由于 IPO 难度极高,借壳上市是中国股市最重要也是最普遍的一种资产重组模式,而壳公司大多是一些连续亏损、资产质量差的 ST 公司。借壳上市不仅让处于困境中的壳公司获得重生的机会,还经常让这些公司的股东获得相当不菲的收益。也正因如此,借壳上市题材在股市里受到投资者的追捧,借壳上市成为中国股市最具活力的炒作题材。然而,正因为借壳上市受到市场追捧的缘故,各种各样的假重组及重组游戏也在市场上泛滥起来。不仅各种虚假重组的消息在市场上满天飞,而且由于借壳对应的经营实体本身就经营状态不佳的原因,不少公司的借壳上市除了引发市场的一阵投机炒作之外,并没有从根本上改变壳公司的命运,使得壳公司长期处于亏损的边缘,成为股市里永远的重组股,年年重组,每次重组又都不见成效。而这样的借壳上市,又进一步加剧了股市里的投机炒作气氛,同时也进一步加大了股市的投资风险。

为了遏制市场对 ST 公司的投机炒作风气,减少虚假重组,提倡价值投资理念,2011 年 8 月,中国证监会发布了《关于修改上市公司重大资产重组与配套融资相关规定的决定》,首次明确借壳上市标准，即上市公司向借壳方购买的资产总额达到或超过上市公司控制权发生变更的前一个会计年度期末资产总额的100%。同时，拟借壳的经营实体持续经营应当在三年以上，最近两个会计年度净利润均为正数且累计超过两千万元。这接近IPO的标准，甚至高于创业板IPO的盈利标准。显然，借壳上市门槛提高，壳资源面临贬值，重组板块炒作则会降温。

案例分析
海通证券借壳都市股份

　　2007年年初，上海市都市农商社股份有限公司(简称都市股份，股票代码为600837)公告称，公司董事会通过的海通证券借壳都市股份的方案为换股吸收合并，并将在完成后进行定向增发。公告指出，都市股份拟向第一大股东光明集团有限公司转让全部资产及负债，转让价款确定为7.56亿元。此外，在都市股份向光明集团转让全部资产及负债的同时，将换股吸收合并海通证券，都市股份换股价格为每股5.80元(停牌时的收盘价)，换股比例为1:0.347，即每1股海通证券股份换0.347股都市股份。

　　原海通证券在本次合并前的股份总数为8 743 438 870股，换得都市股份的股份为3 031 000 000股。本次合并完成后都市股份的股份总数将增加至3 389 272 910股，原海通证券股东拥有合并后都市股份总股本的89.43%，合并后公司的控制权属于原海通证券股东。

　　由于海通证券借壳，2007年股市最多涨停纪录由都市股份创造——14个无量涨停使股价涨了300%，从而令该股稳坐涨幅榜头排位置。2007年1月4日，当海通证券借壳都市股份的方案明朗之后，都市股份的股东便过起了幸福的"点点"生活。公司股票复牌后，股价从5.80元起步，天天无量涨停，K线图上每天都是一个小红点，一口气涨到22.01元。

　　中国证监会于2007年6月7日批准了都市股份重大资产出售暨吸收合并原海通证券的方案，标志着原海通证券成功借壳上市。都市股份更名为"海通证券股份有限公司"(简称新海通证券，股票代码仍为600837)。2007年10月9日，新海通证券获得中国证监会《关于核准海通证券股份有限公司非公开发行股票的通知》文件核准，采用非公开发行股票的方式，以每股35.88元的价格向8家特定投资者发行股份724 637 680股，募集资金总额约为260亿元。

案例资料来源：作者根据网络资料整理。

第四节　新股定价

　　新股价格的确定一般分两步：一是进行股票估值，或称公司估值。对上市公司的估值，国外有多种较为成形的理论和模型，如贴现现金流模型、可比公司比率法、净资产倍率法，等等，这种估值必须建立在对发行人的深入了解和对行业进行全面分析的基础上，主要目的是确定股票这种商品的内在价值，股票发行价格就是以该股票价值为基础确定的。二是发现股票市场价格，主要是询价和竞价。这种价格的发现是建立在充分的询价和优化机制的竞价基础上。询价定价的方法有多种,包括网上竞价、网下竞价、第一价格招标定价、第二价格招标竞价,等等。只有将股票价值发现和价格发现结合起来,最终才能得出合理的市场化的发行价格。

一、股票估值

第一章已对贴现现金流模型等估价方法作过介绍,现在我们主要对可比公司比率法进行一些讨论。

可比公司比率法包括市盈率法、价格销售比[1]或市值销售比法[2]、股票价格/账面价值法、股票价格/每股现金流法等多种方法。每种估价方法都有各自的适用条件和利弊,所得结果都是公司股票内在价值的评估值。其中,市盈率法在股票价格决定中应用得最广。市盈率法用公式可简单地表示为:

$$股票发行基准价 = 发行市盈率 \times 每股净盈利$$

在实际应用中,可以用以各种比率计算的股票价格的某种加权平均值作为决定股票发行基准价的参考。

二、询价与竞价

在新股价格的确定过程中,一般是由发行人、承销商与主要的机构投资者经过推介、询价,不断地修正定价,最后根据累计订单确定最终的发行价格。价格的确定过程要尽可能地接近市场化,其结果要能反映市场真正的需求。

1. 路演推介

投资者参与定价的前提是充分了解公司情况,路演推介活动可以给投资者提供这样的机会。上市公司在发行新股的过程中,通过路演推介,让愿意参与新股投资的投资者充分了解公司的有关信息,在此基础上公开竞价并确定最后的发行价格,这样可以充分发挥证券市场的价格发现功能。

2. 询价机制

根据询价对象的不同及数量的多寡,可将询价分为三种方式:机构单方面询价、向散户询价及散户与机构共同询价。

(1)机构单方面询价。这种方式主要是针对机构投资者举行"一对一"或小型路演推介会,给机构投资者充分了解公司的机会,通过向机构投资者询价,最终确定发行价格。

(2)向散户询价。这种方式在一定程度上体现了尊重占市场绝大多数比例的散户的原则,但从实际来看,受知识、精力和专业化程度的限制,要求普通公众投资者对股票内在价值作出比较准确的判断是比较困难的。

(3)散户与机构共同询价。这种方式针对包括机构投资者和散户在内的各种投资者进

---

[1] 价格销售比 = 股票价格/销售收入。
[2] 市值销售比 = 股票市值/销售收入。

行询价,最终敲定发行价格。

3. 竞价申购与配售

竞价发行也称招标购买,指的是由承销机构承销后确定底价,由投资者竞价产生发行价格。

2012年5月21日,中国证监会正式公布《关于修改〈证券发行与承销管理办法〉的决定》,规定IPO除可以询价方式定价外,也可以通过发行人与主承销商自主协商直接定价等其他合法可行的方式确定发行价格。采用询价方式定价的,发行人和主承销商可以根据初步询价结果直接确定发行价格,也可以通过初步询价确定发行价格区间,在发行价格区间内通过累计投标询价确定发行价格。

第五节 上市公司股票再融资发行

IPO只是公司通过股票市场筹集资金的起点。公司的发展通常会导致对资金需求的不断增加。再融资便是上市公司满足这种不断增加的资金需求的重要方式之一。实际上,上市的主要优势正是体现在具有推动公司快速发展的再融资功能和适应市场经济发展要求的新机制。增发(SEO)与配股是上市公司通过股票市场进行再融资的两种常见形式。增发指的是已上市公司对新老股东公开发售股票,而配股则一般是指仅针对现有股东配售股票。

假设某公司已有发行在外总股本5 000万股,二级市场股价为15元/股。公司现拟按10:3的比率向所有在册股东配售股票,共5 000×30% = 1 500(万股)。若配售价格定为8元/股,在配股全部售出的情况下,共可筹集新的资金1.2亿元(当然,公司需承担相关发行费用)。假设你现在拥有10 000股该公司股票,你可以按配股价认购不超过3 000股新股。如果该公司已改用增发方式公开发行1 500万股新股,并将增发价定在14元/股,则可筹集新的资金2.1亿元。与配股相比,增发新股由于数量更大、价格更高,融资规模往往要大得多。

在增发、配股方案公布时,市场往往表现出负面反应。主要有三种理论用于解释这种现象:资本结构变化假设、价格压力假设和负面信息假设。资本结构变化假设认为增发、配股可能会导致两种结果:一是股权融资会使得公司的债务风险变小,从而会把财富从股东手里转移到债权人手里;二是财务杠杆的降低增加了资本成本,从而减少了每股股票所含的税盾价值。这两种结果都可能导致市场的负面反应。价格压力假设认为公司股票的需求曲线是向下倾斜的,所以股票供给的增加使得股价下跌。负面信息假设认为公司的增发传递了公司经营的负面信息。

我国上市公司的股本结构中存在大量的国有股和法人股,这些占据着控制性比例的股份是不流通的,而且往往不参与增发和配股。[①] 这样一来,增发和配股不只起到了为上市公司筹集新资金的作用,还会导致公司利益在不同类型股东之间的重新分配。在上市公司再发行过程中,会发生财富的转移,转移规模的大小与再发行价格相对于再发行之前股票价格的折扣

---

① 金信证券研究所李康、杨兴君等人在一份研究报告中发现:1999年实施配股的我国上市公司中,非流通股东认配总额占应配总额的15.7%,放弃了应配总额的84.3%;2000年上半年非流通股股东认配总额占应配总额的13.68%,放弃了应配总额的86.32%。

率直接相关。

李康、杨兴君等(2003)的研究发现:配股方式下,参与配股的流通股股东有 3.85% 的超额收益,不参与配股的流通股股东有 3.70% 的超额损失;而增发方式下,流通股老股东无论参与或者不参与增发均会受到一定损失,同时,参与增发的新股东却获得了 13.26% 的超额收益。此外,非流通股股东不管是否参与配股或者增发,都能享受到每股净资产的大幅增长。在配股方式下,如果非流通股股东参与配股,将平均获得 28.22% 的每股净资产增长,如果非流通股股东不参与配股,那么每股净资产增长率为 33.06%;而在增发方式下,非流通股股东享受的每股净资产增长率高达 72.20%。在配股方式下,股东的超额收益率显著高于增发方式下老股东的超额收益率,两者相差约 5.22% 左右。

IPO 及 SEO 的数量随着时间变化很大,即存在所谓的热发(hot offerings)现象。2000 年美国有 446 起 IPO,总融资金额为 1 081.5 亿美元,而 2001 年美国只有 84 起 IPO,总融资金额为 384.6 亿美元。与 2000 年相比,2001 年发行频率明显下降,究其原因,实际在相当程度上是因为 2001 年的股市不景气。换句话说,任何公司都愿意在股市好的时候上市。因此对于公司上市来说,时机是非常重要的。

Ibboston 和 Jaffe(1975)提出,IPO 发行量和平均超额回报之间存在周期性,当 IPO 具有较高平均超额回报时,IPO 的发行量也会显著增加。Ibboston、Jaffe、Ritter 和 Aggarwal 等利用不同年份间超额收益的差异及发行量的差异得出结论:IPO 的初始收益和发行量存在相关关系。

对此有很多经济学家尝试解释。Lucas 和 McDonald(1990)认为,当企业家感觉到公司价值当前可能被低估时,通常他们会推迟公司的上市计划,直到市场时机好转到他们能获得一个满意的价格。Choe、Masulis 和 Nanda(1993)则认为,当公司感觉到优质的公司很少上市时,他们就会放弃发行新股的计划。其他一些经济学家如 Subrahmanyam 和 Titman(1999)、Schltz(2000)认为,市场会向企业家提供有价值的信息(即信息的溢出效应),而高价格信号表明有不断增加的增长机会,企业家会对此作出反应。

本章小结

本章主要介绍 IPO 的相关知识以及国内上市运作的相关规定和做法。

● IPO 是企业融资的一个重要方式与步骤,本章对 IPO 的利弊、成本进行了详细分析和介绍。

● 中介机构(如律师、会计师、资产评估师、投资银行等)是指在股票发行过程中为发行人提供咨询、策划、会计、法律、资产评估、审计等服务的法人或具有从事此类服务资格的特许自然人。本章对各类中介机构的任务和作用作了详细介绍。

● 国内 A 股市场主要分为主板、中小板、创业板等板块。除了在这些板块寻求 IPO 之外,企业还有借壳上市等选择。

思考题

1. IPO 的利弊和成本如何?
2. 国内 A 股市场主板、中小板、创业板上市分别需要什么条件?
3. 借壳上市的主要利弊分别是什么?

第四章 境外上市与债券发行

- 境外上市
- 上市地的选择
- 债券发行

在经济越来越全球化的今天,中国境内企业投资、融资早已不再局限于境内市场,境外市场提供了另外一个主要选择。

第一节　境外上市

上市的根本目的是融资,但股权融资并非只有 A 股市场一条渠道。在什么地方上市最为有利或最为容易,这对有志于上市融资的公司来说,是值得考虑的战略问题。

境外上市可以提升国际知名度,这对于准备国际化经营的公司来说是很有意义的。境内企业境外上市的途径虽然非常多,但归纳起来无外乎以下几种:境内企业到境外直接 IPO,涉及境内权益的境外公司在境外 IPO(如红筹股),境外借壳上市。

一、境内企业到境外直接 IPO

中国境内企业(包括已在 A 股等市场上市的公司)境外直接 IPO,即直接以中国境内公司的名义向境外证券主管部门申请发行的登记注册,并发行股票(或其他金融工具),向当地证券交易所申请挂牌上市交易,如青岛啤酒、民生银行(香港,H 股)、中新药业(新加坡,S 股)、中海油(纽约,N 股)等。

境外直接 IPO 的主要困难在于:中国境内与境外上市地在法律、会计制度等方面有显著差异,对公司的管理、股票发行和交易的要求也不同。进行境外直接 IPO 的公司需与中介机构密切配合,探讨出能符合境内、境外法规及交易所要求的上市方案。

境外直接 IPO 的工作主要包括两大部分:国内重组、审批和境外申请上市。这种上市方式因为需经过境内、境外监管机构双重审核,成本较高,所聘请的中介机构也较多。

值得一提的是,中国境内企业在境外某些市场(如美国)上市,有时不是直接发行股票,而是发行代表股票权利的存托凭证。所谓存托凭证(Depository Receipts, DR)是一种可转让的、代表某种证券的证明,如 ADR(美国存托凭证)。中国石化就有在美国交易的 ADR。

2012 年 12 月,为了缓解 800 多家公司排队申请国内 A 股 IPO 带来的压力,中国证监会发布了《关于股份有限公司境外发行股票和上市申报文件及审核程序的监管指引》,决定放宽境内企业境外发行股票和上市的条件,鼓励企业境外上市。从 2013 年 1 月 1 日起,境内企业在符合境外上市地上市条件的基础上,可自主向中国证监会提出申请,中国证监会将取消 1999 年发布的净资产不少于 4 亿元、税后利润不少于 6 000 万元等硬指标。

二、涉及境内权益的境外公司在境外 IPO

为了规避监管和审查,一些寻求境外上市的境内公司,先由公司的创始股东在英属维京群岛(BVI)、开曼群岛等地设立离岸壳公司(法律上称为"特殊目的公司"),然后利用这家特殊目的公司通过各种方式控制境内权益,最后以这家特殊目的公司为融资平台实现境外上市。这种模式也常被称为"红筹上市"或"造壳上市"。

在红筹架构下,根据控制境内权益的方式不同发展出不少变种,其中以协议控制模式最为知名。协议控制,又称可变利益主体(Variable Interest Entity, VIE)架构,最初是为了规避《外商投资产业指导目录》对于限制类和禁止类行业限制外资进入的规定,被用于互联网业务等"增值电信业务"行业。在过去十多年中,协议控制成为在境外上市的中国境内公司满足监管要求的标准模式,被普遍用于教育、医疗、电信、媒体以及广告行业等外资禁入的行业。2006 年 8 月 8 日,商务部等六部委联合发布了对外资并购和红筹上市产生重大影响的《关于外国投资者并购境内企业的规定》(俗称"10 号文",商务部于 2009 年 6 月 22 日对该文件进行了修订),导致一些非互联网业的普通企业为了实现境外上市,也开始采用协议控制模式,以规避 10 号文第 11 条所规定的关联并购审批。

VIE 架构通常的操作步骤包括:(1) 公司的创始人在维京群岛或开曼群岛设立一个离岸公司;(2) 该离岸公司与 VC、PE 及其他的股东,再共同成立一个公司(通常在开曼群岛注册),作为上市的主体;(3) 上市主体再在香港设立一个壳公司;(4) 香港公司在境内设立全资子公司(WFOE);(5) 该 WFOE 与境内运营业务的实体签订一系列协议来实现对境内企业决策、管理及利润等各方面的控制。VIE 协议一般包括股权质押协议、委托投票协议、独家技术咨询和服务协议、独家购买协议等。通过这一系列协议,外商独资企业实现了对境内运营业务的实体的控制。

▌ 案例分析
▌ "无锡尚德"纽约上市案例

2001 年 1 月,澳大利亚籍的施正荣博士回国创业,得到了无锡市政府的支持。在当地政府的动员下,江苏小天鹅集团、无锡国联信托投资公司、无锡高新技术投资公司、无锡水星集团、无锡市创业投资公司、无锡山禾集团等企业共出资 600 万美元,与施正荣共同组建了中澳合资的"无锡尚德",并占 75% 的股权。施正荣则以 40 万美元现金和 160 万美元的技术入股,占 25% 的股权,施正荣名下股份通过他个人全资拥有的澳大利亚公司 PSS(Power Solar System Pty. Ltd.)间接持有。

2004 年,"无锡尚德"开始谋划上市。据"尚德控股"向美国证监会(SEC)提交的 F1 表格(上市招股说明书)披露,"无锡尚德"2002 年亏损 89.7 万美元,2003 年利润仅为 92.5 万美元,这样的业绩水平根本无法满足国内的上市标准(见表 3-3)。另一方面,境外资本市场对光伏产业相当认同,美国 SUN POWER(纳斯达克)、中国台湾茂迪(6244.TW)等光伏企业上市时都受到狂热的追捧,因此,施正荣从一开始就瞄准了境外上市。

1. "百万电力"过桥贷款助力施正荣收购国有股权

2005年1月11日,"尚德BVI"成立,该公司施正荣持股60%,"百万电力"(Million Power)持股40%,法定股本为50 000美元。

施正荣为什么选择与"百万电力"合作呢? 原因在于,施正荣收购国有股权需要资金,而壳公司"百万电力"拥有者David Zhang等人愿意为其提供6 700万港元的过桥贷款。这笔过桥资金是"无锡尚德"启动境外上市的第一笔关键资金。双方于"尚德BVI"成立前的2005年1月6日签订了一份《过桥贷款协议》。

根据这份《过桥贷款协议》,David Zhang等人通过壳公司"百万电力"向"尚德BVI"提供6 700万港元的贷款,作为"尚德BVI"收购"无锡尚德"国有股权的保证金。协议约定,"百万电力"对"尚德BVI"的债权可以转换成在"尚德BVI"的股权。转换过程分为两步:第一步,当"尚德BVI"收购"无锡尚德"全部国有股权后(当时国有股权占"无锡尚德"的68.611%,PSS占31.389%),"百万电力"在"尚德BVI"的股权比例可以保持在40%不变,该贷款在会计处理上由"尚德BVI"对"百万电力"的负债改记为"百万电力"对"尚德BVI"的出资;第二步,当"尚德BVI"从施正荣所控制的PSS手中收购"无锡尚德"其余31.389%的股份,也就是"尚德BVI"100%控股"无锡尚德"后,"百万电力"持有"尚德BVI"25%的股权,施正荣持有75%。

"百万电力"这项过桥货款是"无锡尚德"启动境外上市的第一笔关键资金,主要风险在于国有股能否顺利转让。如果转让成功,其将获得极高的收益率,所提供的6 700万港元可以在不超过半年内转换成25%的"尚德BVI"股权,对应持有"无锡尚德"25%的股权。根据"尚德控股"《招股说明书》披露数据,"无锡尚德"截至2004年年末的净资产为2 739.6万美元,25%的股权对应的净资产为684.9万美元(约5 480万港元),与该项过桥贷款额基本相当,而施正荣对"无锡尚德"2005年的盈利预测是4 500万美元,25%的股权相应可以分得的当年利润达1 125万美元(约9 000万港元),也就是说,"百万电力"当年的投资回报率就可超过100%。事实上,仅仅4个月以后的2005年5月,"尚德BVI"在向高盛等外资机构出让股份时,高盛等投资者出资8 000万美元所获得的股份仅约占"尚德BVI"已发行股本的27.8%。

那么,万一国有股东不肯转让呢?《过桥贷款协议》规定,贷款期限仅半年,到期后"尚德BVI"必须将贷款连本带息一起归还"百万电力",否则每天按0.03%缴纳过期罚金。施正荣最初通过PSS拥有"无锡尚德"25%的股权,按照公司组建时股东间的约定,如果三年内资本回报率超过15%,就再送给施正荣5%的技术股,重新分割上海宝来投资的股份时,施正荣又购得1.389%,所以私募之前,施正荣(PSS)的股份已经涨到了31.389%。施正荣正是用自己所持有的31.389%的"无锡尚德"股权为此贷款提供抵押担保。

到2005年4月,施正荣松了一口气,因为"尚德BVI"已经与国有股东签订了股权收购意向协议,海外的风险投资机构也同意向"尚德BVI"溢价入股。以"百万电力"提供的6 700万港元过桥贷款为收购保证金,"尚德BVI"开始协议收购"无锡尚德"的国有股权。除直接从发起人股东手中收购44.352%的股权外,"尚德BVI"还收购了一家BVI公司"欧肯资本"(Eucken Capital),后者从两家国有股东手中受让了"无锡尚德"24.259%的股权。2005年5月交易基本完成时,"无锡尚德"的国有股东获得了约13.3倍的回报率。

2. "无锡尚德"重组实现外资私化,风险投资机构8 000万美元入股"尚德BVI"

2005年5月,"尚德BVI"成功进行了首轮私募,投资者包括高盛、英联、Natexis、龙科、普凯等多家投资银行。"尚德BVI"与这些海外风险投资机构签订了一份《股份购买协议》,以私募的方式向它们出售34 667 052股A系列优先股,每股2.3077美元,合计8 000万美元(见

表 4-1）。

表 4-1 "尚德 BIV" 的股份发行情况

购买者	发行日期	发行数量	占比（以完全摊薄股本为基数）	认购金额（美元）
高盛	2005-05-06	10 790 120 股 A 系列优先股	7.809%	24 900 000
龙科	2005-05-06	5 460 061 股 A 系列优先股	3.952%	12 600 000
英联	2005-05-06	5 416 727 股 A 系列优先股	3.920%	12 600 000
Natexis	2005-05-06	4 766 720 股 A 系列优先股	3.450%	12 500 000
Bestmanage	2005-05-06	4 333 381 股 A 系列优先股	3.136%	10 000 000
普凯	2005-05-06	3 900 043 股 A 系列优先股	2.823%	9 600 000
咨询顾问和贷款提供者	2005-05-06	购买 4 699 383 股普通股的期权		N/A
董事、员工和顾问	2005-09-05	购买 6 110 000 股普通股的期权		N/A

资料来源："尚德控股"公开信息。

《股份购买协议》中说明，"尚德 BVI" 通过向这些外资机构发行 A 系列优先股所得到的 8 000 万美元收入，将主要用于公司"重组"，而"重组"的完成也是外资机构认购优先股生效的前提。这里所说的"重组"，其实就是指将"无锡尚德"从一个国有控股的中外合资公司，通过股权转让的方式转变为由"尚德 BVI" 100% 拥有的子公司。

对于"重组"的具体步骤，《股份购买协议》概括如下（见图 4-1）：

（1）"尚德 BVI" 从江苏小天鹅集团、无锡山禾集团、无锡市创业投资公司和无锡 Keda 风险投资公司手中收购"无锡尚德" 36.435% 的股权；从无锡高新技术投资公司手中收购"无锡尚德" 7.917% 的股权。

（2）由 David Dong 所控制的"欧肯资本"从无锡国联信托投资公司和无锡水星集团手中收购"无锡尚德" 24.259% 的股权。

（3）"尚德 BVI" 从 David Dong 手中收购"欧肯资本" 100% 的股权。

（4）"尚德 BVI" 从施正荣手中收购 PSS 的 100% 股权（PSS 拥有"无锡尚德" 31.389% 的股权）。

（5）"百万电力"向一些自然人和机构转让部分"尚德 BVI"股权。

这样，"重组"完成后的架构将是："尚德 BVI" 持有 PSS 和"欧肯资本" 100% 的股权及"无锡尚德" 36.435% 的股权；同时，PSS 和"欧肯资本"持有"无锡尚德"其余 63.565% 的股权。根据《股份购买协议》，PSS 和"欧肯资本"应当在随后 90 天内把自己所持有的"无锡尚德"的股份全部转让给"尚德 BVI"，使"尚德 BVI"直接拥有"无锡尚德" 100% 的权益。

仔细分析这份"重组"计划，会产生一个很大的疑问："尚德 BVI"为什么不直接从无锡国联信托投资公司和无锡水星集团手中收购"无锡尚德"股权，而要通过"欧肯资本"二次转让完成收购呢？一个解释是，并非所有的国有股东都愿意放弃持有"无锡尚德"的股份，施正荣无法直接说服无锡国联信托投资公司和无锡水星集团转让股份，而必须借助于有能力说服国有股东的"欧肯资本"。

在外资机构的 8 000 万美元全部被国有股东获得的前提下，"欧肯资本"并不可能通过股权转让的价差获取利润，那么，其帮助"尚德 BVI"的目的只有一个，就是在"尚德 BVI"完成收

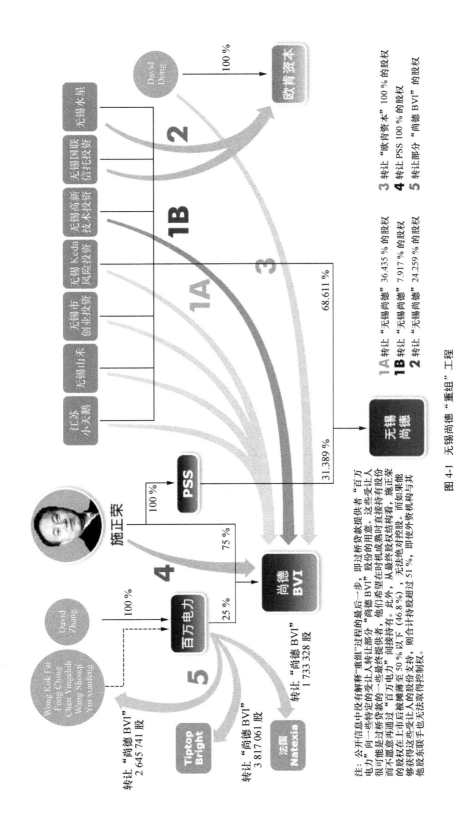

图 4-1 无锡尚德 "重组" 工程

1A 转让 "无锡尚德" 36.435 % 的股权
1B 转让 "无锡尚德" 7.917 % 的股权
2 转让 "无锡尚德" 24.259 % 的股权
3 转让 "欧肯资本" 100 % 的股权
4 转让 PSS 100 % 的股权
5 转让部分 "尚德 BVI" 的股权

注：公开信息中没有解释"重组"过程的最后一步，即过桥贷款提供者 "百万电力" 向一些特定的受让人转让部分 "尚德 BVI" 股份的用意。这些受让人很可能是过桥贷款提供者的一些最终提供者，他们希望在 "百万电力" 间接持有。此外，无法终股权结构看，施正荣的股权在上市后被摊薄至 50 % 以下 (46.8 %)，而如果能够获得这些受让人的股份支持，则合计持股超过 51 %，即使外资机构与其他股东联手也无法取得控股权。

购国有股权后获利,而这也正是"百万电力"的利益所在。换句话说,过桥贷款的提供者们在促成国有股退出的过程中发挥了重要的推动作用。

2005年5月,通过一系列交易,"尚德BVI"基本完成了收购"无锡尚德"的全部国有股权。如果外资机构的8 000万美元全部由国有股东获得,则国有股东实际出资的600万美元获得了约13.3倍的回报率。据国内媒体报道,"重组"中退出"无锡尚德"的国有股东们分别获得了10—23倍的投资回报率。

值得注意的是,国有股东"重组"前共持有"无锡尚德"68.61%的股份,即使8 000万美元全部由其获得,也意味着国有股东在2005年4—5月间认为"无锡尚德"的价值仅为11 660万(=8 000万/68.61%)美元;而从下文的分析我们可以看到,高盛等外资机构同期所确认的"尚德BVI"的价值为2.87亿美元。二者对"无锡尚德"的价值判断差异巨大。

3."对赌"完成股权设计,外资6倍市盈率投资"无锡尚德"

"尚德BVI"成立之初的股权结构是:法定资本和已发行股本都是50 000美元,分为50 000股、面值1美元的股份。为了方便境外风险投资机构的入股,在《股份购买协议》生效前,"尚德BVI"首先进行了一次拆股和一次送红股。拆股是现有股本由50 000股、面值1美元拆分成500万股、面值0.01美元;送红股是普通股股东每1股获赠17股,这样,已发行股本就达到9 000万股。

那么,外资机构的34 667 052股A系列优先股是怎么确定的呢?从投资银行通常的操作程序判断,首先,在对"尚德BVI"进行估值的基础上,外资机构确定了投入资金额是8 000万美元,占股权比例的27.8%[我们也由此推知,"尚德BVI"的价值被外资机构确认为2.87亿(=8 000万/27.8%)美元]。按9 000万股对应72.2%(=100%-27.8%)的股份计算,"尚德BVI"的已发行股本确定为124 667 052股,外资的持股数确定为34 667 052股。

外资持股数的确定也就决定了最终的股权结构:"尚德BVI"法定股本扩大到500万美元,拆分为面值0.01美元的5亿股,包括普通股465 332 948股和A系列优先股34 667 052股;已发行普通股9 000万股,优先股34 667 052股,其余股份未发行(见表4-2)。经过这一系列的资本运作,施正荣所持"无锡尚德"的股权比例在没有追加投资的情况下,从原来的25%跃升到了54.14%(=67 500 000/124 667 052),成为上市前"无锡尚德"第一大股东和控股股东。

表4-2 "尚德BVI"股权结构

股东名称	股份类别	股数(股)
施正荣	普通股	67 500 000
百万电力	普通股	14 303 870
Natexis(新加坡三期)	普通股	1 733 328
Shouqi Wang	普通股	866 664
Ching Fong	普通股	841 614
Xianfeng Yin	普通股	654 588
Kok Fai Wong	普通股	177 674
Yingchih Chen	普通股	105 201
Tiptop Bright Limited	普通股	3 817 061
高盛	优先股	10 790 120
龙科	优先股	5 460 061

股东名称	股份类别	股数（股）
英联	优先股	5 416 727
Natexis（新加坡三期）	优先股	2 600 060
Bestmanage	优先股	4 333 381
普凯	优先股	3 900 043
Natexis（法国一期）	优先股	1 600 000
Natexis（法国二期）	优先股	566 660
合计		124 667 052

外资机构为了保障自己的权利，要求 A 系列优先股必须享有超越所有普通股股东的大量不平等优先权，这使 A 系列优先股更类似于"尚德 BVI"所发行的一种高息可转换债券，享有多种权益：

（1）定期分红权。每股优先股每年可收取的红利为初始发行价格（即每股 2.3077 美元，8 000 万美元/34 667 052 股）的 5%，而普通股只有在 A 系列优先股股利支付后才有权获得分红。

（2）换股权。在公司 IPO 后，每股 A 系列优先股可自动转换为一股普通股，公司需保证 IPO 前的公司估值不低于 5 亿美元，公司通过 IPO 募集的资金不低于 1 亿美元。

（3）赎回权。如果发行 A 系列优先股满 37 个月，或者不低于 2/3 的优先股股东要求公司赎回全部已发行的优先股，则 A 系列优先股股东可以在任意时间要求赎回；在赎回任意 A 系列优先股的时候，公司的赎回价应为初始发行价的 115%。

（4）清算优先权。如果公司发生清算、解散、业务终止，A 系列优先股享有优先权，优于公司普通股股东接受公司资产或盈余资金的分配，接受金额为 A 系列优先股初始发行价的 115% 加上截至清算日全部已宣布未分配红利，如果全部资产不足 A 系列优先股初始发行价的 115%，则全部资产按比例在 A 系列优先股股东之间分配。

不仅如此，双方还签订了外资风险投资机构经常采用的"对赌协议"，即 A 系列优先股转换成普通股的转股比例将根据"尚德 BVI"的业绩进行调整。双方约定，截至 2005 年年末，在"尚德 BVI"经四大会计师事务所审计的、按照美国 GAAP 会计准则进行编制的合并财务报表中，合并税后净利润不得低于 4 500 万美元。假如低于 4 500 万美元，则转股比例（每股 A 系列优先股/可转换成的普通股数量）需要乘以一个分数——公司的"原估值"与"新估值"之比，即 2.87 亿美元/"新估值"。那么，这个"新估值"该如何确认呢？根据协议，"新估值"的数值应当是 2005 年的实际净利润乘以 6，也就是说，外资机构认为按照 6 倍市盈率投资"无锡尚德"是比较合理的。

这种"对赌协议"无疑对外资机构规避风险非常有利，但施正荣也在协议中对自己的控制权设定了一个"万能"保障条款：无论换股比例如何调整，外资机构的股权比例都不能超过公司股本的 40%。此外，他为公司的董事、员工和顾问争取到了约 611 万股的股票期权。虽然这会在一定程度上摊薄外资机构的权益，但强势的外资机构对此却并无异议，因为在境外风险投资机构看来，只有能够留住人才的公司股权才有价值。

根据境外风险投资机构目前已投资的境内项目判断，按 6 倍的市盈率投资于一家未上市的企业并不算低，高盛等外资机构之所以能给"无锡尚德"如此高的溢价，与原国有股东的完全退出和以施正荣为控股股东的"纯外资"股权结构的搭建完成有很大关系。首先，《中外合资经营企业法》等法规对境内投资者尤其是国有股东的权利有严格的保护,在涉及股权转让、增资、发行上市等方面有复杂的审批程序,国有股的完全退出大大降低了外资机构的法律风险。此外,2005年年初国家外汇管理局出台的"11号文件"和"29号文件"曾对境内企业的境外红筹上市作出了严格限制,直到2005年10月"75号文件"出台以前,外资机构的投资热情一直处于低谷,而由于施正荣属澳大利亚国籍,"无锡尚德""重组"后已经成功地变身为完全由外资投资的企业①,不再适用上述规定,因而可以简化法律程序,加快上市进程。

4. "换股"打造上市主体"尚德控股"

开曼群岛的法律环境最符合美国上市要求,开曼公司是最理想的上市主体,在境外上市实务操作中,"换股"是搭建上市主体最常用的方式。2005年8月8日,在上市主承销商瑞士信贷第一波士顿和摩根士丹利的安排下,由施正荣完全控股的壳公司 D&M Technologies 在开曼群岛注册成立"尚德控股",发行1股,面值0.01美元。2005年8月16日,"尚德控股"和"尚德BVI"的全体股东共同签订了一份"换股协议"。

根据协议,"尚德控股"以向"尚德BVI"现有的16家股东发行股票为代价,交换这些股东所持有的"尚德BVI"的全部股份,这简称为"换股"。"换股"后,"尚德控股"将持有"尚德BVI"100%的股份,而"尚德BVI"的16家股东将拥有"尚德控股"100%的股份。"尚德控股"作为最终控股公司,将择机上市。

"尚德控股"共向"尚德BVI"现有的16家股东发行了89 999 999股普通股和34 667 052股A系列优先股(表4-3)。这些代价股份与"尚德BVI"的股权结构相比,只有两处差别:第一,为了方便上市操作,原应支付给施正荣的股份改为支付给 D&M Technologies 公司了;第二,代价股数比"尚德BVI"发行股本少了一股。为什么少一股呢?因为这一股早就被 D&M Technologies 在注册"尚德控股"时持有了。这就是说,"尚德控股"其实完全复制了"尚德BVI"的股权结构。

表4-3 "尚德控股"向"尚德BVI"股东发行股票情况

	普通股	优先股
D&M Technologies Limited	67 499 999	
百万电力	14 303 870	
Natexis(新加坡三期)	1 733 328	2 600 060
Shouqi Wang	866 664	
Ching Fong	841 614	
Xianfeng Yin	654 588	
Kok Fai Wong	177 674	
Yingchih Chen	105 201	
Tiptop Bright Limited	3 817 061	
高盛		10 790 120
龙科		5 460 061
英联		5 416 727
台湾 Bestmanage		4 333 381
普凯		3 900 043

---

① 外界关于"无锡尚德"是"首家登陆纽交所的民营企业"的说法并不准确。

	普通股	优先股
Natexis(法国一期)		1 600 000
Natexis(法国二期)		566 660
合计	89 999 999	34 667 052
总计	124 667 051	

在"尚德控股"的公司治理方面,外资依然维持了强势的地位。根据"尚德控股"的《公司章程》,"尚德控股"的 A 系列优先股享有和"尚德 BVI" A 系列优先股同样的权利,此外,"尚德控股"必须任命高盛和龙科的代表进入董事会,并任命他们进入"无锡尚德"的董事会。也就是说,"尚德控股"和"无锡尚德"董事会不超过 7 人的成员中,有 2 人必须由外资机构委任。最关键的是,只要 A 系列优先股存在,几乎公司所有重大经营管理事项都必须经这 2 名"投资者董事"批准,包括利润分配、股票回购、高管股票出售、期权发放、关联交易、超过 500 万美元的负债、1 年内累计超过 100 万美元的固定资产购买和租赁、证券买卖、账户变更、会计政策或方法变更、收购兼并 200 万美元以上的资产或业务、超出预算 10% 的费用支出等。可以说,在上市以前,外资对公司拥有极强的控制权。

"无锡尚德"的股权结构演变过程如图4-2 所示。

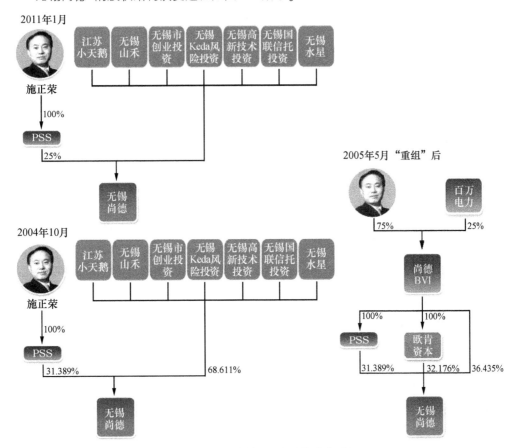

图4-2 "无锡尚德"股权结构演变过程

需要指出的是,双方也约定,一旦上市成功,"尚德控股"将启用第二套《公司章程》,外资的控制力将大大减弱,"对赌协议"也随之失效。这说明,外资对国际公开市场的管治水平有着充分的信任。

也正是考虑到在公司上市前外资所拥有的强大控制力,负责公司审计的德勤会计师事务所认定并说服纽交所接受,无论是"无锡尚德"的"重组"过程,还是"尚德控股"与"尚德BVI"的"换股"过程,都"没有产生任何新的单个股东或一致行动股东可以控制'无锡尚德'",因此可以采用权益结合法,而不必采用购买法的会计处理方法。这样,"无锡尚德"的全部资产、负债都得以按账面价值并入"尚德BVI"和"尚德控股","尚德控股"的历史财务和运营记录与"无锡尚德"完全保持一致。从这个意义上说,负责上市审查的纽交所也认为,虽然施正荣在上市前拥有54.14%的股份,但"尚德控股"和"重组"前的"无锡尚德"一样,实际控制权都掌握在董事会手中,只不过董事会中的部分成员由国有股东代表换成了外资机构代表。

2005年6月外资进入后"无锡尚德"的股权结构如图4-3所示。

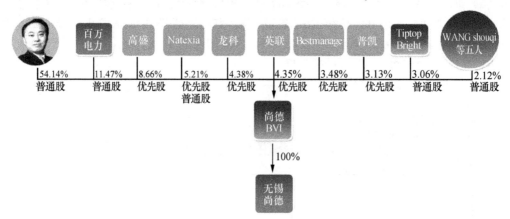

图4-3　2005年6月外资进入后(不计期权发放等股本摊薄因素)

5. 登陆纽交所完成财富增值

在寻求境外上市的过程中,"无锡尚德"曾先后计划在新加坡交易所、香港联交所和纳斯达克上市,但是由于2005年10月施正荣与纽交所CEO约翰·塞恩偶然结识,随后纽交所董事总经理马杜又到无锡亲自登门拜访,"无锡尚德"最终确定申请到全球超大型企业的俱乐部——纽交所上市。施正荣认为约翰·塞恩最打动他的一句话是:"最好的企业就应该到最好的交易所上市。"公司CFO张怡(Amy Yi Zhang)则表示,纽交所的上市条件比纳斯达克高,从"无锡尚德"的情况判断,其既能满足纳斯达克也足以满足纽交所的上市要求,而纽交所的上市费用只是略高于纳斯达克而已。

2005年12月14日,"尚德控股"向公众出售2000万股新股,老股东向公众出售638万股旧股,在纽交所完成了上市。对外资机构来说,按公司发行价15美元计算,其2.3077美元的购股成本在半年内增值了6.5倍;按公司上市首日收盘价计算,增值了近10倍。对施正荣来说,除了"无锡尚德"成立之初的40万美元股本外,几乎没有追加任何资金投入,而最终拥有了46.8%的股份,价值超过14.35亿美元。

"无锡尚德"上市的示范意义

通过境外上市,施正荣不但成功地取得了企业控制权,而且使个人财富得到惊人的增值,无疑是最大的获益者,而"百万电力"等过桥资金提供者也都在短期内获得了超额的投资回报。

外资机构在半年内有近10倍的投资回报率,使"无锡尚德"成为其对中国境内投资最成功的案例之一,虽然"对赌协议"和"优先股特权"降低了其相当大的风险,但其作为战略投资者毕竟也承担了股票锁定等投资失败风险。

与外资机构相比,国有股东对"无锡尚德"的估值和售价偏低,但正是由于国有股东的完全退出,使"无锡尚德"成为了一家外资控股企业,才使整体"故事"升级了。在外资投资机构进入后,市场所愿支付的价格进一步提高。如果"重组"时不改变"无锡尚德"的国有控股地位,能否吸引高盛等外资机构入股、能否激励施正荣等管理层实现目前的业绩水平及能否维持国际资本市场的投资热情都是很大的疑问。根据当地政府人士的表态,国有资本从"无锡尚德"完全退出的一个重要考虑因素是宣传当地的投资环境,吸引更多的投资,这些都是很难用资本量化的。

"无锡尚德"的上市模式对境内民营企业来说极具借鉴意义,但"无锡尚德"又有其独特的发展背景。其所处的光伏产业不仅增长迅猛,而且允许外商全资控股。对于一些仍然受到国家产业政策限制的企业,国有资本是否应当完全退出,重组上市能否效仿尚德模式,仍需具体情况具体分析。

"无锡尚德"在早期商业运营和资本运作方面无疑取得了巨大成功,造就了施正荣当年的财富神话。但是,"无锡尚德"的后续发展显然不是那么一帆风顺。由于行业产能的快速扩张和竞争的不断加剧,加之"无锡尚德"自身过度扩张、决策失误,2013年3月,"无锡尚德"宣告破产重整,施正荣则被董事会免去董事长职务,并卷入"诈捐""利益输送""转移资产"诸般是非漩涡……

案例资料来源:作者根据网络和媒体报道整理。

案例讨论题

1. 简要描述"无锡尚德"上市的主要流程和公司的架构安排。

2. "百万电力"的所有者和国外风险投资机构在"无锡尚德"上市过程中是如何"点石成金"并控制风险的?

三、境外借壳上市

由于境内IPO程序繁复,成本高、时间长,所以许多企业,尤其是民营企业,选择在境外借壳上市。其本质都是通过将境内资产注入壳公司的方式,达到拿境内资产上市的目的。国美电器在香港借壳当地上市公司中国鹏润就是境外借壳的典型例子。

境外借壳上市固然可以避开境内复杂的审批程序,但风险绝对不可小觑。例如,壳公司结构是否合理,有无法律瑕疵,借壳上市后的股票有无足够的流动性,有无融资机会等,都必须慎重考虑。如果操作不慎,很容易赔了夫人又折兵,花了大量冤枉钱,但却无法融资,无法套现。

案例分析
比克电池——境外借壳上市的成功典范

比克电池成立于 2001 年 8 月，初始注册资金为 1 000 万元，主营锂离子电池的研发、生产和销售。公司成立之初面临的状况很严峻，一方面，锂离子电池生产在当时已不是新兴行业，国内从事充电电池生产的企业很多，产品同质化竞争激烈；另一方面，业内领头企业的产品市场占有率很高，当时位居世界第二的比亚迪电池公司锂离子电池的年销售额已达 5.6 亿元，而比克电池的年销售额仅 2 000 多万元。比克电池为此选择了低成本扩张战略，加大了对钢壳产品的生产销售。因为在所有产品型号中，钢壳产品的电池因其容量大、寿命长、耐低温、成本低而广受市场欢迎。产品的畅销为公司赢得了国内外市场，销售量直线上升。但是超速发展也给公司带来了资金压力，而大规模举债使公司 2004 年的负债率一度超过 80%，尽快取得权益资本投资已成为公司的当务之急。

但对于刚成立三年的比克电池来说，要想获得境内资本市场的青睐几乎不可能，而香港创业板市场因为全球高科技泡沫的破碎，行情较之三年前一落千丈，2004 年在香港创业板上市的 21 家企业仅募集资金 27 亿港元，即使能在香港创业板成功上市，募集的资金也难以缓解比克电池对企业资金的需求，况且整个上市过程需要相当长的一段时间，而比克电池的资金链已岌岌可危。由此，比克电池将目光投向了美国资本市场。2004 年 9 月 28 日，由美国沃特财务集团牵头，比克电池与在美国纳斯达克场外交易市场 OTCBB（场外电子公告牌）上市的 Medina Coffee（一家咖啡零售公司）达成协议，由 Medina Coffee 发行 3 982.6 万股限制性普通股，其中 3 122.5 万股用于换取比克电池 100% 的股权，另外 860 万股由机构投资者以现金方式获取，此举的结果是比克电池通过反向并购方式成为 OTCBB 的上市公司，并且在上市的同时募集资金 1 700 万美元。2005 年 9 月，比克电池又成功在美国融资 4 300 万美元，按照当时美元对人民币约 1∶8 的汇率计算，比克电池用短短不到一年的时间就取得了在美国上市的资格，同时获得约 4.8 亿元人民币的募集资金。中国企业赴美借壳上市并不罕见，但在 OTCBB 上市的同时就能融到资金，不到一年后又能再次成功募集资金，比克电池实属首例。

1. 比克电池的借壳融资经验及分析

（1）借壳加融资，一箭双雕。比克电池采取的境外上市募集资金的方式即俗称的借壳上市或反向并购，就是拟上市企业同境外的一家上市公司（壳公司）进行合并或重组，然后把拟上市企业的资产注入上市公司，从而实现借壳上市。这一方式较 IPO 上市具有时间短、费用低、成功率高等特点。一般在美国 OTCBB 借壳上市仅需 3—6 个月，比克电池从 2004 年 9 月开始与目标公司接触，到成功登陆 OTCBB 仅花了 4 个月左右的时间，这在国内是不可能实现的；而美国资本市场的借壳成本也是比较低的，一般借壳成本不过几十万或 100 万美元左右；加之美国资本市场相对规范，OTCBB 市场又有丰富的壳资源，所以只要企业符合相关要求就很容易借壳成功。但与 IPO 相比，借壳上市企业却很难在上市的同时又成功募集资金，尤其是在 OTCBB 市场，上市公司只能通过私募基金筹集资本，不允许公开增发。而要想得到这个市场上机构投资者的青睐，企业必须具有一定的成长性，所以企业自身的表现是最重要的。事实证明，比克电池的成长性是毋庸置疑的，其 2004 年的年营业收入仅为 6 000 万美元，到 2008 年营业收入已接近 2.5 亿美元。

（2）转板成功，后续融资有望。美国的资本市场等级森严，OTCBB 是门槛等级最低的市场,在 OTCBB 交易的公司给投资者的印象是素质偏低、规模较小,大中型投资机构根本不会问津,而且公司募集资金的数量和渠道都很有限。因此,从长远来看,比克电池应升入纳斯达克场内市场,这对于其品牌树立和长远发展都十分有利,不仅融资渠道和投资机构关注度会增强,而且随着公司业务的发展更可持续获得融资。

纳斯达克市场分为小型资本市场和全国市场,一般从 OTCBB 到纳斯达克全国市场交易,要求公司必须满足总市值在 7 500 万美元以上、股价连续 3 个月不低于 5 美元、股东人数超过400 人等条件。比克电池借壳之初已发行股票数量约为 4 000 万股,按当时的股价计算的市值已经满足了纳斯达克全国市场的要求。因此,2006 年 5 月 31 日,比克电池成功地由 OTCBB转到纳斯达克全国市场交易,并且交易当天的股票价格迅速上升,最高价格为 10.75 美元,最后交易价格为 9.99 美元,是当日涨幅最大的股票之一,由此,比克电池成为国内第一家在纳斯达克全国市场上市的锂电池企业。

(3) 适时再融资,降低财务风险。2007 年以来,国际经济环境的恶化使处在国际市场的企业深受其苦,靠薄利多销虽然没有使企业销售额下降,但成本开支过大却使企业盈利水平严重下滑,比克电池也不例外。从 2007 年开始,比克电池的营业毛利便开始下滑,但公司正处在从低成本扩张向科技品牌转型的关键阶段,所以 2007 年公司依然保持了高额的研发投入。但公司前期募集的 6 000 万美元已不能满足其投资、经营发展的需求,所以公司的负债一直呈快速上升趋势(见表 4-4),财务风险也逐年上升。2007 年扣除财务费用后,公司的利润所剩无几,每股盈余从 2006 年前的平均 0.3 元/股降至 0.01 元/股,2008 年每股亏损 0.15 元。对于比克电池来讲,及时调整资本结构、补充资金、降低财务风险势在必行。

表 4-4　比克电池 2004—2008 年的相关财务数据　　　　　　　　单位:美元

	2004	2005	2006	2007	2008
资产总额	109 154 865	189 486 195	259 655 294	307 229 024	424 046 882
负债总额	88 725 179	99 177 052	146 027 265	180 497 112	256 347 569
营业收入	63 746 202	101 921 583	142 829 016	145 860 899	245 347 569
毛利	13 452 436	25 874 656	39 632 738	25 605 974	30 905 855
研发费用	328 779	541 738	5 054 624	4 695 604	5 802 655
息税前利润	8 772 518	15 483 831	22 571 365	4 581 352	(496 531)
财务费用	454 263	845 327	1 888 313	5 224 800	11 020 808
净利润	7 801 938	13 496 548	20 164 566	483 328	(7 940 600)
每股盈余	0.25	0.35	0.41	0.01	-0.15

2009 年 10 月 28 日,比克电池宣布以每股 3.55 美元的价格出售 579 万股股票,共筹集资金 2 060 万美元,扣除发行手续费后约 1 930 万美元,主要用于偿还部分债务、补充流动资金资本支出。同时,公司还授予投资者认股权证,允许其以每股 3.9 美元的价格购买不超过144.75 万股股票,自发行认股权证之日起两年内有效。此举在一定程度上缓解了公司的资金紧张,有效地降低了公司的资产负债率,从而减少了债务成本支出,防范了财务风险。

2. 借鉴与思考

(1) 审慎选择壳资源。借壳上市首先需要选择一家壳公司,美国纳斯达克场外交易市场和主板市场拥有丰富的壳资源,但壳公司的性质并不容易判断,有些壳公司是在真实公司的运营无法进行下去时被迫终止的,这类公司可能还存在未决负债或未决诉讼等问题,而由于语言障碍和文化差异,靠一己之力是很难判断的,所以境内企业在选择境外壳公司时需借助一些专业机构的顾问和经纪人对壳公司进行尽职调查,包括调查壳公司的创建背景、资产和负债情况、是否有交易、是报告空壳还是非报告空壳、股东规模、是否清白等。

(2)熟悉境外企业上市的相关法规。以美国为例,美国的证券交易体系主要分为两种:一种是场内交易,即拥有实际的交易大厅,经纪人可以在交易所提供的场地内交易,如纽约证券交易所;另一种是没有实际交易场所,在交易所之外采用电子或其他方式交易,即场外交易市场。场外交易市场又分为 OTCBB、粉纸等多层次的市场,在不同的市场上市交易要遵循的规范也大不相同。此外,美国对上市公司的监管非常严格,国内企业赴美上市后必须严格执行公司治理及内部控制方面的规章制度,否则将面临较高的诉讼风险,在执行美国《萨班斯-奥克斯利法案》的会计规定方面,国内企业也要付出高额成本。在这方面,国内企业因不熟悉相关法律导致被诉讼或被调查已不乏先例。

(3)保持公司自身的持续增长力。根据纳斯达克市场的有关规定,上市条件分为初始上市要求和持续上市要求。满足初始上市要求的公司上市以后,其股价状况可能会发生变化,但起码应当符合一个最低的要求,即所谓的持续上市要求,否则将会被摘牌。就最低报买价来说,纳斯达克市场规定,上市公司的股票如果每股价格不足 1 美元,且这种状态持续 30 个交易日,市场将发出亏损警告,被警告的公司如果在警告发出的 90 天内仍不能采取相应措施改变其股价,将被宣布停止股票交易。据统计,纳斯达克市场 80% 左右的股票在上市后的第三年便因公司破产或被购并而退市。所以对我国上市企业来说,要想在这个市场中长盛不衰,关键是要增强自身内力,保持可持续发展。

案例资料来源:中华会计网校网站。

第二节　上市地的选择

境内企业境外上市的地点,多为香港、纽约、新加坡和伦敦。法兰克福、多伦多、东京等地也偶有涉及,但这些地方影响力相对还较小。

一、如何选择境外上市地点

企业在选择上市地点时,需要进行理性的权衡,既要考虑企业自身的比较优势和市场定位,还要对不同证券交易所和市场投资者的比较优势进行评估,重点考虑以下因素:

1. 会计准则的影响

很显然,如果上市地的会计准则质量较高,则意味着会计信息透明、可信度高,投资者将可大大降低监督成本,提升股价水平。但是,从会计准则要求低的国家到要求高的国家,将面临较大的转换成本。

2. 法律影响

英美法系国家在投资者保护方面比大陆法系国家做得要好,这也就导致英美法系国家的股票市场更发达。2002 年美国出台《萨班斯–奥克斯利法案》,更进一步强化了对上市公司的监管要求。

3. 文化因素

在确定境外上市地点时,其他条件相同时公司更愿意选择到与本国文化背景类似的国家或地区去上市。很显然,中国内地企业比较倾向于到中国香港上市,也是因为两地的文化传统相同。

4. 开展海外业务的需要

在经济发达大国声誉卓著的交易所成功上市,本身就是证明企业资质的好广告。如果打算在该国开展经营活动,例如并购,则在该国上市是参与并购的前提条件。

5. 流动性

所谓流动性,通俗地说,就是能否快速变现股票以及以尽可能低的成本来变现,换手率是其重要的衡量标准。企业到流动性好的交易所上市应该更好。

6. 发行价格(市盈率)

发行市盈率高,在同等条件下可筹集更多的资金;二级市场市盈率高,则退出时可获取更多的财富。

7. 再融资

再融资是否便捷也是要考虑的因素,如果再融资很方便,即使首次筹资不多也是可以考虑的。

8. 上市成本及难度

包括各种中介费用、上市的不确定性、等待时间等。

9. 交易所偏好

不同交易所在发展中也采取了差异化、专业化的策略,这意味着不同的交易所中集聚的投资者不同,从深层反映了投资者不同的风险偏好、行业选择等。进行境外上市,要根据企业所属行业、企业筹资的风险程度等选择上市地点。例如,纽约市场是传统行业和传统性公司偏好的市场,纳斯达克则更多的是高科技或新经济行业或企业集聚的市场,香港市场多房地产和金融企业,而多伦多则有更多能源企业上市。

中国香港、美国、新加坡三地上市吸引力对比如表 4-5 所示。

表 4-5　中国香港、美国、新加坡三地上市吸引力对比

	中国香港	美国	新加坡
资金量	多	多	一般
当地证监会监管力度	强	强	强
对企业品牌号召力	强	较强	较强
变现能力	强	最强	强
媒介推介力度	强	一般	一般
对策略基金的吸引	有力	有力	较有力
股价上行空间	一般	大	一般
上市费用	一般	较高	较低

二、香港主板与创业板

由于香港资本市场对内地企业,特别是民营企业仍具有相当大的吸引力,在此,我们特别介绍一下香港主板与创业板市场。

股票在香港主板上市主要受由香港联合交易所执行的《香港联合交易所有限公司证券上市规则》(以下简称《证券上市规则》)所监管。在证券及期货事务监察委员会(证监会)的监督下,香港联合交易所负责所有上市事务的日常行政管理工作。

1. 股票在香港主板上市的条件

股票在香港主板上市必须符合下列先决条件:

(1) 发行人及其业务必须为香港联合交易所认为适宜上市者。资产全部或大部分为现金或为短期证券的发行人或集团(投资公司除外)一般不会视为适宜上市。

(2) 发行人需要通过以下三个财务测试中的一个:

① 盈利测试。即3年累计税后盈利不低于5000万港元;前2年税后盈利3000万港元,近1年税后盈利不低于2000万港元。

② 市值/收入测试。即市值不低于40亿港元及最近1年收入不少于5亿港元。

③ 市值/收入测试/现金流量测试。即市值20亿港元以上;最近1年收入不低于5亿港元;前3年累计现金流入1亿港元以上。

(3) 营业记录要求如下:

① 3年(如符合市值/收入测试,可短于3年)。

② 在基本相同的管理层下管理运作。

③ 最近1年须在基本相同的拥有权及控制权下运作。

(4) 必须有3名独立非执行董事;必须设立审核委员会。

(5) 上市时公众持股量不低于5000万港元;上市时公众持有的股份数量占发行人已发行股本总额的25%以上;如果上市时的市值超过100亿港元,香港联合交易所可能会将公众持股量降到15%至25%之间。

(6) 控股股东或董事可进行与公司有竞争的业务,但必须全面披露;不可以选择纯以配售形式上市;公开认购部分须全部包销;公司上市后前6个月内不能发行新股。

2. 股票在香港创业板上市的条件

香港创业板市场是主板市场以外的一个完全独立的股票市场,是由香港联合交易所于1999年第四季度推出的一个新股票市场,其目的是为有发展潜质的企业提供一个筹集资金的平台,以协助它们发展及扩张其业务。香港创业板与主板市场具有同等的地位,不是一个低于主板或与之配套的市场,但在上市条件、交易方式、监管方法和内容上都与主板市场有很大差别。

香港创业板市场主要上市规定如下:

(1) 不设溢利要求。知悉到高增长企业可能在创业期间并不一定录得溢利记录,故《创业板上市规则》并无规定新上市申请人一定要有过往溢利记录才可在创业板上市。

(2) 保荐人及其持续聘任期。新上市申请人须聘任一名创业板保荐人为其呈交上市申请,聘任期须持续一段固定期间,涵盖至少在公司上市该年的财政年度余下的时间以及其后两个完整的财政年度("指定期间")。

（3）可接受的司法管辖地区。新上市申请人必须依据中国香港、中国内地、百慕大或开曼群岛的法律注册成立。新上市申请人须：

① 证明公司在紧接递交上市申请前具有至少 24 个月的活跃业务记录。若符合下列情况,上述要求可减至 12 个月：(a) 首次上市文件中的会计师报告显示过去 12 个月内的营业额不少于 5 亿港元,会计师报告中所载对上财政年度的资产负债表显示总资产不少于 5 亿港元或上市时厘定的市值最少达 5 亿港元；(b) 上市时由公众持有的公司市值最少要达 1.5 亿港元,由最少 300 名公众股东持有,其中持股量最高的 5 名及 25 名股东分别合共持有不超过由公众持有的股本证券的 35% 及 50%；(c) 股份的首次公开招股价不少于 1 港元。如上市申请人为新成立的项目公司或开采天然资源的公司,又或在香港联合交易所接受的特殊情况下,这项 24 个月活跃业务记录的规定可在香港联合交易所的批准下放宽。

② 一直积极发展主营业务。

③ 于活跃业务记录期间,其管理层及拥有权大致相同。

④ 如其附属公司负责经营新上市申请人的活跃业务,必须拥有该附属公司董事会的控制权及不少于 50% 的实际经济权益。

⑤ 编制会计师报告,该报告须涵盖紧接上市文件刊发前两个完整的财政年度。若新上市申请人符合①的(a)至(c),则该会计师报告须涵盖的期间应为活跃业务记录开始起计至少 12 个月。

3. 香港主板与创业板市场的比较

以下是香港主板与创业板市场比较：

（1）主板上市公司须至少有三年业绩记录(若干情况下例外),在最近财政年度录得 2 000 万港元的溢利,并在之前两个财政年度总共录得 3 000 万港元的溢利；创业板则无盈利记录要求,但公司须于申请上市前 24 个月有活跃业务记录(规模及公众持股权方面符合若干条件的公司,则可减免至 12 个月)。

（2）主板并无明确规定公司须有主营业务；创业板上市的公司须拥有主营业务。

（3）主板申请人的业务须于三年业绩记录期间大致由同一批人管理；创业板申请人则须在申请上市前 24 个月(或减免至 12 个月)内大致由同一批人管理及拥有。

（4）有关聘用保荐人的要求于主板公司上市后即告终止；创业板公司则须于上市后最少两个整财政年度持续聘用保荐人担当顾问。

（5）主板公司须委任至少两名独立非执行董事；创业板公司则须委任独立非执行董事、符合资格的会计师和监察主任以及设立审核委员会。

（6）主板上市公司的最低公众持股量须为 5 000 万港元或已发行股本的 25%,以上市时两者中较高者为准；创业板方面,市值少于 40 亿港元的公司的最低公众持股量须占 25%,涉及的金额最少为 3 000 万港元。

4. 香港创业板上市的费用

谈到境外上市的费用,以香港为例。到香港创业板上市的成本,合计大概需要 800 万—1 000 万港元,如果能找到合适的中介,懂得运营规律,可以降到 600 万—700 万港元。具体费用包括：保荐人的顾问费约一两百万港元,包销费为发行总股数的 2.5%—4%,上市顾问费约 120 万—150 万港元,公司法律顾问费约 130 万—150 万港元,保荐人法律顾问费约 80 万—100 万港元,会计师及合数师(审计师)费用约 70 万—150 万港元,估值费不包括境外资产估值约 10 万—40 万港元,公关顾问费约 25 万—40 万港元,招股书印刷费约 40 万—80 万港元,股票过户登记费约 5 万—20 万港元,银行收费约 20 万港元等。所以在香港的创业板上市,若公司规模有限,其上市成本是相当高的。正如前面所说的,股权融资的成本是比较高的。当然在美国有一些公司可以通过一些途径帮助中国公司上市,例如到美国借壳上市,这样可以省掉很多中间环节,从而省掉一笔费用。

第三节　债券发行

与股票筹资的不可偿还性不同,企业债券有固定的存续期限,发行人必须在到期时向投资者支付本金,并按预定的利率水平支付利息。因此,各国或地区都对企业债券的发行制定了严格的限制条件,以确保发行人的偿债能力,保护投资者的合法利益。例如,香港联合交易所规定,除了由国家机构及超国家机构发行的债务证券,所有债务证券若申请在香港联合交易所上市,必须符合下列基本条件:

(1) 发行人及担保人(如属担保发行人)两者各须根据其注册或成立地方的法律正式注册或成立,并遵守该地法律及其公司章程大纲及细则或同等文件的规定。

(2) 如发行人为一家香港公司,则不属香港《公司条例》内所指的私人公司。

(3) 如发行人或担保人(如属担保发行)的股份并未上市,则发行人或担保人(如属担保发行)必须拥有最少 1 亿港元的股东资金总值总额,而每类寻求上市的债务证券的面值最少须为 5 000 万港元,或香港联合交易所不时指定的其他数额。

(4) 寻求上市的债务证券必须可自由转让。

下列条件则适用于非选择性销售的债务证券:

(1) 如发行人或担保人(如属担保发行)的股份并未上市,则两者及其有关业务,必须被香港联合交易所认为适宜上市。

(2) 新申请人或担保人(如属担保发行)必须已根据其国家法律编制包括申请上市前三个财政年度的经审核账目。

在许多国家和地区,由于只有股份公司才能发行企业债券,所以对它们来说,企业债券即公司债券。

中国的债券总体上还不够发达和完善,但潜力巨大且近年来发展势头迅猛。就目前而言,中国企业债券泛指各种所有制企业发行的债券,包括地方企业债券、重点企业债券、附息票企业债券、利随本清的存单式企业债券、产品配额企业债券和企业短期融资券等。地方企业债券,是由中国全民所有制工商企业发行的债券;重点企业债券,是由电力、冶金、有色金属、石油、化工等行业的国家重点企业向企业、事业单位发行的债券;附息票企业债券,是附有息票、期限为 5 年左右的中期债券;利随本清的存单式企业债券,是平价发行、期限为 1—5 年、到期一次还本付息的债券,各地企业发行的大多为这种债券;产品配额企业债券,是由发行企业以本企业产品等价支付利息,到期偿还本金的债券;企业短期融资券,是期限为 3—9 个月的短期债券,面向社会发行,以缓和由于银根抽紧而造成的企业流动资金短缺的情况,这种债券发行后可以转让。

为了规范公司债券的发行行为,保护投资者的合法权益和社会公共利益,2007 年 8 月,中

国证监会颁布了《公司债券发行试点办法》。该办法规定,上市公司发行公司债券,应当符合下列规定:

(1) 公司的生产经营符合法律、行政法规和公司章程的规定,符合国家产业政策。

(2) 公司内部控制制度健全,内部控制制度的完整性、合理性、有效性不存在重大缺陷。

(3) 经资信评级机构评级,债券信用级别良好。

(4) 公司最近一期末经审计的净资产额应符合法律、行政法规和中国证监会的有关规定。

(5) 最近 3 个会计年度实现的年均可分配利润不少于公司债券 1 年的利息。

(6) 本次发行后累计公司债券余额不超过最近一期末净资产额的 40%;金融类公司的累计公司债券余额按金融企业的有关规定计算。

公司债券每张面值 100 元,发行价格由发行人与保荐人通过市场询价确定。公司债券发行与上市申请由相关交易所上市委员会进行审核,作出独立的专业判断并形成审核意见,交易所根据上市委员会的意见作出是否同意上市的决定。

随着中国债券市场进入黄金时期,在经历 5 年多的试点之后,中国证监会即将对公司债券进行一场全方位的变革。经过为期 1 年的修订,《公司债券发行管理暂行办法》(下称《暂行办法》)于 2013 年 2 月结束征求意见阶段,此后公司债将从试点转向常规阶段。据了解,在发行方式上,拟新增非公开发行,并将非公开发行人主体扩大至所有公司制法人,将私募品种期限放松至 1 年以内,引入备案制;在承销安排上,拟引进商业银行。他表示,相较于 2007 年出台的《公司债券发行试点办法》,《暂行办法》不仅仅是修订,更是一份公司债券革命的纲领性文件。

另有市场人士称,《暂行办法》的种种革新之举,一方面显示了中国证监会意欲在发展公司债券方面继续发力,赶超企业债券和债务融资工具;另一方面也表明,在弱化行政审批推进市场化、大力发展私募债券等方面,各监管机构已经有了进一步的共识和行动。

《暂行办法》最引人注目的变革体现在两大方面:一是在公司债券的定义上,将"约定在 1 年以上期限内还本付息"改为"约定在一定期限内还本付息",为推出 1 年及 1 年以内的品种(类似于短融及超短融)留下了空间;二是新增了一条"公司债可以公开发行,也可以非公开发行",为私募公司债券(类似于定向工具)的推出以及后续创新设计奠定了基础。

在私募债券框架下,中国证监会拟将其发行主体由原来仅限于上市公司放开至全部公司制法人。上述权威人士称,考虑到境内债券市场管理体制的复杂历史成因,在《暂行办法》颁布实施初期,除沪深交易所上市公司、B 股公司、新三板上市公司以及未上市证券期货经营机构,境内注册的其他公司制法人均可以非公开发行方式发行公司债券。

《暂行办法》拟规定,非公开发行的公司债券应当向合格投资者发行,每期债券的投资者合计不得超过 200 人。合格投资者范围与中小企业私募债券相仿,但降低了企业投资者的注册资本门槛,并增加了合格境外机构投资者(QFII)与人民币合格境外机构投资者(RQFII)。

为进一步体现私募特点,除事前备案的一般规定外,《暂行办法》引入了事后备案的制度安排。对于公司治理、财务状况、资信情况和诚信记录良好的上市公司,以及评级良好的证券期货经营机构和证券金融公司,其发债均可事后备案。具体而言,沪深交易所上市公司与新三板上市公司非公开发行公司债券由相关股票上市或挂牌场所接受备案;其他发行人非公开发行公司债券可自主选择经中国证监会认可的证券自律组织接受备案;在证券公司柜台转让的,由中国证券业协会接受备案。

值得注意的是,《暂行办法》拟规定,发行公司债券应当由中国证监会认可的承销机构承销,而证券期货经营机构发行公司债券可自行销售。

截至 2012 年 11 月底,在证券交易所市场发行的公司债券存量为 7 389 亿元,包括中小企业私募债券、可转债和分离式可转债。相形之下,目前由国家发展和改革委员会主管的企业债券存量已经达到了 2.3 万亿元,而由中国银行间市场交易商协会主管的债务融资工具存量更是突破了 4 万亿元。

本章小结

本章主要介绍中国境内企业在境外上市融资的途径,包括境外直接 IPO、境外上市的红筹模式、境外借壳上市等。同时讨论了境外上市地选择的原则,并对香港主板和创业板的上市要求作了专门介绍。

- 除了发行股票融资外,发行债券也是直接融资的重要手段。

思考题

1. 境外上市有哪些主要方式?
2. 什么是境外上市的 VIE 模式?
3. 如何选择境外上市地?
4. 什么是私募债券?

第五章 资本结构与税收筹划

- 税收、资本成本与资本结构
- 财务危机与最佳资本结构
- MM 理论之反思与中国的融资实践
- 小结：融资方法的选择

第一节 税收、资本成本与资本结构

第一章曾经谈到,一项金融资产(包括公司)的价值等于其未来现金流的预期值经折现后的现值之和,所用的折现率常被称为资本成本。公司负债的资本成本为相应负债的利息成本(当然,有税前、税后之分),而股东权益的资本成本则通常定义为相应股权投资的预期回报率,或者说是权益投资者在同等风险条件下,通过其他投资渠道可以获得的最高预期回报率。一般而言,债务的资本成本会低于权益的资本成本,原因是后者具有更高的投资风险。

一、加权平均资本成本

为了评估一个公司的整体价值,我们需要了解整个公司的资本成本。而公司各类资金的资本成本加权平均值,即公司的加权平均资本成本(weighted average cost of capital,WACC),就是评估公司整体价值时应该使用的成本。用一个简单的数学公式,加权平均资本成本可表示为:

$$\text{WACC} = \sum_i w_i \times K_i$$

这里,K_i 是第 i 种资本的资本成本;w_i 为第 i 种资本的权重,即第 i 种资本在公司资本总量中所占比重。所有 w_i 的和应为1。

例5-1:考虑一个公司,总资产是1亿元,其中有3 000万元负债,1 000万元优先股,还有6 000万元普通股。负债的资本成本为8.0%,优先股的资本成本为10.0%,普通股的资本成本为14.0%。那么公司的资本成本就是8.0% ×0.3 + 10.0% ×0.1 + 14.0% ×0.6 = 11.8%,如表5-1所示。

表5-1 加权平均资本成本的计算举例

	数额	成本	比例	加权平均资本成本
负债	3 000 万元	8.0%	30%	2.4%
优先股	1 000 万元	10.0%	10%	1.0%
普通股	6 000 万元	14.0%	60%	8.4%
总计	10 000 万元		100%	11.8%

二、资本结构理论

资本结构反映公司总资产中各种资金来源的构成情况,通常指公司负债总额与公司总资产的比例,或企业总负债与股东权益的比例。相应地,长期资本结构是指企业长期负债与股东权益的比例。怎样通过合理地负债、合理地组织资金来源,达到合理避税和提升公司价值的目的? 这涉及资本结构的安排问题。

先考虑既没有交易成本也没有政府税收的完美市场的情况。按照定义,公司的价值(V)等于负债价值(B)与所有者权益价值(S)之和。用公式来表示,公司价值是:

$$V \equiv B + S$$

"最大化公司价值"或"使公司增值"已成为当今管理界的一种常见口号,甚至是一种时尚。这不免使人想到这样一个问题:公司的价值最大化与股东自身利益最大化究竟有何关系? 因为根据定义,公司价值毕竟既包含了股东权益的价值,也包含了他人(如债权人)所拥有的价值。

(一) 公司价值最大化与股东自身利益最大化

下面举例说明,提升公司的价值与提升股东的价值,一般来说是一致的。也就是说,只有资本结构调整能够改变公司价值时,才会影响股东的利益。考虑一个原先保守的公司 ABC 公司,其资本结构中没有负债,公司现在的价值为 1 000 万元。ABC 公司现若考虑一个调整资本结构的重组计划:从银行借 500 万元给股东派发现金红利。这种重组使公司有了 500 万元的负债。但由于这笔 500 万元的资金直接分给了股东,因此,公司本身并没有增加新的资金来源——股东权益恰好共下降 500 万元。假设 1 年以后,公司将面对三种可能的经营结果:好、一般、差。如果经营结果好,股东的权益价值(按目前的现值计算)达 750 万元;如果经营结果一般,股东的自有资本价值为 500 万元;如果经营结果差,则股东权益的价值只有 300 万元(见表5-2)。无论经营结果如何,公司都将有 500 万元负债。在经营结果好的情况下,公司的价值是 1 250(=750 +500)万元,比资本结构调整前增加 250 万元。股东原有的权益价值是 1 000 万元,现在下降到 750 万元,下降了 250 万元。也就是说,在经营结果好的情况下,股东资本利得是 −250 万元,但是因股东拿到了 500 万元的红利,所以股东的净收益是 250 万元。在经营结果一般的情况下,公司的价值是 1 000(=500 +500)万元,与资本结构调整前持平。此时,股东的自有资本从 1 000 万元下降到 500 万元,所以股东资本利得是 −500 万元,但是股东拿到 500 万元的分红。总的来说,在这个情况下,股东的净收益或者净损失是 0。如果经营结果差的情况发生,公司的价值将变为 800(=300 +500)万元,比资本结构调整前减少 200 万元。股东权益将由 1 000 万元下降到 300 万元,减少了 700 万元。由于股东拿到了 500 万元红利,因此,他们的净收益为 −200(= −700 +500)万元。由此可见,无论资本结构如何调整,如果公司的价值不变,股东的利益也不变;如果公司的价值下降,股东将会因此而受损;只有公司的价值增长,股东拥有的价值才会增长。最佳的资本结构就是能最大限度地增加公司价值的资本结构。资金来源总额一定的时候,如果能使公司的价值增加,股东也一定会受益。

表5-2　公司价值与股东利益　　　　　　　　　　　　　　　　单位:万元

	没有负债	重组之后(500万元负债)		
		好	一般	差
负债	0	500	500	500
自有资本	1 000	750	500	300
公司价值	1 000	1 250	1 000	800
给股东的报酬				
资本收益/损失		− 250	− 500	− 700
分红		500	500	500
股东的收益/损失		250	0	− 200

(二) 负债经营与公司价值:无税收时的情形

在没有税收、没有市场摩擦、市场完备的情况下,公司价值与资本结构无关。这个定理被称为无税收条件下的莫迪格莱尼–米勒第一定理(MM 定理 I,无税收),它奠定了现代公司财务学的理论基础。以 V_U 表示没有负债时公司的价值,V_L 表示负债经营时公司的价值。负债经营一般也叫杠杆经营(杠杆的英文为 leverage,故用 L 代表负债经营),负债与股东权益的比例相应被称为杠杆率。

MM 定理 I(无税收):在一个无税、完备的市场上,如果公司的资金来源总量一定,则杠杆公司(L)的价值与无杠杆公司(U)的价值相等,即:$V_L = V_U$。换句话说,此时公司价值与资本结构无关。

在此,特别要强调的是,MM 定理 I 只假设资本结构即权益和负债的比例关系在改变,公司使用的资金总量不变。换句话说,如果一个公司只是希望在不改变资金来源总量的情况下调整资本结构,那么,若欲增加 500 万元负债,相应地,公司的权益融资总额必须减少 500 万元。如果公司增加 500 万元负债,但并不相应减少权益融资金额,公司的价值当然会增加,但这种增加对股东未必有利。

MM 定理可以用无套利原理来证明。所谓套利,就是在不承担风险的情况下,利用零投资,就能赚取利润。一个市场如果是完备的,就不会存在这种机会。无套利原理的一个基本推论是:如果两项金融资产具有完全相同的现金流,则必有相同的价格。为了看清这一点,假设有两项金融资产 A 和 B,它们具有完全相同的现金流,但价格不等——A 的价格 P_A 低于 B 的价格 P_B。如若投资者买入一个单位的 A 资产,同时卖空一个单位的 B 资产,可立即获得收入 $P_B − P_A$。至于将来,由于 A 资产的现金流入正好等于因卖空 B 资产而必须负担的现金流出,因而,$P_B − P_A$ 也就成了投资者不付任何代价、不承担任何风险的情况下所获得的纯利润。对投资者来说,这就是一种套利,从而违反无套利的假设。

很显然,如果没有税收等因素的影响,一个公司在支付利息和股利之前的现金流取决于如何使用一定金额的资金,而不是资金的来源。因此,杠杆公司在支付利息和股利之前的现金流与无杠杆公司在支付利息和股利之前的现金流应当相同,因而具有相同的价值,即:$V_L = V_U$。

MM 定理 I(无税收)的结果,可以用图 5-1 的“饼理论”来直观表示。公司的价值好比一张饼,资本结构的调整只改变饼的切法,但不会改变饼的大小。

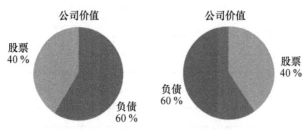

图 5-1　资本结构与公司价值(无税收)

由上所述,在一个无税、完备的市场上,资本结构既不影响公司投资者(包括股东和债权人)的利息和股利之前的现金流,也不影响公司价值。由于公司价值等于现金流的折现值,在此情况下,资本结构也必定不能影响相应的折现率,即公司的资本成本。无杠杆公司因为没有负债,公司的资本成本就是其权益的资本成本,记为 r_0。对于杠杆公司,假设负债的资本成本为 r_B,权益的资本成本为 r_S。按照定义,公司的资本成本为:

$$WACC = \frac{B}{B+S}r_B + \frac{S}{B+S}r_S$$

其中,B 代表负债,S 代表权益。

MM 定理 I(无税收)意味着 $WACC = \frac{B}{B+S}r_B + \frac{S}{B+S}r_S = r_0$,由此可得:

MM 定理 II(无税收):在一个无税、完备的市场上,$r_S = r_0 + \dfrac{B}{S}(r_0 - r_B)$。

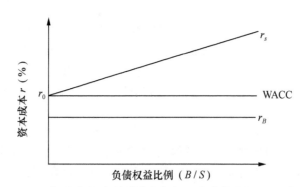

图 5-2　权益成本、负债成本和加权平均资本成本(无税收)

其中,r_S 是权益成本,r_B 是负债成本,r_0 是无杠杆公司的资本成本,WACC 是加权平均资本成本。在没有税收的情况下,杠杆公司的 WACC 等于 r_0。图 5-2 给出了 MM 定理 II(无税收)的一个直观解释。

MM 定理 II(无税收)表明,权益成本会随财务杠杆而增加,原因是权益的风险随财务杠杆而增加。举例来说,某公司现有权益资金 1 亿元,没有负债。预测表明,公司到年底的息税前利润有两种可能性:2 000 万元(可能性为 50%)或 200 万元(可能性为 50%)。按此预测,在没有杠杆的情况下,权益回报率也有两种可能:20%(可能性为 50%)或 2%(可能性为 50%)。因此,即使糟糕的情况发生,股东的权益回报率也可为 2%。假设公司利用 5 000 万元负债来替代股东权益,负债率为 8%。由于资本结构的调整并不影响公司息税前利润,这样一来,公司在支付 400(=5 000×8%)万元利息后,留给股东的净利润为 1 600 万元(可能性为

50%)或 –200 万元(可能性为 50%),相应的权益回报率是 32%(可能性为 50%)或 –4%(可能性为 50%)。很显然,此时权益资本的风险大为增加。

(三) 税收的影响

当公司需要缴纳所得税的时候,可以把政府看成一个不投资的利益分享者。这样一来,公司就有了三种利益分享者:股东(要求得到红利和资本增值)、债权人(要求公司还本付息)以及税务局或政府(要求公司缴纳税款)。如果我们沿用图 5-1 的"饼理论",由于政府的加入,饼现在被切成了三块,如图 5-3 所示。记住公司的价值包括权益的价值 S、负债的价值 B,但不包括缴纳给政府的税收的价值。原因是股东和债权人都是公司的资金提供者,即投资人,而政府并不需要投资才收税。公司给债权人还本付息依据的是等价交换的市场原则,而公司给政府纳税却是无偿的,是在法律制约下的一种义务。换句话说,公司给债权人还本付息是交易,而给政府纳税则相当于(强制性的)无偿捐赠。

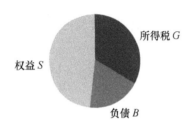

图 5-3 所得税对公司价值的影响

在公司的资金使用方式给定以后,各利益主体(股东、债权人、政府)可以分享的价值总和 $B + S + G$,即图 5-3 中整个饼的大小也是给定的。此时,政府税收的价值 G 越小,公司价值 $V = B + S$ 便越大。如何合理合法地让政府拿走的那一块价值 G 变小呢? 这是本节资本结构的一个核心的内容:合法避税。

我们知道,公司的利息作为费用是在税前支付的,而股利的分派却是在税后。假设公司的所得税税率为 33%。如果公司支付的是 1 000 万元利息,税前利润会减少 1 000 万元,公司可相应少缴纳 330 万元所得税;但是如果公司派发 1 000 万元红利,所得税不会有任何减少。也就是说,支付利息可以省税,而股利支付却不可以省税。这是财务学中的一个最基本的结果。

我们现在利用一个简单的例子从理论上系统阐述税收对公司价值的影响以及负债的避税功能。假设公司所得税税率是 T_c,并且公司付息和缴税前的收益(或叫息税前收益,EBIT)恒常不变,且公司将税后全部收益都用于支付股利。这些假设主要是为了计算方便,对我们的主要结论影响不大。

如果公司不使用杠杆,即公司资金全部为自有资金,则公司无利息负担。公司此时需以 EBIT 作为应税金额,按照所得税税率 T_c 缴纳所得税。完税以后留给股东的净利润是 $EBIT(1 - T_c)$。因为没有债权人,所以 $EBIT(1 - T_c)$ 这个金额也是公司在税后支付给所有投资者(此时没有债权人)的现金流量的总额。

现在考虑公司有杠杆,即负债经营时的情况。公司付给债权人的利息是在税前支付的。如果公司的负债是 B,负债的利息率是 r_B,则每年的利息总额为 $r_B \times B$。息税前收益 EBIT,减去利息费用,剩下的税前收益是 $\text{EBIT} - r_B \times B$,这也是公司的应税金额。据此,公司应缴纳的所得税金额为 $(\text{EBIT} - r_B \times B) \times T_c$。这样一来,公司分给股东的税后净利润为:

$$\text{EBIT} - r_B \times B - (\text{EBIT} - r_B \times B) \times T_c = (\text{EBIT} - r_B \times B) \times (1 - T_c)$$

通过简单计算,我们立即发现,公司支付给所有投资者(股东和债权人)的现金流量的总额为:

$$r_B \times B + (\text{EBIT} - r_B \times B) \times (1 - T_c) = \text{EBIT} \times (1 - T_c) + r_B \times B \times T_c$$

通过比较,可以发现,与无杠杆公司相比,杠杆公司的投资者可获得的现金流多了 $r_B \times B \times T_c$,这个金额正好是政府少收的税金。因此,$r_B \times B \times T_c$ 体现了负债经营时公司因避税而增加的现金流量,利用永续年金的价值计算公式,此价值为:

$$\frac{r_B \times B \times T_c}{r_B} = B \times T_c$$

这一价值,在财务学中通常被称为"税盾"(tax shield)。

综上所述,杠杆公司的价值(V_L)与无杠杆公司的价值(V_U)之间存在差异,这一差异就是税盾的价值 $T_c \times B$。我们有:

MM 定理 I(有公司所得税):假设公司所得税税率为 T_c,杠杆公司的价值与无杠杆公司的价值存在如下关系:$V_L = V_U + T_c \times B$。

MM 定理 I(有公司所得税)的结果可以用图 5-4 表示。

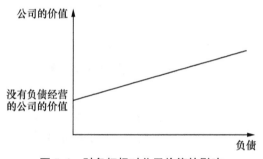

图 5-4 财务杠杆对公司价值的影响

结论:
- 一家负债经营的公司的价值,等于非自有资本型的公司的价值加上税盾的价值。
- 负债可以减轻公司的税收负担,因而可以增加公司的价值。
- 负债越多,公司的价值就越高。
- 公司的价值越高,股东获益就越高。

回头来看资本成本。由于利息是在税前支付,可以抵税,所以,如果负债的税前资本成本为 r_B,则相应的税后资本成本仅为 $r_B(1 - T_c)$。这样,公司的(税后)加权平均资本成本可表示为:

$$\text{WACC} = \frac{S}{V_L} \times r_s + \frac{B}{V_L} \times r_B(1 - T_c)$$

依据上述公式,我们也可给出财务杠杆可增加公司价值的另一个解释:负债可以降低公司的加权平均资本成本,原因是权益的资本成本完全由公司的税后收益支付,而负债的资本成本则有一部分转嫁给了政府——由政府通过减少税收的方式来承担。利用加权平均资本成本法,我们前面讨论的公司的价值可表示为:

$$V_U = \frac{\text{EBIT}(1 - T_c)}{r_0} \qquad V_L = \frac{\text{EBIT}(1 - T_c)}{\text{WACC}}$$

其中,r_0 为无杠杆公司权益的资本成本,也是该公司的加权平均资本成本。

相应地,在有公司所得税的情况下,MM 定理 II 可表述成:

MM 定理 II(有公司所得税):考虑到公司税的影响,在一个均衡、无套利的资本市场上,我们有 $r_s = r_0 + \dfrac{B}{S}(1 - T_c)(r_0 - r_B)$。

财务杠杆增加了公司权益的风险。作为补偿,公司的权益成本伴随风险增加。

如图 5-5 所示,权益成本会随财务杠杆而增加,原因是权益的风险随财务杠杆而增加,但在有公司税的情况下,财务杠杆能降低公司的加权平均资本成本。注意,r_0 是一个点,而 r_s、r_B、WACC 是整个曲线。

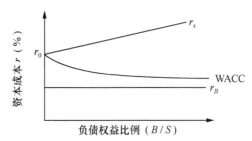

图 5-5　财务杠杆对负债成本和权益资本成本的影响

通过财务杠杆避税以提高股东税后收益,是企业实施税收筹划常用的方式之一。税收筹划的内容广泛、手段多样,但都有一个共同点,即使纳税人(公司)获取最大经济利益。合法性、整体性、前瞻性是涉税筹划的关键,公司税收筹划的重点在于根据自身的情况和现行税收政策,特别是税收优惠政策的规定,通过合理选择公司组织形式、经营方法、会计方法,以达到合法节税的目的。

(四) 通过财务杠杆避税:举例

负债经营会提升公司价值,但也有人有这样的担心:负债会增加公司的利息负担,会不会对股东利益产生负面影响? 下面我们通过一些简单的例子来回答这个问题。

例 5-2:XYZ 公司的息税前收益(EBIT)有 50% 的概率为 1 000 万元,有 50% 的概率为 2 000 万元,且每年如此,永远持续下去。公司将净利润全部用于支付股利(换句话说,公司的留存比率等于零)。

公司现在没有任何负债,发行在外的股票为 1 000 万股,公司的所得税税率为 $T_c = 40\%$,无财务杠杆时的资本成本为 $r_0 = 11.25\%$。依据这些假设,无财务杠杆时公司的每年税后净利的预期值为:

$$NE = \left[(0.5 \times 1\,000 + 0.5 \times 2\,000)(1 - T_c) \right]$$
$$= 1\,500 \times 0.6$$
$$= 900(万元)$$

利用永续年金的定价公式,此时公司的价值为:

$$V_U = \frac{NE}{r_0} = \frac{900}{11.25\%} = 8\,000(万元)$$

显然,此时每股股票的价值为 $P = V_U/n = 8$ 元。表 5-3 总结了上述的价值分析过程。

表 5-3　无杠杆公司损益与价值分析

经营结果	坏	好
息税前收益(EBIT)	1 000 万元	2 000 万元
利息费用	—	—
税前收益	1 000 万元	2 000 万元
税款(税率40%)	400 万元	800 万元
净收益	600 万元	1 200 万元
公司总股本	1 000 万股	
每股收益	0.60 元	1.20 元
预期每股收益	0.90 元	
股票价格	8.00 元	
股票收益率	7.50%	15.00%
预期收益率	11.25%	

接下来,我们分析财务杠杆变化的影响。公司决定发行 5 000 万元永久型债券($r_B = 8.8\%$),并利用此资金来回购公司的部分股份。按照 MM 定理 I(有公司所得税),股东重新评估公司重组后的价值(此方法也被称为修正现值法,即 APV):

$$V_L = V_U + T_c \times B = 8\,000 + 40\% \times 5\,000 = 10\,000(\text{万元})$$

由此,股价会因重组的消息从每股 8 元升至每股 10 元(= 10 000 万元/1 000 万股),从而为股东带来 25% 的超额回报,这对股东显然是有利的。这样一来,发债筹集的 5 000 万元可回购 500 万股股票。此过程完成后,公司发行在外的股票还剩 500 万股。表 5-4 给出了公司资本结构调整后的损益与公司价值的情况。

表 5-4　公司发债后的损益与价值分析

经营结果	坏	好
息税前收益(EBIT)	1 000 万元	2 000 万元
利息费用	440 万元	440 万元
税前收益	560 万元	1 560 万元
税款(税率40%)	224 万元	624 万元
净收益	336 万元	936 万元
公司总股本	500 万股	
每股收益	0.672 元	1.872 元
预期每股收益	1.272 元	
股票价格	10.00 元/股	
股票收益率	6.72%	18.72%
预期收益率	12.72%	

比较表 5-3 和表 5-4,我们可以得出如下结论:

单纯的资本结构调整不改变公司息税前收益(EBIT),原因是这种调整不影响资金的使用。

（1）财务杠杆的使用减少了公司的税收负担。尽管财务杠杆会增加公司的利息支出，但因公司同时减少了对权益资本的占用，每股收益反而会因负债经营而增加，股东也会因此而受益(本例中股东共获得25%的超额回报)。

（2）财务杠杆的使用增加了股票在好、坏两种情况下收益率的差距(收益率由无杠杆时的7.50%或15.00%，变成了重组后的6.72%或18.72%)，即增加了股东承担的投资风险。

（3）财务杠杆的使用导致自有资本的预期收益率提高(由负债前的11.25%上升到负债后的12.72%)，可抵消金融风险。我们也可以用MM定理II(有公司所得税)来计算杠杆公司的预期的权益收益率 r_S：

$$
\begin{aligned}
r_S &= r_0 + (1 - T_C)(B/S)(r_0 - r_B) \\
&= 11.25\% + (1 - 40\%)[5\,000/(500 \times 10)](11.25\% - 8.8\%) \\
&= 12.72\%
\end{aligned}
$$

（4）财务杠杆的使用降低了公司的加权平均资本成本。依据公式，杠杆公司的加权平均资本成本为：

$$
\begin{aligned}
\text{WACC} &= \frac{S}{V_L}r_s + \frac{B}{V_L}(1 - T_c)r_B \\
&= \frac{5\,000}{10\,000} \times 12.72\% + \frac{5\,000}{10\,000} \times (1 - 40\%) \times 8.8\% \\
&= 9\%
\end{aligned}
$$

很显然，杠杆公司9%的加权平均资本成本低于无杠杆公司11.25%的资本成本。这也从另一个角度说明了为什么财务杠杆可提升公司价值。我们根据刚计算的WACC，利用现金流折现法，也可得到杠杆公司的价值：

$$
V_L = \frac{\text{EBIT}(1 - T_c)}{\text{WACC}} = \frac{(0.5 \times 1\,000 + 0.5 \times 2\,000)(1 - 40\%)}{9\%} = 10\,000(万元)
$$

高于无杠杆公司的8 000万元。

例5-3：张三考虑投资一个新的项目(公司)。该项目共需资金3亿元，预计每年可带来5 000万元息税前利润(EBIT)。假设公司所得税税率 T_c 是33%，无财务杠杆时的资本成本 r_0 是10%。如果该项目全部使用自有资本，这个新的项目价值

$$
V_U = \frac{\text{EBIT}(1 - T_c)}{r_0} = \frac{5\,000 \times (1 - 33\%)}{10\%} = 33\,500(万元)
$$

3亿元的投资实现了3.35亿元价值，净现值(NPV)是0.35亿元。

如果张三现在可以按照7%的利率借2亿元，则自己只需投资1亿元自有资金去完成这个项目。根据修正现值法，我们得到在采用财务杠杆后，项目的总价值为

$$
V_L = V_U + T_c \times B = 3.35 + 33\% \times 2 = 4.01(亿元)
$$

该项目净现值(NPV)也由无杠杆时的0.35亿元上升为有杠杆时的1.01亿元。净现值的增加额就是 $T_c \times B$——6 600万元。

在本例中，如果投资人不利用财务杠杆，投资3亿元可以实现3 500万元的价值增值；如果使用2亿元的负债，投资者只需使用1亿元自有资金，便可实现1亿多元的价值增值。孰优孰劣，一目了然。

第二节　财务危机与最佳资本结构

由于税收的影响,资本结构将影响公司的价值,增加负债会提高公司的价值。而且如前所述,在只考虑税收影响的情况下,我们会得出这样一个结论:负债比率越高,公司价值越高,也就是负债越多越好。照此推论,各公司的负债率(负债/总资产)岂不应接近100%？很显然,这个结论与事实不符。

为了使资本结构更贴近经济现实,我们有必要进一步考虑其他因素对资本结构安排的影响。在现实中,除了税收,还存在着风险因素。负债比例越高,风险也越大。风险因素同样也会影响公司的价值。企业的负债是有风险的负债,且风险随负债比率的增加而增大。这会导致债务成本随负债比率的增加而上升。因此,负债是一把双刃剑,一方面可以省税,另一方面也会使风险上升。风险因素会引发两种成本:一是财务危机成本,二是代理成本。下面我们对这两种成本分别加以分析。

一、财务危机成本

财务危机指企业在履行偿债义务方面遇到了极大的困难,暂时或永久无法履行某些偿债义务,即不能按时还本和付息。财务危机成本分为直接成本和间接成本。直接成本是企业为了处理财务危机而发生的各项费用,如律师费、清算费等;间接成本则指因发生财务危机而给企业经营管理带来的种种损失,如不能正常销售产品、不能正常获得原材料供应、为度过危机而不得不割肉补疮等而造成的损失。

例如,一个公司需要投资5亿元。公司今年的息税前收益(EBIT)为1 000万元。假设公司没有使用财务杠杆,所有资金皆为自有资金,则公司要维持下去不会有任何财务障碍。假设在5亿元当中,有2亿元是公司自有资金,3亿元是借来的,利息是8%,每年付息一次。那么今年要支付的利息是2 400万元,但是公司的息税前收益(EBIT)才1 000万元。这样一来,公司就会发生亏损。如果公司没有别的现金流来还利息,怎么办？这种情况就是财务危机。公司要么与债权人谈判,希望获得延期付息的机会;要么就得变卖资产偿付利息。这些都可能对公司的信誉与经营产生负面影响。

二、代理成本

股东和债权人之间的代理问题,从根本上来讲,主要体现在股东与债权人的利益是不一致的。债权人的钱由公司支配,可能发生以下几种情况:(1) 项目替换。公司由借款前承诺的投资于低风险项目,转向借款后投资于高风险项目。高风险可能产生高额回报,但也可能导致巨额亏损。由于债权人只能按约定的利率获取回报,因而无法分享公司超高回报的好处;但一旦公司因巨额亏损而无法还本付息,债权人则要分担高风险带来的苦果。(2) 资金转移。股东可能利用其对公司资金的控制权,采用高红利派现等手段,将从债权人手里筹集的资金转移进自己的钱袋。(3)逆向选择。公司放弃有利于提高公司整体价值的项目,选择降低公司整体价值但有可能对公司股东有利的项目。这种现象在公司负债率很高,甚至面临难以改善的财务困境时最有可能发生。举个简单的例子,某公司所有负债将于本年年末到期,共2亿元,公司现有的总资产为1.8亿元。若公司从事稳定项目的经营,到年末可获得5%的回报;若公司从事类似赌博的冒险性业务,有40%的可能获得50%的高回报,有60%的可能发生50%的亏损,预期收益为 - 10%。很显然,在没有代理风险的情况下,公司应选择从事稳定项目的经营。但对本例中的股东来说,稳定经营近乎自取灭亡,因为5%的收益只能使公司的总资产增加到1.89亿元,还是资不抵债(公司可能因此被迫进行破产重组),股东在公司破产清算后依然一无所有。如果公司孤注一掷,冒险一搏,则有40%的机会使公司的总资产增加到2.7亿元,股东净资产将因此而由负变正。

所以在现实当中,不仅要考虑负债经营所带来的税收屏蔽的益处,同时也要考虑风险对公司价值带来的负面影响。因此,我们可将公司的价值公式重新表述如下:

$$V = V_U + T_c \times B - C_r$$

其中,C_r 代表财务杠杆的风险成本。

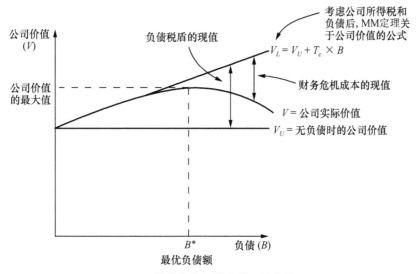

图 5-6 最优负债规模和公司的价值

税盾增加了杠杆公司的价值,财务杠杆风险成本降低了杠杆公司的价值。这两个相互冲突的因素共同产生最优负债规模 B^*,如图 5-6 所示。

三、最佳资本结构

什么时候公司的价值能够最大呢?下面进行定性分析。公司的负债比率如果很低,风险成本可以忽略不计,在这个时候省税的好处占主导地位。但是随着负债比例的不断增加,风险成本将以一个加速度快速上升。所以公司价值曲线先上升,后下降。公司价值处在最高点时的负债便是公司的最优负债规模。

一个相关的问题是,到底由哪些因素决定最优负债规模呢? 一是企业筹资的灵活性,即企业是否有足够的筹资渠道。一般来讲,大规模基础设施项目因资金需求量很大,且项目稳定性通常较好,因此负债率较高。二是企业的风险情况。风险越高的企业,负债的比例应该越低,因为风险越高的企业,风险成本越大。新创的企业通常少有负债,主要是因为它们的风险太高。三是行业的平均负债率。行业平均负债率越高,企业的负债率一般也越高。四是企业的控制权分布。与权益融资相比,债务融资有不稀释现有股东控制权的优点。五是企业的盈利状况。盈利好、现金流充足的企业负债率较高。

表 5-5 提供了美国各行业平均负债率情况。该表显示,各行业负债率存在明显差异,同时,企业越来越青睐债务融资。

表 5-5　美国企业资本结构

	无利息负债		有利息负债		权益	
年份	1984	1990	1984	1990	1984	1990
批发业	31%	34%	33%	33%	36%	33%
零售业	32%	30%	27%	44%	41%	26%
生产业	30%	29%	23%	30%	47%	41%
仪器	24%	25%	14%	27%	62%	48%
制药	21%	28%	20%	23%	59%	49%
钢铁	33%	50%	34%	32%	33%	18%
航空	58%	52%	9%	18%	33%	30%

四、企业筹资的顺序理论

由代理成本理论可以得到公司最优负债水平的存在性。Jensen 和 Meckling(1976)从股东和经理人之间代理成本分摊的角度对融资决策进行研究,指出公司利益主体间存在两种冲突:股东与公司经理间的利益冲突及股东与债权人间的利益冲突。股东与公司经理间的利益冲突是因为公司经理充其量只持有公司的部分股权,他为公司增值所作的努力只能得到回报的一部分,却要承担其活动的全部成本,因此,他们为了自身效用最大化,可能会作出一些损害公司价值最大化的事情,例如个人在职消费等。另一种冲突是股东与债权人间的冲突。债务合同使股东有动机投资于一些非最优的项目,即股东将有动力去投资于一些风险很高的项目,即使这些项目的净现值小于零。这是由于,若项目成功了,股东将获得其中收益的绝大部分;若项目失败了,则由于有限责任制度,主要由债权人承担这些损失。这种效应被称为"资产替代效应"。公司资本中负债比例越高,潜在的资产替代效应就会越大。权衡债务资本对上述两种代理成本的不同方向的作用,可得出,存在一个最优的公司负债水平。

西方学者根据 MM 理论及相关研究成果,提出了竞争性市场中的企业筹资的顺序理论(pecking order theory)。这一理论认为,多数情况下,企业在需要资金的时候,首先应当选择内部积累,因为使用企业的内部资金积累几乎没有交易成本。当内部积累不足、需要外部资金的时候,企业一般首先倾向于发行一般的企业债券,其次是复合型的企业债(如可转换债券),最后才选择发行普通股股票。之所以如此,一是因为权益融资无法享受避税的好处;二是因为增发股票对于投资人来说是利空的消息,常会导致股价下跌。以不对称信息为基础,Myers 和 Majluf(1984)从公司融资行为传递出公司经营状况信号的角度出发,提出融资结构选择次序假说(the pecking order hypothesis)。如果投资者对公司了解不足,则公司资产的价值将被低估,从而公司可能不愿对外融资,导致严重的投资不足问题。由于内部资金融资和债务融资相对而言不会导致严重的价值低估问题,因此,此时公司将更偏好于这两种融资方式,这便是"融资顺序偏好"理论。Myers(1984)进一步指出,由于好公司的价值被市场低估,而差公司的价值在市场上被正确估价,因此只有差公司才会进行股权融资,从而,若公司宣布股权融资,则市场将发现该公司属于差公司,从而其股价将下跌。因此,为避免投资不足,公司融资时首先考虑使用内部资金,其次是低风险债券,最后是股票,这种选择决定了公司的资本结构。

Narayanan(1988)、Heinkel 和 Zechner(1990)通过稍微不同的模型,也得出了类似的结论。他们认为,当信息不对称主要与新投资项目的净现值有关时,将有可能导致过度投资问题,即一些净现值为负的项目也将得到投资。由于投资者根据平均净现值对公司进行估价,因此,公司的股票被高估,从而公司有动力发行股票投资于一些低净现值的项目。相对而言,债务被低估的可能性更小。因此,债务融资与股票融资相比,前者不容易导致过度投资问题。

Brennan 和 Kraus(1988)则对顺序融资理论提出了质疑。他们认为,优质企业将选择发行股票,并以面值金额回购所有债务,而劣质企业将选择举债。优质企业不会模仿劣质企业的行为,因为若如此,则其股票将被低估;而劣质企业也不会模仿优质企业的行为,因为对于劣质企业而言,由于债务风险较高,债务市值远低于其面值,从而若选择以面值回购债务,则企业支付给债权人的价值过高。

Constantinides、Crundy 和 Noe 等人(1988)的研究表明,当公司面临许多融资决策时,顺序融资理论并不是必然选择。不过,以上模型都表明,一旦公司准备发行新股,其股价往往会下跌,而债务融资则不存在该效应。

Brander 和 Lewis(1986)、Titman(1984)则基于产出/投入市场交互作用对融资决策与产品市场竞争战略以及与公司产出品或投入品特征之间的关系进行了研究。

Harris 和 Raviv(1988)、Stulz(1988)、Israel(1991)从公司治理角度研究了企业经理人利用融资决策影响控制权和融资选择的关系。

第三节　MM 理论之反思与中国的融资实践

MM 理论是建立在一系列严格的假设基础之上的。这些假设在实践中,尤其在中国这样一个发展中的资本市场上并不总会成立。

首先,MM 理论的前提条件——有效市场假设并不一定成立。俞乔(1994)用相关系数法对 1990 年 2 月到 1994 年 4 月上海和深圳证券交易市场综合指数的研究表明,沪、深市场尚未达到弱式有效;宋颂兴和金伟根(1995)使用自相关和游走检验结果表明,沪市 29 只代表性股票的价格呈随机游走态势;杨朝军和蔡明超(1998)采用自相关系数和 Q 统计量对 1990 年到 1996 年年底上证综合指数的研究表明沪市趋向弱式有效。在此基础上,国内学者采用"事件研究法"对我国证券市场是否已经达到半强式有效进行了研究。赵宇龙(1998)认为沪市对预期的利好消息反应过度,而对利空消息反应不足;沈艺峰和吴世农(1999)通过构造赢家组合和输家组合发现二者都存在异常收益;杨朝军和蔡明超(2000)采用事件分析和夏普指标分析了控制权转让的市场效应。这些研究都表明我国股市尚未达到半强式有效市场状态。而在一个失效的市场上,市场价值并不一定等于公司的真实价值,公司利润与现金流量的增加并不总是相应地增加公司的市场价值。当股票的价值被市场低估的时候,公司将更加倾向于利用负债筹集资金;相反,当股票的价值被市场高估的时候,权益融资成本较低且对公司现有股东往往更加有利,公司因此将更加青睐权益融资。中国上市公司对权益融资的偏爱与长期以来流通股股价被市场高估不无关系。

其次,MM理论所要求的完善的套利机制可能因为市场摩擦或者是政策的制约而失灵。比如,由于缺乏做空机制及相应的金融工具与手段,套利在中国目前的资本市场上很难实施。再者,中国资本市场本身的割裂状态也给套利机制的作用发挥设置了许多障碍。长期以来,中国证券市场分割具有复杂的结构特征。从流通股市场层次看,流通股市场按照投资者身份划分为A股、B股、H股三个独立市场,A股市场只允许境内投资者使用人民币交易,B股和H股市场只允许境外投资者使用美元或港币交易,严格的投资限制将三个市场截然分割。同一公司的A股与B股、A股与H股,以及流通股与非流通股的价格一直存在显著差异,股份公司的股权结构被划分为国家股、法人股、社会公众股和外资股四类后,国家股、法人股和外资法人股被界定为非流通股,只能够在特定的场所(如法人股市场等)以协议转让或行政划拨等方式实现有限的股权转移。范钛、张明善、舒建平的《中国证券市场分割的理论与对策研究》一文①便是套利机制在中国市场上严重受限的很好例证。

总的说来,就目前的市场环境而言,中国公司的融资偏好尚有别于MM理论及西方筹资顺序理论的预测。首先,在上市公司绝大部分股票不能流通而流通股股价偏高的情况下,通常作为非流通股持有者的大股东从提高自身利益出发,更偏爱股权融资。其次,中国公司的融资方式经常受到外部因素,如政府经济政策及其执行情况的影响,公司债券市场尚很不发达。相当多公司的融资方式可归结为以下模式:不让增发则搞配股,不让配股则发可转换债券,如果这些方法都行不通,则考虑向银行贷款。

基于中国证券市场的现实环境,中国上市企业更有可能遵循这样一个独特的融资顺序:留存收益—股票—债务—银行贷款。与西方标准顺序融资模型比较,股权与债权的优先顺序被颠倒了,这反映了我国资本市场的特殊性,以及这种特殊性下产生的上市公司特有的治理结构。较多的学者从比较股权融资和债权融资成本这一思路研究是否存在股权融资偏好:黄少安、张岗(2001)认为中国上市公司股权融资的成本大大低于债权融资成本,导致上市公司存在股权融资偏好,并从制度和政策因素角度探讨了上市公司的股权融资偏好的形成原因;沈艺峰和田静(1999)计算了1995—1997年百货类上市公司的融资成本;陈晓和单鑫(1999)以平衡理论为根据,以1997年的81家上市公司为样本,检验了债务融资是否会增加融资成本;谭峻和吴林祥(2002)计量了上市公司过度融资对上市公司业绩和股价的影响;郑江淮等(2001)从股权结构的角度实证分析了上市公司投资的融资约束。从非流通股股东的角度,黄贵海和宋敏(2002)进行的研究指出,当中国上市公司大股东持股不能流通时,如果能以高于每股净资产的价格发行新股或配股,大股东将由于每股净资产价格的提高而从中受益。吴淑琨等(2003)讨论了非流通股股东将优质资产剥离上市后,是选择监管策略从上市公司绩效中

---

① 范钛、张明善、舒建平,"中国证券市场分割的理论与对策研究",《经济体制改革》,2003年第5期。

获得收益,还是选择侵害策略从流通股股东处获得收益。李善民等(2000)分析了制度和公司内部代理关系等资本结构的影响因素,认为中国上市公司可能会遵循一个"留存收益—股票—负债"的融资优先顺序。刘星(2000)则验证了影响我国上市公司融资策略和资本结构的公司内部影响因素。

第四节　小结:融资方法的选择

一般来说,在成熟的资本市场上,要融资,首先是用负债,其次是用权益,因为负债可以省税,资本成本相应较低。而中国的市场不是一个完备的市场,在绝大部分股票不能流通而流通股股价偏高的情况下,上市公司通常更偏爱股权融资。原因是如果股市有泡沫、股价高,对于公司来讲,通过股权融资,资本成本可能会更低。也可能是由于控制权和决策权分离使得掌握融资手段决定权的大股东在持有股票不流通的情况下,股权融资稀释股价的成本不需要自身承担,而融来的资金可以作为公司现金流增加大股东持有的非流通股的价值。

融资的方法有很多。考虑用什么样的融资方式,首先要考虑资本成本。资本成本越低,公司价值越高。其次要关注控制权。控制权对于很多企业的大股东来说非常重要。一般而言,债务融资不会稀释股东的控制权,而股权再融资却可能削弱大股东对公司的控制权。有一些企业不愿意上市,对控制权损失的担忧是其中一个重要原因。最后要保证筹足所需要的资金。有时候,单一的筹资渠道无法满足公司对资金的需求,则可采用混合融资来增加融资规模。Roberts 和 Leary(2005)对国外公司资本研究结构调整所作的实证研究表明,多数公司在考虑资本结构调整成本的基础上,会随公司财务状况的变化,动态调整其资本结构,使其保持在最优范围。

案例分析
高利贷重压下的企业崩溃

金乌集团有限公司(以下称"金乌集团")注册资本为 8 000 万元,创建于 1994 年,股东为两个自然人,分别是张政建(85%)和张金碧(15%)。除了金乌集团之外,张政建还拥有 10 个左右的子公司,其中浙江娇丽袜业制衣有限公司是其主业公司,注册资本为 5 000 万元,由金乌集团控股 90%。

金乌集团主要从事袜业、服装生产和加工,化纤棉纱等纺织品原料批发,广告、文化传播,音像出版发行,外贸出口,农业综合开发,酒店等行业。旗下拥有浙江娇丽袜业制衣有限公司、义乌市万盛化纤有限公司、阿联酋迪拜金乌国际集团有限公司、义乌山图商务酒店有限公司、义乌市千叶创意传播有限公司、义乌市万盛化纤有限公司等数家企业。

20 世纪 80 年代,刚刚初中毕业的张政建就只身来到河南安阳小商品市场经商,而后又前往河北石家庄经销袜子生意。1991 年,他来到义乌,租了店面从事袜子批发。之后在 1994 年,他创办了浙江娇丽袜业制衣有限公司,开始从事袜子、服装的生产加工。1998 年,张政建以浙江娇丽袜业和制衣有限公司为基础,组建了金乌集团,到现在已经发展有14家子公司。

2008年7月,金乌集团资金链已经断裂,高达20亿元的巨额债务中大部分属于民间借贷的高利贷。"喝人血、吃人肉、吃人都不吐骨头"的高利贷正是压垮金乌集团这匹骆驼的最后一根稻草。金乌集团不仅无力偿还借款,工资也开始无钱发放。曾经风光一时的张政建不得已远走高飞,避逃国外。浙江省诚信企业、"义乌第一纳税大户"金乌集团宣告土崩瓦解。其旗下资产,等来的则是被拍卖还债的命运。

高投入带动高成长

借着中国制造业高速发展的东风,金乌集团的经营业绩曾一路扶摇直上。2004年,张政建投资1亿多元人民币,拿下了中国在迪拜的最大商贸城——"龙城"的500间商铺。而后,他又转回义乌为这些商铺招商,此举使义乌及其周边地区的几十个知名品牌打入了中东市场;同时,此举也让张政建一鸣惊人,成为当地商界的风云人物。

张政建从一个只有初中文化程度的小商贩,经过20多年的努力成为资产上十亿元企业集团的老总,可以说创造了一个商业奇迹。然而,商业上的巨大成功并没有使他思维上成长为一个优秀的企业家,而是依然保持着小商人的精明和短视;同时,过去的辉煌业绩也更加膨胀了他建立庞大的商业帝国的野心。于是,张政建开始过分迷信所谓"规模经济",盲目进行产业扩张。

祸根源于高负债下的疯狂扩张

看到地产投资的巨大利润,金乌集团及其相关企业进行了大规模的土地扩张,先后投资3亿元购买写字楼和土地、开发酒店以及建设厂房等。然而,这样大手笔的投资并非出自自有资金,张政建在地产的投资大部分来源于外部资金。

2006年之前,张政建的借款还主要来自银行。然而,随着金乌集团的负债率不断提高而资金需求量的不断增加,其融资开始转向民间借贷,钱的来路比较复杂,义乌本地较多,其他还包括诸暨和永康等地。从最早的月息2—3分,到超过6分,中间仅仅隔了不到两年的时间。

为迅速抓住转瞬即逝的商业机会,张政建打的"如意算盘"是:依靠民间借贷的高利贷来支付土地出让金,然后等土地手续办完再向银行融资,归还民间借贷。看似环环相扣、天衣无缝,事实上这种"空手套白狼"的"资本运作"潜藏着巨大的危机。这些地产投资都是前期投入,短时间内并不能产生回报;借高利贷来支付前期资金,一旦宏观环境恶化,银行银根一紧缩,资金链就肯定要出问题。

果然,2007年下半年开始,由于银根紧缩,加之风闻金乌集团借入一定数额的高利贷,各家银行纷纷终止继续放贷,并开始催收金乌集团的贷款。这一贷款催收事件成了金乌集团资金链绷断的导火索,张政建的债务危机大规模爆发。

"最先出问题的是化纤厂,接着是酒店,然后是外贸公司,最后连最稳定的袜子厂和衬衫厂也撑不下去,倒了。"知情人透露,自2008年5月以来,金乌集团连续关闭了旗下的万盛化纤、山图酒店、金乌外贸、芳樟生物技术等数家公司。2008年7月8日起,金乌集团在浙江省内的最后一家公司——娇丽袜业制衣有限公司的两条生产线也正式停产,拥有14年发展历史的金乌集团土崩瓦解。

截至2008年7月16日,金乌集团及其相关企业分别涉及8家银行的贷款共计2.98亿元。银行贷款还只是其债务中的一小部分,更加严重的债务危机是无法确切统计的民间借贷。据其债权人统计,金乌集团的民间借款总额达到13.7亿元。

思路决定出路

是什么原因使张政建 14 年来辛苦建立的,业务覆盖纺织、化工、文化、酒店等多个行业,子公司数量多达 14 家的集团,在不到两个月的时间里就土崩瓦解? 作为资产规模上十亿元的企业集团,金乌集团资金链断裂、面临生存危机的直接原因是过度依赖高利贷这个企业必须万分小心的融资方式,但问题并非仅此而已。这也绝非金乌集团一家以及张政建个人独有的问题,而是中国众多大而不强的所谓"明星企业"普遍面临的难题。

近来,金乌集团、飞跃集团等明星民营企业相继陷入资金困局,濒临或已经倒闭。该类企业领导者的共性是:缺乏高瞻远瞩的目光,追逐短期利益,导致很多投资带有投机心理,缺乏一种将主营业务做精做深的态度;另外,缺乏对市场环境变化的敏锐嗅觉,看不到商业环境变化的警讯,无法根据宏观环境的变化及时调整企业的发展战略目标。

资金链断裂的状况,台湾企业在 20 个世纪六七十年代也曾遭遇过。当时也有大批企业向地下钱庄借钱,结果陷入高利贷陷阱,成批死掉或者改行。但经过一系列的转型措施,一些优秀的台湾企业在本地市场上形成了自己的竞争力。

思路决定出路,民营企业要想基业长青,必须避免短线思维和机会主义。尤其是在财务安排方面,企业须设法拓展融资渠道,合理安排资本结构,保障发展速度、企业规模与金融资源的匹配。

案例资料来源:作者根据网络资料整理。

案例讨论题

1. 从金乌集团的案例,谈谈你对财务杠杆这把双刃剑的认识。
2. 金乌集团的高财务杠杆让其加权平均资本成本变高了还是变低了? 请说明理由。
3. 金乌集团崩盘仅仅是因为负债率过高这么简单吗? 你认为还有什么别的重要原因?
4. 你认为什么样的扩张速度才是合理的? 或者说究竟该如何处理企业扩张和财务资源之间的关系?
5. 金乌集团的崩盘是必然的还是只是因为运气不好? 如果是必然的,为什么会有那么多企业前仆后继地重复这条不归路?

本章小结

本章详细阐述了资本成本与资本结构、税收的关系以及在有无税收情况下的 MM 定理。由于存在财务危机成本和代理成本,本章同时探讨了最佳资本结构和企业融资顺序理论。最后针对中国的融资实践现状给予了分析和评价。

- 加权平均资本成本是指公司各类资金的资本成本加权的平均值。
- 资本结构反映公司总资产中各种资金来源的构成情况,通常指负债总额与公司总资产的比例。长期资本结构是指企业长期负债与股东权益的比例。公司的价值等于负债价值加所有者权益之和。其中公司价值最大化一般与股东利益最大化是一致的。
- 财务危机指企业在履行偿债义务方面遇到了极大的困难,暂时或永久无法履行某些偿债义务(还本和付息)。财务危机成本分为直接成本和间接成本。
- 股东和债权人之间的代理问题主要体现在股东与债权人的利益不一致,可能发生项目替换、资金转移、逆向选择等问题。

- 最佳资本结构要综合税盾和风险成本两方面来考虑。其中,企业筹资的灵活性、企业本身的风险情况、行业平均负债率、企业的控制权分布、企业的盈利状况会影响企业的最优负债规模。
- 企业筹资顺序理论认为:多数情况下,企业在需要资金的时候,首先应选择内部融资;当内部积累不足、需要外部资金的时候,企业一般首先倾向于发行一般公司债券,其次是发行复合型公司债券(可转换债券),最后才是发行普通股。

思考题

1. 公司价值最大化和股东自身利益最大化之间是什么关系?
2. 负债的增加会如何影响股东权益成本?
3. 什么是财务危机成本和代理成本?
4. 如何决定最佳资本结构?
5. 什么是企业筹资顺序理论?
6. 选择融资方式时需要注意哪些问题?

第六章 收购兼并：概述

- 并购的基本概念
- 并购的基本类型
- 并购与重组的动机
- 西方并购的历史
- 现代经济中促进并购的主要因素

第一节　并购的基本概念

　　企业的并购通常包含两层含义:狭义的并购是指企业的合并、兼并或收购,西方国家普遍使用"Merger & Acquisition"来表达,简称"M&A"。其中,合并指由两个或两个以上企业合并形成一个新的企业,其特点是伴有产权关系的转移,由多个法人变成一个法人。兼并相当于我国《公司法》中的"吸收合并",如 A 公司兼并 B 公司,兼并完成后以 A 公司的名义继续经营,而 B 公司解散并丧失法人地位。收购指 A 公司通过出资或出股的方式,达到对目标公司B 的控制。广义的并购是指通过企业资源的重新配置或组合,以实现某种经营或财务目标,其中包括改善企业的经营效率、实现存量资产的优化配置和增量资产的现代化。

　　从经济意义而非法律意义上讲,合并、兼并、收购这三种并购方式通常并无大的差别。我们经常讨论的并购系指上述三个概念的全部或部分含义。企业并购的实质是在企业控制权运动过程中,各权利主体依据企业产权规定的制度安排而进行的一种权利让渡行为。企业并购活动是在一定的财产权利制度和企业制度条件下进行的,在企业并购的过程中,某一或某一部分权利主体通过出让自己拥有的对企业的控制权而获得相应的收益,另一或另一部分权利主体则通过付出一定的代价而换取这部分控制权。企业并购的过程实质上是企业权利主体不断变换的过程。

　　广义的并购(或称重组)包含的活动范围非常广泛,其中既包括企业的扩张、收缩,又包括企业中的资产重组以及所有权人结构的变动,等等。从本质上讲,并购与重组是一种金融交易,旨在通过企业产权、控制权的转移和重新组合,来达到整合资源、增加或转移财富的目的。我们将在下一节中对并购重组的基本方式进行简单的介绍。

第二节　并购的基本类型

　　按照威斯通等人的分类方法,常见的企业并购重组形式可归结为如表 6-1 所示。

表 6-1　企业并购重组的形式

Ⅰ. 扩张(expansion)
并购(mergers and acquisitions)
联营企业(joint ventures)

Ⅱ. 出售（sell-offs）	
分立（spin-offs）	
子股换母股（split-offs）	
完全析产分股（split-ups）	
资产剥离（divestiture）	
股权剥离（equity carve-outs）	
Ⅲ. 公司控制（corporate control）	
溢价购回（premium buy-backs）	
停滞协议（standstill agreements）	
反接管条款修订（anti-takeover amendments）	
代表权争夺（proxy contests）	
Ⅳ. 所有权结构变更（changes in ownership structure）	
交换发盘（exchange offers）	
股票回购（share repurchases）	
转为非上市公司（going private）	
杠杆收购（leveraged buy-outs）	

资料来源：威斯通等，《兼并、重组与公司控制》，经济科学出版社 1999 年版。

一、扩张

（一）并购

并购是扩张型重组中使用得最为普遍，也是最为重要的一种形式。

1. 按照法律形式和运行程序划分

按照法律形式和运行程序，可以将并购分为吸收合并和新设合并两类。新设合并是指公司与一个或一个以上的企业合并成立一个新公司，原合并各方解散，取消原法人资格，由新公司接管原有几个公司的全部资产和业务（A + B = C），承继合并各方的债权、债务。吸收合并是指接纳一个或一个以上的企业加入本公司，加入方解散并取消原法人资格，接纳方存续（A + B = A）。在吸收合并中，存续公司仍然保持原有公司的名称，而且有权获得其他被吸收公司的财产和债权，同时承担它们的债务，被吸收公司的法人地位不再存在。

公司合并引起的法律效力表现为：除了吸收合并中的吸收公司存续外，其他参与合并的公司和法人资格均归于消灭；因合并而消灭了的公司权利、义务，均为存续公司或新设公司整体承受；因合并而丧失原有公司权益的股东，则将获取存续公司或新设公司的权益。

2003 年中国资本市场中引人注目的 TCL 集团与 TCL 通讯换股合并事件，就是一起吸收合并的案例。TCL 集团首先通过一系列的股权转让将 TCL 通讯的非流通股全部收入囊中，然后通过与流通股股东换股的方式将 TCL 通讯变成自己的全资子公司。之后，TCL 通讯退市，

TCL 集团进行 IPO。TCL 通讯原流通股股东通过换股获得的 TCL 集团的股票与 IPO 发行的公众股一同上市。新设合并的案例也不少见,例如,1999 年美国石油业两巨头埃克森和美孚之间的合并就是采取了这种合并模式。另外,我国著名的国泰君安证券股份有限公司也是由原国泰证券有限公司和原君安证券有限责任公司于 1999 年 8 月 18 日通过新设合并及增资扩股的方式组建成立的。

2. 按照资产的转移方式划分

按照资产的转移方式,我们可以将并购分为购买资产的兼并和购买股票的兼并。购买资产的兼并是指一家公司通过购买另一家公司的全部或绝大部分资产以达到并购目的。购买股票的兼并是指一家公司通过购买另一家公司相当部分的股票,来实现控制被兼并公司资产及经营权目的的兼并活动,即所谓的"收购"。

购买股票的兼并可分为要约收购和协议收购两种主要方式。要约收购(tender offer)是指有收购意图的投资者向目标公司的所有股东出示购买其所持(全部或一定比例)股份的书面意向,并依法公告包括收购条件、收购价格及收购期限等内容的收购要约,以最终实现对目标公司的收购。要约收购可以是自愿的,但更多的是法律的强制性要求。我国的相关法律规定,收购公司在证券交易所进行股票交易时,当其持有的目标公司的股份达到法定比例(30%)时,若还想继续增持股份,则必须依法向目标公司的所有股东发出全面收购要约(符合条件被批准豁免的除外)。协议收购(acquisition based on an agreement)是指收购公司在证券交易所之外,以协商方式与被收购公司的股东签订收购其股份的协议,从而实现收购该上市公司的目的。收购公司可以依照法律、行政法规的规定同被收购公司的股东以协议方式进行股权转让。

3. 按照并购前企业之间的市场关系划分

按照并购前企业之间的市场关系,可以将并购分成以下几种类型:一是水平式并购,也称横向并购,即并购双方或多方企业原属同一产业,生产同类产品。例如,两个食品加工企业间的合并、两个通讯公司间的合并,或两个网站间的合并等。这种并购可以迅速扩大企业的生产规模,并在一定范围内实现规模效益。二是垂直式并购,也称纵向并购,即上下游企业之间的相互并购。这种并购有利于大企业更直接地控制原材料的供应或产品销售等环节,从而建立垂直结合的控制体系。这一方法若能得到合理使用,则可以缩短企业的生产周期,节约运输和仓储成本,保障原材料及零部件的及时供应,从而降低交易成本。三是同源式并购,即处于不完全相同产业但拥有相同源头的两个企业之间的合并。比较典型的例子就是处于不同经营领域的美国在线与时代华纳公司(一个是网上娱乐、传媒公司,另一个是传统的娱乐传媒公司)之间的合并。同源式并购的优点在于可以在相关行业内扩大企业的影响力。四是复合式并购,也称混合并购,指处于不同行业的企业之间的合并。这种并购的优点在于可以在原有企业间实现技术和市场的共享。另外,有时混合并购的目的是为了给资金寻找出路。例如,某些企业拥有大量资金,却无法在本行业中继续扩大规模,希望寻找更有吸引力的行业进行探索。

4. 按照出资的方式划分

按照出资方式可以将并购分为三种形式:一是现金支付,指并购公司支付一定数量的现金以取得目标公司所有权的并购方式,目标公司股东在出让股票并获得现金支付后,将失去对公司的所有权;二是股票支付,指并购公司增加发行本公司股票并以这些新发行的股票替换目标公司股票的一种并购方式,其特点是交易过程中无需支付现金,因而不会影响并购公司的现金状况;三是混合支付,即现金支付和股票支付在并购过程中被同时使用。

5. 按照并购的手段和态度划分

按照并购的手段和态度,还可将其分为友好收购和恶意收购。友好收购是指兼并的各项事宜由收购企业与被收购企业双方通过协商决定。恶意收购是指收购企业不顾被收购企业的意愿而采取非协议性购买手段,强行兼并被收购企业。恶意收购的常用手段主要有两种:第一,收购被收购企业股东的股票委托书。如果收购企业能够获得足够的股票委托书,以使其发言权超过被收购企业的管理当局,那么就可以设法改变被收购企业的董事会,从而实现收购的目的。第二,收购被收购企业的股票。收购企业在公开市场中购得一部分被收购企业的股票后,可以宣布直接从被收购企业的股东手中(一般通过发出要约的方式)高价购买其部分或全部股票。

(二) 联营企业

在扩张的另一种形式——联营企业中,所涉及的只是相关公司小部分业务的交叉合并。一般来说,联营企业作为独立的法人实体而存在,在该实体中,联营各方以现金或其他出资方式进行投资。

二、出售

出售主要有分立和剥离两种主要类型。

(一) 分立

分立创造出了一个独立的新的法律实体,其股份按比例分配给母公司的股东。这样,母公司的现有股东就在新的实体中拥有与在原有企业中相同的比例的所有权。分立导致了控制权的分离。伴随着股权的不断交易,新分立的实体作为独立的机构,其股东将逐步与原母公司的股东相互脱离,分立公司的利益与原母公司利益也会发生偏离。从某种意义上说,分立是向现有股东支付股息的一种形式。分立的一种变形是"子股换母股",在这种方式下,母公司的一部分股东将收到母公司的一家附属企业的股票,以此来换取他们手中所持有的母公司股票。分立的另外一种变形称为"完全析产分股",这种方式是将整个公司分离成一系列分立的子公司,这样,母公司不复存在,而只留下了它的子公司。

(二) 剥离

除了分立,还有另外一种形式的出售交易,即剥离。分立只是进行股权的转移或交换,不会为公司带来现金流入;而在剥离方式中,企业会因出售资产而获得现金流入。从根本上说,剥离是将企业的一部分出售给外部的第三方,进行剥离的企业将收到现金或与之相当的报酬。在典型的剥离方式中,购买者是一家已经存在的企业,因此不会产生新的法律实体。例如,由于市场竞争日益激烈、网上音乐盗版猖獗,美国时代华纳公司的全球音乐制品销售量逐年下降,迫使其不得不寻求战略调整。2003 年 11 月,时代华纳公司宣布以 26 亿美元的价格将其音乐制作业务出售给以埃德加·布朗夫曼为首的投资集团,这笔交易预计将使时代华纳公司的债务从 241 亿美元减少到 26 亿美元。

剥离的一种变形称为"股权剥离"(carve-out),即将公司的某一下属机构分设成为一个具有独立法人地位的子公司,并将其一部分权益通过发行股票的方式出售给外部人士,而公司仍然拥有子公司的相当一部分权益。于是,一个新的法律实体便被创造出来了,这个新的实体的权益所有人不一定是股权剥离企业中原有的权益所有人。例如,2000 年 4 月美国 3COM公司剥离其掌上电脑部门 Palm 便是股权剥离的一个典型案例。

三、公司控制

所谓控制权,指的是掌控公司董事会甚至整个公司关键决策和核心资源的能力(权力)。从公司治理的角度看,控制权至关重要。它不仅影响公司的管理水平与运营效率,也牵涉公司的利益分配和对公司资源的掌控。一般而言,控制权与控股地位是紧密相连的。因而获取控制权或防止控制权转移是并购、重组等资本运作的重要内容。我们将在第十章详细讨论相关内容。

四、所有权结构变更

所有权结构变更也是国外较为重要的一种重组活动,它的形式之一是交换发盘。所谓交换发盘就是以债权或优先股交换普通股,或以普通股交换优先级别更高的要求权。

所有权结构变更的第二种形式是股票回购,这意味着公司买回它发行在外的部分普通股。伴随公司发行在外的总股本的减少,公司管理层或主要股东的持股比例会相应提高,因而对公司的控制权会被强化。

所有权结构变更的第三种形式是由上市公司转为非上市公司,即由一个规模较小的投资人集团收购原来公开上市的公司的全部股东权益,并将该公司转为非上市的私人企业。这种方式使原企业不再受上市规则的约束。转为非上市公司的典型交易是当权的管理集团取得新的非上市公司的大部分所有者权益。如果这个交易是由在职的管理层发动的,则被称为"管理层收购"(MBO)。转为非上市公司通常由一个小的外部投资者集团提供资金,并且他们这么做一般是为了保证其在非上市公司董事会中的代表席位。这些外部投资者也从第三方投资者那里募集资金,如果该上市公司要从第三方投资者手中借入大量资金,则这样的交易就被称为"杠杆收购"(LBO)。有关管理层收购及杠杆收购等金融交易将在后文中进一步阐述。

第三节　并购与重组的动机

下面我们将从战略、财务及其他等几个方面来介绍并购和重组的动机。

一、战略动机

并购的最主要目标是整合资源,帮助企业实现某种战略目标,可以归纳为如下几项:

(1) 希望通过并购扩大企业规模,来实现规模经济。所谓规模经济,是指每个时期内,随着生产规模的扩大,产品或服务的单位成本逐步下降。企业通过并购对资产进行补充和调整,一来可达到最佳规模经济的要求,使其经营成本最小化;二来可以使企业在保持整体产品结构的同时,实现产品深化生产,或者运用统一的生产流程,减少生产过程的环节间隔,充分利用生产能力。施蒂格勒认为:"随着市场的发展,专业化厂商会出现并发挥功能,在这方面,规模经济是至关重要的,一个厂商通过并购其竞争对手来成为巨型企业是现代经济史上的一个突出现象。"据调查,西方企业中有 18% 承认其合并动机与规模经济有关。我国目前有许多行业,企业数量众多但生产规模都相对较小,远未达到规模经济的要求。例如,我国的汽车生产厂商数量居世界第一,但是所有厂商每年的产量之和还不及美国通用汽车公司一家的年产量。像这样的产业,通过并购重组有可能创造出巨大的价值。

(2) 整合资金、技术、销售、品牌、土地等资源,实现资源的共享或互补。例如,思科、IBM等公司常通过收购拥有某项先进技术的其他公司来补充自身的技术资源,以保证其在行业中的技术领先地位。又如,TCL 公司通过收购德国施耐德公司来获得在欧洲国家销售产品所需要的品牌与销售渠道等资源。

(3) 进行战略调整,通过收购进入新行业。企业混合并购是追求多元化经营、进入新的经营领域的常见方式。例如,美国的 Philip Morris 公司原为一家烟草公司,该公司为了进军食品业而收购了卡夫食品公司。

(4) 减少市场竞争或提高自身的竞争实力。有时并购的动因是为了提高市场占有率,减少市场竞争,以增加企业长期获利的机会。企业并购提高行业集中程度,一方面可以减少竞争者数量,使行业相对集中,增大进入壁垒;另一方面,当行业出现寡头垄断时,企业即可凭借垄断地位获取长期稳定的超额利润。这种大公司不易受市场环境变化的影响,在利润方面的变化比小公司小。当然,如果并购的目的纯粹是为了减少市场竞争,则可能会遇到法律方面的障碍。不过,由于企业对市场一定程度的控制与对市场完全垄断的界限很难界定,所以,即便是在一向崇尚自由竞争的美国,对基于控制市场目的的这种并购行为的监管也一直存在争议。

二、财务动机

企业实施并购的财务动机主要有以下几个方面:

1. 收购那些价值被低估了的目标企业,可以增加收购企业股东权益的价值

在非充分有效的市场中,某些企业的股票价值可能会被低估。一般来说,将这样的企业作为收购对象,可以为收购企业的原有股东创造价值。从理论上讲,并购企业在购买目标企业的股票时,必须考虑当时目标企业的全部重置成本与该企业股票市场价格总额的大小。如果前者大于后者,并购的可能性大,成功率高;反之,则相反。已故的美国著名经济学家 J. 托

宾(J. Tobin)把企业市场价值与企业重置成本之比称为Q：当$Q>1$时，股价偏高，并购的吸引力较小；当$Q<1$时，股价相对较低，并购的吸引力较大。20世纪60年代，美国企业并购高潮前，Q值很高(1965年曾为1.3)，后来逐步缩小，到了80年代初，这一比率的下降幅度较大，1981年降至0.52，从而在很大程度上诱发了80年代以来的第四次企业并购浪潮。90年代后期，美国及许多其他国家和地区出现了另一种基于市场价格偏差(网络公司及相关高科技公司价值被高估)的重组浪潮，不少公司纷纷将其与互联网有关的业务部门以股权剥离的方式剥离出来，将被剥离的网络公司的一部分权益通过发行股票的方式以很高的价格出售给外部人士。

2. 通过并购降低交易成本

企业面对的是有限理性、不确定和信息不完全的市场，并购在某种程度上可以实现节约交易费用的目的；可以形成市场进入壁垒，限制竞争者进入；可以减少交易环节，降低中介及流转费用；还可以节省管理成本。

3. 通过并购改善经营效率

通过并购，管理能力相对较强、效率相对较高的公司管理层获得低效公司的控制权，再通过资产重组、业务整合，将低效公司的管理提高到与高效公司相同的水平，改善营运效率，创造价值。据密尔福德·格林的研究，在20世纪80年代美国企业兼并的高潮时期，并购公司每年的平均利润是高潮前利润额的2.1倍，其中横向并购为1.3倍，纵向并购为3.6倍，混合并购为2.1倍。现在我国不同企业的经营效率差异相当显著，高效率企业通过并购低效率企业可以更好地利用后者的资源，创造更高的价值。

4. 通过并购实现节税目的

企业并购有时也可起到节税的作用，例如杠杆收购就可能因提高公司财务杠杆而节税。Dertouzos和Thorpe(1982)对报业兼并的研究表明，规避税收是该行业兼并的主要目的，有节税潜力的公司被普遍看好，成为市场上兼并追逐的对象。若收购方盈利状况良好，现金流量也十分充足，而如果税法规定兼并一家连续亏损的企业可以使应税收益减少，那么，兼并亏损企业就可获得税收方面的好处。

5. 通过并购增加融资能力

例如，负债率高的公司通过换股方式合并负债率低、再融资能力强的公司，可以实现增加融资能力的目的。第三章介绍的借壳上市类的并购重组，也属于财务型并购的范畴。

三、其他动机

1. 狂妄假说

狂妄假说(hubris hypothesis)认为，在有效市场里，公司的市场价值已经基本反映了其价值，但是收购公司的管理层会因为狂妄自大而高估目标公司的价值及收购的协同效应，从而发起并购。具体说来，由于并不存在协同效应或仅存在弱协同效应，然而由于狂妄自大以及来自其他(潜在)竞价者的竞争压力，收购公司一般会对目标公司付款过高，从而导致收购公司的收益为负。由此可见，狂妄因素驱动的收购活动通常对目标公司的股东有利，而对收购公司自己的股东不利。由于中国的市场经济仍然处于发展的初级阶段，企业家群体尚不成熟，很多企业喜欢炒概念、追求时髦，进入自己并不熟悉的领域，这种赶并购潮、盲目扩张的做法很可能损害收购公司的价值。

2. 代理问题

在所有权和经营权分离的现代公司制度下，公司管理层可能会为了自身利益，作出损害股东利益的决策和行为，包括毁灭价值的投资与并购活动。例如，管理层为了避免将自由现金流返还给股东，为保持自己控制的资源数量而发起并购；或者，为了增强公司对管理层的依赖性而并购那些只有依靠管理层特殊能力才能有效运转的公司。代理因素驱动的并购活动会损害价值，特别是收购公司的价值，其总收益为负。由于中国上市公司的治理结构有重大缺陷，内部人控制问题严重，因此代理问题在中国尤其值得注意。

3. 财富的再分配

虽然一些并购活动本身不产生提升整个社会价值的协同效应，但是它会通过转移其他利益相关者财富的方式为并购交易方带来价值增值。例如，在杠杆收购中，以损害债权人利益的方式增加股东财富。

4. 法律与监管动机

并购与重组有时是企业为了能够更好地适应当地的法律规定和监管政策的需要。例如，非上市公司通过收购上市公司实现"买壳上市"，规避了直接上市的某些环节上的限制，上市公司也可能因法律的要求或法院的判决而选择重组。

除了以上罗列的各种动机以外，并购重组特别是现阶段我国的并购重组，还可能有其他形形色色的动机。我们将在第十七章中就比较典型的、能够体现现阶段中国特色的并购重组动机进行进一步的分析。

第四节　西方并购的历史

为了能够更好地了解并购的意义与本质，我们不妨回顾一下西方资本主义国家收购兼并的历史。在经济史学家眼里，美国等经济大国从 19 世纪 60 年代的工业化过程开始至今，已在世界范围内先后掀起了五次大规模的并购浪潮。

第一次并购浪潮发生在 19 世纪与 20 世纪之交。这一时期，美国工农业处于南北战争后的迅速增长时期，竞争激烈。因此，以扩大经营规模、降低竞争激烈程度为主要目的的横向并购成为这次并购浪潮的主导形式，追求行业的规模经济和垄断势力是这次并购的主要促成因素。大量的横向并购增大了企业规模和部分企业的市场份额，一些著名的巨头公司如杜邦公司、美国烟草公司、美孚石油公司等就是这次并购浪潮的产物。

第二次并购浪潮始于 1922 年商业活动的上升时期，终结于 1929 年严重的经济衰退初期。这次并购浪潮以加工制造业与它的上游企业或下游企业的纵向合并为主要特征。这次并购浪潮的规模较第一次更大，但影响远不如第一次并购浪潮。这次并购浪潮的主要驱动力是寡头垄断、追求经济的规模效益、借并购来垄断与行业相关的各种资源（包括原材料供应以及运输与销售服务）等等。

第三次并购浪潮发生于第二次世界大战后的整个 20 世纪 50—60 年代，在 60 年代后期达到高潮，具有时间长、规模大的特点。本次并购浪潮以混合并购为主要形式，涉及范围非常广泛，而且在很大程度上改变了企业的组织结构。并购的动机主要在于以多元化经营来分散风险,以提高企业经营的稳定性,平抑企业收益的波动。

第四次并购浪潮自 20 世纪 70 年代中期延续到 90 年代初期,以 1985 年为高潮。这次并购浪潮相对稳定,也主要以实行多样化的经营战略为具体形式,并购的规模较大,大型并购频繁,跨国并购明显增加。

20 世纪 90 年代中期到 21 世纪初,掀起了第五次并购浪潮。这次并购浪潮无论在广度还是深度上都有新的特征,并购规模空前巨大,并购成功率与融资能力高度相关。与第一次并购浪潮相仿,这次并购浪潮以加强核心业务能力的横向并购为主要形式,许多大规模的并购活动都发生在同行业内,以扩大规模或进行优势互补,增强自身竞争力,使自身能够在越来越激烈的市场竞争中长期立于不败之地。例如,美国的飞机业巨头波音公司兼并另一业内巨头麦道公司,组成了世界上最大的飞机制造公司,其资产总额高达 500 亿美元,占据了世界飞机制造市场份额的 65%,一举压倒其主要竞争对手法国空中客车公司。又如,美国在线收购时代华纳,开创了一个新型的网络公司收购大型传统企业的先河。

第五节 现代经济中促进并购的主要因素

在现代经济中,促进并购的主要因素有以下几个:

1. 技术进步

科学技术是生产力,技术进步与产品、产业创新是现代经济的基本特点。正因为如此,现代经济活动中的产品周期、产业周期越来越短。为了适应技术变化、产品更替及产业兴衰,为了长久保持企业的技术优势与产品优势,使企业能够长久地在激烈竞争中立于不败之地,并购起着至关重要的作用。即使像思科、微软、IBM 这样的国际巨头,也必须不断地依靠并购获得新的技术,才能做得更强更大,长期保持行业的领先地位。

2. 经济全球化

经济全球化与贸易自由化为资本对外扩张打开了方便之门。为了寻找资源、寻找市场、寻找更高的资本回报,跨国并购十多年来可谓迅速增加。值得关注的是,无论是从资本输入还是输出的角度看,中国、印度等新兴市场这些年来的表现日趋活跃。从 21 世纪初 TCL 收购德国的施耐德,到 2004 年中国联想收购 IBM 的 PC 业务,再到近年吉利汽车收购沃尔沃以及中国海洋石油股份公司收购加拿大尼克森公司,中国企业在全球化和国际并购道路上的步伐显得越来越坚实。

3. 经济自由化与放松管制

政府对经济管制的放松可以减少并购的政策与法律障碍,使并购特别是大规模并购变得方便容易,从而有利于刺激更多的并购活动。

4. 对规模经济的追求

关于规模经济,我们已在本章的前面内容中作了介绍。在第七章中,我们将进一步说明,通过并购追求规模效应、提升企业竞争力已成为现代企业的一项重要的战略选择。

5. 产业组织结构的变化

由于技术与管理手段的不断创新,产业组织结构也会不断发生变化。这种变化的一个自然结果是并购、重组需求的增加。

6. 资本市场的发展与股价波动

　　财务动机里面曾提到,价值被市场低估的公司更易成为被收购的目标,因而股价的波动会带来更多的并购机会,成为促进并购的因素。

本章小结

　　本章介绍了并购的基本概念,以及扩张、出售、公司控制和所有权结构变更等四种企业并购重组形式,同时从战略动机和财务动机的角度分析了并购与重组的动机。本章简单介绍了西方并购的历史以及现代经济中促进并购的主要因素。

- 企业并购包含两层含义:狭义的并购是指企业的合并、兼并或收购;广义的并购是指通过企业资源的重新配置或组合,以实现某种经营或财务目标。企业并购的实质是在企业控制权运动的过程中,各权利主体依据企业产权规定的制度安排而进行的一种权利让渡行为。
- 按照法律形式和运行程序,可将并购分为吸收合并和新设合并两类;按照资产的转移方式,可将并购分为购买资产的兼并和购买股票的兼并;按照并购前企业之间的市场关系,可将并购分为水平式并购、垂直式并购、同源式并购、复合式兼并;按照出资的方式,可将并购分为现金支付、股票支付、混合支付;按照并购的手段和态度,可将并购分为友好收购和恶意收购。
- 出售主要有分立和剥离两种主要类型。分立只是进行股权的转移或交换,不会为公司带来现金收入;而在剥离方式中,企业会因出售资产而获得现金收入。
- 所有权变更是国外一种较为重要的重组活动,其形式包括交换发盘、股票回购、由上市公司转为非上市公司。
- 并购的动机包括战略动机、财务动机和其他动机。并购最主要的目标是整合资源。
- 在现代经济中,促进并购的主要因素有:技术进步;经济全球化与资本国际化;经济自由化与放松管制;对规模经济的追求;产业组织结构的变化;资本市场的发展与股价波动。

思考题

1. 所有权变更主要有哪几种形式?
2. 并购重组的动机有哪些?
3. 现代经济中促进并购的主要因素有哪些?

第七章　收购兼并：战略思维

- 战略与核心竞争力
- BCG 矩阵与企业并购、发展战略
- 战略并购
- 行业引力–业务实力矩阵在并购中的应用

第一节 战略与核心竞争力

战略一词本是军事术语,现在已被广泛运用于企业管理的理论和实践中。"运筹于帷幄之中,决胜于千里之外"刻画了战略对最终战事结局的举足轻重的影响作用。这句话套用到商战上恐怕一点也不为过。商场如战场,商界的竞争与战场上的厮杀同样残酷无情。尤其是在竞争日益激烈的今天,全球化浪潮和日新月异的技术创新,使企业稍有闪失便会招致灭顶之灾。韩国"大宇神话"的破灭、美国世界通信的破产、中国"德隆系"的崩溃与"三九"集团的危机,无不与战略失误有关。战略管理已经成为企业保持长期稳定发展的重要保证,而战略管理的根本目的就是要保持和不断提升企业的核心竞争力。

核心竞争力又称核心能力,是企业竞争力中最为基本的、使整个企业保持长期稳定发展的核心资源以及使企业获得长期稳定的高于平均利润水平的关键性知识。换句话说,企业的核心竞争力是建立在企业核心资源基础之上的企业人才、知识、技术、产品、品牌、管理和文化等综合优势在市场中的反映。核心竞争力应当既不容易被模仿和超越,也不容易被"偷走"和"带走"。

核心竞争力的概念自 1990 年提出以来,受到了学术界与企业界的广泛关注,越来越多的人认识到企业未来的竞争,就是核心竞争力的竞争;企业要在未来的市场竞争中赢得优势,必须拥有自己的核心竞争力。以核心竞争力为基础的企业发展战略对企业的生存和发展具有极其重要的意义。核心竞争力一旦形成,就会成为企业的战略性资产,并能给企业带来可持续发展的竞争优势。当然,企业的核心竞争力不会从天而降,其形成过程主要有三个基本途径:(1) 自我发展,建立内在的核心竞争力;(2) 与拥有互补优势的企业结合形成战略联盟;(3) 兼并、收购拥有某种企业所需的专门知识或核心资源的企业。

第二节 BCG 矩阵与企业并购、发展战略

BCG 矩阵,又称波士顿矩阵或市场增长率-相对市场份额矩阵,是制定公司层战略最流行的方法之一。该方法是由波士顿集团(Boston Consulting Group, BCG)在 20 世纪 70 年代初开发的。

如图 7-1 所示,BCG 矩阵依据不同业务市场占有率和增长率的不同,区分出四种业务组合。

1. 问题型业务(question marks,指高增长、低市场份额)

处在这个领域中的是一些投机性产品,带有较大的风险。这些产品可能利润率很高,

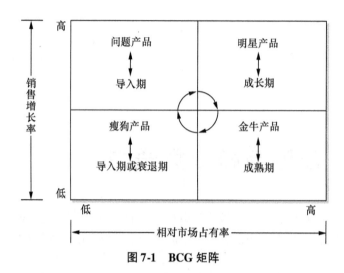

図 7-1 BCG 矩阵

但占有的市场份额很小。这往往是一个公司的新业务,为发展问题型业务,公司必须建立工厂,增加设备和人员,以便跟上迅速发展的市场,并超过竞争对手,这些意味着大量的资金投入。

"问题"或"?"非常贴切地描述了公司对待这类业务应有的态度,因为这时公司必须慎重回答"是否有必要通过收购或扩大投资来发展该业务"这个问题。只有那些符合企业发展长远目标、企业具有资源优势、能够增强企业核心竞争力的业务才得到肯定的回答;得到否定回答的问题型业务则适合采用收缩战略。

如何选择问题型业务是用 BCG 矩阵制定战略的重中之重,也是难点,这关乎企业未来的发展。简而言之,对问题产品应采取选择性投资战略,即首先确定该类产品哪些经过改进与发展可能成为明星产品,对这类产品进行重点投资,使之转变成明星产品;对其他将来有希望成为"明星"的产品则在一段时期内采取扶持策略。因此,对问题产品的改进与扶持方案一般均引入企业的长期计划中。

2. 明星型业务(stars,指高增长、高市场份额)

这个领域中的产品处于快速增长的市场中并且占有支配地位的市场份额,但也许会或也许不会产生正现金流量,这取决于新工厂、设备和产品开发对投资的需要量。明星型业务是由问题型业务继续投资发展起来的,可以视为高速成长市场中的领导者,它将成为公司未来的现金牛业务。但这并不意味着明星型业务一定可以给企业带来源源不断的现金流,因为市场还在高速成长,企业必须继续投资,以保持与市场同步增长,并击退竞争对手。企业如果没有明星型业务,就失去了希望,但群星闪烁也可能会闪花企业高层管理者的眼睛,导致其作出错误的决策。这时必须具备识别"行星"和"恒星"的能力,将企业有限的资源投入在能够发展成为现金牛的"恒星"上。对于可以发展为现金牛业务的"恒星"业务,企业可加大投入或并购扩张,进一步扩大市场规模和竞争地位。

3. 金牛型业务(cash cows,指低增长、高市场份额)

处在这个领域中的产品产生大量的现金流,但未来的增长前景是有限的。这是成熟市场中的领导者,它是企业现金的来源。由于市场已经成熟,企业不必大量投资来扩展市场规模,同时作为市场中的领导者,该业务享有规模经济和高边际利润的优势,因而给企业带来大量现金流。企业往往用现金牛业务来支付账款并支持其他业务,特别是明星型业务的发展和资金需求。对这领域内的大多数产品,市场占有率的下跌已成不可阻挡之势,因此可采用维持与收获战略,即所投入资源以达到短期收益最大化为限。

4. 瘦狗型业务(dogs,指低增长、低市场份额)

这个领域中的产品既不能产生大量的现金,也不需要投入大量现金,这些产品没有希望改进其绩效。一般情况下,这类业务常常是微利甚至是亏损的,瘦狗型业务存在的原因更多的是由于感情上的因素,虽然一直微利经营,但像人养了多年的狗一样恋恋不舍而不忍放弃。其实,瘦狗型业务通常要占用很多资源,如资金、管理部门的时间等,多数时候是得不偿失的。瘦狗型业务适合采用收缩战略,适时且果断地进行出售、剥离、清算,以便把资源转移到更有利的领域。

第三节　战略并购

一、战略并购的含义

从上面的论述可以看出,企业战略管理的根本目的在于不断提升企业的核心优势或核心竞争力并最终提升公司价值。为了提升企业的核心竞争力,必然要不断进行机制创新和体制创新,不断进行技术创新和产品创新。

资本运营是企业战略实施的一个重要方面。严格说来,任何一次成功的企业并购和重组,都应围绕着提升企业核心竞争力这一中心展开。我们所说的战略并购,就是能够继续维持并不断增进企业核心竞争力的并购行为。

核心竞争力是个高度概括、高度综合的概念,为了便于理解,我们不妨粗略地对其加以分解、剖析。如图 7-2 所示,一家企业的竞争地位是由诸多因素决定的,包括其产品的可替代程度、现有企业的相对竞争实力、潜在的市场进入者的数量与竞争实力,以及供应商的垄断程度等。一个具有核心竞争力的企业必须在一个或若干个关键性因素上具有明显的竞争优势。

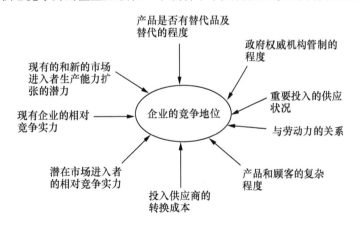

图 7-2　企业核心竞争力分析

资料来源:威斯通等,《兼并、重组与公司控制》,经济科学出版社 1999 年版。

我们现在不妨简单地从几个方面探讨一下并购与重组在提高企业竞争地位方面的作用。

首先,看替代品的影响。如果一个企业的产品有太多的替代品,那么这家企业的竞争优势就会被削弱。替代品越多,替代程度越高,那么企业的竞争地位就越低。在这种情况下,以下几种并购、重组的方式可供企业选择,以实现其提高竞争实力的战略目标。

(1)剥离可替代程度高的产品生产部门,集中企业资源来生产竞争力强的产品。

(2)实施横向兼并,减少竞争对手的数量,以降低行业的竞争程度,提升本企业产品的市场地位。

(3)实施纵向兼并或混合兼并,实现战略转移。

(4)通过并购获取关键知识或核心技术,实现产品差异化战略或低成本战略等。

其次,看现有的和新的市场进入者的竞争能力与扩张潜力。如果同行业现有企业的竞争能力和扩张潜力很大,那么通过横向兼并减少竞争对手的数量并提升本企业的竞争地位也许是一个可行的选择。

最后,企业要做大做强,必须保障关键原材料和其他投入要素的供应。如果投入要素供应商的转换成本提高,那么企业的发展很可能受制于人,进而丧失有利的竞争地位。解决这一问题的可能途径之一就是通过纵向兼并来控制关键要素的供应渠道,争取要素供给的主动权。这不仅有利于保障原材料的供应,也有利于企业在激烈的竞争中掌握主动权。

二、战略并购的基本特征

基于核心竞争力的战略不鼓励企业进入那些与其核心竞争力缺乏明显战略相关性的产业领域。如果多元化的并购不能带来足够的协同效应①,不能显著提升企业的核心竞争力,那么并购活动很可能得不偿失。正因为如此,与同行业并购相比,对其他行业特别是无关联行业的企业进行并购的成功率很低。

由于战略并购的目标不是为了短期套现,因此其应该反映或强化具有全局性、长远性的大战略思维。基于提升企业核心竞争力的战略并购通常具有如下基本特征:

(1)战略并购的主要动机是获得战略性资源,包括研发能力、关键技术与工艺、商标、特许权、供应及分销网络等。

(2)水平并购在战略并购中的重要性提高。以1999年为例,该年度水平并购占跨国并购总价值的70%,而十年前这一比例只有59%。垂直并购自20世纪90年代中期以来一直在增长,但比例仍低于10%。混合并购在80年代末期的并购高潮中非常普遍,但是由于企业越来越倾向于关注其核心业务以应对日益激烈的国际竞争,因此其重要性已经逐渐降低,其比例从1991年的42%降至1999年的27%。

三、战略并购中应注意的问题

以培养企业核心竞争力为目标的战略并购行为需要注意以下几个方面:

---

① 协同效应指因合并而导致价值增加,即两个公司合并后的总价值大于两个公司分立时的价值总和。

1. 以获取核心资源为导向

以培养企业核心竞争力为目标的战略并购应当以获取企业需要的某种核心资源为导向,以企业自己的能力和资源为依托,在自己拥有一定优势的领域内经营,尽量避免为追求规模或增长速度而盲目进入其他领域,特别是那些与其核心优势缺乏战略关联的产业领域。

韩国"大宇神话"的破灭就印证了盲目扩张的悲剧性。从纺织起家的大宇集团在20世纪70年代后逐渐收购了机械、化学、造船和汽车等重工业企业,在80年代中期成为拥有商社、保险和证券公司的韩国五大财团之一。但当亚洲金融危机使泡沫经济破灭时,大宇的资金状况逐渐恶化,最后不得不因沉重的债务压力而被迫解体。又如,作为能源业巨头的美国安然(Enron)公司的倒闭与其向通信宽带、金融投机等领域的盲目扩张也不无关系。中国联想公司因追求高成长而采取的多元化扩张战略也没有获得预期的效果。

2. 关注并购后的要素整合

并购后的要素整合是一项系统工程。如图7-2所示,企业的核心竞争力是由多种影响企业竞争地位的要素或资源经过整合后形成的有机整体。企业通过并购获取的资源只有沿着构建核心能力的方向,经过整合、优化,才能形成最终的核心竞争力。因此,企业的并购、重组必须重视内部竞争要素的有机整合。

成功的并购案例几乎无一例外地依赖于成功的资源和要素整合,而不少失败的重组案例又从反面说明了要素整合这一问题的重要性。以IBM为例,1991年IBM收购了一家小型软件公司麦塔佛公司(Mataphor Inc.),并且许诺麦塔佛公司可以继续开发自己的数据库软件,由双方共同分摊软件开发成本。然而三年之后,IBM公司却强迫麦塔佛公司集中全力发展IBM自有的OS/2操作系统,并对麦塔佛公司看好微软公司Windows操作系统的看法置之不理。这种做法的直接后果是麦塔佛公司的软件设计人员大批离职,这使IBM失去了许多优秀的软件人才。对于软件公司而言,人才是最重要的资源。人才的流失实际上宣告了IBM收购麦塔佛公司的失败。

3. 剥离不相关业务,突出核心优势

为了集中优势资源,提升核心竞争力,企业不仅要善于做加法——收购与兼并,而且有时也需要做减法——拆分与剥离。自并购活动大规模化的20世纪90年代以来,企业进行并购的原因在于看中了目标企业的某些竞争力要素,但并购获得的资源未必全都是所需的,因此需要对不相关的业务进行剥离,以突出主营业务和核心竞争力。例如,美国通用汽车公司舍弃了成功经营的电脑服务公司EDS,以便集中精力于汽车制造业;中国华为公司为了集中资源和资金投入通信设备的研究开发与生产,割舍了其电源制造方面的业务——安圣电气。

4. 适时适度,量力而行

成功的并购首先应该能够满足企业对于某种关键竞争要素的需求,同时还必须兼顾企业的资金实力和管理能力,以防扩张过速造成欲速则不达。美国朗讯(Lucent)公司21世纪初遭遇的经营困境及股价大跌与其20世纪90年代后期的盲目扩张不无关系;2004年发生的中国德隆的悲剧也多少与其盲目扩张有关。

5. 适时更新企业核心竞争力

前文已经谈到,企业的核心竞争力是使企业保持长期稳定发展的核心资源,以及使企业可以获得长期稳定的、高于平均利润水平收益的关键性知识。但是世界上从来没有一劳永逸的竞争策略,更没有永远领先的知识和技术。商业竞争如逆水行舟,不进则退。在技术、产品、管理手段日新月异的现代商业社会,这一规律显得更为明显与残酷。

随着技术的进步、消费热点的转移和产品的更替,一个企业原有的核心竞争力会逐渐丧失其竞争优势,必须不断地加以丰富与更新。并购是补充和更新企业核心竞争力的途径之一。企业可以通过吸收外来资源,取人之长,补己之短,以便在较短时间内获得新的竞争力要素。

第四节　行业引力-业务实力矩阵在并购中的应用

一、行业引力-业务实力矩阵介绍

和前面介绍过的 BCG 矩阵相似,行业引力-业务实力矩阵,又称 GE 矩阵,是分析企业各项业务战略地位的另一重要方法,在收购兼并决策中同样有着重要应用。所不同的是,BCG 矩阵从销售增长率、市场份额两个维度来分析企业的业务状况,而 GE 矩阵则从行业吸引力(和销售增长率其实是相关的)和相对竞争地位来梳理企业的各项业务。

就某一具体企业而言,何时应采用收缩战略,何时应采用扩张战略;何时应采用专一化战略,何时应采用多元化战略呢? 这些问题都是战略并购决策过程中无法回避的基本问题。下面我们借用 GE 矩阵来进一步分析战略并购的决策方法,并给出这些问题的参考答案。

图 7-3 给出了基于行业引力-业务实力二维坐标系的企业战略决策方法。简单地说,如果企业的某项业务处于具有发展潜力、吸引力较大的行业,且企业在该项业务上有较强的竞争优势,则企业应当集中资金与其他资源,优先支持该项业务的发展,即寻求行业支配地位;如果某个行业吸引力较大,但企业在该行业竞争力较弱,则企业应视具体情况,或者增加投资争取各种关键资源以增强竞争力,或者选择退出;如果某个行业吸引力有限,发展空间不大,且企业在该行业竞争力也较弱,则企业应该退出该行业,回收资金,实行战略转移。

业务实力

		强	中	弱
行业吸引力	大	Ⅰ:优先投资。即大力投资发展,寻求行业支配地位。	Ⅱ:择优投资。增强竞争能力,力争行业领先地位。	Ⅲ:投资发展以增强竞争力,或退出。
	中	Ⅱ:择优投资。保持行业领先地位。	Ⅲ:识别有前途的业务进行投资。	Ⅳ:减少投资,逐步退出。
	小	Ⅲ:尽量回收现金,适度投资以维持竞争地位。	Ⅳ:减少投资,逐步退出。	Ⅴ:回收投资,及时退出。

图 7-3　行业引力-业务实力矩阵(GE 矩阵)

图 7-3 的分析给企业的并购重组提供了重要的决策依据。如果一个行业极具发展潜力,吸引力大,且企业在该行业中有较强的竞争优势,则通常适合进行横向并购,以扩大市场份额与竞争地位。这时应当采取扩张战略,把企业做大。如果行业吸引力很小,企业在行业中的

竞争实力又弱,则宜采取收缩战略,分拆剥离无吸引力及竞争优势的业务。对于其他的中间状态,采取维持战略或者纵向并购也许更加有效。图7-4是这些分析的一个总结。

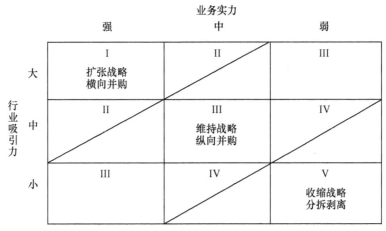

图7-4　行业引力-业务实力矩阵在并购中的应用

二、小心多元化"陷阱"

(一) 多元化战略的利与弊

GE矩阵给出了分析战略选择的一个基本框架。多元化或专业化究竟各有何种利弊?我们将在下面进行更深入的分析。

多元化战略是企业的一种扩张发展战略,是指企业在从事某项主营业务的同时,通过兼并、重组和增加产品线等方式进入其他行业。主张多元化战略的人通常会认为多元化经营能更有效地将企业拥有的资源运用于不同行业或产品,从而有利于更加充分地发挥企业拥有的各种资源的作用。例如,将专有技能、生产能力或技术由一种经营转到另一种经营中;扩大企业规模,增加企业的利润点和盈利能力;将企业拥有的销售网络和其他资源运用于更多产品;在新的经营业务中借用公司的品牌信誉,更好地实现企业的品牌价值。

大量的数据和案例告诉我们,多元化战略常常不能产生令人满意的结果。美国管理大师罗伯特·格兰特说过:"多元化好比是性,它的吸引力相当明显,而且常常难以抗拒,但它的实际情况却又常常令人失望。"国内外学者对多元化的价值影响做了大量研究,研究结果表明多元化对不同企业价值的影响大相径庭,但平均而言,多元化经营损害了公司的价值。例如,Berger和Ofek(1995)发现,多元化经营的公司的市场价值比其各组成部门的价值之和大约要低13%—15%。Rajan、Servaes和Zingales(2000)则发现,约有40%的公司因多元化而获得了市场溢价,但平均来看,多元化公司的股票在进行折价交易。① 在我国,试图通过多元化战略发展壮大的企业不胜枚举,但其中的相当一部分,如巨人、爱多、飞龙、德隆等皆因多元化战略

---

① 一种观点认为,多元化与价值下降并无因果关系。例如,低价值公司可能更倾向于采取多元化策略,使得多元化与公司价值之间存在某种负相关关系。但是,Lamont和Polk(2000)的研究结果不完全支持此种观点。

而导致了严重的失败。从这些失败企业可以看出,它们的成长速度是惊人的,但是倒下的速度更惊人。

是什么原因导致了多元化经营常常损害而非提升股东价值呢?比较流行的一种解释是所谓**无效内部资本市场假说**(inefficient internal capital markets hypothesis),即多元化经营激化了公司内部的利益争夺,导致公司资源流向低效率部门,从而降低了企业内部的资源配置和资金使用效率。另一种可能的解释是,公司管理层为了分散个人的人力资本风险,采取了不恰当的多元化战略,这种战略可以分散风险,但不能提升股东价值。例如,Mansi 和 Reeb(2002)发现,多元化降低了公司的经营风险,因此在降低股东价值的同时,提高了债权人的价值。平均来说,股东与债权人的总价值(按市场价值计算)和公司的多元化之间没有显著的相关性。

简言之,由于新业务领域的进入壁垒、管理冲突及分散企业资源等原因,企业在进入多元化经营时,其股东要支付一定的代价:一方面,由于企业资源分散在多个业务领域,分散了企业在具体业务领域的资源实力,使单位项目上的资源过少,这尤其影响了需要大量资源保证的核心业务领域的竞争实力;另一方面,由于各业务领域高度分散,不同领域的管理模式各不相同,这不仅对企业的管理者提出了更高的要求,还使企业内部集权和分权的矛盾加剧。有关的研究结果显示,与同行业兼并相比,对其他行业特别是无关联行业的企业进行兼并的成功率很低。进入 20 世纪 90 年代后,绝大多数企业中的大规模并购主要集中在本行业内进行。

客观上看,多元化经营作为企业发展的一种思路和模式本身并无对错之分,但多元化战略可能成功,也可能失败。因此,我们既不应该把多元化发展看成是企业发展的灵丹妙药,也无需谈多元化色变。多元化也好,专业化也罢,没有绝对的最好或最坏,只有是否适宜。

(二) 如何进行多元化经营

多元化经营常常遭遇失败的原因中最重要的一点是:决策者忽略了多元化时企业核心竞争力的整合、培育和发展,盲目地贪大求全,为扩大规模而扩大规模,"战线"拉得过长,以至于顾此失彼,导致企业负债累累,背上了沉重的包袱,陷入了"为多元化而多元化"的怪圈。21世纪初期联想为追求高成长而进行的多元化未能取得理想的效果便是一例。因此,对于企业来说,问题不是是否应当进行多元化经营,而是适不适合搞多元化经营,如何进行多元化经营。

1. 多元化经营要以培育核心竞争力为前提

核心竞争力的一个显著特征是具有延展性,这种延展性为企业的多元化发展创造了良好的条件。企业只有努力培育自己的核心竞争力,才能获得进入多个不同市场并取得相对竞争优势的潜在途径。

企业进行多元化经营之前一般都从事专业化经营。主业经营突出、在所处行业中占据主导地位、具有充足资源和实力并形成核心竞争力,是企业多元化经营的前提。由于主业是企业的利润来源和财务支撑,因此若企业在主业根基未稳且不具备市场支配能力时盲目实行多元化经营,会给企业带来很大风险。

从经营范围来讲,企业多元化经营应围绕企业的核心竞争力而展开,才能更好地发挥企业核心优势的作用,或能够进一步强化企业的核心竞争力。为了提高核心竞争力这一企业珍贵资源的利用效率,企业必须适时适度地开展多元化经营,开发新产品,开拓新市场,使企业的核心竞争力孕育出多个领域的竞争优势,实现最佳范围经济,获得最大经济收益。我们把这种多元化战略称为"专业化基础上的多元化"。全球闻名的超级大企业美国通用电气公司是实施这种多元化战略的榜样。

2. 找准多元化经营的方向

多元化经营包含的内容异常广泛,既包括关联多元化(指企业进入与原有经营领域有一定关联的新领域,如企业进入所从事的生产经营活动或所生产产品的上游产业或下游产业领域,或从事与现有产品有很多共性的产品生产,比如电视机制造厂商进入电脑显示器生产行列),也包括无关联多元化(指企业进入与原有经营领域几乎无关联的新领域)。任何企业的资源与管理能力都是有限的,必须有所为,有所不为。换句话说,公司的多元化经营必须是有选择性的多元化,必须有助于企业核心竞争力的加强和扩展,有利于产生协同效应。要产生协同效应,就要使新产业与主业具有一定关联度,保持多元化产品同原主业产品的某种相关性和同质性。这样做可以较好地利用企业原有的核心竞争力,实现规模收益递增的目标。这也是相关多元化容易获得成功的原因。有学者通过对《财富》500强企业进行研究发现:实行多元化战略的企业按经济效益排名从最好到最差依次是内在相关多元化、外在相关多元化、内在非相关多元化和外在非相关多元化。进入具有一定关联度的产业可以降低企业的进入壁垒和整合成本,有利于充分发挥主业管理优势、品牌优势和技术优势。

3. 强化内部管理,规避管理风险

多元化经营的大型企业面临的最大瓶颈是围绕资源配置这一中心问题而产生的"管理瓶颈"。由于多元化经营导致的企业管理高层与各业务部门经理之间的信息不对称,企业的经营范围越广,资源配置越复杂,管理的难度也就越大。

在多元化经营战略中失败的企业之所以会失败,往往是由于其在资源配置中的能力较低;相反,通用电气公司这类大型企业的多元化之所以非常成功,其高超的内部管理系统功不可没。多元化的公司必须拥有强势凝聚力和控制力的企业文化,以使公司能够通过共同的理念减少管理成本。为了成功地实行多元化经营,企业必须建立一个有效的内部资源配置机制,依照效率最大化的商业原则合理分配内部资源,特别是资金资源,防止平均主义。

三、并购中如何挖掘并强化核心竞争力

根据各行业中企业的数量、产品的属性和价格控制程度等因素,按照竞争的激烈程度由强到弱,可将行业市场分为四种类型,即完全竞争型、不完全竞争型、寡头垄断型和完全垄断型。从战略并购的角度来讲,如果收购方目前处于不完全竞争型的行业或寡头垄断型的行业,则宜采用横向并购的方式,侧重收购同行业的竞争对手,这样既能获得对手的技术、人才、设备等战略性资产,又能扩大市场份额并减少竞争。

另外,对行业的生命周期进行分析也对战略并购具有重要意义。由于技术进步、产品更新以及社会习惯改变等原因,每个行业都要经历一个由成长到衰退的发展演变过程,这个过程就是行业的生命周期。一般来说,行业的生命周期大致可以分为四个阶段:初创阶段、成长阶段、成熟阶段和衰退阶段。

处于初创阶段的行业的开发费用较高,而产品市场尚不明朗,企业利润低,企业经营风险较大。但随着新产品的开发和不断完善,企业的利润水平可能成倍增长。

一个行业的成长阶段以竞争加剧、价格下降和利润上升为主要特点。在这一时期,新产品正为市场所接受,拥有一定市场营销能力和财务实力的企业逐渐成为市场主导,行业的增长速度仍然较快,而且具有较高的可预测性。此时,投资者分享行业增长带来的收益的可能性大大提高。

在行业的成熟阶段,产品已被市场广泛接受,尽管市场对产品的需求仍在扩大,但增长速度开始下降,生产成本和产品价格相对稳定。需要指出的是,各个行业成熟阶段的时间长度区别很大,技术含量高的行业成熟阶段历时较短,而公用事业等行业的成熟阶段历时较长。

行业发展的最后阶段是衰退阶段。在此阶段中,由于新技术的开发和应用加快、新产品的开发和大量替代品的出现,原行业中的市场需求开始逐渐减少,产量下降,增长率逐渐降低甚至出现负增长。行业中有相当多的企业盈利水平降低到微利甚至无利程度,亏损企业明显增多。

战略并购的最佳时机是行业的成长阶段,以便能够享有行业成长所带来的丰厚收益。对成长期的企业较宜采取横向并购的扩张手段,增加规模经济,并力争奠定企业在行业中的龙头地位;处于成熟行业的企业可考虑纵向并购战略或适当的多元化战略;而处于行业衰退期的企业,则应采取退出与转移战略,寻找新的增长点。

总而言之,企业实施战略并购需要关注以下几点:首先,要有长远的战略规划,围绕企业核心竞争优势确定未来的发展方向和发展目标,通过战略并购强化企业的核心竞争力。其次,正确选择战略并购的时机和目标,审慎分析收购方与目标企业的行业特征与个性特征,仔细论证目标企业对收购方核心竞争力提升的协同作用。最后,重视并购后的资源整合。战略并购能否形成新的竞争优势,增强企业的核心竞争力,最终取决于企业是否具有强大的资源整合能力,能否有效发挥并购获得的各种资源的作用。并购的失败往往就是由于并购后资源整合的失败。

案例分析

吉利闪电收购澳洲 DSI 变速器公司

一、并购的潜在协同效应和战略收获

"收购 DSI 绝对是中国汽车业海外收购的经典案例。"上海国际车展吉利展台上,一向沉稳、不苟言笑的吉利集团总裁杨健在谈起不久前吉利收购澳大利亚 DSI 变速器公司(以下称"DSI 公司")时,突然变得兴奋起来。

谁也没想到,全球金融危机下的海外抄底第一单被吉利拔得头筹。

2009 年 3 月 27 日,吉利控股(0175. HK)在联交所突然停牌;中午 12 点,澳大利亚新南威尔士州政府大厦,在中国驻澳大利亚大使和新南威尔士州部长等中澳两国政府官员的见证下,李书福大笔一挥,签下了吉利海外并购的第一单。

在这份总协议金额为 2.571 亿港元(调整后最高不超过 3.147 亿港元)的协议中,吉利拥有全球第二大变速器生产厂商 DSI 公司绝大部分业务资产,包括生产设备、厂房以及最为核心的产品知识产权(包括商标、专利、电脑程序等)和研发中心。

DSI 公司的英文全称为 Drivetrain Systems International。该公司是一家集研发、制造、销售为一体的自动变速器专业公司,也是全球仅有的两家独立于汽车整车制造企业之外的自动变速器公司之一,占地面积 30 万平方米,其中工厂面积 3.6 万平方米、研究院面积 3 000 平方

米,具有年产18万台自动变速器的生产能力。

DSI公司已有80多年历史,拥有雄厚的技术积累和产业经验。世界著名自动变速器零部件公司博格华纳曾经全资拥有过该公司30年。DSI公司有一批世界级的优秀工程师,其产品覆盖了四速和六速前后驱动及全驱动大扭矩自动变速器,为福特、克莱斯勒及韩国双龙等世界著名汽车公司配套,目前正在研发世界先进水平的八速前后驱动自动变速器、DCT双离合变速器及CVT无级变速器。

研究人士分析,受全球金融危机的影响,DSI公司的部分客户在市场上受到严重冲击,2009年2月中旬,DSI公司进入破产程序,其经营存续面临历史性选择。福特在澳大利亚的整车企业也因此受到影响。

DSI公司是全球仅有的两家独立于汽车整车制造企业之外的自动变速器公司之一,市场容量巨大,且市场增长率较高。但全球金融危机的影响却使得DSI公司的客户出现严重问题并波及其自身,因此,DSI公司对于吉利汽车而言属于问题型产品,在图7-5中所处的位置以实线方框表示。这时需要有大量的固定资本和运营资本的投入。吉利应当使用适宜的融资手段,取得公司发展所必需的足够资金金来满足其市场份额增长的需要。

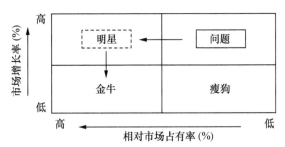

图7-5 吉利汽车战略并购BCG矩阵分析

如果DSI公司自动变速器的需求量持续增长,吉利汽车此次海外战略并购后,其自动变速器的生产能力将会大增,其将在国内兴建新的自动变速器生产基地。若吉利汽车能够顺利解决其多余的生产能力带来的市场消化问题,则它的相对市场占有率将会得到较大的提高,自动变速器产品将会逐渐向明星型产品转变,在图7-5中所处的位置以虚线方框表示。这时,该产品可能是先进的"吸纳者",也可能是先进的"产出者",主要取决于维持市场占有率所需要投入资金的多少。如果要达到一定的规模经济,最终有可能会转变为"金牛",公司必须保证其市场占有率不受侵蚀。这类战略分析工具将有利于吉利汽车作出比较合理的并购决策,同时,吉利汽车还必须根据内外环境的变化不断修正并购战略,以实现预期的并购协同效应。

据吉利集团介绍,吉利汽车成功收购DSI公司后,将给DSI公司提供一套适合全球发展的新战略。首先恢复对福特的供货,然后把DSI公司的产品和技术引入中国汽车行业,向中国汽车企业提供世界先进的自动变速器产品;同时为DSI公司在中国寻求低成本采购零部件的途径;并为DSI公司的新产品研发提供资金支持,确保DSI公司在国际市场上的领先地位。

对于国内汽车自主品牌来说,汽车变速器技术一直是制约自身发展的一个瓶颈。近年来吉利汽车逐步加大自主知识产权的研发力度,创立了吉利汽车新技术应用合作平台,相继开发出了BMBS爆胎监测与安全控制系统和Z系列自动变速器等新技术,试图开创中国汽车自主品牌的创新之路。在当前国际金融危机的形势下,DSI公司在其客户受到冲击后,业务大幅萎缩,吉利汽车瞄准时机果断出手,试图通过收购整合和吸收来达到自身科技水平提高的目的。通过收购 DSI 公司,吉利汽车在原有小扭矩自动变速器的自主知识产权的基础上,进一步丰富了产品线,强化了吉利公司自动变速器的研发与生产能力。吉利集团副总裁王自亮说,吉利公司在填补国内自动变速器空白的基础上,通过这次收购行为,可以把国内外相关产业体系进行整合。DSI 公司的变速器的特点是档次高、全系列覆盖,而吉利汽车的产品多是小排量的。整合后的吉利变速器在产品体系上将趋于完整,核心竞争力也将大大增强。

吉利汽车前期开发的 Z 系列变速器号称国内唯一拥有自主知识产权的自动变速器,但其在实际应用上一直不大理想,多应用于吉利汽车的低端小排量车型上。此次收购 DSI 公司,其目标不言而喻。随着国内低端车型市场的竞争日趋白热化,利润越摊越薄,自主品牌依靠低端车型打拼市场已经捉襟见肘,在这样的情况下,要想转变自主品牌在国内消费者心目中的低端形象,实现转型就是一个亟待解决的问题。吉利汽车在苦练内功的同时通过收购和吸收消化先进技术来实现自己产品的升级,依靠技术和质量来获取消费者的认同可谓用心良苦。

本次交易中,DSI 公司的资产托管人为普华永道;吉利汽车则聘请了律师行麦肯锡、会计师行安永、并购顾问公司洛西尔,依照澳大利亚联邦法律、中国法律及吉利汽车上市公司所在地中国香港特别行政区法律程序成功完成了交易。

在收购价格及未来公司治理这一最为敏感环节,吉利汽车遭遇到来自印度公司激烈的竞争。"印度那家公司当然有他们的优势,但吉利的优势是,能把 DSI 和整车厂(即吉利)捆绑在一起。"李书福给出的收购思路是,在成功并购 DSI 公司后,利用中国的成本优势强化 DSI 公司既有产品的竞争力,同时,利用吉利汽车作为主机厂采购需求的规模优势,保证 DSI 公司产品销售运营的持续性。当然,吉利汽车将继续保留 DSI 公司品牌和 DSI 公司运营的相对独立性,以确保为全球客户提供服务。

不过,对于海外收购,中国企业并无太多成功的案例,恰如联想之于 IBM 和上汽之于双龙。"我们的确对这次收购进行了评估,认为(这次收购)风险已降到了最低。"杨健依然肯定地表示。

2009 年 4 月 19 日,又一批吉利员工飞赴 DSI 公司,进一步完成各个职能部门的对接工作。"吉利计划用半年的时间完成和 DSI 的配套,并成立一家与 DSI 的合资公司。"杨健透露,今后,DSI 公司将继续在全球范围内向福特及东南亚车企提供配套的业务;而即将新成立的合资公司将成为内地车企的主要供货商。

二、并购的风险和挑战

吉利汽车通过收购大举进入变速器行业,还必须考虑资金需求、经营规模、技术含量等行业壁垒,如图 7-6 所示。

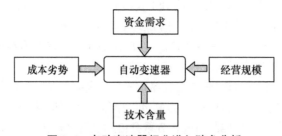

图 7-6　自动变速器行业进入壁垒分析

(1) 资金需求。基于成本竞争的考虑,吉利汽车自动变速器产能规划已不可避免,其设厂成本会越来越高。由于汽车行业是资金密集型行业,自动变速器的研发和生产线建设将存在着较高的资金壁垒。

（2）经营规模。能不能上规模是自动变速器产品能否成功的关键因素,由于汽车自动变速器的研发成本很高,这就要求吉利汽车必须以大规模生产的方式进入市场,否则其成本将难以摊销。

（3）技术含量。吉利汽车并购后是否能取得技术上的突破,目前尚难定论。2004年上汽收购韩国双龙后,却发现真正技术转移的难度非常大,不可不鉴。

（4）成本劣势。专利获取、设备采购等。

由以上分析可知,自动变速器行业的进入壁垒较高,吉利汽车能否抵制住竞争危险并开拓新的市场,还有很多不确定因素。

贝恩管理咨询公司（Bain & Company）的一项关于并购失败的调查研究表明:从全球范围内企业并购的失败案例分析,80%左右的失败案例直接或间接地源于企业并购之后的整合,而只有20%左右的失败案例出现在并购的前期交易阶段。可见,企业并购交易的结束,并不意味着并购的成功,相反表明企业开始进入真正的并购关键期。吉利汽车并购的整合风险主要包括三个方面:第一,并购后在经营上、生产上、技术上不能达到预定的协同效应。例如,并购企业本想通过并购实行多角化经营进入新的领域,而当新领域的成长受到障碍时,往往会使并购企业陷入困境。第二,并购后人事上、制度上和文化上的整合。由于不能按照预先设计的并购规划有效整合,从而使新老企业在人事上、制度上以及文化上相互抵触,产生内耗,因此反而会拖累优势企业。第三,并购对业务关系的影响,其中包括对客户、供应商等的影响。并购有可能使这些对外的业务关系恶化,从而丧失某些客户和供应商,导致企业的运营成本增加,盈利能力降低。早年,TCL收购法国汤姆逊,以及明基碁收购西门子手机,在当时都曾被认为是可行的收购,但最终都败在了"整合"上,类似的还有联想收购IBM,目前也还处在艰难的文化整合之中。

三、并购的效果

吉利汽车收购DSI公司后推出的首款产品即将面世,这是一款国产的六速自动变速箱。吉利汽车将在2012年11月份推出搭载国产6AT变速箱的SC7,除了变速箱之外,新车在外观、内饰及动力方面都没有改变。在价格方面,有消息称将会比现售车型的6.5万—8万元的价格略高。

吉利英伦SC7是一款定位在紧凑级市场的家用轿车,车身尺寸为4682/1725/1485（mm）,轴距为2602 mm,目前搭载的是一款5速手动变速箱,并配备1.5L和1.8L两款发动机;未来1.8L车型将搭载全新的国产6AT变速箱,齿比将更紧凑,换挡将更加平顺。

目前吉利DSI国产项目共有三个工厂,其中湘潭基地作为DSI公司国内第一工厂,预计年产能可达30万辆;另外两处分别为投资16亿元的山东济宁工厂和投资8亿元的重庆铜梁工厂。预计未来DSI公司生产的自动变速箱有望覆盖吉利汽车旗下所有车型。

目前,我国自主品牌在自动变速箱领域几乎还是一片空白,除了之前吉利汽车推出的那款生涩的4AT和奇瑞推出的CVT变速箱之外,目前几乎还没有像样的自动变速箱面世,虽然吉利汽车的这款6AT变速箱是通过收购的方式得来,但它同样象征着自主品牌已经可以自主生产自动变速箱,打破了合资品牌的垄断,对降低自动挡车型的售价将产生积极的作用。

案例资料来源:作者根据网络和媒体报道整理。

案例讨论题

1. 对吉利汽车收购 DSI 公司的时机,你有何评价?

2. 请评述吉利汽车收购 DSI 公司的战略动机和可能产生的协同效应。

3. 你看好这项收购吗?要使并购的协同效应成为现实,吉利汽车需要注意什么,做好什么?

本章小结

本章主要讨论如何利用战略并购来提升企业竞争力。在介绍了企业竞争地位的决定因素之后,本章引入了战略分析的 BCG 矩阵(市场增长率-相对市场份额矩阵),讨论了 BCG 矩阵在企业业务拓展决策中的应用。随后,本章着重介绍了战略并购的基本特征,并阐述了战略并购中应该注意的问题,以及行业引力-业务实力矩阵(GE 矩阵)在并购中的应用,并对多元化战略的利弊以及如果进行多元化经营、并购中如何强化核心竞争力给出了具体的建议。

- 企业战略管理的根本目的在于不断提升企业的核心优势或核心竞争力并最终提升企业价值。基于提升企业核心竞争力的战略并购通常具有以下特征:(1)其主要动机是获得战略性资源;(2)水平并购在战略并购中的重要性提高。

- 在战略并购中,应该注意如下几个问题:(1)以获取核心资源为导向;(2)关注并购后的要素整合;(3)剥离不相关业务,突出核心优势;(4)适时适度,量力而行;(5)适时更新企业核心能力。

- 利用行业引力-业务实力矩阵来分析战略并购的决策方法,就是根据业务实力和行业吸引力来判断企业的竞争优势,从而帮助企业作出决策。

- 多元化战略是企业的一种扩张发展规律战略,是指企业在从事某项主营业务的同时,通过兼并、重组和增加产品线等方式进入其他行业。多元化经营要以培育核心竞争力为前提,找准多元化经营的方向,强化内部管理,规避管理风险。

- 从战略并购的角度上,收购方应根据自身所处的行业特点来决定采用的并购方式。同时,行业的生命周期也对战略并购具有重要意义,最佳时期是行业的成长阶段。总之,企业在实施并购中,需要关注以下几点:(1)要有长远的战略规划;(2)正确选择战略并购的时机和目标;(3)重视并购后的整合。

思考题

1. 企业的竞争地位由哪些因素决定?

2. BCG 矩阵在企业并购和战略决策中有何指导意义?

3. 战略并购中应该注意哪些问题?

4. 多元化经营有什么利弊?

5. 企业实施战略并购需要关注哪些方面?

第八章 杠杆收购与管理层收购

- 杠杆收购的基本概念与发展背景
- 杠杆收购的操作
- 杠杆收购的适用范围与条件
- 杠杆收购的效应
- 杠杆收购的风险
- 管理层收购与员工持股计划

第一节 杠杆收购的基本概念与发展背景

杠杆收购(leveraged buy-out,LBO)是企业兼并的一种特殊形式,自20世纪80年代以来,已成为风靡全球的一种常见的资本运营方法。

杠杆收购是指收购方按照财务杠杆原理,以少量自有资金通过高负债融资购买目标企业的全部或部分股权,获得经营控制权,以达到重组该目标企业并从中获得较高预期收益的一种财务型收购方式。杠杆收购中的"杠杆"一词,其实就是负债的意思。企业在资本运营过程中选择杠杆收购的策略方式,除了能获得一定的经营协同效应和实现高效率的企业扩张外,还能消除代理成本,发掘潜在利益。一般说来,杠杆收购的目标企业常常是价值被市场低估的企业,这是因为,收购这样的企业能够获得更高的财务回报。企业被杠杆收购后,一般会退出上市,成为非上市的私人企业。

杠杆收购的实质在于举债,即以债务资本为主要融资工具,而这些债务资本大多以目标企业的资产为担保而获得。收购方以较少的股本投入(约占10%—20%)融得数倍的资金,对目标企业进行收购、重组,使其产生较高盈利能力后,再伺机出售或重新上市,以便谋利。这种方法自20世纪80年代开始在美国迅速流行,这主要是因为,在70年代后期和80年代初期,美国的经济环境发生了一些重要变化,主要表现在以下方面:

(1) 这一时期发生的通货膨胀对经济活动的影响很大。持续的、相对较高的通货膨胀使企业资产的重置成本不断上升,而企业的市场价值并没有相应大幅上涨,致使企业的托宾Q值(Tobin's Q,系指企业市场价值与其资产重置成本的比率)大幅下降。按照托宾理论,在均衡状态下Q值等于1;如果Q值小于1,在资本市场上直接收购企业或股权进行企业扩张会比企业内部进行不动产投资的扩张更为便宜。据统计,美国企业的平均Q值在1965年曾高达1.3,但受通货膨胀影响,1981年该比率已下降到0.52。换句话说,1981年的美国,在资本市场上收购一家企业的代价大约是自建一家同样企业的代价的一半。这种情况大大刺激了20世纪80年代的美国并购市场,特别是出于财务动机的收购兼并及杠杆收购。

(2) 通货膨胀降低了负债的实际利率水平,使债务的实际成本下降,也刺激了以高负债为特征的杠杆收购活动的发展。一方面,由于债券的名义利息不随通货膨胀进行调整,因此在物价出现非预期上涨时,企业的实际债务负担会下降,企业的负债比率也随之下降。如第四章所述,此时企业可以通过进一步增加负债,即财务杠杆来享受更多利息避税的好处。另一方面,在原有债务利率固定的情形下,通货膨胀导致企业自由现金流(free cash flow)增加,从而增加了企业的代理成本,即管理层将企业富余的资金投向效率较低的项目(Jensen,1986)。企业财务杠杆的增加可在一定程度上减轻自由现金流的负面影响。基于上述原因,没有及时提高财务杠杆率的企业成了理想的被收购目标。

（3）美国 1981 年的《经济复兴税收法案》（ERTA）也在一定程度上刺激了并购重组活动的兴旺。由于高速通货膨胀的影响，这一时期，美国企业资产的历史成本通常远低于其实际价值。《经济复兴税收法案》允许企业对新购进的旧资产增加账面价值，并可以和全新资产一起采用加速折旧法。企业利用这一机会收购资产可以在较大基数之上重新加速提取折旧，因而可以减轻所得税负担。另外，依据美国 1986 年税制改革以前的税法，全盘收购对企业减轻税负更为有利，因为税法规定，清算中的企业出售其资产可免缴资本收益税。

（4）《经济复兴税收法案》使得员工持股计划（employee stock ownership plans，ESOP）更具吸引力。ESOP 是一项由企业员工参与持股，旨在增强员工参与意识、激励员工的积极性与忠诚度的财务方案。依据《经济复兴税收法案》，企业可以通过 ESOP 用银行贷款购买企业股票，并且用于偿还贷款本息的资金可以作为费用在税前扣除。关于 ESOP 与杠杆收购和管理层收购的关系，我们将于稍后进行阐述。

（5）20 世纪 80 年代美国政府对金融管制的放松，也成为并购活动特别是杠杆收购活动的催化剂。并购活动需要巨额资金，金融机构的贷款是并购资金的重要来源。金融管制的放松使得银行及其他金融机构增加了对并购活动的贷款支持。另外，政府对于鼓励自由竞争而采取的反托拉斯理念也发生了重要变化，不再对大规模的横向并购与纵向并购施加过于严格的限制。

（6）高收益债券即垃圾债券市场的发展与繁荣，为并购提供了较为充足的资本来源。垃圾债券于 20 世纪 30 年代起源于美国。1970 年以前，垃圾债券主要是一些小型企业为了筹集资金、开拓业务而发行的，由于这种债券的信用受到怀疑，问津者较少，1970 年年初其流通量还不到 20 亿美元。70 年代末期以后，垃圾债券逐渐成为投资者狂热追捧的投资工具，到了 80 年代中期，以米尔肯推出的《高度信心》一书为契机，各类从属债券不断涌现，垃圾债券市场急剧膨胀，迅速达到鼎盛时期。在整个 80 年代，美国各企业发行的垃圾债券共计 1 700 多亿美元，1988 年垃圾债券总市值高达 2 000 亿美元。这类以高风险、高回报为特征的垃圾债券成了游资与投机性较强的机构或个人的追逐对象，为并购提供了较为充足的资本来源。例如，1988 年年底，亨利·克莱斯收购雷诺烟草企业的价格高达 250 亿美元，但克莱斯本身动用的资金仅为 1 500 万美元，其余 99.94% 的资金主要是靠"垃圾债券之王"米尔肯发行的垃圾债券筹得的。

如第六章所介绍，上述各种力量（通货膨胀、税制修改、金融市场的松动等）直接推动了美国的第四次并购浪潮，而杠杆收购、管理层收购只是这一浪潮中的几朵浪花。

第二节　杠杆收购的操作

一、杠杆收购的步骤

杠杆收购的前提是外部的资金支持，其主要目的是获取中长期（3—5 年）财务回报。杠杆收购共分为四个阶段。

第一阶段，主要包括三方面内容，即评估收购方案、筹集收购资金以及设计一套管理人员的激励体系。一般情况下,杠杆收购的收购方会先成立一个收购主体企业——壳企业,用于融资以便进行收购。收购方——企业的管理高层和/或收购集团通常提供约10%的资金,作为新企业的权益基础,并以股票期权或认购权的形式向管理人员提供基于股票价格的激励报酬。其余资金由外部投资者提供:一部分是对企业资产有最高求偿权的银行收购贷款,这些款项一般以目标企业的资产作为抵押,约占收购资金总量的50%—60%;还有一部分通过发行(私募或公募)各种级别的垃圾债券来筹措,这些债券常被称为夹层资金(mezzanine money),约占30%—40%。

第二阶段,由收购方收购目标企业的股权或资产,将目标企业转为非上市企业。如果能在收购完成后迅速大力降低库存并出售部分资产以偿还部分债务,降低负债规模,则有助于降低收购方的运营与财务风险。

第三阶段,企业管理层对企业的经营战略进行重新安排,例如重组生产流程、增强应收账款管理、改善产品质量与销售以及进行人事调整等,以尽量降低成本,增加企业的利润和现金流量。对于一个负债率极高的企业来说,能否迅速产生足够的现金流量以偿还债务,直接关系着企业的生死存亡,丝毫马虎不得。

第四阶段,LBO企业又被其他企业收购或在时机成熟时寻求重新上市,实现所谓的"逆向杠杆收购"(reverse LBO)。这样做的目的是为现有股东提供流动性增加财富,同时也为企业的进一步发展创造更好的融资条件。一项针对美国1976—1987年间的逆向杠杆收购的研究发现,杠杆收购与重新上市之间的时间间隔平均只有29个月[①],而参与杠杆收购的股权投资者的权益价值在这段不长的时间里增加了几乎20倍!

二、杠杆收购的具体运用方式

杠杆收购的具体运用方式多种多样:第一,负债控股,即收购方与银行商定独家偿还目标企业的长期债务,作为自己的实际投资,其中一部分银行贷款作为收购方的资本划到目标企业的股本之中并足以达到控股地位;第二,连续抵押,即收购交易中以收购方的资产作抵押,向银行争取相当数量的贷款,待收购成功后再以目标企业的资产作抵押向银行申请新的贷款,如此连续抵押下去,直到获得足够的资金;第三,合资兼并,如果收购企业势单力薄,则可选择先与别家企业合资壮大资本实力,再兼并比自己大的企业;第四,以目标企业作抵押发行垃圾债券,即收购方以目标企业的重要资产作抵押发行垃圾债券,所筹资金用于支付目标企业的权益所有者;第五,分期付款,一般做法是收购方根据目标企业的资产评估值收购其51%的股份,并以分期付款的方式在若干年内陆续将款项付清。

由此可见,杠杆收购与普通并购最重要的区别在于前者以激进型融资结构——高负债政策作为指导思想。杠杆收购交易结构的关键是确定最大的杠杆系数以保证高收益率,同时还要保持经营的灵活性和偿债能力的保险性。

---

① Kaplan(1991)的抽样调查显示,LBO企业继续保持为私有企业的时间的中位数为6.7年。

第三节　杠杆收购的适用范围与条件

通过杠杆收购进行重组的企业因为重组后会面临强大的偿债压力,因此适合杠杆收购的企业一般需要满足一定条件。

(1) 稳定而充足的现金流量。精细的现金流预测是杠杆收购活动成功的必要前提,如果不能准确预测企业未来支付债务本息的能力,就无法保证企业杠杆收购获得成功。只有企业可以产生稳定而充足的现金流,保障企业的资金链条不断裂,收购方才有可能偿还因杠杆收购而筹措的债务的本息。为了保障资金安全,债权人一般会特别关注举债方现金流量的稳定性。

(2) 良好的经营前景与升值空间。杠杆收购的主要动机是财务回报。越是价值被低估的企业,越适合成为杠杆收购的目标。另外,因经营不善而亏损的企业经重组后业绩改善的空间很大,也可作为杠杆收购的目标企业。收购之后的首要工作是组织机构的重组,以提高经营效率、降低经营成本。这些工作包括新的生产流程安排、新的战略定位、新的员工激励机制。在这个过程中,少数管理人员可能被替换或辞职,一部分非战略性资产可能被出售。

(3) 收购方富有管理经验和良好信誉。贷款方对于收购方的管理能力和信誉要求往往比较苛刻,因为只有管理人员尽心尽力诚实守信,才能保证本金和利息的如期偿还。杠杆收购的结果一般都可以令资产转移到最有能力经营企业的管理者手中。所有权换手之后,企业的经济效益一般会有较大提高。

(4) 管理层有一个可行的企业经营计划。一个可行的经营计划既是企业将来有能力偿还债务的前提,也是企业实现升值的必要条件。

(5) 收购前负债率特别是长期负债率较低。如果目标企业在收购前的负债低于可抵押资产的价值,那么收购方就可以通过债务筹集收购资金。而如果目标企业已经用足负债能力甚至已资不抵债,那么收购方就不能获得新的贷款支持。

(6) 非核心资产易于被变卖。如果目标企业拥有较易出售的非核心部门或资产,那么在必要时可以通过出售这样的部门或资产,迅速地获得偿债资金以支付一部分借款。

(7) 业务性质受经济周期波动的影响小。这样,企业的经营状况与现金流量会相对较稳定,还债的可能性更大。

(8) 企业有足够适宜用作贷款抵押物的资产。这是收购方能够获得收购贷款的重要条件。

当然,哪些企业适宜被杠杆收购并非一成不变,但以上几个方面通常是收购方考量的关键因素。

案例分析
PAG 收购好孩子集团

2006 年 1 月底,私募投资基金太平洋联合(Pacific Alliance Group,PAG)以 1.225 亿美元

的(公司)总价值购得原来由香港第一上海投资有限公司(简称第一上海)、日本软银集团(SB)和美国国际集团(AIG)持有的67.6%的好孩子集团股份。至此,PAG成为好孩子集团的绝对控股股东,而包括好孩子集团总裁宋郑还等在内的管理层持32.4%的股份为第二大股东。据介绍,这是中国第一例外资金融机构借助外资银行贷款完成的杠杆收购案例。

PAG是一家在香港注册、专门从事控股型收购的私募基金。据资料显示,PAG旗下管理着大约4亿美元基金,投资好孩子集团是其在中国的第五宗交易。2005年,PAG在中国累计投资约2亿美元,其中包括收购好孩子集团。

始创于1989年的好孩子集团,截止到2005年,年生产各类童车300万辆,销售额25亿元,纯利润超过1亿元,占据中国中高档童车市场近70%的份额,在美国的童车市场占有率也已达到了30%以上。从相关报表分析,好孩子集团的长期负债少,流动资金充足稳定,企业的实际价值已经超过账面价值。

2005年10月,PAG接触好孩子集团,12月13日双方就签署了股权转让协议。根据协议,第一上海会同其他几家机构投资人将其在好孩子集团中持有的全部股权转让给由PAG控制的名为G-baby的持股公司。PAG借助外资银行贷款完成了此次杠杆收购交易,交易所需部分资金来自台北富邦商业银行(Taipei Fubon Commercial Bank)的贷款,贷款金额为5 500万美元。

易凯资本是好孩子集团的财务顾问,全程参与了这个历时一年多的交易。易凯资本的首席执行官王冉对于新投资者PAG的评价是:非常低调,反应速度很快。其他一些知名的基金,因为受到的监管比较多,在法律等方面的细节也考虑很多,决策比较犹豫。而PAG行动非常迅速,善于避开枝节,因此仅跟好孩子集团短暂谈判两个月,就达成了协议。

以小搏大的收购手段

30多年前,华尔街著名的投资公司Kohlberg Kravis Roberts(KKR)创造了名为"杠杆收购"的交易模式。这种收购模式是指收购者用自己很少的本钱为基础,以目标企业的经营现金流或部分乃至全部业务的变现值为抵押,从其他金融机构筹集、借贷足够的资金进行收购活动。收购后公司的收入刚好支撑目标企业因收购而产生的高比例负债,这样就能够达到"以很少的资金赚取高额利润"的目的。根据业界惯例,收购者只需要有10%的自有资金即可完成收购。因此,杠杆收购造就了很多"小鱼吃大鱼"的收购案例。

杠杆收购模式的出现带来了金融工具、公司治理乃至文化理念的一场革命。但是,中国内地金融市场环境制约了企业控制权交易的发展,因此一直被从事杠杆收购的投资银行和股权基金列为投资禁区。近两年来,随着资本市场逐渐完善以及外汇管制政策的松动,股权基金开始试探性地针对内地企业控制权发动攻击,如新桥收购深发展、凯雷收购徐工集团,等等。但是,这些交易的收购资金筹措环节与收购环节以及购后整合环节是分离的。因此,业内人士普遍认为,2006年前的中国内地尚不存在严格意义上的杠杆收购。

此次PAG是用好孩子集团的资产和现金流作抵押,向银行获得过渡性贷款,并以此贷款完成收购的。在获得好孩子集团的控股权之后,PAG将通过对公司的经营以及最终包装上市,获得投资回报和退出通道。

证券业分析人士认为,杠杆收购的方式对那些具有一流的资本运作能力和良好的经营管理水平、企业的产品需求和市场占有较为稳定的企业来说,是一个很好的融资手段,在国际上常被应用于大型上市公司。此次交易杠杆设计的核心风险在于:好孩子集团的经营现金流能否至少覆盖融资利息,以及现金流入的持续期能否满足融资的期限结构。一般认为,在杠杆收购模式下,目标企业往往要承担更多的债务风险。因此,好孩子集团接受这种收购方式,前提是公司有健康的现金流,业务稳步增长。

投资者为什么选择好孩子

作为国内最知名的童车及儿童用品生产企业,好孩子集团已经成功地占领了消费市场。其产品进入全球4亿家庭,在中国也占领着童车市场70%以上的份额。2005年,好孩子集团的年销售收入达到25亿元,净利润率约5%。好孩子集团的销售额有将近80%来自海外市场,部分产品在海外市场的占有率接近50%。正是来自全球各地大量而稳定的现金流,使得这家企业不断受到投资者关注。在过去5年内,好孩子集团的年增长率达到20%—30%。

香港大福证券的一位分析师指出,好孩子集团的良好零售渠道以及强大的市场份额成为私人基金眼中的宠儿。"在占有美国学步车和童车1/3的市场后,好孩子集团在国内同样占有超过70%的市场份额。区别于其他单纯的供应商,好孩子集团也拥有良好的自建渠道。"在该分析师看来,在中国迅速发展的巨大商业市场背景下,拥有1 100多家销售专柜的好孩子集团拥有让资本青睐的本钱。

最重要的是,好孩子集团所在的消费品行业基本不存在产业周期,因此能够创造稳定的现金流。因为只有消费品行业的企业才具有持续的业绩增长能力,而持续的业绩增长能力是可以给予市场溢价的,这正是PAG投资信心的来源。

引资历程与股权结构的变化

好孩子集团在17年前还只是浙江一家校办工厂。1989年,陆家镇中学的副校长宋郑还当上了这个校办工厂的厂长,奉命挽救这个曾是五金件厂的"烂摊子"。偶然的机遇让宋郑还发现了"童车"的市场机会。4年后的1993年,好孩子集团的销售收入已经过亿,成为中国第一大童车企业。

1994年,处于急速扩张阶段的好孩子集团为了新建厂房和引进高端设备,吸收了香港上市公司中国置业450万美元的投资,后者获得好孩子集团33%的股权。

1996年,好孩子集团再遇扩张瓶颈,宋郑还再次卖出33%的股权,中国置业的母公司第一上海以670万美元吃进,同时以1 000万美元的价格受让了中国置业手中的股权,从而以66%的持股取代昆山教育局成为好孩子集团第一大股东。

1999年,好孩子集团再获注资,吸收了来自日本软银和美国国际集团的各1 000万美元。

2001年,宋郑还和他的管理团队发动了管理层收购,以5 780万元获得昆山教育局手中的全部22.4%的股权。

在PAG接手前,好孩子集团控制人于2000年7月在开曼群岛注册了吉奥比国际公司(Geoby International)。香港上市公司第一上海持有吉奥比的49.5%的股权,其他股东包括美国国际集团旗下的中国零售基金(CRF)持股13.2%,软银中国持股7.9%,PUD公司持股29.4%。其中,PUD公司是好孩子集团管理层在英属维尔京群岛(BVI)注册的投资控股公司,股东包括宋郑还、富晶秋、王海烨、刘同友等好孩子集团的高管及其他中高层雇员。

此次杠杆收购涉及的股权转让十分复杂,PAG以1.225亿美元收购好孩子集团100%的股权,同时向管理层支付32%的股份。新旧投资者以及好孩子集团管理层等三方利益盘根错节。实际上在此次收购中,好孩子集团管理层既是买家,又是卖家,因此与新旧投资者的利益不一致。

PAG通过注册于英属维尔京群岛的"纸上公司"G-Baby,向好孩子集团原有股东购入所有股份,收购价格为每股4.49美元。如果依照好孩子集团2004年6 070万港元的净利润计算,此次收购1.2亿美元的总价,相当于14.4倍的市盈率。

与向PAG转让股权协议同日签署生效的,还有另外一份协议:第一上海、软银中国等,向PUD公司(即好孩子管理层)售出82.78万股股份,每股价格为2.66美元。该协议起因于管理层与原股东在2003年签署的一份期权协议,尽管那份协议在法律上并没有执行,但原股东最终还是履行了当初的承诺。PUD公司购入这些股份后,持股比例升至32.5%。

由于G-Baby有一定负债,因此PAG付给PUD公司的代价,由现金和发行G-Baby股份两部分组成。也就是说,好孩子集团管理层在这次交易之后,不仅提升了3个百分点的股权,而且还有额外的现金收益。

收购让原股东得到丰厚的投资回报,第一上海卖出的价格接近收购时的5倍,现金入账4.49亿港元,整个项目收益8170万港元。而软银中国和美国国际集团卖出的价格接近收购时的2倍。此外,这次收购还厘清了好孩子集团的股东结构,股东减少到两个,将使好孩子集团公司内部的决策更有效率。

收购基金的算盘

好孩子集团总裁宋郑还表示:"资本的进入不会对公司的战略发生太大的影响,此次成功融资,对'好孩子'实现品牌经营、资本经营和建立儿童用品全球零售网络,将注入新的活力。在获得投资基金的助力后,从制造业起家的好孩子集团正在向服务业和流通领域延伸。"PAG的管理合伙人克里斯·格拉德尔(Chris Gradel)表示,一年之内不太可能IPO,目前的主要任务是改善提高公司经营状况。

王冉指出:好孩子集团的成功得益于多年来在自主研发上的投入与积累,得益于长期同国际儿童用品巨头的竞争与合作,也得益于自有品牌在国内市场的推广与普及。可以说,好孩子集团的故事一直都是如何通过自主研发突围传统OEM企业的价值链困境的故事。无论在国际市场还是在国内市场,好孩子集团拼的都不仅仅是价格,而是产品的设计理念和研发思想。

在杠杆收购中,好孩子集团的管理层既是卖家又是买家,商业利益方面的考量因素相对复杂。但是,他们坚持看大图,谋远利,因此自始至终能够比较好地把握交易利益方面的平衡。只有相对平衡的交易才是最终能够做成的交易。

收购基金选择的对象是成熟企业,意在获得目标企业的控制权,并拥有施行改造企业使其增值措施的绝对权力。收购基金不会只满足于买下10%或20%的股权份额,而要求买下收购目标的控制权,通常会收购50%以上,很多时候甚至是100%。收购基金通常会直接控股一家业绩看涨的小企业,然后等待时机海外上市,获得超额回报。收购基金对所谓的行业领导者非常感兴趣。这类"行业领导者"未必非常有名,却专注于某个市场,有相当比例的海外业务,并且市场占有率很高。

王冉指出:杠杆收购手段同样可以用于国企改革,比如实现集团层面直接引入投资人。好孩子集团对杠杆收购的尝试,"对于管理层主导的国企,会有直接的启示。国有资产保值增值,实现全部或部分退出,管理层获得一定的股份,同时大牌投资人顺利进入,一石三鸟"。

另外,国际上用来解决公司内部的"历史积弊",也常常需要引入强势的外部投资人。"这对我们的一些国企也非常适合",王冉说。

案例资料来源:百度文库。

第四节 杠杆收购的效应

杠杆收购主要具有下列效应：

1. 增加管理人员持股比例从而更好地激励管理人员,降低代理成本

典型的杠杆收购将上市企业转为非上市企业,使管理人员持股比例大量增加,从而增加了他们提高经营业绩的动力,降低了代理成本。

首先,接管者持有大量股权,必然会更加在意公司的价值,更加密切关注接管后的企业管理。其次,按照 Jensen(1986)的理论,对于一个盈利的企业,自由现金流量的存在往往促使管理人员进行奢侈的负净现值的支出,而不是将其作为股息发给股东。通过杠杆收购增加债务,可以迫使将这些现金流量用于偿还债务的本息,从而约束管理者滥用资金的行为。因此,杠杆收购导致的债务增加减少了管理人员对自由现金流量的支配权,减少了自由现金流量引致的代理人成本。债务的增加也会给管理人员带来压力,并促使其加倍努力,以避免企业破产。因此,从某种程度上讲,杠杆收购代表了一种债务约束行为,对管理人员有一定的制约作用。

作为杠杆收购的特殊形式,管理层收购的激励作用更为明显。一项 1980—1986 年间对美国 76 例管理层收购的抽样表明:接管前总裁和管理人员的持股份额比例分别为 1.4% 和 5.9%,接管后分别变为 6.4% 和 22.6%,管理人员所有权在接管后增加了 3 倍多。研究人员通过对重新上市的企业的第二次公开发行公告书的研究发现,超过 2/3 的企业(72 家中有 54 家)揭示了在杠杆收购后至少进行了一项重组活动。这些活动包括重新调整资产、采取成本降低计划、改变市场策略等。作为这些重组活动的结果,这些企业的经营业绩有了很大改善。在 35 例可以获得相关数据的案例中,对于中等规模的企业,在杠杆收购后到第二次公开发行前这段时期(平均为 29 个月)中,以不变价格衡量的总销售额增加了 94%,毛利润和经营利润则分别上升了 27.0% 和 45.4%。奥普勒(Tim C. Opler,1994)通过对 1985—1989 年间的 44 次杠杆收购进行分析后发现,44 次杠杆收购共额外增加了 25 亿美元的日常现金流量,这说明杠杆收购为投资者带来了很大的投资收益。

2. 价值发现

杠杆收购的目标企业通常为价值被市场低估了的企业。杠杆收购的过程通常也是一个价值发现的过程(如下述的 RJR 案例所示)。从杠杆收购到重组后企业的重新上市,企业价值常有大幅度的提高。

3. 税收屏蔽效应

第五章我们谈到高财务杠杆比率可带来更多的利息税盾,从而增加企业价值(当然,高杠杆也会增加财务风险)。另外,账面资产价值增加带来较高的折旧,也可以减少企业的税收负担。倘若目标企业被购进前有亏损,则可递延冲抵收购后的盈利,从而减少应纳税所得额基数。

1988 年发生的著名的 RJR 公司的杠杆收购案例为杠杆收购的税收屏蔽效应作了很好的诠释。1988 年夏季,在 KKR 宣布杠杆收购 RJR 之前,RJR 的股价一直在每股 55 美元左右;当年 11 月底,KKR 以每股 109 美元的价格(共计 250 亿美元)收购了 RJR,溢价几乎达到了

100%。有人估算这个溢价里面包含的税盾的价值达 50 多亿美元,另一部分溢价来自于对 RJR 企业价值的重新评估,即价值的再发现。Jensen、Kaplan 和 Stiglin(1989)的研究表明,尽管杠杆收购会带来更多的利息税盾,但由于资本利得税的增加及经营业绩改善导致的税收增加,政府税收不减反增。

4. 财富转移效应

由于杠杆收购提高了企业的杠杆比率和财务风险,因此会对杠杆收购前已经发行在外的企业债券的价格产生负面影响,导致企业利益由债权人向权益所有人的转移。Warga 和 Welch(1993)对美国 1985 年 1 月至 1989 年 4 月之间宣布成功进行杠杆收购的企业的研究显示,债权人的损失大约占股东获得利益的 7%。

当然,杠杆收购还对企业经营产生了许多其他方面的影响。例如,有研究表明,由于杠杆收购引起的巨额负债给债务偿还带来巨大压力,因此企业在杠杆收购后常大幅削减研发费用,这可能会对企业的长远发展产生某些不利影响。

第五节　杠杆收购的风险

杠杆收购融资方法运用了财务杠杆的原理。我们在第五章中看到,财务杠杆是一把双刃剑:它可以放大自有资金,为权益投资者带来极高的回报,但同时也伴随着极大的风险。

收购方一定不能忽视杠杆收购的风险性。这是因为,杠杆收购所需资金的大部分是借入的,如果收购后企业的经营状况不能得到很好的改善,那么负债融资就会成为企业的负担,严重时甚至会影响企业的生存。

具体而言,杠杆收购存在如下风险:

(1) 还本付息风险,即企业存在不能按规定到期偿还本金和/或利息所引起的经济损失的可能性。由于实行杠杆收购的企业负债率非常高,因此其还本付息的风险也相应较大。

(2) 再筹资风险,即企业不能及时地再次筹集所需资金或再筹资成本增加而引起资金链条断裂和经济损失的可能性。杠杆收购企业在并购后的重组和运营过程中常常需要更多的资金支持。如果再筹资遇到障碍,可能会导致企业陷入财务困境。

(3) 财务风险,即企业因债权性筹资而增加的股权投资者可能遭受损失的风险。关于这一点,我们在第四章中已有介绍。

为了防范杠杆收购带来的财务风险,收购方必须在收购之前对目标企业的负债能力、收购后出售资产的可能性和企业创造现金流的能力进行审慎评估,合理确定企业能够承受的负债比率水平。在这方面,英国汉森(Hanson)企业的风险管理经验值得大家借鉴。汉森企业信奉"最坏风险估计"哲学,即在确定能够赢多少之前,首先计算清楚哪些方面可能出问题及其可能引起的严重后果。汉森企业的一个做法是建立"最坏情景"分析,如果在出现最坏情形时,出售目标企业的各个部分仍然能够抵偿收购资金,则汉森企业才会进行收购。汉森企业一旦完成收购程序,会立即派自己的管理班子并配备一组专业会计师,前往被收购企业进行资产清理。经过细致和全面的审核后,汉森企业剔出那些非核心资产卖给其他企业。典型的例子是对 SCM 的收购。汉森企业收购 SCM 的资金是 9.3 亿美元。接收后,将 SCM 原有的房产业、灯泡和造纸业及食品控股企业纷纷出售,共套现 9.6 亿美元。调整后,汉森企业仍然持有原 SCM 的两大明星企业(打字机和化学企业),这等于分文不花就得到了两家在世界上极具知名度的企业。

案例分析
吉利收购沃尔沃

2010 年 3 月 28 日,吉利控股集团宣布与福特汽车签署最终股权收购协议,以 18 亿美元的代价获得沃尔沃轿车公司 100% 的股权以及包括知识产权在内的相关资产。此项交易预计于 2010 年第三季度完成,当然此交易还要符合通常的交易完成条件,包括获得相关监管部门的批复。此次交易得到中国、瑞典两国的高度重视,中国工业和信息化部部长李毅中以及瑞典副总理兼企业能源部部长 Maud Olofsson 出席了签字仪式。作为中国汽车业最大规模的海外收购案,吉利上演了中国汽车企业"蛇吞象"的完美大戏。

收购历程

1999 年福特以 65 亿美元的高价购得沃尔沃品牌。然而事与愿违,沃尔沃这个品牌在过去几年里让它伤透了心,2008 年沃尔沃税前亏损额高达 16.9 亿美元。随着金融危机的全面到来,在售出阿斯顿马丁、路虎、捷豹之后,沃尔沃又成了福特剥离的目标。根据洛希尔综合采用现金流折现法、可比交易倍数、可比公司倍值等估算方法对沃尔沃资产进行的评估,在金融危机最严重时的沃尔沃估值,合理价位在 20 亿—30 亿美元之间。其中,合理收购资金 15 亿—20 亿美元,运营资金 5 亿—10 亿美元。正是根据洛希尔作出的这一估值,吉利提出的申报收购金额为 15 亿—20 亿美元,最终成交价格确定为 18 亿美元。吉利花费 18 亿美元的代价收购沃尔沃,不到当年福特收购价的 1/3。这是在全球金融危机导致世界汽车行业重新洗牌下的意外收获。从沃尔沃的品牌、已有的供应商和经销商网络以及它的技术来看,我们认为还是物有所值的。被誉为"世界上最安全的汽车"的沃尔沃,其品牌价值和技术含量堪称世界一流。吉利收购沃尔沃抓住了这个历史性的机遇,是中国汽车企业海外并购的成功典范。

交易架构

此次收购将以在国内及海外设立特殊目的项目公司的形式进行。为便于收购,吉利成立了北京吉利万源国际投资有限公司(以下简称吉利万源)和北京吉利凯旋国际投资有限公司(以下简称吉利凯旋)来作为国内的收购主体。吉利万源最初由北京吉利凯盛国际投资有限公司(以下简称吉利凯盛)出资 2 000 万元成立,2010 年 3 月 2 日,吉利万源注册资本剧增至 71 亿元。其中吉利凯盛的投资由 2 000 万元增至 41 亿元,占注册资本总额的 57.75%;大庆市国有资产经营有限公司将增资 30 亿元,占注册资本总额的 42.25%。吉利凯旋与吉利万源几乎同时注册,目前其股东只有李书福一人,注册资本仍为 1 000 万元。按照 18 亿美元的收购价格折算,李书福这次收购需要超过 120 亿元人民币。吉利万源的注资已经完成,那么下一步 50 多亿元的融资缺口,需要通过吉利凯旋来弥补。吉利万源和吉利凯旋将通过在瑞典设立一家全资的特殊目的公司来持有沃尔沃的股份。这家公司虽不具备实际运营功能,但作为持有收购目标公司的法律实体,可以方便瑞典事务的推进。吉利为什么选择收购沃尔沃?我们认为吉利之所以重金收购沃尔沃,看上的是沃尔沃的品牌价值和核心技术。在收购沃尔沃之前,吉利就已经开始了从低端品牌向中高端品牌发展的战略转型。刚入市时,吉利以低价获得市场;为了尽快追赶世界先进水平,吉利又提出了"生产世界上最环保、最安全的车"的主张,正是基于这一战略思想,沃尔沃成为吉利的首要购买对象。吉利收购沃尔沃,得到的是沃尔沃这个品牌。沃尔沃虽没有奔驰、宝马知名度高,但仍然是全球知名的豪华车品牌。沃尔沃这个品牌的核心价值是安全和环保,近年来致力于实施的双零即"零伤亡,零污染"战略正是其品牌价值的体现。美国公路损失资料研究所曾评比过 10 种最安全的汽车,沃尔沃荣登榜首;企业品牌在世界品牌实验室(World Brand Lab)编制的 2006 年度"世界品牌 500 强"排行榜中,沃尔沃名列第 232 位。沃尔沃品牌轿车车身可再回收率达 80%,这对一辆豪华车来说基本是不可能的。沃尔沃的环保更直接地体现在它的油耗和排放上。沃尔沃在汽车安全和节能环保方面,有许多独家研发的先进技术和专利。它拥有 4 000 名高素质研发人才队伍,拥有低碳发展能力,可满足欧 6 和欧 7 排放法规的 10 款整车和 3 款发动机,年产汽车能力达近 60 万辆。1999 年福特公司并购沃尔沃后,投资不下 100 亿美元研究低碳技术。除了沃尔沃传统的汽车安全技术方面的优势之外,吉利更看中的是沃尔沃的低碳技术,认为其顺应了时代发展的需要与潮流。知识产权问题一直是西方国家对中国企业海外并购进行攻击的内容之一。吉利 100% 购买的做法,彻底杜绝了这一后患。

吉利收购沃尔沃为何能成功?

与沃尔沃相比,吉利不过是一家历史刚 20 年、造车才 13 年、以生产低端汽车为主的企业,而沃尔沃却是一家有着 80 多年的历史,净资产超过 15 亿美元,品牌价值接近百亿美元,全球雇员达 19 000 多人的跨国汽车公司。而吉利却能成功收购沃尔沃,其原因是什么呢?

1. 政府支持成最大推力

在吉利对沃尔沃的收购中,我们应当注意到,吉利不是一个人在战斗,其背后有国内银行、地方政府乃至中央政府部门的大力支持。吉利收购沃尔沃与腾中收购悍马两者获得的国内支持力度不同。腾中从意欲收购悍马之日起就饱受争议,一开始多数人就对此次交易结果并不看好。腾中收购悍马未遂,最终的解释为未获监管部门审批。而吉利收购沃尔沃得到了政府的大力支持。商务部明确表示支持吉利收购沃尔沃。此次工业和信息化部部长李毅中出席了签字仪式,本身就体现出政府对转变增长方式和实施更有效的国际合作的期盼和鼓励。

2. 对于收购时机的良好把握

沃尔沃是一家久负盛名的西方汽车企业,受 2008—2009 年金融危机影响,沃尔沃的营销和财务状况出现了大幅下滑。2009 年只销售了 33.5 万辆汽车,比 2007 年的 45.8 万辆下降甚多,公司也因此出现了 13 亿美元的财务亏损。

这种短暂的危机,恰好成了吉利可以低价收购的良好契机。而且,在当时西方汽车行业普遍低迷的宏观背景之下,吉利既不会遭遇西方汽车巨头对沃尔沃的竞购,也不会遭遇太多的政治阻力。

3. 吉利准备充分

吉利收购沃尔沃并非一蹴而就,李书福早在 2002 年就动了收购沃尔沃的念头。2008 年福特宣布考虑出售沃尔沃并在随后发出出售邀约,尽管传言北汽和几家世界级汽车企业都参与了收购,但已经做了充足准备的吉利显然占据了先机。

(1) 人才储备。早在 2007 年,吉利就在为并购沃尔沃进行人才储备。2007 年,BP 财务审计师张芃加入吉利操作并购沃尔沃项目。同时,任职于 BP 政府公关、企业并购部门的袁小林也加入到吉利。袁小林熟谙国际企业之间的并购规程和与政府打交道的套路,正是吉利收购沃尔沃所需的人才。袁小林后来成为吉利收购沃尔沃项目的新闻发言人和主要谈判成员之一。2009 年,并购沃尔沃已经进入了关键时期,此时的谈判也涉及更多运营问题。李书福又先后招揽了华泰汽车总裁童志远和菲亚特中国区 CEO 沈晖。前者曾任北京奔驰高级执行副总裁,后者则主持了广汽菲亚特的合资事宜,两人都对跨国公司的运营非常熟悉。招揽中国汽车业精英人才组成团队,奠定了吉利收购沃尔沃成功的重要基础之一。

(2) 资金准备。吉利收购沃尔沃 100% 的股权用了 18 亿美元,再加上后续运营等资金,总计是 27 亿美元。而吉利 2009 年的销售业绩只有 165 亿元,利润不过十几亿元,如此庞大的资金对于吉利而言不是一个小数目。事实上,此次收购获得了来自国有银行以及地方政府甚至中央政府的大力支持。目前,中国银行浙江分行与伦敦分行牵头的财团承诺为吉利提供 5 年期贷款,金额近 10 亿美元,吉利还与中国进出口银行签署了贷款协议。北京、成都等争夺沃尔沃国产项目的地方政府,预计也将为李书福提供至少 5 亿美元资金。此外,吉利自身在香港上市,拥有较强的造血功能。2009 年 9 月 23 日,吉利旗下的香港上市公司——吉利汽车(00175. HK)获得了高盛 3.3 亿美元的资金。瑞典和比利时政府也为吉利在当地的低息贷款提供担保。同时由于高盛的介入和收购沃尔沃的前景被资本市场所看好,吉利 H 股已由 2009 年 8 月 28 日的 1.81 港元/股上涨至 2010 年 4 月 1 日的 4.15 港元/股,融资空间进一步打开。李书福筹资巧妙的地方在于,将其融资与国内建厂紧密捆绑。在中国汽车消费迅速增长的背景下,收购沃尔沃足够引起资本市场和各地方政府的浓厚兴趣,李书福的融资策略是——哪里投资,未来基地就落户哪里。

(3) 并购经验积累。最近几年,吉利成功进行了一系列国际化运作,在资本运营方面取得了一定经验。如收购英国锰铜公司和澳大利亚汽车自动变速器公司、在香港成功借壳上市,这都为吉利进行海外国际化运作提供了实战参考。

(4) 专业并购团队支持。在此次收购中,吉利聘请了全球专业的投资银行、律师和会计师事务所,分处中国、伦敦、瑞典、美国的两百人团队为此项并购服务。并购团队组建之后马上开展了三方面的工作:第一,对目标公司进行深入、全面、细致的了解和研究;第二,制定收购总体的战略;第三,制定整个操作的详细时间表和规划。然后花了整整一年的时间制作出第一份收购建议书提交给福特。吉利的准备非常充分,里面的数据非常翔实,奠定了福特跟吉利谈判的基础。2009 年 4 月,吉利进行全面尽职调查,整个调查持续 4 个月之久。吉利聘请的财务顾问、会计师顾问、法律顾问,全面参与了尽职调查过程。并购团队在公关、收购后整合、公司估值、卖方协调等方面发挥了极大作用并做了大量的准备工作,为吉利成功收购沃尔沃和收购后整合成功奠定了良好的基础。并购启动之初,吉利便聘请了罗兰贝格对沃尔沃项目展开了为期 100 天的内部审查。此后,吉利又聘请德勤会计师事务所研究收购完成后的企业整合工作,包括国内市场营销、网点分布、物流及全球联合运营。洛希尔银行作为收购项目的财务顾问,负责对卖方的总体协调,并提供对沃尔沃的估值分析。富尔德律师事务所负责收购项目的相关法律事务。博然思维集团作为项目的公关顾问,负责项目的总体公关策划、媒体战略制定和实施。

(5) 获得沃尔沃工会的支持。在劳资关系的问题上,中国企业海外并购面临巨大挑战。上汽就曾因劳资关系的问题,被双龙汽车的工会弄得焦头烂额。吉利明确表示,不会关闭沃尔沃轿车在哥德堡和比利时的工厂,并且沃尔沃轿车将仍然由目前的管理团队领导。沃尔沃目前在哥德堡和比利时的两家工厂会长期保留。这在一定程度上拉近了吉利与沃尔沃汽车工会的关系。吉利经历一波三折后终于赢得沃尔沃工会的信任。

(6) 中国市场的优势。吉利能够成功收购沃尔沃很大程度上依托的是中国汽车市场——全球最大的新车市场的主场优势。作为国际知名的顶级豪华汽车品牌,沃尔沃轿车将在发展迅速的中国释放出巨大的市场潜力。沃尔沃品牌的本土市场较小,随着吉利收购沃尔沃的成功,沃尔沃将拥有中国和瑞典两大本土市场,有助于沃尔沃品牌发展得更好。2009 年在欧、美、日等主要豪华车市场大幅萎缩的背景下,中国豪华车市场却以超过 40% 的增速高速增长。中国汽车市场也将在未来几年,在汽车产业调整振兴规划的护航下,进入又一个黄金发展期。这些都给吉利收购沃尔沃带来巨大的加分因素。

吉利收购沃尔沃后能否实现成功整合?

近些年来,中国企业海外并购案例已有不少,但是成功的案例却并不多。收购协议的成功签署只是开始,之后的经营成功才是更难的考验。此次吉利收购沃尔沃是一个好的开始,但今后能否消化此次收购所付出的成本和代价,还有待进一步观察。吉利还面临诸多巨大的挑战。第一,如何保证对沃尔沃的后续投入以及尽快增加销量、实现规模效应,让沃尔沃扭亏为盈,这将是吉利面临的最大挑战。接手一个连福特都玩不转的汽车公司,吉利不仅需要胆量,更需要有让它盈利的能耐。作为一个豪华车制造商,沃尔沃目前的规模太小,一年只有三四十万辆的销售规模,无法实现规模效应。能不能帮助沃尔沃最终达成 60 万辆以上的年销售规模,成为衡量吉利运营下的沃尔沃是否取得最终成功的一项硬指标。第二,吉利是一个低档车的品牌,它收购沃尔沃可能会降低沃尔沃品牌的号召力。早前联想并购 IBM ThinkPad 这个品牌时,就遇到了这种尴尬。过去吉利一直处于低端市场,而且大部分都在国内,没有在全球市场运作高端品牌的经验。第三,吉利收购沃尔沃以后,是否能够全面地消化沃尔沃的技术也是一个关键。例如,如何处理好沃尔沃和福特公司共同搭建的技术平台的关系,也将非常棘手。第四,收购将造成巨额的债务负担,以及不能裁员造成的高人工成本负担。对于目前规模偏小的吉利而言,一旦沃尔沃继续处于亏损、现金流不能达到理想的状态,吉利是否能够保证现金流的安全就很难说了。第五,吉利还将面临巨大的文化冲突。

我们认为对于吉利而言,虽然挑战巨大,但机会可能要大于挑战,吉利成功的机会会更多一点。这种成功的机会来源于吉利所在的庞大的中国市场,来源于吉利对成本的控制,更重要的来源于吉利的危机感和灵活的民营体制。

案例资料来源:百度文库。

第六节 管理层收购与员工持股计划

一、管理层收购

管理层收购(management buy-out,MBO)又称"经理层融资收购",是杠杆收购的一种特殊形式。当杠杆收购的实施主体是目标企业内部的管理层时,一般意义上的杠杆收购就成了管理层收购。也就是说,当收购主体是目标企业的内部管理人员时,杠杆收购便演变为管理层收购。当收购主体是目标企业员工时,称为员工收购(employee buy-out,EBO),其核心内容为员工持股计划(ESOP)。

现实中往往是管理层与员工共同进行收购(management and employee buy-out,MEBO)。管理层和核心员工可通过银行、债券市场、保险企业甚至基金获得融资支持,借助杠杆收购的手段取得目标企业的所有权和业务经营控制权,从而完成从单纯的企业管理(工作)人员到股东的转变,以所有者和经营者的双重身份挖掘和提升企业价值,使企业变为管理层和核心员工控股的企业。

管理层收购从20世纪80年代起开始风靡西方,以美国为例,仅1987年的管理层收购交易总值即达380亿美元,而且有日趋活跃的趋势。从大的背景来看,美国等西方国家管理层收购的日趋活跃与企业界对股权激励的日益重视高度相关。

股权激励是美国企业从80年代中期开始流行的一种报酬方式。在美国,股权激励的极大发展可以从以下几个方面来看:

(1)1985—1997年,企业高级管理人员的工资、奖金数额增长不到一倍,而股权型报酬中的期权行权收益金额却增长了178倍。

(2)1990年,在企业高级管理人员的报酬总额中,股权型报酬带来的收益占20%—30%,1997年为28%。在高新技术企业和一些高速增长的知识型企业中,这一比例更高。

(3)美国企业的持股员工人数已占企业员工总数的50%,这其中有50%是通过企业的股权型报酬来实现的。

(4)美国实行全员持股的企业有17 000多家;在超过1/4的《财富》500强企业中,员工持有10%以上的股份;在各种员工持股的企业中,90%为未上市的私营企业,在这些企业中,员工持有20%—40%的企业股票,而在上市企业中,员工持有5%—15%的企业股票。

管理层收购可视为一种最彻底、最激进的股权激励方式。管理层收购活动完成之后,企业的管理层集所有权与经营权于一身,在某种程度上实现了所有权与经营权的统一。由此,管理层收购可以明显改善企业的治理机制,降低代理成本,从而创造新的价值。多数针对管理层收购的研究表明,管理层收购后企业的业绩通常会有非常明显的提高。

另外还想提醒读者的是,要警惕与管理层收购相连的盈利操纵问题。香港中文大学学者Wu(1997)[①]对美国1980—1987年间的87件管理层收购案例进行研究发现,在宣布管理层收购之前(pre-MBO),管理层收购的目标企业通常在一段时间内有持续的股价与利润的下降,而这种现象在其他类型的并购中并不存在。经过认真的分析,Wu认为,这些现象表明,企业管理层在管理层收购之前,有可能通过操纵利润的方式来打压股价,以降低收购成本。

二、员工持股计划

与管理层收购或管理层持股密切相关的股权激励方法是员工持股计划(ESOP),这一概念产生于20世纪50年代。20世纪70年代以来,美国出台的相关法规明确提出了企业实行ESOP的问题,并就各类税收优惠政策作了具体的法律规定。这极大地推动了ESOP在美国

---

① Y. Wu,"Management Buyouts and Earnings Management",*Journal of Accounting*,*Auditing and Finance*,Vol. 12,No. 4,Fall 1997,pp. 373—389.

的推行,使得 1974 年之后实行 ESOP 的企业大幅度增加。截至 2001 年上半年,美国共有超过 11 000 个 ESOP,参与者达到 850 万人。

ESOP 可以分为两种——非杠杆型的 ESOP 和杠杆型的 ESOP。非杠杆型的 ESOP 类似于递延的利润分享计划,企业每年为 ESOP 基金以本企业股票或现金的形式提供资金;杠杆型的 ESOP 可用负债购买业主的股份。ESOP 可以从本企业借钱,也可从银行及其他金融企业借贷,典型的操作是银行先借钱给实施企业,企业再转借给 ESOP。

在美国 ESOP 的快速发展过程中,有针对性的优惠税收法案起到了很大的作用。美国国会 1984 年颁布的《税收改革法案》对 ESOP 的四种参与者(ESOP 的参与者、实行 ESOP 的企业、发放贷款的银行和出售股权的股东)均提供了税收上的优惠。

企业所享受的税收优惠是,可以从应税企业收入中扣除发行给 ESOP 的股份价值。银行的应税收入是支付给银行的贷款利息,支持 ESOP 的贷款中有 50% 的利息可以作为银行的免税收入。ESOP 的股息支出从企业收入中扣除,但企业股息通常来自于企业的税后收入。对于持股人来说,如将一项商业业务出售给 ESOP(或职工所有的合作社),并在一年内对另一项商业业务的债券进行再投资,那么资本收入税将延期至新债券售出时进行收取。

企业通过市场交易方式推进 ESOP 时,其主要的程序和步骤是:第一步,用贷款筹资的企业进行 ESOP 时,用购买的股份作为附属担保品保证贷款的偿还;第二步,ESOP 中以公允市价从外部股份出售者手中购买企业股份;第三步,ESOP 用所获利润偿还贷款(股份的抵押及偿还贷款程序与前一种方式相同)。

ESOP 的本质是一种股权奖励制度,它具有以下特点:第一,ESOP 要求主要投资于实行该计划的企业的股票或其子企业的证券,一般情况下 ESOP 的资产不能进行分散投资;第二,ESOP 可以利用杠杆来实现,资金主要来自于商业性贷款机构或企业主。

1987 年由 NCEO 针对 45 家 ESOP 企业和 225 家非 ESOP 企业进行的调查表明,将员工持股和参与性管理模式结合起来的企业增长速度提高了 8—11 个百分点。其后,由美国 GAO(General Accounting Office)主持的一项调查也得到了基本相同的结果。1999 年美国西北大学(Northwestern University)的 Hamid Mehran 利用一个预测模型进行研究之后发现,382 家实行 ESOP 的上市企业的资产回报率比不实行 ESOP 要提高 2.7 个百分点。Rutgers 大学的 Joseph Blasi 和 Douglas Kruse 在 2000 年的一项研究中发现,企业引入 ESOP 之后人均销售额的增长速度提高了 2.3—2.4 个百分点。

员工持股在其他国家也得到了相当广泛的应用。新加坡是世界上经济发展最快、社会治理最有效的国家之一。在该国股份公司的发展中,政府制定了一些法规以促进员工持股的发展。新加坡法律允许公众企业为增强企业凝聚力和调动员工,特别是有特长的员工的积极性而实行员工持股制度。

案例分析
新浪公司管理层收购和控制权变化

2009 年 11 月 27 日,新浪公司宣布,该公司向新浪投资控股有限公司(以下称"新浪投资控股")发售新股的交易已经完成。根据新浪公司与新浪投资控股于 2009 年 9 月 22 日签署的协议,新浪公司已向新浪投资控股发售,且新浪投资控股已投入 1.8 亿美元认购约 560 万股新浪公司普通股,约占新浪公司股本的9.4%。此举有效地改变了新浪公司股权分散的状况。

新浪投资控股是一家在英属维尔京群岛注册的公司,并由新浪公司总裁兼首席执行官曹国伟以及其他管理层成员控制。新浪公司计划将此次融资的资金用于可能发生的收购以及公司的正常运营。

"此次1.8亿美元的融资是新浪公司继2000年上市以来的又一次历史性事件,管理层成了新浪公司的最大股东",新浪公司首席执行官曹国伟对此表示,"我很高兴地看到新浪公司所有的高层管理人员都积极参与了这次对新浪公司的注资。这体现了新浪公司管理层对于公司未来的信心和承诺,并使新浪公司股东和管理层的利益得到进一步的统一"。

根据相关融资文件,新浪投资控股公司的普通股股东主要包括新浪公司的管理团队,同时中信资本、红杉中国以及方源资本三家私募基金作为优先股股东投资了新浪投资控股。

以上各家私募基金将有权指派一位董事加入新浪投资控股的董事会,而新浪公司管理层有权指派四位董事,从而占有董事会的多数席位并对新浪投资控股拥有控制权。

目前,曹国伟是新浪投资控股的唯一董事。此外,一家银行也对此次融资提供了5 800万美元贷款作为资金支持。

本章小结

本章介绍了作为企业并购的一种特殊形式——杠杆收购的起因、步骤、具体运作方式、适用范围与条件、杠杆收购的效应以及风险,同时也详细解释了管理层收购和员工持股计划的特点。

- 杠杆收购(LBO)是指收购方按照财务杠杆原理,以少量自有资金通过高负债融资购买目标企业的全部或部分股权,获得经营控制权,以达到重组该目标企业并从中获得较高预期收益的一种财务型收购方式。杠杆收购的实质在于举债,即以债务资本为主要融资工具,而这些债务资本大多以目标企业的资产为担保而获得。

- 杠杆收购的前提是外部的资金支持,其主要目的是获得中长期财务回报。杠杆收购共分为四个阶段。

- 杠杆收购的具体运用方式多种多样,但适合杠杆收购的企业一般需要满足一定条件。

- 杠杆收购的主要效应包括:(1) 降低代理成本;(2) 价值发现;(3) 税收屏蔽效应;(4) 财富转移效应。但杠杆收购的风险性也不容忽视,主要包括:(1) 还本付息风险;(2) 再筹资风险;(3) 财务风险。

- 管理层收购(MBO)是杠杆收购的一种特殊形式,当收购主体是目标企业内部管理人员时,杠杆收购便变为管理层收购。当收购主体是目标企业的员工时,称为员工收购(EBO),其核心内容为员工持股计划(ESOP)。现实中往往是管理层与员工共同进行收购(MEBO)。管理层收购的日趋活跃与企业界对股权激励的日益重视高度相关。ESOP可分为两种——非杠杆型的ESOP和杠杆型的ESOP。其本质都是一种股权奖励制度。

思考题

1. 请说明杠杆收购的适用范围与条件。
2. 杠杆收购具有哪些效应?
3. 杠杆收购会给收购方带来哪些风险?

第九章　收购兼并：支付与融资

- 并购的支付手段
- 如何选择合适的支付手段
- 并购融资
- 并购再融资

第一节　并购的支付手段

并购是一种金融交易。同任何交易一样,并购也有支付。并购比较常用的支付手段有两种:一种是股票支付(股权置换),另一种是现金支付。除此之外,还有股票加现金等其他支付方式。

一、股票支付

所谓股票支付,也就是俗称的"换股"。从提出收购公告到实施收购的期间,不论是目标公司还是主并公司的股票价格都可能出现较大波动。据此,换股合并又可具体细分为若干类型,即固定比例交换(在提出收购意向时即确定目标公司的每股可转换成主并公司股票的数量)、固定价值交换(在提出收购意向时先确定对目标公司的价格,具体实施时再按主并公司股票的当时价格换算换股比例)和套式(collar)交换。

套式交换相对比较复杂,我们在此需要稍加解释。设想主并公司和目标公司达成如下换股合并协议:当目标公司未来股票市场价格处在某一区间$[P_L, P_H]$($P_L < P_H$)时,则两公司将来按预先安排的固定比例方式进行换股;如目标公司未来股票市场价格低于P_L,则按某一固定价格S_L将目标公司股票换成主并公司股票;如目标公司未来股票市场价格高于P_H,则按某一固定价格S_H将目标公司股票换成主并公司股票($S_L < S_H$)。这种方式便是一个典型的套式交换。

股票支付一般是采用定向增发的方式进行。收购完成后目标公司的股票不再流通,而主并公司总股本则会相应增加。例如,A公司跟B公司合并,A是主并方,B是被并购方。原来A公司有1亿股,B公司有6000万股。假设A公司和B公司在并购协议中规定每2股B股可以换成1股A股。为此,A公司须向B公司股东定向增发3000万股去换取他们原先持有的B公司股票。交易完成后,A公司总股本由1亿股增加到了1.3亿股。

二、现金支付

现金支付是更加直截了当的并购支付方式,也就是直接用现金收购目标公司的股份或资产。假设B公司在被收购前的股价为10元/股。A公司计划收购B公司3000万股。A公司愿意向B公司股东提供20%的收购溢价,也就是说收购价为12元/股。为此,A公司必须向

B 公司股东支付 3.6 亿元现金。

除了股票支付和现金支付方式外,有些并购也会采用股票和现金相结合的支付方式。

三、不同支付手段的比较

相关数据显示,在西方资本市场发达国家,20 世纪 90 年代以来,股票支付日益成为收购兼并,特别是大型企业相互合并的主要支付方式。1988 年,美国的大规模并购交易中约有 60% 使用纯现金支付手段,纯股票支付的并购只占 2%;1998 年,美国的类似并购交易中完全使用现金作为支付手段的只占 17%,而纯股票支付的并购则约占 50%。20 世纪 90 年代美国约有 70% 的并购交易包含了股票融资支付。

大量的研究表明,不同的支付方式对股东利益的影响大不相同。例如,Andrade、Mitchell、Stafford(2001)对美国 1973—1998 年间数千件并购案例进行了研究,分析从发布并购公告前一天至公告后一天的平均异常收益率,结果表明:对换股并购而言,收购公司的异常收益率为 −1.5%,目标公司的异常收益率为 13.0%,全部公司合在一起的异常收益率为 0.6%;对现金支付的并购而言,收购公司的异常收益率为 0.4%,目标公司的异常收益率为 20.1%,合并后的异常收益率为 3.6%(见表 9-1)。

表 9-1 1973—1998 年合并公告期间的平均异常回报

	股票	非股票	大额目标
全部公司			
[−1, +1]	0.6%	3.6%	3.0%[a]
[−20,合并完成]	−0.6%	5.3%	6.3%
目标公司			
[−1, +1]	13.0%[a]	20.1%[a]	13.5%[a]
[−20,合并完成]	20.8%[a]	27.8%[a]	21.6%[a]
收购公司			
[−1, +1]	−1.5%[a]	0.4%	−1.5%
[−20,合并完成]	−6.3%	−0.2%	−3.2%
样本数	2 194	1 494	511

注:标 a 的表示在 5% 下显著。

资料来源:Andrade,Mitchell,Stafford,"New Evidence and Perspectives on Mergers",*Journal of Economic Perspectives*,2001.

长期来看,美国在 1970—1989 年间,利用股票融资的收购公司[①] 5 年的股票异常回报为 −24.2%,而采用现金支付的收购公司 5 年的股票异常回报则为 18.5%(Longhran and Vijh,1997)。Mitchell 和 Stafford(2000)利用不同样本得到了基本相同的结果(见表 9-2)。

---

① 目标公司的股票在收购完成后将不复存在,当然也就没有必要研究其长期异常收益。

表 9-2 　并购 3 年后购入其他公司股权的公司非正常性回报(1961—1993)

样本构成	等权	价值加权
全部样本	−5.0%[a]	−1.4%
股票支付	−9.0%[a]	−4.3%
非股票支付	−1.4%	3.6%
成长型公司	−6.5%	−7.2%
价值型公司	−2.9%	1.1%

注:标 a 的表示在 5% 下显著。

资料来源:Mitchell and Stafford,"Managerial Decisions and Long Term Stock Price Performance",*Journal of Business*,2000.

　　既然股票支付无论是对收购方还是目标公司的股东来说,都意味着较低的异常回报,那为什么越来越多的收购交易采用股票支付的方式呢?经济学家们对此有很好的理论解释,其中两个经典的解释分别被称为"信号传导理论"和"自由现金流理论"。Myers 和 Majluf(1984)的文章堪称信号传导理论的经典之作。该文认为,收购方的管理者比外部投资者更具信息优势,更了解本公司的真实价值。从收购方的角度来看,换股收购可视为两宗并行的交易:收购与增发股票。当公司股票价值被市场高估时,管理层偏爱以股票融资作为收购支付的手段;反之,则偏爱现金支付。由此,股票支付会给市场传递一个负面信号,即收购的支付工具——收购方的股票的市场定价偏高,最终使得换股并购给收购方和目标公司股东带来的异常收益明显低于现金支付的并购交易。Jensen(1986)的自由现金流理论则认为,现金支付可以减少自由现金流产生的代理成本,从而可以为股东创造更多的价值。因此,现金支付的收购为并购双方的股东带来了较好的股票投资回报。管理层之所以经常采用股票融资作为收购支付方式,在一定程度上是为了不丧失自由现金流给管理者带来的个人利益,尽管这种个人利益来自于对公众股东利益的损害。

　　需要指出的是,与现金收购相比,换股收购的低异常收益并不一定表明换股收购特别会损害股东的价值。原因是换股收购的异常收益可能只是价值原来被高估股票的一种价值回归。

第二节　如何选择合适的支付手段

　　并购操作如何选择合适的支付手段?一方面,由于许多并购交易规模较大,支付手段的选择对股权分布、公司财务杠杆、公司未来的管理与运营,以及公司未来的融资安排都会产生重大影响。另一方面,在并购过程中,收购方的支付决策又将受其股票价格、举债能力、杠杆率等财务指标的影响。对于大规模并购来说,由于收购方通常只持有有限的现金,因此,现金收购常常需要伴随着债务融资。

　　并购支付方式的选择对公司股权分布及公司治理的影响非常突出。原因是若收购方通过股票置换来收购目标公司,势必稀释收购方原有股东的控制权,对于控股股东来说,这种控制权的稀释有时是至关重要的。现金收购因为不引起增发,不会产生同样问题。如果收购方的大股东和管理层非常在意保持对公司的控制权,则他们可能更倾向于选择现金支付,在控股股东的持续控制权受到威胁时尤其如此。Faccio 和 Masulis(2003)认为:当收购方控股股东拥有 20%—60% 这一中等规模的投票权时,最有可能因换股收购而丧失控股地位,因而,出于控股目的选择现金支付而非股票支付的动机也越强烈;当收购方股权非常分散时,因为无人拥有控股地位,这个问题不突出;当收购方控股股东拥有绝对多数投票权而且换股收购不至于威胁其控股地位时,收购方也不会因控制权问题而过于排斥换股收购。

综观各种相关研究成果,收购方在考虑并购的支付方式时,主要考虑以下一些因素:[①]

(1)收购方举债能力和手持现金的多寡。一个公司的举债能力受到多种因素的影响,包括公司的信用等级、公司的财务杠杆率、公司抵押资产的价值、公司的现金流状况、公司的盈利能力与经营前景、公司规模,等等。研究表明,规模较大的公司因经营相对稳定和较高的知名度,在取得贷款支持方面通常较具优势。举债能力较强或/和手持现金较多的公司比其他公司更有可能采用现金支付方式进行收购。

(2)公司控制。如果股票融资有可能导致大股东丧失对公司的控制权,则被大股东控制的收购公司一般不太倾向于采用股票支付的收购方式(Amihud,Lev and Travlos,1990;Stulz,1988)。股权高度分散或高度集中的公司因无丧失控制权的担忧,比其他公司更有可能采用股票支付方式进行收购。

(3)收购方股价水平。收购方管理层比外界更具信息优势,更了解自己公司的真实价值。如果他们认为公司的股票价值被市场高估,会更倾向于采用股票支付的收购方式;反之,会更倾向于现金收购(Myers and Majluf,1984;Martin,1996)。如前所述,采用股票支付的收购,各方股东获取的异常收益显著较低,特别是在长期内,收购方股票的异常收益率显著为负,从而间接印证了收购方在考虑支付方式时的逆向选择(adverse selection)问题。

(4)目标公司对支付方式的偏好。为了保证收购的顺利进行,收购方自然不能忽视目标公司或其股东对支付方式的偏好和要求。一般来说,敌意收购只能通过现金支付的方式进行。

(5)收购规模。大规模收购因资金需求量大,较难采用现金收购方式。因此,现代大规模收购较多地采用股票支付或现金与股票混合的支付方式。

(6)融资成本和税收因素。当资金回报率高于利息率时,负债经营比用自有资金经营更为合算。此外,根据我们已经介绍的资本结构理论,通过债务融资进行的收购因增加财务杠杆,可以抵扣一部分税务负担。因此,当债务融资成本低廉时,通过募集收购资金进行现金收购发生的几率也会增大。

(7)法律规范。收购支付方式还会受到当地法律制度与政策的影响与制约。

(8)信息不对称程度。Zhao(2003)认为,当收购方对目标公司缺乏足够了解时,套式交换可缓解信息不对称的负面影响,对收购方有一定保护作用。

总而言之,什么时候最好用现金来支付,什么时候应该换股,主要从三个方面来考虑:第一,如果用现金支付,有没有这个资金?能否筹集到足够现金又不至于过分增加收购后的还债压力与风险?第二,哪种方式更合算,更有利于价值提升?假设 A 公司收购 B 公司,A 公司的股票价格如果被市场高估,换股通常比较合算。第三,对大股东控制权的影响。如果大股东不希望失去控制权,而换股使大股东面临失去控制权的危险,收购方会尽可能避免采用股票支付的收购方式。以现金支付,大量的现金支出势必对收购方的现金流产生冲击,影响收购方的业务拓展能力;而以股票支付,将会改变现有持股结构,导致公司控制权重新分配。收

---

① 参见 Faccio/Masulis(2003)和 Martin(1996)等。

购方必须慎重权衡,作出恰当选择。

美国 Vanderbilt 大学的 Faccio 和 Masulis(2005)曾对 1997—2000 年欧洲 3 864 起并购数据进行了研究,结果表明,收购前的收购方股票上涨情况(某种程度上显示收购方估价可能被高估)、目标公司规模与收购方的股票市值的比率(反映收购规模大小)、公司控制等指标对收购支付方式的选择有较好的解释能力。

在此,我们想提及英国剑桥大学 Chatterjee 和 Kuenzi(2001)的成果。这两位学者利用 20 世纪 90 年代部分年份的英国数据所作的研究发现了与传统研究文献不同的结果——在换股并购公告期间,收购方股票的异常收益不再为负,而是有显著的正收益。对此结果,两位学者提出了两个理论假设予以解释。一个是投资机会假设。对于一个具有良好投资机会与增长前景的公司来说,可用于投资的现金是非常宝贵的。这样的公司倾向于股票收购,但其股票价格没有被市场高估。另一个是风险分担假设。这种风险来自于收购方与目标公司之间的信息不对称,不过现在的信息不对称主要不是收购方股价可能被高估,而是收购方无法确切了解目标公司的价值大小,面临出价偏高的风险。从这个角度来看,收购方用换股方式进行收购可以防止目标公司股东迅速高价套现,从而促使目标公司部分分担其价值可能被高估的风险。Chatterjee 和 Kuenzi 认为风险分担假设较能解释他们的研究结果。Chatterjee 和 Kuenzi 的研究结果在一定程度上解释了换股收购越来越受青睐的原因(见表 9-3)。

表 9-3　收购支付方式的历史变迁

年份	1973—1979	1980—1989	1990—1998	1973—1998
样本数	789	1 427	2 040	4 256
全部现金	38.3%	45.3%	27.4%	35.4%
全部股票	37.0%	32.9%	57.8%	45.6%
至少使用了部分股票	45.1%	45.6%	70.9%	57.6%

资料来源:Andrade,Mitchell,Stafford,"New Evidence and Perspectives on Mergers",*Journal of Economic Perspectives*,2001.

第三节　并购融资

如前所述,收购兼并作为现代企业资本运作的基本方式,无论是涉及的企业数量还是涉及的金额规模都在急剧膨胀。近年来,全世界几乎每年都有超过万亿美元的资金用于收购兼并。有鉴于此,并购融资已经成为一个企业界与金融界共同关注的重要问题,在很大程度上影响着企业的并购策略与成败。

我们已在第二章和第三章讨论过企业融资的基本手段与操作程序。在此我们不作太多重复,只就并购融资中一些特别值得注意的问题进行分析。

并购融资也有内部融资和外部融资两大渠道。内部融资是指依靠企业自身积累的资金去进行收购。但由于收购通常需要大量资金,所以更多的时候,收购方不得不依靠外部融资。

外部融资主要有以下几种形式:

(1)银行或其他投资者提供的贷款资金。银行除可给收购方提供普通的贷款资金以外,通常还会根据收购方的临时需要,提供用于收购的临时贷款,又称过桥贷款(bridge loan)或搭桥贷款,是一种过渡性的贷款。不仅商业银行可为企业并购提供过桥贷款支持,为并购提供财务顾问服务的投资银行与财务公司有时也会为企业提供并购所需的过桥贷款。当然,通常是拥有雄厚的资金实力的大型一流投资银行才有能力提供客户所需的大额过桥贷款。国际上比较通行的做法是,收购方在发行垃圾债券筹措到资金后,过桥贷款即被偿还。需要注意的是,过桥贷款通常有较高风险。例如,1989年,KKR完成了对RJR的著名收购,成交金额达240亿美元,成为史上最大的杠杆收购案例。而收购方的自有资金仅有15亿美元。在收购完成一年以后的1990年春,KKR全资控股的RJR纳贝斯科就开始面临一场财务危机,其高达90%的负债成为这场危机的导火线。1991年2月到期的第一笔12亿美元的过桥贷款就由于公司缺乏足够现金,公开发行新债券又受挫而无力偿还。在此情况下,KKR被迫进行一系列债务重组以避免陷入困境。KKR最终通过增加资本金偿债和争取债转股,才得以度过危机,并于1991年4月重新上市。

(2)发行债券,特别是投资性很强的垃圾债券。关于垃圾债券,前面有关章节已有详细讨论,在此不再赘述。值得一提的是,中级债务也是并购融资的常用形式。中级债务也叫"第二层"债务,是一种无担保的次级债务。它同时允许债权人拥有在未来获得股票的权利,兼具股权与债务的一些特点。所谓"中级",即在分配与偿还的优先次序上处于中间地位,介于一般债券与普通股股票之间。在清偿顺序中,位于有担保的优先债权人之后,但优先于权益投资者。可转换债券和认股权证是其常见形式。中级债务一般有5—10年的期限,并且经常只要求在债务存续期间内偿还利息,大额款项在期间结束时偿还。虽然中级债务的融资成本较高,但是因无需抵押,筹集资金的能力较强(在这一点上,它与垃圾债券有相似之处)。

(3)增发股票,获得权益融资。尽管从理论上讲,收购方可以在收购开始前在公开市场上发行股票筹集资金,为收购作准备,但由于此方法过于繁琐和耗费时间,并购中的权益融资通常如前所述,采用定向增发的方式。

(4)股票、债券混合运用。就是既举债,又发行股票。在一些大型并购中,因为一条渠道筹到的资金比较有限,可能需要多条渠道完成并购融资的使命。这种类型的融资方式主要适用于现金支付与股票支付并用的混合型支付。

(5)其他混合融资方式,如证券化信贷(银行贷款,如抵押贷款,转变为上市证券后向投资者出售)。证券化信贷由于具备分担与转移风险的功能,因而可以鼓励贷款者向企业提供更多的信贷支持。例如,1996—1997年美国第一联合银行就帮助纽科特信贷集团(Newcourt Credit Group Inc.)签发了5.192亿美元的以资产作抵押的票据。纽科特信贷集团则用此项资金来改善其收购AT&T资本公司后不甚理想的资本状况(拉杰科斯/威斯顿,2001)。

第四节　并购再融资

融资不是一劳永逸的事。现代企业并购涉及金额大,对公司财务状况的影响复杂,因此通过再融资来解决资金问题是一个通行的做法。需要特别强调一点,这里讲的再融资,即英文中的refinancing,内容相当丰富。它不仅包括狭义上所指的公司通过再次发行股票或其他金融工具获取新的资金,更包括了由于并购的需要或影响对原有融资安排的重新调整。换句话说,并购再融资,广义上可以被定义为公司为了满足并购及相关的重整活动的资金需求和资金结构调整所采取的各种外部融资行为,也可称为系列融资。

并购再融资的重要性尤其体现在以下两个方面:首先,公司因并购而引起的财务状况的变化,有可能导致对债务进行调整的必要。贷款和债券协议通常包含一些条款,允许协议一方或双方在特定条件下更改或终止协议中的某些约定。当这种变化和更改发生时,就会发生再融资。债务人往往对单项贷款协议过于乐观,但各种不可预见因素和意外事件的影响有可能给企业带来麻烦。企业有必要对此做好准备和预先安排。其次,公司并购后通常会有变化和成长,需要有后续资金的支持,从而面临再融资这个重要问题。

贷款或债务再融资包含的内容十分广泛,如调整或取消某些限制性条款(如债务人不得出售某些资产)、延长还款期限、调整还款利率、减少偿还金额、通过原始债权人或其他债权人追加贷款资金数额、免除部分恶化贷款(如目标公司已严重资不抵债)等。

案例分析
京东方收购韩国现代显示技术株式会社 TFT-LCD 业务

2003 年 2 月,京东方终于成功地抱得美人归——京东方收购韩国半导体株式会社(HYNIX)所属韩国现代显示技术株式会社 TFT-LCD 业务,收购价格约为 3.8 亿美元。

由于中国企业的整体规模较小,可融通资金少,并购融资就成为中国企业跨国并购的瓶颈,很多企业因无法筹集并购所需资金而只能望“洋”兴叹,白白失去机会!我们也许会从京东方跨国并购的案例中得到启示。

并购双方背景

京东方是主要从事电子产品的制造和销售,并投资于电子产品的生产企业以及发展自有房产的物业管理项目的国有独资上市公司。早在五年前,定位于显示器领域的京东方即开始设立专门的项目小组跟踪和研究 TFT-LCD 技术,对主流的显示器厂商保持着密切的关注。在本项收购完成后,TFT-LCD 整体业务将成为京东方新的利润增长点,京东方乐观估计其主营业务收入年增长将达 50 亿元以上,从而迅速提高其在世界显示器行业的市场份额。

现代电子产业株式会社(HYNIX 的前身)创立于 1983 年,于 1996 年上市,主营业务包括半导体、通信、LCD 三大部分。因债务原因,2000 年现代电子产业株式会社更名为韩国半导体株式会社(HYNIX),并对业务进行了调整,决定将通信(已出售给韩国公司)和 LCD 业务独立出来分别出售,只保留并专注于半导体业务发展。2001 年 7 月,韩国半导体株式会社设立全资子公司韩国现代显示技术株式会社(HYDIS),并将与 LCD 和 STN 相关的业务全部转至韩国现代显示技术株式会社(其中 STN-LCD 和 OLED 部分已于 2001 年被京东方和韩国半导体工程株式会社联合购并重组)。TFT-LCD 目前广泛应用于台式显示器、笔记本电脑、液晶电视、车载导航系统、PDA 及移动电话等产业。

并购过程

2001 年 11 月,京东方在韩国合资设立控股子公司韩国现代液晶显示株式会社,收购韩国现代半导体株式会社所有 STN-LCD 及 OLED 业务。该项收购于 2002 年第一季度全部完成。目前,韩国现代液晶显示株式会社运营良好,为京东方 2002 年利润增长的主要贡献点之一。

公司积极规划 TFT-LCD 产业,于 2002 年 11 月 29 日和 2003 年 1 月 17 日与韩国现代半导体株式会社、韩国现代显示技术株式会社分别签订《资产销售与购买协议》《建筑物销售与购买协议》《土地租赁协议》和《关于〈资产销售与购买协议〉的补充协议》，由公司的韩国全资子公司 BOE-HYDIS 技术株式会社收购韩国现代显示技术株式会社的 TFT-LCD 业务，资产交割工作于 2003 年 1 月 22 日完成。该项收购为迄今为止我国金额最大的一宗高科技产业海外收购。

融资分析

就这桩收购案本身而言，可以说是一次相当漂亮的资本运作。京东方 2001 年的销售收入是 54.8 亿元人民币，如果以 3.8 亿美元（约合人民币 32 亿元）现金进行海外收购，无疑是行不通也是不明智的。基于此，京东方运用了杠杆收购。其中公司自有资金及自有资金购汇 6 000 万美元，通过国内银行借款 9 000 万美元，借款期限均为 1 年，利率为 1.69% 至 1.985%。BOE-HYDIS 以资产抵押方式，向韩国产业银行、韩国外换银行、Woori 银行以及现代海商保险公司借款折合 1.882 亿美元，利率由提款日前一天的市场利率决定。该笔贷款从 2005 年 10 月 22 日开始按季度分十次等额偿还本金。

并购后京东方的各项财务指标改善的原因

总资产较去年同期有较大增加的原因：公司控股子公司韩国现代液晶显示株式会社于 2002 年新纳入合并范围。

负债及资产负债率较去年同期有较大增长的原因：韩国现代液晶显示株式会社负债项目纳入合并范围；公司营业规模扩大；公司为收购韩国现代显示技术株式会社的 TFT-LCD 业务向银行贷款筹资。

投资收益较去年同期有较大增长的原因：随着彩电行业的复苏，公司 CRT 及其零部件业务增长，公司投资收益增长。

利润较去年有较大增长的原因：韩国现代液晶显示株式会社经营业绩纳入合并范围；CRT 产业扭亏为盈；公司控股子公司北京东方冠捷电子股份有限公司和浙江京东方真空电子股份有限公司的经营业绩增长。

每股收益、净资产收益率都有所提高，表明企业并购后综合实力增强，股东收益增加。

总资产周转率、应收账款周转率、存货毛利率等均有所提高，企业并没有因为并购负债而资金紧张，并购达成了预期目的。

启示

企业经营的根本目的在于盈利。在市场经济条件下，作为独立经济主体的企业要想在激烈的市场竞争中生存并发展下去，其各种经济行为都是以盈利为目的的。与此同时，作为市场经济中所有企业中的一员，只有思虑周全，才能达到盈利的目的，京东方之所以能成功地运用杠杆收购，实现了小鱼吃大鱼，是由于他们仔细思考，做好各项准备工作，把销售方、自身及外部资金提供方各方面的利益与此次交易融合在了一起，才顺利地完成了交易，从而为其开拓国际市场创造了条件，为我国企业国际化融资提供了借鉴。

案例资料来源：姜硕、张影：《中国企业跨国并购融资实例剖析》，《商业时代》，2004 年第 6 期。

本章小结

本章详细介绍并比较了并购的各种支付手段以及如何选择合适的支付手段，同时对并购融资以及并购再融资的主要形式以及实践中要注意的问题展开了深入的研究和探讨。

- 并购比较常用的两种支付手段有股票支付和现金支付。股票支付也就是俗称的"换股"，一般是采用定向增发的方式进行；现金支付是更直接的并购支付方式，即用现金收购目标公司的股份或资产。不同的支付方式对股东利益的影响大不相同。

- 收购方在考虑并购的支付方式时，主要考虑以下几个因素：（1）收购方举债能力和手持现金的多寡；（2）公司控制；（3）收购方股价水平；（4）目标公司对支付方式的偏好；（5）收购规模；（6）融资成本和税收因素；（7）法律规范；（8）信息不对称程度。

- 并购融资也有内部融资和外部融资两大渠道。内部融资是依靠企业自身积累的资金去进行收购。外部融资主要有如下几种形式：（1）银行或其他投资者提供的贷款资金；（2）发行债券，特别是投资性很强的垃圾债券；（3）增发股票，获得权益融资；（4）股票、债券混合运用；（5）其他混合融资方式。

- 并购再融资，广义上可以被定义为公司为了满足并购及相关的重整活动的资金需求和资金结构调整所采用的各种外部融资行为，也可称为系列融资。

思考题

1. 并购支付有哪几种支付手段？
2. 并购融资主要有哪几种形式？
3. 简述并购再融资的重要性。

第十章 资本运营中的公司控制

- 现代企业管理中的委托-代理关系
- 控制权市场与公司治理
- 代理权之争
- 公司控制的实证研究

第一节　现代企业管理中的委托-代理关系

所有权和经营权(Berle & Means,1932)的分离是现代股份制企业的一个基本特点,并由此形成了股东与管理者之间的委托-代理关系。根据委托-代理理论,企业的委托-代理关系是一种信息不对称条件下的契约关系。在这种关系中,股东为委托人,享有对剩余收益的索取权,股东的目标是追求自身权益的最大化;管理者为内部人(或称代理人),享有经营权和劳动报酬的索取权,其目标是追求自身效用的最大化,即尽可能多的收入、享受、闲暇、权力和声望等。

由于股东(委托人)与管理者(代理人)之间的信息不对称以及代理人本身具有的道德风险问题,很容易产生管理者以牺牲股东利益为代价来实现个人效用最大化的问题,因此股东一方面要通过一定的激励措施/机制强化经理层与股东之间的利益关联性,另一方面也要通过一定的控制机制对管理者进行监督和约束。

其实,现代企业中的委托-代理问题或利益冲突问题远非仅存在于股东与管理者之间,股东与股东之间的关系也并不是总那么和谐美妙的。由于股份公司的公众股东的持股比例不尽相同,各股东的利益和经营理念很难从根本上保持一致。正因如此,对公司的控制权就显得至关重要。拥有公司中较大比例股份的股东依法享有更多的投票权,因此可以更大程度上对公司的人事安排、经营决策、日常管理以及财务政策等产生影响,决定公司的发展方向与利益的处置。

由于公司内部委托-代理关系的存在,公司治理问题应运而生。根据 Hart(1995)的理论,公司治理产生的基础在于:(1)组织成员之间存在着代理问题,或称利益冲突问题;(2)存在交易成本,从而使代理问题不能通过一个完全的合同来解决。也就是说,在存在代理问题和不完全合同情况时,就会产生公司的治理问题。因此,可以将公司治理视为对初始合同中没有或无法特别规定的问题作出决定的一种机制。

在一个拥有众多中小股东的公众公司中,分散的小股东事实上很难行使其法律和公司章程赋予的对公司的经营控制权。

首先,是搭便车问题。在股权分散的情况下,分散的股东没有或很少有诱因监督管理者。因为监督属于公共物品,如果某位股东实施监督导致公司业绩改善,他没有办法排除其他人从中受益。由于监督是有成本的,因此每个股东都希望别人耗费成本进行监督,而自己从中免费获益,从而丧失了监督管理者的内在动力。因此,在缺少大股东的公众公司中,公司的控制权基本上掌握在企业的经理层手中,经理层或董事会可能在没有或很少外部干预的情况下,通过牺牲股东的利益,追求自身利益的最大化。

再者,即便小股东不想搭便车,其手中的控制权所能发挥的作用也很有限。原因是,公众公司股东人数众多、股权分散,大量小股东不可能实施日常控制,因此只能把他们的剩余控制权授予董事会,再由董事会授予经理层。

在公众公司具有持股相对集中的大股东的情况下,大股东通常会从自身利益出发,担当起监督管理层的责任,从而在相当程度上拥有对公司的控制权。从某种程度上讲,既然小股东没有动力监督管理层,那么改进公司治理的一种有效手段就是确保公司中有更多的大股东。因此,为了解决投资者搭便车的问题,应使股权适当集中于大股东手中(Shleifer and Vishny,1997)。当控制权集中于少数投资者手中时,由于他们占有企业利益的大部分,因此比控制权(如投票权)分散在很多投资者手中时更容易采取一致行动。有研究认为,机构投资者作为大股东在公司治理中发挥了非常大的作用。当然,股权的集中也是一把双刃剑。从以下讨论中可以看到,股权过于集中也会产生新的公司治理问题,即大股东利用控制权侵蚀小股东的利益。

在一篇广受关注的论文中,Jensen 和 Meckling(1976)对股权结构对公司治理的影响作了深入的研究。他们将公司股东分为两类:一是公司内部股东,即持有股票的董事会成员及公司其他高层经理人员;二是公司外部股东。在公司的代理关系中,经理人员对自身效用最大化的追求常常是以牺牲公司利益,即所有股东利益为代价的。也就是说,经理人员持有的股份比例越高,他们为自身的私利行为承担的成本就越大。因此,如果单从股东与经理人员之间的这一层代理关系而言,可以得出这样的结论:随着经理人员持股比例的增加,双方利益将会趋同发展,从而形成内部人持股比例与公司价值之间的正向关系。Jensen 和 Meckling 的这一研究成果实际上已经成为当代公司激励机制(如期权激励)的理论基础。按照他们二人的理论,资本结构也对公司治理的效率有着重大影响。对公司管理层而言,还本付息是一种刚性约束,因此公司负债在一定程度上能够促使管理层多努力工作,少进行在职消费,并且可能作出更好的投资决策,从而降低由两权分立带来的代理成本。这将限制无效管理的发生,至少在管理层想还债的情况下是这样的。举例来说,债务使得管理层难以进行大量无效的投资来建设自己的企业帝国。

然而,正如我们已经提到的那样,企业各相关利益主体之间的利益矛盾远非股东与管理者之间的委托-代理关系一种。不同的股东之间,特别是大股东与小股东之间也有利益不协调的时候。但是,股东之间的关系在公司治理中的重要性却常常被忽视。实际上,在多数国家和地区的具有较大规模的公众公司中,最基本的代理问题并不是股东和管理者之间的关系问题,而是外部股东和控制性的大股东之间的利益冲突问题,因为控制性股东几乎能够完全控制管理者,并可能利用其拥有的控制权损害其他股东的利益。在大股东也是一个大的机构的情况下,这个机构的股东还可能雇用经理来代表他们,从而产生新一层委托-代理问题。

例如,Demsetz 等(1985)和 La Porta(1999)等人认为,控股股东和外部小股东之间经常出现严重的利益冲突问题。在缺乏有效监督的情况下,控股股东可能以其他股东的利益为代价追求自身利益。控股股东侵害小股东利益的手段可谓多种多样,比如证券回购、资产转移、通过关联交易向外输送利益以及利用内幕信息进行股票交易牟利等。此时,股权分散型公司的绩效和市场价值可能反而要优于股权集中型公司的绩效和市场价值。

进一步的研究发现,经理人员持股比例与公司价值之间存在着非单调的关系:当经理人员持股比例较低时,随着持股比例的提高,公司价值呈上升趋势;而当经理人员持股比例达到一定水平从而拥有对公司的有效控制权,变成控制性的大股东时,公司价值可能会出现下降。因为在这种情况下,即便经理人员沉溺于非公司价值最大化的行为中,不具备控制能力的小股东也无法将其及时撤换。

总的来说,股权集中度与公司代理成本之间的关系异常复杂。公司价值与股权的分布之间并不存在一个纯粹的线性关系。正因如此,学术界尚未发现一个能够被广泛认可的理论模型来准确揭示股权结构对公司治理,即公司价值的影响。比较一致的看法是:适度的股权集中有利于加强对管理者的监督,缓解小股东在公司治理中搭便车的问题。但是,如果公司股权过于集中的话,还有可能产生新的利益冲突,即大股东剥削小股东的问题。

第二节　控制权市场与公司治理

在现代股份制企业中,控制权的实质是董事会多数席位的选择权。从现实来看,谁掌握了董事会的多数席位,谁就实际上控制了公司,成为事实上的决策者,可以享有各种收益。为了获得公司控制权,股东与股东之间、股东与管理者之间,以及管理者相互之间常常展开激烈争夺,并由此构成公司控制权市场。公司控制权一般通过控股权取得,也可以通过征集委托投票权等方式取得。持有上市公司达到优势比例的股权是实现控制权的一种重要方式和保证。

控制权市场的存在对于现代企业治理机制的形成产生了非常重要的影响。从公司治理角度来看,董事会是公司控制权的内部市场,接管则被认为是公司控制权的外部市场(Fama,1980)。控制权的内部争夺固然可能产生内耗,从而降低企业的决策效率以及经营政策的连续性,但由于大股东之间的相互制衡以及大股东对管理者的积极监督,也可在一定程度上制约公司董事会和管理者的行为,对中小股东有一定的保护作用。稍后我们会谈到,外部控制权争夺战的潜在威胁,即公司在经营状况不佳时被敌意收购的可能性,也对公司大股东和管理者有一定的约束力。

由于公司控制权一般通过控股权取得,而控股权是由收购股权实现的,因此收购兼并是实现公司控制权转移的主要手段。不同的利益集团通过收购兼并争夺控股权,以达到掌控董事会,进而更换管理者或调整公司发展战略的目的。从公司股权交易的角度来看,控股权的转让价格应该既包括企业的内在价值,又包括控制权的价格。在并购中,控制权价格通常成为并购溢价的一个重要组成部分。

由于公司现有的管理者或掌握控制权的股东常常并不愿意轻易让渡手中的权力,因此,在可能导致公司控制权转移的各种形式的资本运营活动中,敌意收购尤其值得关注。实践表明,因管理者的懈怠而导致价值不能被彰显的公司最可能成为敌意收购的目标。敌意收购对公司治理的影响主要表现在两个方面:一方面,由于敌意收购的存在,企业管理者的领导地位始终受到外来的威胁,这种威胁促使管理人员努力工作,因为一旦管理业绩不佳,可能会招致公司被兼并,自身利益也会因此而丧失。另一方面,一旦敌意收购取得成功,不称职的董事会和管理者将被重组,从而带来董事会的更替和管理者的重新任命,这对目标公司而言,通常意味着代理问题的缓解和管理效率的提高。因此,作为控制权外部市场重要组成部分的敌意收购,对改善公司治理有着积极的意义。

Stulz(1988)认为,外部接管的可能性直接影响着企业经理人员的行为,并据此建立了内部人持股比例对公司价值作用的模型。在他的模型中,随着经理人员持股比例的增加,敌意收购者为获得目标公司的控制权而支付的溢价也随之增加,但与此同时,接管成功的可能性却随之下降。因此,当经理人员持股达到一定比例时,随着持股比例的提高,公司价值呈下降趋势,并在经理人员持股比例达到50%时下落到最低点,因为这时敌意收购者成功收购的可能性几乎为零。

当然,敌意收购远非解决一切公司治理问题的万能良方,在后面的有关章节中我们将谈到,兼并在多数情况下并不能给收购方股东带来利益。

Mueller(1969)认为,由于公司管理人员大多有好大喜功的特点,他们常在扩大公司规模的欲望驱使下从事不适当的兼并活动,进而损害股东利益。Roll(1986)提出的"狂妄假说"认为,公司管理层倾向于高估自身的管理才能,过分乐观地估计收购可能产生的协同效应,以致在资本市场上花高价大规模收购其他公司,把并购过程的绝大部分利益拱手让给目标公司股东,最后导致失败。再者,当目标公司管理层面临敌意收购威胁时,他们从自身利益出发,会不顾一切地进行反收购活动(见第十一章),并会因此导致两败俱伤的结果。

案例分析
国美之争

陈晓和黄光裕缘何发生冲突?

国美大股东黄光裕缘何失去对公司的控制权?

只拥有1.7%国美股权的陈晓如何以小搏大对抗拥有32.47%股权的黄光裕,直到最后取得国美之争的胜利?

战略转型

2008年12月23日,在黄光裕被捕一个月后,黄光裕与其妻杜鹃辞去国美董事职务。从2009年1月16日起,时任国美总裁的陈晓接任黄光裕成为国美董事局主席。陈晓接手国美后,首先面对的是如何解决国美濒临断裂的资金链问题。当时,银行在第一时间冻结了国美的账户。此外,供应商也纷纷上门要债。情况更糟的是,高达46亿元的可转换债券随时可能被赎回。

为了应急,国美调动了一切资源。国美宣布其附属公司天津咨询已订立重续委托贷款合同,通过贷款银行向北京战圣重新提供为数36亿元的原有贷款资金。这一举动暂时解决了国美资金链紧张的问题。此外,一直以霸道著称的国美史无前例地提出了"供应商至上"的口号。为了走出困境,公司只能缩短款项结算周期。另外,为了获得银行授信,陈晓还以个人和家族名义为国美提供了高达十几亿元的贷款担保。

2009年2月27日,紧张的资本应急后,国美在京郊的九华山庄召开为期三天的全国年会,提出了"优化转型"的年度战略,主要包括提高单店效益以及关闭效率低下的店铺,陈晓的管理风格开始显现。国美的这一战略转型成为现在黄光裕与陈晓之间的冲突之一。在黄光裕主政时期,国美一直奉行高速扩张、迅速做大做强的战略。待到国美规模大到完全压制竞争对手时,才将提升经营效率视为重点。

提高单店效益,此前黄光裕也并非没有注意到。但"关店"二字,却从来没有在国美的发展战略中出现过。黄光裕主政时期的内部考核指标里,虽然单店效益也会有,但开店数量、市场占有率是优先指标。而今,随着陈晓战略转型的推进,"提高单店效益"的要求远压过"开店数量"指标,后者甚至被剔除出很多分公司的考核体系。黄光裕对这样的战略转型十分不满意。

引入贝恩资本

2009 年年初,对于国美来说,公司内部的权力之争并不突出,最重要的依然是如何摆脱资金链紧张的问题。黄光裕被抓后,国美便陷入危机之中。不少与国美有业务往来的厂家在内部发文,要求尽快清算与国美的应收账款,不再愿意给予国美更多的促销资源支持,由于担心国美出现问题,甚至开始准备停止供货;国美的运营资金从 60 多亿元下降到 10 亿元左右,现金流为负,不少银行紧急收缩了给国美的贷款和授信额度。

国美很缺钱。从 2009 年年初开始,国美管理层便开始跟贝恩资本、华平、KKR、黑石、TBG、凯雷等投资者逐一接触,这些投资者无一例外地提出了为保证投资安全,希望稀释大股东的投资方案,黄光裕个人从羁押地发回两封亲笔信,短短两页纸的信措辞明确,不留余地——公司缺钱,可以降低股权,但不能放弃控制权。

黄光裕一再强调,"是谁不重要,但不能被摊薄到 30% 以下"。而机构却回应,"必须摊薄到 30% 以下,我们才可以投资"。双方矛盾显而易见。最后只有贝恩资本接受了维持大股东股权基本不变的融资方案。但保住大股东地位的代价是,贝恩资本要求在国美董事会中至少要有三名董事席位。此外还有两个附加条件:一是国美董事会三位成员陈晓、魏秋立、王俊洲,必须至少保留两位;二是如果国美违约,贝恩资本则有权以可转换债券价值的 1.5 倍(即 24 亿港元)要求国美赔偿。

2009 年 6 月 23 日,国美与贝恩资本签订投资合作协议,以 18.04 亿港元认购国美新发行的七年期的可转换债券。初始转换价为每股 1.18 港元,较停牌前的最后收市价每股 1.12 港元溢价 5.4%。另外,国美同时向符合资格的现有股东提出公开发售,以每 100 股现有股份获发 18 股新股,认购价为每股 0.672 港元。贝恩资本作为此次公开发售的独家包销商,此融资方案将为国美带来不少于 32.36 亿港元的资金。① 贝恩资本的竺稼、Ian Andrew Reynolds 和王励弘成为国美非执行董事。于是,国美董事会也由原来的 8 位董事变成了 11 位。②

股权激励

2009 年 7 月 7 日,国美宣布了黄光裕在任期间未曾有过的股权激励计划。国美对此计划的官方解释是:"基于公司并未完全走出危机的实际状况,同时竞争对手频繁地采取各种方式来动摇、吸引公司的各级高管,更基于相当一部分高管长期在公司服务以及在此次危机中的突出表现。"

根据该计划,11 位公司高管及其他员工共获得 3.83 亿股国美股权,其中 11 位高管获得 1.255 亿股,而总裁陈晓获得 2 200 万股的股权。股权激励计划所涵盖的参与人士总共 105 人,覆盖面广,包括了大部分的国美管理层。国美董事会五位执行董事陈晓、王俊洲、魏秋立、孙一丁、伍健华均得到了千万股以上的股权,而其他雇员总共获得 2.575 亿股的股权,总和超过高管股权的两倍。

黄光裕对股权激励计划持反对意见,于是,股权激励一事成为黄光裕和陈晓之间的又一冲突。黄光裕认为,国美的管理团队非常稳定,之前国美的管理方式和手段合适,所以没有必要进行股权激励计划。此外,在黄光裕看来,陈晓的这一做法有收买人心之嫌。即使这件事

---

① 此次发行新股之后,黄光裕所持股权由 33.7% 上升到 34%,而陈晓所持股权没有发生变化,依然为 1.9%。发行新股前后国美各股东股权占比见图 10-1 和图 10-2。

② 国美董事会原来的 8 位董事分别为陈晓、伍健华、王俊洲、魏秋立和孙一丁等 5 位执行董事和史习平、陈玉生、Thomas Joseph Manning 等 3 位独立董事。

可以做,也应该是由黄光裕来做。

冲突升级

2010 年 5 月 11 日,黄光裕在国美股东周年大会上连投五项否决票,导致委任贝恩资本三名前任董事为非执行董事的议案未能通过。黄光裕与陈晓的冲突至此公开化。然而,当晚以陈晓为首的国美董事会便推翻了黄光裕在股东周年大会上的决定,贝恩资本的三名代表得以曲折进入董事会。

国美董事会缘何能使未能在股东周年大会上通过的议案顺利通过? 讽刺的是,正是黄光裕于 2006 年 5 月 10 日在股东周年大会上作出的对公司章程的修改促使三名贝恩资本代表重返董事会。

当时持有 70% 股权的黄光裕对国美的公司章程进行了最为重大的一次修改,授予国美董事会如下权力:国美董事会可以随时任命董事,而不必受制于股东大会设置的董事人数限制;国美董事会可以各种方式增发、回购股份,包括供股、发行可转换债券,实施对管理层的股权激励,以及回购已发行股份。

正是黄光裕一步步处心积虑构造起来的权力堡垒,赋予了董事会相当大的自由权。当职位旁落,黄光裕如今面对的,很大程度上是自己昔日构建的权力体系,而不仅是陈晓个人。

2010 年 8 月 4 日,国美收到黄光裕发来的信函要求举行临时股东大会审议如下五项议案:撤销公司今年股东周年大会通过的发新股的一般授权;撤销陈晓的公司执行董事及董事会主席职务;撤销孙一丁的公司执行董事职务,但保留他的公司行政副总裁职务;提名邹晓春为公司执行董事;提名黄燕虹为公司执行董事。至此,黄光裕与陈晓彻底决裂。

2010 年 8 月 5 日,国美发布公告称,根据公司董事会决议,对公司的股东及前任执行董事黄光裕提出正式起诉,就其于 2008 年 1 月及 2 月前后回购公司股份中被指称违反公司董事的受信责任及违反信托责任寻求赔偿。公告还称,已经于 2010 年 8 月 5 日在香港特别行政区高等法院,针对黄光裕的上述违反行为递交诉状,以追偿由于上述违反行为导致公司所遭受的经济损失。

2010 年 8 月 12 日,国美副总裁孙一丁、李俊涛、牟贵先、何阳青及财务总监方巍等五名高管集体表态支持陈晓。加上此前已表态的国美总裁王俊洲等人,国美高管团队几乎全部出场表态,并站到陈晓这边。

2010 年 8 月 25 日,黄光裕方面通过自有资金收购的方式,从二级市场增持国美股票 1.2 亿多股,黄光裕家族为此项行动共动用约 2.68 亿元,至此黄光裕持有国美股份增加至 35.98%。①

2010 年 9 月 15 日,贝恩资本在即将召开临时股东大会之际,宣布实施 15.9 亿元"债转股",正式成为国美的第二大股东,持股比例为 9.8%,黄光裕的持股比例被稀释至 32.47%。之后,贝恩资本宣布支持陈晓一方。②

决战香港

2010 年 9 月 28 日,国美临时股东大会在香港召开,国美控制权争夺战结果最终揭晓。在临时股东大会上进行投票的本公司股份总数约占国美已发行股份总数的 81.23%。

国美大股东黄光裕提出的五项议案,除了撤销配发、发行和买卖国美股份的一般授权获

---

① 黄光裕增持国美股票之后,国美各股东股权占比见图 10-3。
② 贝恩资本可转债转股之后,国美各股东股权占比见图 10-4。

得通过外,另外撤销陈晓、孙一丁的董事职务,及委任邹晓春和黄燕虹为执行董事的提案均未能通过。此外,另外三项关于重选贝恩资本三名代表竺稼、Ian Andrew Reynolds 和王励弘为国美非执行董事的议案获得通过。① 一般授权的撤销标志着黄光裕股权进一步被摊薄的风险暂时得到了缓解,陈晓原先增发 20% 国美股份的计划由此不能得到实行。

虽然"香港之战"已过,但国美控制权之争还在继续上演。面临随时都可能将占国美超过 1/3 的 374 家非上市门店收回的黄光裕,这场控制权大战什么时候能画上句号,现在谁都无法确定。

峰回路转,黄光裕夺回控制权

国美在 2010 年 11 月 10 日发布公告,宣布与黄光裕大股东的控股公司 Shinning Crown 订立了具有法律约束力的谅解备忘录。根据备忘录提出的三项议案,国美于 12 月 17 日召开了特别股东大会,决定增加许可的董事最高人数,从 11 人增加至 13 人;国美创始股东黄光裕的亲信邹晓春和胞妹黄燕虹高票进入国美董事会,分别任执行董事和非执行董事。

就在国美纷争淡出公众视线时,2011 年 3 月 9 日,国美发布公告称,任命张大中为国美董事会主席及非执行董事,而董事会现任主席陈晓则以私人理由辞去了公司董事会主席及执行董事职务。

3 月 9 日晚,国美发布了一份"媒体问答",对于陈晓的离开,作了如下表述:"陈晓先生以私人理由辞去董事会主席一职是一种理智的行为,也是国美股东的共同选择,只可惜走得太晚了;""陈晓先生在任期间,企业、股东和社会等方面蒙受了不可挽回的损失。"

陈晓和孙一丁离开董事会,意味着黄光裕的狱中五项提案已经分三步完全兑现,大股东在这场历时 7 个月的国美控制权之争中取得了胜利,黄光裕获得了国美争夺战表面上的"完胜"。

对于国美的控制权之争,陈晓曾经表示"自己也不知道为什么会变成今天这个样子",但在经历了 2010 年 8 月与最大股东黄光裕及其家族的矛盾公开化、9 月 28 日特别股东大会、11 月签署谅解备忘录一系列事件之后,陈晓离开国美事实上已经注定。

知情人士称,在国美与黄光裕大股东的控股公司 Shinning Crown 在 2010 年 11 月 10 日订立的谅解备忘录中,除了在 12 月的特别股东大会上通过的三项动议,还有很多附加条件,其中就包括陈晓的具体离职时间。

在 2011 年春节前夕,陈晓虽仍在位,但实际上已经被剥夺了对国美的控制权。其实早在春节前,一些迹象即表明陈晓已经丧失了对国美的控制;春节后,陈晓就基本没有到过位于鹏润大厦的国美总部办公室上班;2010 年年末,国美内部年会上,身为董事会主席的陈晓并没有出席。

然而,黄光裕妻子杜鹃的活动却开始活跃起来。今年 3 月 3 日,杜鹃被香港高等法院解除临时强制令。同一天,在国美年会上,杜鹃发表了国美新的战略计划,偌大的会场内却见不到陈晓的身影。

陈晓离去,继任者张大中站在了聚光灯下。与陈晓不同的是,张大中担任的是非执行董事,有权参与董事会各项决策的审议,但不进入管理层,并没有公司管理的执行职能。因此,他也被认为只是黄光裕全权控制国美董事会之前的一个"过渡人物"。

---

① 具体投票结果见表 10-1。

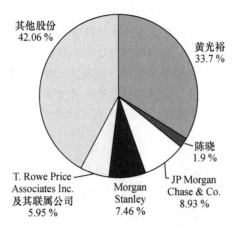

图 10-1　国美增发之前各股东股权占比

资料来源:国美公告。

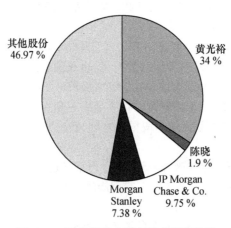

图 10-2　国美增发之后各股东股权占比

资料来源:国美公告。

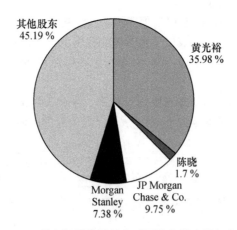

图 10-3　黄光裕增持股份之后国美各股东股权占比

资料来源:国美公告。

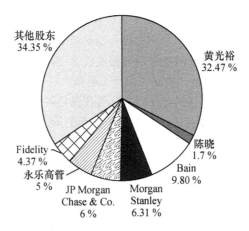

图 10-4 贝恩资本可转债转股之后国美各股东股权占比

资料来源：国美公告。

表 10-1 国美临时股东大会投票结果

	于临时股东大会上提呈之决议案	赞成 票数(%)	反对 票数(%)	总票数
1	重选竺稼先生为本公司非执行董事	12 818 407 038 (94.76%)	709 346 727 (5.24%)	13 527 753 765
2	重选 Ian Andrew Reynolds 先生为本公司非执行董事	7 395 010 148 (54.65%)	6 136 673 617 (45.35%)	13 531 683 765
3	重选王励弘女士为本公司非执行董事	7 390 919 148 (54.66%)	6 131 333 617 (45.34%)	13 522 252 765
4	实时撤销本公司于 2010 年 5 月 11 日召开的股东周年大会上通过的配发、发行及买卖本公司股份之一般授权	7 402 469 871 (54.62%)	6 149 782 348 (45.38%)	13 552 252 219
5	实时撤销陈晓先生作为本公司执行董事兼董事会主席之职务	6 519 415 729 (48.11%)	7 030 664 710 (51.89%)	13 550 080 439
6	实时撤销孙一丁先生作为本公司执行董事之职务	6 522 303 729 (48.12%)	7 031 094 710 (51.88%)	13 553 398 439
7	实时委托邹晓春先生作为本公司执行董事	6 523 278 529 (48.13%)	7 030 378 910 (51.87%)	13 553 657 439
8	实时委任黄燕虹女士作为本公司执行董事	6 523 960 529 (48.17%)	7 019 428 910 (51.83%)	13 543 389 439

资料来源：国美公告。

案例资料来源：作者根据网络和媒体报道整理。

案例讨论题

1. 控制权的本质是什么？陈晓作为公司的小股东和执行经理人是如何控制国美的？

2. 国美与贝恩资本的投资合作协议对国美控制权有何影响？黄光裕在维护其控制权方面所做的努力有效吗？贝恩资本的做法给了你什么启示？

3. 陈晓推行股权激励计划的目的何在？为什么黄光裕不同意股权激励计划却未能阻止？

4. 2010年5月11日，黄光裕在国美股东周年大会上的否决票，导致委任贝恩资本三名前任董事为非执行董事的议案未能获股东大会通过。然而，当晚以陈晓为首的国美董事会便推翻了黄光裕于股东周年大会上所作的决定，贝恩资本的三名代表得以曲折进入董事会。原因何在？此行为符合公司治理规范吗？

5. 2010年9月28日的控制权争夺战，为什么多数其他股东不支持黄光裕？

6. 陈晓在国美的地位为什么不稳固？黄光裕能夺回控制权说明了什么？

第三节　代理权之争

我们在前面提到，就个体而言，小股东既无动力也无能力控制公司的经营，改变董事会的构成。但如果能把众多小股东的投票权集中起来，绝对是一个不可低估的力量。征集投票权委托书便是聚集中小股东力量，改组董事会、改变公司治理状况的重要手段。这在公司治理文献中被称为代理权之争(proxy fights)。代理权之争是获得小股东的投票权和争夺公司控制权的常见手段。

代理权争夺是不同利益主体通过争夺股东的委托投票权以获得股东大会的控制权，达到改组董事会或改变公司战略的行为。向市场公开征集投票权委托书是代理权争夺白热化的标志。在代理权争夺的过程中，非控股股东试图在公司董事会中获得足够的代表席位，以削弱控股股东或现有董事会的控制地位。由于企业的管理层是由现有董事会任命的，因此代理权争夺有时也被认为是针对现有管理层的行动。

代理权之争是异议者(通常是具备一定影响力但对现有管理者不满意的股东)与管理层(常为原控制股东代表)矛盾激化的结果。当董事会没有发挥其应有职能或股东之间存在严重的利益冲突时，股东中缺乏足够控制权的异议者会出面征集其他股东的投票权，以在董事会中获得席位。异议者发动代理权之争的主要解释包括：公司现有管理低效，经营业绩滑坡，因而需要改组管理层；公司战略需要调整且这种调整需要在更有能力的董事会领导下才能完成；公司章程不完善或经营体制不健全或激励机制扭曲；管理层违背诚信及忠诚原则，损害股东利益等。异议者发起这种代理权之争的目的既可能是为了参与公司的管理，也可能是为了控制公司。

当然，争夺代理权并不是一件容易的事情。这是因为：首先，争夺代理权需要付出极高的成本，包括宣传费用、咨询费用等；其次，管理层和现行董事会成员会联合起来利用其"执政者"的资源优势反对异议者，以阻止异议者的成功；最后，异议者内部还存在着利益或意见的分歧及部分股东因难以判断异议者的动机而搭便车的现象。

如果异议者在代理权之争中失败,常常会失去股东的支持而不得不选择退出。

代理权争夺及征集投票权是资本市场上的常见现象。如 2002 年美国冠群电脑公司(CA)的一个股东发起征集投票权,要求罢免公司董事长兼 CEO 王嘉廉及改组公司管理层。在我国,这样的案例也不少见。如 1998 年"金帝建设"董事会选举事件:持股 20.7% 的"金帝建设"第二大股东通过收集委托投票权等手段,取得了"金帝建设"董事会的全部席位,而持股 26.48% 的第一大股东"上海新绿"却无一人进入董事会,使"上海新绿"对"金帝建设"的控制权彻底旁落。又如,2000 年年初"胜利股份"的控制权争夺中,"通百惠"就曾向小股东公开征集投票权委托书,但最终另一家大股东"胜邦"依靠关联持股结构战胜了"通百惠",掌握了新董事会的控制权。随着中国股市进入全流通时代,股权逐渐分散将是大势所趋。这一趋势预计会诱发更多的代理权争夺案例在中国上市公司中发生。

理论上讲,公司的代理权争夺对改善公司治理、保护中小股东利益、提升公司价值是有一定积极意义的。

第一,异议者和当权者以及大股东之间的理念之争,有利于提升公司的透明度,帮助中小股东更好地了解公司的经营状况和发展战略,更好地行使投票权。

第二,代理权争夺有利于强化对现有当权者的监督和威慑,有助于缓解治理结构中的代理问题。代理权争夺的威胁和发起对管理层而言是一种无形的压力,在一定程度上迫使管理层采取对股东有利的政策,并减小背离股东利益的机会主义行为和道德风险代理的危害。

第三,代理权争夺多发生在管理绩效较差的企业。异议者对现有公司管理层发起代理权争夺,在一定程度上迫使管理层提升自身素质,改善管理效率。如果异议者在争夺中获胜,那些绩效不佳、能力不强的管理层还有可能会被取代。据对 1978—1985 年美国上市公司的 60次代理权争夺的统计,大多数持有异议的股东宣称,公司管理层的管理效率非常差,投资政策不当,管理层的工作不能令人满意。

第四节 公司控制的实证研究

由于公司控制的影响异常复杂,很难找到一个通用的模型对此进行全面而准确的描述,因此实证分析显得特别重要。刘彤(2002)对此有很好的综述。我们在此结合刘彤的综述和其他的相关文献对一些重要实证分析结论进行一个扼要的介绍。

Morck、Shleifer 和 Vishny(1988)从 1980 年《财富》500 强公司中抽取了 371 家作为研究样本,以托宾 Q 值作为业绩度量指标时发现:当内部股东持股比率在 0—5% 之间时,托宾 Q 值单调递增;当内部股东持股比率在 5%—25% 之间时,托宾 Q 呈下降趋势;当内部股东持股比率大于 25% 时,托宾 Q 值再次恢复递增的趋势。但 McConnell 和 Servaes(1990)等以不同样本所作的研究虽然也表明二者之间非单调曲线关系的存在,但是形状却不同。有些研究,如Faccio 和 Lasfer(1999)以及 Himmelberg、Hubbard 和 Palia(1999)却表明二者之间不存在显著的相关关系。因此有人认为,股权结构实际上是一个内生变量,不论是集中型还是分散型,都是股东自主选择的结果,股东(或内部人)会根据对自身成本和收益的考虑来确定最佳的持股比例,公司最终的所有权结构必然是股东之间理性选择的均衡结果。这一结论如果成立的话,也只能适用于市场机制较为完善的发达国家的资本市场。而在我国内地,由于国有股与法人股不能流通,内部股东自行选择持股比例的自由度则很小。

Lemmon 和 Lins(2003)的研究可能对于发展中国家的新兴市场更具参考意义。他们对亚洲金融危机期间该地区 8 个国家 800 个公司的研究表明:在危机中,公司投资机会恶化增加了控股股东剥削小股东的动机。危机期间,管理层具有较高控制权,但控制权和现金流量索取权分离的公司,其股票收益比其他公司要低 10%—20%。

对于外部人持股比例对公司价值的影响,Holderness 和 Sheehan(1988)通过对 1984 年美国 114 家有绝对控股股东的公司与相应的股权分散公司所进行的对比分析发现,控股股东对公司价值在总体上没有显著影响。此外,他们还得到了两条有价值的结论:第一,控股股东的类型对公司绩效有影响。当绝对控股股东是机构投资者时,公司绩效与股权分散公司无显著差别,但是当绝对控股股东是个人股东时,公司绩效显著低于股权分散公司。第二,拥有绝对控股股东的公司与股权分散的公司同样会经受股权的变动,从而说明绝对控股股东无法彻底保证自身的控股地位。

Edwards 和 Weichenrieder(1999)以德国公司作为研究对象,发现对于多数大股东来说(非银行企业股东和公共部门股东除外),股权集中的正面效应,即股权集中所带来的监督效应及因剩余索取权增加而减少对小股东的利益侵害,明显超出负面效应,即伴随控制权增加而产生的控制权私利。同时,他们的研究还指出,第二大股东持股比例的增加也会增加公司的股票价值,这或者是因为第二大股东对管理人员的监督效应,或者是因为第二大股东对第一大股东的监督效应。

Lins(2003)对新兴市场中公司的所有权结构进行的实证研究表明,新兴市场普遍具有股权集中的特点(除了韩国和中国台湾地区)。当公司管理层的控制权超过现金流量索取权时,公司价值较低;但公司外部(非管理层)大股东的控制权拥有量与公司价值则呈正相关关系,对股东保护越少的国家和地区这两个结果越显著。Lins 认为,这可能是因为外部大股东可以较好地制约公司管理层,从而降低代理成本。Baek、Kang 和 Park(2004)对 1997 年金融危机中韩国公司的表现与其股权治理状况关系的研究也发现,外部股东拥有较高的股权集中度具有积极意义——在金融危机中,这些公司的价值损失相对较低。

Fleming(1995)对公司代理权的争夺进行了研究,发现只有不到一半的争夺代理权的威胁最终导致了股东投票。在许多情况下,或者目标公司同意被收购,或者与异议者达成了和解,或者是进行了使异议者满意的公司重组,从而避免了最终投票。与以股东投票而告终的代理权争夺相比,这些被中途避免了的代理权争夺显著增加了目标公司的价值。Ikenberry 和 Lakonishok(1993)对美国 1968—1987 年间的 97 项代理权争夺案例的研究表明,其中成功的比例大约为 50% 左右。虽然代理权争夺都以公司绩效较差为前提,但异议者的胜利并不会使公司绩效有明显的改善。

本章小结

本章详细说明了现代企业管理中的委托-代理关系,并指出在多数国家和地区的具有较大规模的公众公司中,最基本的代理问题不是股东和管理者之间的关系问题,而是外部股东和控股性大股东之间的利益冲突问题。同时,本章说明了在并购中由于控制权市场的存在,控制权价格通常成为并购溢价的一个重要组成部分。最后,本章解释了代理权之争的本质,并总结了当前公司控制的实证研究。

● 所有权和经营权分离是现代股份制企业的一个基本特点，并由此形成了股东和管理者之间的委托-代理关系，这是一种信息不对称下的契约关系。股东为委托人，享有对剩余收益的索取权；管理者为代理人，享有经营权和劳动报酬的索取权。二者的目标都是追求其自身效用最大化。由于委托-代理关系的存在，公司治理问题应运而生。公司治理问题的基础是组织成员存在代理问题或利益冲突问题，存在交易成本。

● 在现代股份制企业中，控制权的实质是董事会多数席位的选择权。收购兼并是实现公司控制权转移的主要手段。在并购中，控制权价格通常成为溢价的一个重要组成部分。

● 代理权争夺是不同利益主体通过争夺股东的委托投票权以获得股东大会的控制权，达到改组董事会或改变公司战略的行为，是异议者与管理层矛盾激化的结果。当然，争夺代理权并不容易，需要付出极高的成本，容易出现管理层和现行董事会成员联合起来反对异议者的情况以及搭便车现象。

思考题

1. 现代企业管理中存在哪些委托-代理关系？
2. 在拥有众多小股东的公司中为什么会发生搭便车现象？
3. 股权集中度对公司代理成本有什么影响？
4. 并购中的并购溢价是如何产生的？
5. 我国上市公司中是否存在控制权市场？

第十一章　收购兼并:反收购的原因与措施

- 进行反收购的原因
- 目标公司成为收购对象的可能原因
- 反收购措施

第一节　进行反收购的原因

所谓反收购,是指目标公司管理层为了防止公司控制权转移而采取的旨在预防或挫败收购方收购本公司的行为。可见,反收购的主体是目标公司,反收购的核心在于防止公司控制权的转移,挫败收购行为或迫使收购方提出更有利的收购条件。一般来说,反收购发生于敌意收购的情况之下。敌意收购是相对于友好或善意出价收购而言的,它是指遭到目标公司管理层反对的收购活动。

目标公司股东(特别是控股股东)和管理层抵制收购的主要原因有以下几点:

(1)控制权是稀缺且有价的,能为持有者创造经济价值。持有者因此不愿让渡此项权力而进行反收购。

(2)现任管理层因自身利益需要不希望丧失其对目标公司的控制。一旦被收购,目标公司的管理层将有较大变动,这将危及现任管理者的位置、权力、威望以及待遇。

(3)资本市场并不一定是完全有效的,有时并未对目标公司作出正确、适当的评价。管理层相信公司具有较高的潜在价值,认为以收购方提出的条件出售公司不符合股东利益,因而不愿轻易出售公司的权益。

(4)收购方收购目标公司后,可能通过各种方式将目标公司分离支解,并大幅改变目标公司的企业文化和发展战略。如此行为,将给目标公司的经营业务、企业文化、社会责任、公众形象和组织结构带来巨大影响。为了减少这种行为带来的不利影响,也就引出规避此行为的反收购措施。

(5)目标公司的利益相关者,不仅仅是其股东,还有目标公司的职员、供应商、客户、债权人、战略合作伙伴等,他们都与公司有着重要的利益关联。在一定程度上,为了维护利益相关者的利益,或迫于利益相关者的压力,目标公司管理层会作出反收购的决策。

(6)管理层或股东认为收购方出价偏低,希望通过抵制收购来迫使收购方为了收购成功而提高股票的溢价,从而为目标公司股东创造尽可能多的价值。目标公司抵制收购的行为会延缓收购方的收购步伐,从而让其他有兴趣的公司加入收购竞争的行列,最终提高收购价格。据美国学者鲁巴克(Ruback)统计,在1962—1981年的并购浪潮中,有48起敌意收购因竞价和反收购举措而使成交价格提高了25%。从根本上说,反收购措施是对收购兼并的一种应对措施。例如,在美国甲骨文敌意收购仁科的案例中,由于仁科的反收购,甲骨文被迫两度大幅提高了要约收购的报价。

第二节 目标公司成为收购对象的可能原因

为了分析反收购活动,我们有必要回顾一下为什么会发生敌意收购活动,即分析一下收购特别是敌意收购的价值源泉。

如前面相关章节所述,收购主要从以下两个方面为收购者创造价值:

一方面,在收购者看来,目标公司当前的市场价值在资本市场上被严重低估,通过收购后的财务、管理方面的重组可能会显著提高目标公司的市场价值。目标公司价值被低估的原因包括:企业的长期发展前景没有被市场准确预测,因而没有反映在当前的股价上;企业拥有相对企业资产的重置价值来说较低的股票价格;企业拥有大量的剩余现金、有价证券和没有被使用的负债能力;企业拥有能够被出售的、不影响企业正常运营的资产或者附属公司;企业的管理层经营不善而企业所处的行业、拥有的资产前景被看好,通过改组管理层可以提高企业价值;企业有良好的投资机会,但是由于短期内缺乏资金而无法实施;等等。基于这种价值源泉的收购一般是企业间的混合合并或者是由专门从事收购兼并的公司运作的,如美国的KKR公司和成功入主我国深圳发展银行的新桥(New Bridge)公司就是专门从事收购兼并以及重组转售的机构。通过合并企业能够产生财务协同效应和管理协同效应。有时,这类合并活动带有很强的投机性,即合并是为了制造二级市场炒作的题材,通过二级市场股票价格的波动来牟取利益。

另一方面,收购者出于经营战略、规模经济和业务多元化的需要而把目标公司纳入收购视野。其中的原因包括收购者出于企业战略的需要而向上下游及其他相关的行业展开一系列收购活动,如香港和黄集团旗下的Tom. com公司在内地收购包括《电脑报》报社、鲨威体坛在内的一系列平面、网络媒体,在香港展开收购亚洲卫视和凤凰卫视的活动,以图成为跨平台的综合性媒体运营商。这种合并的类型通常是横向合并或纵向合并,它可以被视为通常意义上的合并的主要价值源泉。

针对收购存在的价值源泉,目标公司的反收购措施通常有四个基本出发点:

第一,针对并购的第一种价值源泉,采取各种措施提高敌意收购者的收购成本,降低收购者的潜在收益。就提高成本而言,主要措施是设立专门的企业章程,规定一旦企业被敌意收购者控制,收购者要向企业的各利益主体如原有股东、债权人以及企业的高级管理者支付一笔可观的补偿金额,从而给收购活动设置极高的附加成本,以打退潜在的套利者。具体措施包括:一旦企业控制权转移就向原有股东低价发行新股票或者要求收购者立即兑付企业原有债券的毒丸术;在企业章程中规定管理层重组时收购者需要向企业原来的高级管理者支付巨额补偿金的金降落伞计划;就降低企业在敌意收购者眼中的价值而言,目标公司可以采取出售或者分拆被收购者看重的优良资产、增加企业的负债额以提高企业的杠杆比率以及向股东发放额外的红利等一般性的财务措施;等等。

第二,着眼于股权方面的反收购措施使得收购者取得控股权的必要条件变得难以实现。具体措施有:在收到并购要约前就采取措施增加目标企业相关者的持股比率,如与关联企业交叉持股、推行员工持股计划、管理层收购、回购企业在外的流通股,等等;在受到外部敌意收购威胁时,邀请与企业较为友好的"白衣骑士"参与收购,采取主动的措施收购收购者的股票以迫使其撤回收购要约,即帕克曼防御术。以上措施分别在事前和事中提高了收购者获取企业控股权的难度。

第三,使外部收购者即使取得控股权也很难改组企业的管理层并真正掌握企业的控制权,从而使并购的预期效果难以实现。具体措施包括:在公司章程中规定,企业是否接受合并等重大事项须经大多数股东而不是半数股东同意才能有效;公平价格条款,即外部收购者需要向所有股东提供一个较高的相同价格的收购要约;分级董事会制度,即董事会的轮选必须分年分批进行,不能一次全部更换;投票权不是一股一票,而是各种类型的股东投票权有所区别;等等。这些措施的采用使得收购者即使在名义上掌握了企业的控股权也很难真正对目标企业采取财务上、金融上的改革措施,因而无法实现并购的预期效果。

第四,通过给予收购者一定的经济利益,促使目标公司与收购者之间达成一定的妥协,收购者最终收回收购要约,从而使得目标公司达到反收购的目的。主要手段是所谓的绿色邮件(green mail)。但是由于这种政策是直接以牺牲股东利益为代价来换取管理层的稳定,因而常常受到各国监管当局的严格限制。

第三节　反收购措施

一、措施类型之一:提高收购成本,降低收购者的潜在回报

1. 一般性财务措施

为了降低公司成为敌意收购对象的可能性,最常用的反收购措施就是采取一般性的财务重组措施来降低公司对于敌意收购者的吸引力,而这些措施与公司成为被收购对象的财务特征相对应,对应关系可由图 11-1 表示。

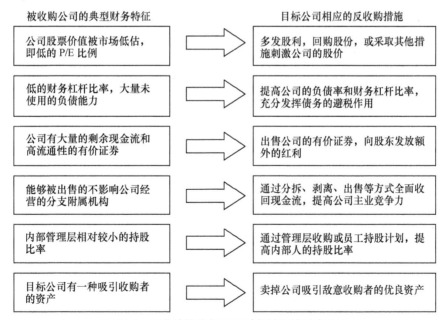

图 11-1　反收购措施与公司财务特征的对应关系

以上的反收购措施基本上是预防性的,这需要公司管理层和财务部门随时根据公司的财务特征判断潜在的收购威胁,并采取相应的应对措施,同时要注意这些措施对公司正常经营活动的影响。

2. 毒丸术

毒丸术(poison pill)的广泛应用被认为是提高敌意收购者收购成本的最有效的手段之一,这在美国表现得尤为明显。毒丸术通常是指公司章程规定的当一定的触发事件(triggering event)发生时股东可以行使特别权利。一定的触发事件可以是单一投资者持有目标公司股票累计至一定的比率或者全面要约收购(tender offer)的公告,而相应的特别权利虽然有许多具体形式但基本特征都是提高收购者的收购成本,具体的权利和条款包括:购买合并后新公司股票的权利(flip-over plans),即在一些被认定的触发事件发生后,公司原有股东有权以较低的价格购买合并后新公司的股票;购买合并前目标公司股票的权利(flip-in plans),即在触发事件发生后,公司原有股东有权以较低价格购买现有目标公司的股票。美国自1984—1985 年间的 Crown Zellerbach 事件发生后,购买被收购公司股票的权利正越来越多地被应用,因为前者被认为对公司股东的保护力度不够。Crown Zellerbach 是一家纸制品和纸浆的制造商,由于其股票价格长期不能反映公司储备的大量林地的价值,公司股东希望外部投资者收购,但同时订立了一个特别股东权利:在任何外部投资者收购 20% 的股票或者提出收购 30% 的股票的要约时,原有股东有权利在新公司成立后以 100 美元的价格购买市场价值为 200 美元的股票。此时,一个长期以收购价值被低估公司股票而著称的 James Goldsmith 公司收购了 Crown Zellerbach 公司 50% 的股票,按目标公司 Crown Zellerbach 订立的特别股东权利,触发事件在 James Goldsmith 收购其 20% 的股票时就生效,但是该权利从来没有被执行,James Goldsmith 公司因害怕毒丸政策带来的高成本,在收购了公司 50% 的股票后就停止了收购行动,直至公司的特别权利过期。最终,在这场博弈中,Crown Zellerbach 公司股东放弃了这项特别权利才使得收购最终成功。

另外一种被广泛应用的毒丸政策是所谓的"强制性债务偿还",它被认为是一种既能在并购中保护债务人的权利,又能提高对收购者现金流的要求,从而提高收购成本的手段。Cook 和 Easterwood 在 1994 年作的一项研究表明,强制性债务偿还条款的经济后果有以下几种:"管理加强假说"认为,该措施提高了潜在收购者的收购成本,因而对股东财富产生负面影响;"债务保护假说"认为,并购通常伴随着企业杠杆比率的提高,从而加大了外部债务人的风险,因而该项条款是对外部债务人的适当保护,事实上,现今很多债务条款都包含了在公司被收购时债权人有权要求公司立即兑付的权利;还有一种"双赢假说"认为,强制性债务偿还条款既保护了公司的管理层又保护了外部的债权人,但是牺牲了股东的利益。

针对以上几种假说,相关学者作了大量的实证研究,其基本思路是:一是考察被毒丸术保护与未受保护的债券收益率的差异;二是考察在公司发行有强制性债务偿还条款的债务对股票价格的影响。基本结论是:有毒丸术保护的债券到期收益率将比同种无类似保护的债券的收益率低 25 至 50 个基点,但债务是否能够真正受到保护还是取决于拟定债务条款的技术;一般来说,带毒丸性质的债务发行将造成负的股东收益和正的外部债权人收益;实证研究的结果支持上述假说,即毒丸性质债务的发行以牺牲股东的利益为代价保护了公司管理层和外部债权人。

3. 出售"皇冠明珠"

出售"皇冠明珠"是指卖出对收购者最具吸引力的公司资产,使收购丧失意义,从而阻挠收购行为的实施。

4. 金降落伞计划、银降落伞计划和锡降落伞计划

另一种被广泛用于提高敌意收购者收购成本的反收购措施是所谓的金降落伞计划（golden parachutes）、银降落伞计划（sliver parachutes）和锡降落伞计划（tin parachutes）。

金降落伞计划的基本原理是，当公司由于收购兼并等事项引起管理层变化时，包括 CEO 在内的公司原有最高级管理者将得到一笔数目可观的补偿金；银降落伞计划和锡降落伞计划则是把补偿对象的范围扩大到了较低层次的管理者甚至雇员身上。

随着 20 世纪 80 年代以来大公司并购活动的日益频繁，金降落伞计划正越来越多地被《财富》500 强企业所采用。例如，在 2000 年 10 月，当美国朗讯（Lucent）公司首席执行官 Richard McGinn 因公司并购而辞去 CEO 职务时，一共得到了相当于 1 250 万美元的离职补偿金，其中包括 550 万美元现金和价值 700 万美元的公司股票；与其同时辞职的原朗讯公司财务总监 Deborah Hopkins 也得到了 330 万美元的现金和价值 140 万美元的股票。

许多学者认为金降落伞计划并不是反收购的有效措施，因为与动辄几十亿甚至上百亿美元的大规模并购相比，给予公司高层管理者几千万美元的补偿对并购的全局不会产生很大的影响；相反，给予高级管理层一定的经济补偿会降低管理层抵制并购的阻力，减少并购中的冲突（Berkovitch & Khanna，1991）。一些学者还进一步指出，金降落伞计划通过给予公司管理层激励而鼓励其作出有利于公司长远发展的专属性投资（firm-specific investment），因而对公司的长远发展是有利的（Coffee，1988；Jensen，1988；Knoeber，1986）。

但是目前对于金降落伞计划的批评日益激烈，其中的主要观点认为：该计划是对失败管理的一种补偿。举一个极端的例子，1985 年美国 Beatrice 公司因为杠杆收购而对其 6 名管理者一共给予了 2 350 万美元的补偿；而其中一位得到 270 万美元补偿的管理者在公司的任职时间仅仅为 13 个月；另一位已退休而被重新召回不到 6 个月的管理者却得到了价值 700 万美元的补偿。相似的例子在美国时有发生。美国政府注意到了这种现象，并在 1984 年颁布的《赤字削减法案》（The Deficit Reduction Act）中取消了对相当于 3 倍高级管理层薪水的金降落伞计划的税收豁免，把免税的金降落伞计划的金额降到了管理层薪水的 1 倍，并且规定金降落伞计划生效的条件是必须在收购前一年就将其写入公司章程。

5. 一般性财务措施、毒丸术、金降落伞计划的财富效应

上述旨在提高敌意收购者成本的一般性财务措施、毒丸术和金降落伞计划是本章列举的五类反收购措施中较为常用和有效的方法，也是较可能对股东财富造成负面影响的措施。除了一般性的反收购财务措施事件过于分散而较难进行事件研究外，对毒丸术和金降落伞计划的实证研究都在一定程度上支持了股东利益受损假说。就毒丸术而言，早期的事件研究显示了 2% 的负的股票价格效应（Malatesta and Walkling，1988）；Datta 和 Iskander-Datta 以 1985 年至 1989 年间 91 项毒丸术的实行作为事件点进行研究得出结论：对于已经成为并购目标的公司而言，毒丸术在（-1,0，+1）天的累计收益率显著为 -2.253%。但是实证结果并不完全支持股东受损的结论，有相当一部分的研究结果并没有发现负的股东收益，有的研究甚至发现毒丸术会带来正的股东收益。Comment 和 Schwert（1995）运用 1983 年到 1991 年间的 1 577 个毒丸政策实例的实证研究结果发现，如果公司采用毒丸政策是被视为潜在收购信号的话，那么毒丸政策的实行就有可能带来正的股东财富效应，在并购过程中目标公司的股价会上涨。同时，毒丸政策有可能使公司的经理层有更多的谈判筹码以获得一个较高的公司出售价格。

关于金降落伞计划的财富效应，Mogavero 和 Toyne（1995）提出了三种假说：第一种是股东－管理层联盟假说，其基本的论点是金降落伞计划有助于减少管理层与股东之间的摩擦；第二种是股东财富转移假说，认为金降落伞计划是经理层对于股东财富的掠夺；第三种假说认为公司实行金降落伞计划同样是潜在的被收购信号，而被收购一般会给股东收益带来正的效益。一些实证研究的结果（Lambert and Larcker，1985；Born，Trahan and Faria，1993）支持第一种与第三种假说，即由于实行金降落伞计划有助于减少股东与管理层之间的摩擦或者传达被收购的信号，因而可能给股东带来正效益。但是 Mogavero 和 Toyne 在 1995 年以 41 家大公司为样本进行的一项研究则表明，股东与管理层之间的冲突始终存在。样本总体的统计结果并不显著，但分阶段样本考察的结果却显示：从 1982 年到 1985 年的子阶段中，金降落伞计划通告的财富效应（CAR）累计为 +2.3%，但这一结果在统计上不显著，而 1986 年到 1995 年子阶段的财富效应为 -2.7% 的检验结果则是显著的。作者认为其中的主要原因是，20 世纪 80 年代以来美国对金降落伞计划日益严格的限制使得各大公司急于在政府出台进一步的措施前在本公司推行该项反收购措施，从而使得上述三种假说中的第二种得到强化，而第一种与第三种的效应不明显。

二、措施类型之二：提高自身持股比例，增加收购者取得控股权的难度

1. 事前防御性的股权结构设计——意义和悖论

如果说以上所举的反收购措施着眼于提高收购的成本、降低目标公司对于敌意收购者的吸引力的话，那么以持股结构为重点的反收购措施则着眼于降低甚至消除敌意收购的可能性。这是因为敌意收购者要想获得成功，必须掌握目标公司的绝对或者相对控股权，所以目标公司要想从根本上杜绝被收购的命运，就必须在收购的事前、事中和事后让公司的内部人及相关的利益主体尽可能多地持股。就事前来看，企业创始人自我控股比率超过 50%、与关联企业交叉持股或者把股份放在友邦手中是防止被收购的有效手段。

但是，事前过多的自我持股或友邦控股似乎违背了现代股份制度的基本宗旨。现代股份制企业的一个重要特点是通过股份的分散化筹集企业发展所需的资金。特别是随着企业规模的扩大、资产的增多，企业的创始人已经很难完全依靠自我的力量来实现完全的控股，企业创始人股东与后续的高级管理者分离也成为一种现代企业发展的趋势。因而，除非是针对特定企业的特定时期，大规模依靠内部人持有股份来实现反收购在长期内是不现实也是没有必要的。

2. 提高内部管理层的持股比例：管理层收购、员工持股计划与股份回购

另外一些与收购兼并更相关的防御性股权结构设计包括管理层收购、员工持股计划和企业的股份回购等措施。管理层收购是指企业的管理层以企业的资产或未来收益为担保借入资金以购买外部股东的股份，从而提高管理层的持股比例或者干脆由管理层收购公司；员工持股计划是指由企业雇员借入资金或者用专用于购买企业股票的资金买入企业的股票，存到一个特定的账户中，并且不能转让，以便在控制权争夺战中可以被管理层控制。

3. 事中策略性的股权措施：白衣骑士与帕克曼防御术

所谓白衣骑士（white knight）措施，是指在公司面临收购威胁并且依靠公司自身力量无法

抵御敌意收购时,邀请友好的第三方购买公司的股份,以抵御敌意收购者的进攻。白衣侍卫区别于白衣骑士的根本点在于目标公司出售一定的股份给第三方,给予第三方股利或者董事会席位等作为回报,但是不允许其掌握控股权。

关于白衣骑士的一个经典案例是美国 Mesa 石油公司、城市服务石油公司以及海湾石油公司之间纷繁复杂的股权关系。Mesa 石油公司在 1982 年对城市服务石油公司提出了一个收购要约;城市服务石油公司一方面采用帕克曼(Pacman)防御术反过来收购 Mesa 石油公司的股票,同时又邀请海湾石油公司购买本公司的股票。海湾石油公司确实发出了购买的要约,但是当联邦贸易委员会提高反垄断的标准时,海湾石油公司收回了收购要约。最后,中途进场的另一个第三方 Occidental 石油公司在这场收购大战中获胜,并取得了城市服务石油公司的控股权。

帕克曼防御术的名称取自于 20 世纪 80 年代美国颇为流行的一种电子游戏。在该游戏中,电子动物相互疯狂吞噬,其间每一个没有吃掉敌手的一方会遭到自我毁灭。作为反收购策略,帕克曼防御术是指公司在遭到收购袭击的时候,不是被动地防守,而是以攻为守、以进为退;或者反过来对收购者提出还盘而收购收购者公司;或者以出让本公司的部分利益(包括出让部分股权)为条件,策动与公司关系密切的友邦公司出面收购收购者股份,以达到围魏救赵的效果。与白衣骑士相比,帕克曼防御术显得更为激进。

帕克曼防御术的运用一般需要具备一些条件:(1)袭击者本身应是一家公众公司,否则谈不上收集袭击者本身股份的问题。(2)袭击者本身有懈可击,存在被收购的可能性。(3)帕克曼防御者即反击方需要有较强的资金实力和外部融资能力,否则此方法的运用风险很大。

1982 年,美国的 Bendix、Martin Marietta、United Technologies 和 Allied 四家公司发生收购与反收购的四角大战,可谓是帕克曼防御的典型案例。Martin Marietta 公司也是美国资本市场历史上第一个利用帕克曼防御措施而成功击退敌意收购者的公司。为了获得对 Martin Marietta 公司的控制权,1982 年 8 月 25 日,Bendix 公司向 Martin Marietta 公司的股东发出了以每股 43 美元的价格收购其所持 Martin Marietta 公司股票的发盘要约。Martin Marietta 公司在其投资银行的建议下随即发出了以每股 75 美元收购 Bendix 公司的反收购要约。此时,United Technologies 公司因为对 Bendix 公司的汽车和消费类电子业务感兴趣而加入了收购 Bendix 公司的阵营。结果是角色发生了倒置,作为初始收购者的 Bendix 公司反而成为两起敌意收购的目标公司,它不得已从收购他人转为防卫自己。到了 1982 年 9 月 17 日,Bendix 公司以每股 48 美元的价格收购了 Martin Marietta 公司 70% 的股权,而 Martin Merietta 公司在 9 月 23 日也持有了 Bendix 公司 42.4% 的股份。在此情况下,Bendix 公司成功地请出了 Allied 公司作为"白衣骑士"来为自己解围。结果是 Allied 公司以 13 亿多美元收购了 Bendix 公司,而 Martin Merietta 公司仍然有 39% 的股票掌握在第三方 Allied 公司手中,直到 1993 年,Martin Merietta 公司才以 3.45 亿美元的价格将股票全部买回。根据当时美国证券交易委员会披露的资料,有数十家美国国内银行和十余家外国银行为各收购方提供了几十亿美元的贷款支持。有趣的是,其中 15 家银行至少涉及其中 2 个公司的活动,而有 3 家银行则参与了 4 个公司中至少 3 个公司的收购活动。对银行来说,只要有利可图,对于敌对双方,它都会给予金融支持。

三、措施类型之三：公司章程策略

1. 超级多数条款、公平价格条款、分类董事会制度与特别优先股授权计划

反收购活动中的第三类措施的着眼点在于敌意收购者成功收购公司多数股票、取得控股权后,设置重重障碍以增加外部收购者入主董事会和管理层的难度,从而使敌意收购者真正的收购目的难以实现。其主要手段有超级多数条款、公平价格条款、分类董事会制度及特别优先股授权计划。

超级多数条款是指在涉及公司的控制权变化等重大事宜时需要股东大会中至少 2/3 甚至 90% 的票数同意才能通过,这就使得即使外部收购者掌握了公司 50% 以上的股票也难以保证在投票权表决中取得胜利,提高了外部收购者改组管理层的难度。在美国,更为常见的情形是董事会有权决定是否实行超级多数条款,甚至什么时候终止超级多数条款的效力。

公平价格条款是指公司董事会有权保证所有股东在要约收购中得到一个公平、相同的价格,公平价格通常以敌意收购者在整个收购过程中的最高价为准。这可以在一定程度上防止外部收购者的两步报价法。

分类董事会(staggered board)制度则是指董事轮换的日期和数额有一定的限制,而不能一次性撤换所有董事会成员。例如,一个 9 人董事会被分成 3 种类别的董事,每次股东大会只能改选其中的某一类董事,这样敌意收购者至少需要召集 3 次股东大会才能彻底改组董事会。分类董事会制度已经成为美国公司继毒丸术和金降落伞计划之后的又一主要的反收购手段(见图 11-2)。

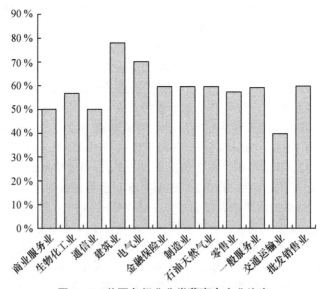

图 11-2　美国各行业分类董事会企业比率

资料来源:Lucian Arye Bebchuk, John C. Coates IV & Guhan Subramanian, "The Powerful Anti-take-over Force of Staggered Boards: Theory, Evidence, and Policy", *Stanford Law Review*, May 2002, Vol. 54.

特别优先股授权计划有些类似于上文中的白衣骑士策略,其基本操作手法是公司董事会授权管理层向与公司友好的关联企业发行一种有特别投票权的优先股。当然,这种措施有些时候也被用作公司扩大外部融资的手段。

2. 累计投票权、临时更换注册地与定时股东会

除了上述反收购措施,其他的策略性反收购措施包括累计投票权、临时更换公司注册地和定时股东会。累计投票权改变了一股一票的股东会投票原则,对持股特别多的股东实行多股一票的政策,以减弱敌意收购者在股东会上的力量。临时更换公司注册地的前提是美国公司法是州法而非联邦法,这给各个州的公司法规差异性留下了空间。纽约大学法学院教授Robert Daines 通过对4 400 家公开上市交易公司从 1991 年到 1996 年的交易数据进行研究发现:在对收购兼并限制相对较小的特拉华州注册的公司比在收购兼并较为严格的州的注册公司的平均收益率要高出 5%(这似乎也给出了股票价格决定的另外一个因素)! 定时股东会是指公司章程对股东会的召开设置时间限制,从而延缓敌意收购者召开股东大会、改组董事会和管理层的时间。

3. 法律环境与对股东财富的影响

对于策略性反收购措施合理性的探讨也是近年来在成熟市场中讨论非常激烈的一个议题。正面的观点认为,上述的策略性公司章程如董事会的分批选举、定时股东大会设计有利于保持公司董事的独立性,维护董事会和管理层的稳定性与连续性,同时公司管理层可以借助这些措施在与敌意收购者的讨价还价中争取更有利的地位,因而是对股东财富的促进;相反的观点则认为这些措施都是目标公司管理层故意设置的反收购条款,其唯一目的是以牺牲股东利益为代价维护其自身的利益。

实证检验的结果部分支持了股东利益受损的假说。Heron 和 Lewellen(1998)以 364 个公司为样本的研究发现,公司在收购过程中旨在加强反收购措施的注册地更改行为给股价造成了明显的负效应,而旨在限制董事权利、吸引更好的外部人来收购公司的注册地更改行为则可以带来显著的正向股东财富。Lucian Arye Bebchuk、John C. Coates IV 和 Guhan Subramanian 在 2002 年的研究中根据大量的样本数据估计出分类董事会在总体上给股东带来了 8%—10% 的负效应。但是更多学者的研究并没有停留在估算公司策略性章程对股价的总体影响上,而是增加了很多横截面的因素,其中最主要的就是董事与管理层的持股比例和董事会的结构问题。Malekzadeh、McWilliams 和 Sen(1998)通过对 1980 年到 1987 年间 213 个针对反收购而进行的公司政策修改样本进行研究发现,当公司 CEO 和董事会持股比例偏小时,该类政策的负股价效应非常明显;当公司董事会主席和 CEO 恰好是一个人时,这种负效应更加明显。另外,McWilliams 和 Sen(1997)又对 1980 年至 1990 年间 265 家采取反收购措施的公司的样本进行了研究,得出结论:当公司董事会是被内部人或者附属于该内部人的外部股东主持时,股价对于该类反收购措施的负效应尤为明显;当公司董事长与 CEO 是同一个人时,这种负效应得到强化。

四、措施类型之四:贿赂外部收购者,以现金换取管理层的稳定

1. 贿赂外部收购者:绿色邮件政策

前三类反收购措施的共同点是,被收购公司的管理层与外部敌意收购者始终处于一种对立状态,最后要么是外部敌意收购者依靠很强的实力扫除一系列障碍最终入主目标公司董事会,要么是目标公司管理层运用各种手段击退外部敌意收购者。而这里所讲的绿色邮件政策是指给予外部敌意收购者一定的直接经济利益,以换取并购大战的和平解决以及目标公司管理层的稳定。

绿色邮件的基本原理是目标公司以一定的溢价回购被外部敌意收购者先期持有的股票,以直接的经济利益劝退外部收购者;同时,绿色邮件通常包含一个大宗股票持有人在一定期限(通常是5—10年)内不准持有目标公司股票的约定(standstill)。关于绿色邮件的一个经典案例是美国 St. Regis 纸品公司。当以外部收购者 James Goldsmith 为首的投资集团收购 Regis 公司8.6%的股份并对公司与股票表示了浓厚的兴趣之后,Regis 公司答应溢价回购股票。Goldsmith 集团最初以每股35.5美元的价格共耗资10 900万美元购买的股票被 Regis 公司以每股52美元的价格购回,整个交易中 Goldsmith 集团共获利5 100万美元。富有戏剧性的是,这项交易挫伤了 Regis 公司的元气,使其最终没能逃脱被兼并的结局。当 Regis 公司刚刚支付完回购金额时,他又成为出版商 Rupert Murdoch 公司的敌意收购对象,Regis 公司请出了白衣骑士 Champion 公司并接受了其每股18.4美元的报价。

绿色邮件政策虽然能够以和平方式解决控制权的争端,但从其诞生之日起就受到了批评。其核心是如何区分董事批准实行回购的行为是内外勾结攫取公司财富还是为了维护公司的稳定和长远利益,以及如何保证股票没有被回购的其他股东的利益。

在美国,类似的股东与管理层之间的冲突事件已越来越多地引起监管当局的注意。2000年《美国银行家》(*American Banker*)刊登了得克萨斯州一家金融服务公司股东与管理层因绿色邮件而引发激烈冲突的事件。事情的缘由是某外部投资集团曾在1999年向该公司发出每股16美元的收购要约,该公司以首席执行官 Gerald W. Free 为首的管理层没有与外部股东商量如何应对收购,而是以当时每股14.13美元的市价购回了该投资集团拥有的该公司9.5%的股份,而在该信息披露后公司的股价只有9.5美元/股。这引起了包括很多机构投资者在内的投资者的愤怒,投资者纷纷要求管理层寻找新的买家出售公司,否则将诉诸法律。

2. 绿色邮件政策的财富效应:长期收益可能为正

实证研究的结果似乎也支持绿色邮件政策绝对损害股东权利的假说。一方面,一系列的实证研究显示,绿色邮件事件的公开发布通常导致幅度为2%—3%的股价下跌(Bradley and Wakeman,1983;Dann and DeAngelo,1983;Mikkelson and Ruback,1985)。但绿色邮件政策的内在机制远远没有那么简单。很重要的一点在于从目标公司宣布成为被收购对象开始到公司实施绿色邮件政策为止,其股价往往已经有了一个很大的上涨,如果在计算绿色邮件的累计异常收益率(CAR)时把这段价格上涨也包括在内的话,可能会使累计的异常收益率为正。

另一方面,相关的案例也显示,依靠绿色邮件政策驱赶外部收购者、保持董事会稳定有时

也能使董事会按照外部资本市场的要求改组公司的经理层,提高公司的长期绩效。美国 Disney 公司在 1984 年曾收到 Saul Steinberg 及其联盟的敌意收购要约,Disney 公司以 5 000 万美元的溢价赶走了 Saul Steinberg,但是经历此事后,资本市场普遍认为 Disney 公司的高级管理层需要重组(Taylor,1987)。因而在击退敌意收购者之后,Disney 公司董事会任命了以 Michael D. Eisner 为 CEO 的新的管理团队,并且取得了明显的收效。考虑到公司股票拆分的影响,Disney 公司的股价从 1984 年的 6 美元/股上升到 1989 年的 34 美元/股,股票年复合平均收益率达到 41.5%;到 1996 年,公司的股价更是达到了 60 美元/股。这一系列事件充分显示了 Disney 公司董事会在必要时改组董事会的能力。因此,对于绿色邮件政策的股东财富效应,我们应该充分考虑各种因素的影响,而忠于股东的强有力的董事会是其中的关键。

五、措施类型之五:焦土战术

焦土战术就是当目标公司面临被收购的威胁时,采用各种方式有意恶化公司的资产和经营业绩,如低价出售优质资产、购买不良资产、增加负债,以此降低目标公司在收购者眼中的价值,使收购者却步。这是公司在遇到收购袭击而无力反击时,所采取的一种两败俱伤的做法。

1998 年 7 月,大港油田收购公司股份的过程中,爱使公司的董事会和管理层就运用了一系列的焦土战术。爱使公司将最具盈利能力、利润回报率最高的上海海的通信连锁有限公司的股权全部出让;之后,又以 800 万元的价格购买了延中属下的上海新延中企业发展有限公司 80% 的股权,把即将被淘汰且前景堪忧的饮用水生产作为公司发展的主业,直接造成爱使公司 800 万元的资产外流,此项收购,是私下交易后签订的协议;爱使公司为新延中清偿延中实业 1 824.28 万元借款提供担保,增加了爱使公司的或有负债,加大了财务风险;新增的 3 474 万元的短期投资去向不明;与延中实业共同投资的“上海爱使包装有限公司”价值 1 200 万元,其资产归属在财务报表中竟未予披露。

虽然爱使公司反收购的焦土战术最后以失败告终,但为我国证券市场反收购战中焦土战术的运用开创了先河,应该能够对市场监管者和市场参与者有所启发。

案例分析
吉列公司的反收购

20 世纪 80 年代初期,美国开始出现了大量的以 LBO 形式进行的并购活动,这一现象被称作美国的恶意并购浪潮。作为一种并购模式,LBO 并不必然等同于恶意收购,LBO 是指并购者借助垃圾债券等金融工具筹集资金,通过收购目标公司的流通股获得公司的控制权,再通过出售公司资产等行为筹措资金偿还垃圾债券的行为;而恶意收购是指在 LBO 的执行过程中,收购方仅对交易的短期财务结果感兴趣,通过将目标公司分拆,以比买进价更高的价格出售公司股票,获得超出公司市场价值的破产价值收入,而不是通过经营管理使目标公司获得更大收益的途径来获取收益。即使恶意收购未能成功,目标公司也将为避免其接管而支付庞大的费用,这也是一种资源的浪费,而且将不可避免地侵害中小股东的权益。

吉列公司在这一时期经历了四次并购威胁,作为一家世界知名的跨国公司,吉列公司的并购案例具有很强的代表性与典型性。首先,吉列公司并购案发生在美国恶意并购案盛行的20世纪80年代,由于规模大、历时长,而成为这一时期的典型案例;其次,吉列公司当时的现状代表了受并购威胁公司的普遍状况:一方面现金流充足、管理相对完善,另一方面其破产价值大于其市场价值,也就是说存在恶意并购所看重的并购利润空间;再次,吉列公司在反收购的过程中采取的内部及外部措施具有一定的代表性,包括毒丸计划、回购协议、黄金降落伞计划、代理权投票、引进战略投资者等,这些活动反映了被并购公司的普遍做法;最后,吉列公司的反收购活动所导致的结果既反映出公司自身的战略取向与价值取向,也反映出这一时期美国社会对于恶意收购活动的态度,以及政府、司法部门、经济学者、管理层对于恶意收购活动的态度。所以说吉列公司的并购案例具有很强的时代特征,通过分析吉列案例,可以从一定程度上总结出这一时期美国并购活动的特点及其经验教训。

一、20世纪80年代并购浪潮的介绍与原因分析

1. 并购浪潮简介

这一时期较为典型的并购案有:科尔伯格·柯拉维斯·罗伯茨公司(Kohlberg Kravis Roberts,KKR)购买了雷诺·纳比斯公司(RJR Nabisco);雪弗龙公司(Chevron)购买了海湾石油(Gulf Oil);杜邦(Du Pont)购买了大陆石油(Conoco Inc.)。1988年之前,LBO占并购案的数量呈逐年上升趋势,1987年10月19日,道指暴跌了22.6%,"黑色星期一"的出现给股市造成了巨大的损失,但却因股价的下跌刺激了并购活动,1988年并购数量达到了95起,而LBO占到95.8%。1989年之后,并购案逐年减少,而LBO减少得更快,平均仅占总量的16.8%,因为政府出台了一系列措施对存在内部交易的案例进行严惩,通过FIRREA(*The Financial Institution Reform,Recovery & Enforcement Act*)法案来增强反收购措施的力度,加之海湾战争的爆发引起的经济萧条等因素结束了这次并购浪潮。

2. 本次并购浪潮兴起的原因分析

(1) 经济原因

20世纪80年代,美国经济繁荣,股市强劲,为并购活动的开展奠定了坚实的经济基础与市场环境。按1987年不变价格计算,美国的GNP呈逐年稳步上升的态势,1982—1989年间增幅十分明显,经济基本面的向好为资本市场的活跃提供了条件。

而股市自1982年中期开始强劲上升,根据1972—1992年度道指月度指标的趋势线显示,即使考虑1987年股市崩盘因素,这一时期的股指仍呈稳步上升趋势,股市的向好提升了人们对收益率的预期,进一步刺激了并购活动。

(2) 政治原因

1981年3月18日,里根赢得美国总统选举,在接下来的八年任期内,里根政府一直奉行所谓"皆大欢喜"的经济主张,否定了共和党传统的"节衣缩食"政策,他们的经济主张主要体现在以下三个方面:一是通货膨胀与失业之间没有必然的联系;二是削减税率后,国民收入将增加,足以提高政府收入;三是大量压缩政府开支不会损害社会利益。在这种政策基调下,里根有限地执行了反托拉斯政策,在一定程度上纵容了并购活动的进行。

对1979年至1992年间美国GNP与失业率进行比较,就会发现二者的反向关系十分明显,整个80年代的美国出现了高国民收入与低失业率并存的经济繁荣景象。

(3) Wainaco判例的影响

1986年4月11日,康涅狄格州第二巡回法庭判定在资金不到位的情况下开始股份收购

的行为属合法行为,在 Wainaco 公司对 Glacph 公司的收购案中(民事诉讼文件编号 B- 86-146),法庭认为只要潜在收购者持有投资银行出具的信函,证明其在筹集所需资金方面"高度可信",那么他们就可以进行收购活动。鉴于这项法律解释的出台和垃圾债券的上市,20 世纪 80 年代后期的收购者几乎无一例外地利用垃圾债券进行中小企业融资,小公司可以利用贷款来顺利接管规模数倍于自己的大公司,一旦收购成功,即可将被收购对象拆开出售,以归还借贷的资金。

(4)税法原因

1986 年修订后的美国税法将在 1987 年实施,根据税法规定,企业所得税税率将降低,而资本利得税率将提高,这样从两方面影响到并购活动的进行:一是作为并购对象的公司将因所得税负担的降低产生高过历史预期的收益,继而表现在市值的增加上,使得并购的成本与难度上升;二是并购者通过并购获得的资本利得收入将被课以较高的税收,从而降低了并购者的收益。由于以上两方面的影响,并购活动的数量在 1987 年以前激增,并在 1988 年度出现分水岭。

(5)金融工具

为了帮助并购者进行规模巨大的收购活动,资金的筹集显得格外重要,垃圾债券的出现,使得杠杆收购具备了必需的筹资渠道。垃圾债券是指被信用评级机构判定为很可能不偿还贷款的公司所发行的债券。迈克尔·米尔肯对垃圾债券的定义是:"一种更多地根据公司或行业的潜在信贷风险,而不是利息率变动来进行交易的债务证券。"

并购拉动了对垃圾债券的需求,美国政府对储蓄和贷款银行(S&L)的放松管制也增加了对垃圾债券的需求,当时的 S&L 处于一种尴尬状态,一方面,其放贷利率很低,收益微薄,另一方面,又必须为争取储蓄而支付较高的利率,而垃圾债券的出现可以帮助 S&L 获得比贷款更高的利息收入。

(6)信息技术

20 世纪 80 年代,出现了计算机、无线通信和传真机等先进技术,使得分布于世界各地的交易者得以迅速交换技术和金融信息,为企业扩张提供了必需的金融体系与复杂交易所必需的技术条件。

二、吉列公司背景及收购案例的介绍

1. 吉列公司背景简介

(1)公司的发展历程

1901 年,吉列与威廉·尼科尔森在缅因州注册了美国安全剃须刀公司;1904 年,吉列获得了美国专利,并筹集到足以扩大生产的资金;1917 年,吉列在特拉华州的公司成立,该公司每年销售 100 万把剃须刀和 1.15 亿个刀片。

1917—1945 年间,美国先后参加了两次世界大战,大大刺激了吉列公司剃须刀和刀片的市场需求,战争成为空前的促销和宣传手段。

20 世纪 50—70 年代,吉列公司施行多元化发展与跨国经营相结合的战略,积极进行以优化产业结构为目的的并购活动,并成为一家国际化、多元化、面向顾客的大型企业,销售额超过 10 亿美元,在世界各地设立机构、工厂。吉列公司的国际业务量从 1965 年的 32%,上升到 1978 年的 50%,到了 1993 年,这一比例已达 70%。多年来,吉列公司的产品在拉丁美洲、欧洲和亚洲市场一直处于第一或第二的位置。

1990 年,吉列公司推出了革命性的 Sensor 剃须刀;到 1992 年 4 月,Sensor 已经占领了非一次性剃须刀市场 43% 的份额，每年带动售出 10 亿个刀片；到 1994 年年底，吉列公司借助 Sensor 占据了剃须刀和刀片市场 67% 的份额。

目前，吉列公司已形成了五大盈利中心：博朗小家电、文具、传统清洁用品（如除臭剂、洗发水）、牙刷以及剃须刀和刀片。

（2）公司的经营理念与市场表现

吉列公司推崇稳健型的经营模式，强调长期可持续发展对于公司股东的重要性，由于在主营业务上具有重复性消费的特点（剃须刀及刀片、牙刷、电池），所以吉列公司一直保持着较高的现金流，并得以定期发放固定数额的股息，从而在投资者，尤其是中小投资者群体中树立起稳健经营、保障分红的良好形象；同时，吉列公司在世界范围内培育起了一个高效的营销体系，并拥有良好的市场形象，其收益表现一直超过标准普尔（S&P）指数。

1982—2004 年间，公司股价走势图以及历史分红数据图显示出吉列公司稳定的市场表现：公司在 1986 年、1991 年、1995 年以及 1998 年四次股票拆细后，平均股价依然保持在 40 美元上下，如果剔除拆细因素，吉列公司的市场表现将更加突出。1982—2004 年间，公司的每股季度分红金额因拆细影响出现了六次调整，由最初的 0.575 美元/股调整为现在的 0.163 美元/股，目前股东的年收益率为 $(0.163 \times 4)/33.6$[①] $= 1.9\%$。剔除股票拆细因素后，股利将呈稳定上升的趋势。

2. 收购者及其收购形式

（1）奥林奇收购公司及派瑞曼/露华浓集团

奥林奇收购公司是由露华浓集团公司和马克安德鲁斯及福布斯集团公司共同创立的，其主要的操纵者是罗纳德·派瑞曼，作为其投资银行的德莱瑟公司负责筹集资金以支持这次收购。派瑞曼/露华浓集团以现金要约的方式对吉列公司进行收购。

（2）康尼斯顿集团

康尼斯顿集团试图通过一场争夺吉列公司董事会四个代理人席位的竞选大战达到收购吉列公司的目的，蒂托·皮尔·德曼尼考·泰特曼蒂是康尼斯顿·帕特纳的核心人物。康尼斯顿集团欲通过争夺代理权来控制吉列公司，进而实现并购，即通过收购足够的股票发起代理权投票，若能获得董事会席位则迫使其分拆出售，获取高于初始投资的回报，鉴于其关注短期获利而非运作目标公司的实质，这种做法也属于恶意收购。

3. 历次收购尝试

（1）第一次恶意收购

1986 年 11 月 14 日，奥林奇收购公司向吉列公司开出每股 65 美元的现金要约收购价，这是个未事先征求吉列公司管理层的意见就直接向股东发出的现金收购要约。

根据美国证券交易委员会的存档，派瑞曼/露华浓集团于 1986 年 10 月 31 日（星期五）正式开始收购吉列公司的股票，当日的收盘价为 44.75 美元，收购前 10 天的平均股价为 56.60 美元。吉列公司董事会拒绝了这个要约收购，并于 1986 年 11 月 24 日作出了以每股 59.50 美元的价格从派瑞曼手中回购股份的最后决定，派瑞曼向吉列公司出售了 9 226 300 股股票，基于此项交易，派瑞曼与吉列公司签署了 10 年停购协议，如果派瑞曼/露华浓集团未经允许就开始收购吉列公司的股票，那么吉列公司有权提起诉讼。

---

① 33.6 为同期股价平均数。

（2）第二次恶意收购

派瑞曼从股票回购中获得了收益，1986年年底，吉列公司进行了1∶2的股票拆细。尽管存在为期10年的停购协议，派瑞曼还是在1987年6月17日晚发出了第二次收购要约，这一次的收购报价是每股40.5美元，只比前一天每股的收盘价33.875美元高了20%，但是要高于7个月前没有实施股票拆细时65美元的收购报价。

由于收购方的收购目的与公司的发展战略不符：吉列公司是以长期发展作为公司经营的目的，而派瑞曼/露华浓公司的收购目的是短期的转手收益，这与吉列公司董事会、管理层以及中小投资者的价值取向背道而驰。且主营业务没有互补效能，不能增加预期收入：吉列公司1986年的销售额中，仅有30%来自于化妆品，65%的营业利润来自剃须刀和刀片的生产与销售，而露华浓主营的化妆品系列占销售利润的比例只有14%，两家公司合并后不会形成互补作用。所以吉列公司再次拒绝了这次收购。

（3）第三次恶意收购

1987年8月17日，派瑞曼再次发出收购要约，报价为每股47美元，高于市价19%，其中45美元用现金支付，2美元用股票支付。

吉列公司的董事会及管理层认为接受这个收购要约将破坏已经签订的停购协议，所以拒绝这次收购。到10月15日（星期二），派瑞曼向美国证券交易委员会提出的延期收购请求期满，同时由于黑色星期一的到来，美国股市崩盘，派瑞曼停止了对吉列公司的收购进攻，至此吉列公司经历了三次以股权收购为手段的恶意收购，然而来自市场的恶意收购尝试并没有停止。

（4）第四次恶意收购——代理权之争

1988年2月，康尼斯顿集团向美国证券交易委员会声明其间接拥有吉列公司5.9%的股份，并在1988年4月21日举行的吉列公司股东年会上发起了争夺吉列公司董事会四个席位的投票活动。康尼斯顿集团的持股成本是31.5美元/股，如果赢得代理权投票，即获得四个董事会席位，康尼斯顿集团将迫使董事会接受新的来自派瑞曼或其他潜在收购者的收购要约，进而通过交易获利。4月21日的股东年会上，来自康尼斯顿集团的四位董事候选人有三位通过了提名，投票结果显示，大多数的机构股东没有参加投票，而大多到会个人股东都投给了吉列公司，吉列公司以52%对48%的比例获得了投票的胜利，康尼斯顿集团争夺代理权的尝试以失败告终。

经董事会同意，吉列公司进行了TPR（可转让股票出售权，指公司定期定价出售定量股票，作为回购股票的媒介），在8月9日以回购权的方式发行股票回购权，股票回购交易将在9月19日的最后期限之前进行。那些不愿以45美元的价格出售股票的股东可以出售回购权，TPR的价格存在很大的浮动空间，从9.50美元到11.125美元不等，在8月16日至9月19日这短短24个交易日期间，共有850多万股成交。

1988年10月，TPR的回购完全结束，康尼斯顿集团对已发行股票的持有量减少到4.5%，并在1989年3月底前将吉列公司股票全部抛售，从而标志着吉列公司历时3年的反恶意并购战斗告一段落。

三、吉列公司的估值分析

1. 估值分析方法介绍

在估算吉列公司的价值时，选用的是折现现金流量中的折现公司自由现金流量法。公司自由现金流量是指流向公司各种利益要求人的现金流量的总和。各种利益要求人包括普通股股东、债权人和优先股股东。

有两种方法可以计量公司自由现金流量（FCFF），一种方法是对各种利益要求人的现金流量进行加总，另一种方法是把息税前收益（EBIT）作为计算的基础。

这里选用第一种方法进行估值分析。第一步，根据吉列公司的个股收益率与同期大盘收益率进行回归分析，计算出 β 值，也就是吉列公司个股因为大盘收益率变动而发生的收益率变动乘数；第二步，根据大盘同期的平均收益率 R_m 求得吉列公司股东所要求的权益报酬率 R_{req}，也就是吉列公司的权益成本；第三步，根据同期历年有息负债的金额与利息费用的金额计算出吉列公司的负债成本，剔除利息支出的税盾作用后得到税后利息成本 R_d；第四步，利用资产负债表数据计算平均负债权益比，并利用 R_{req} 与 R_d 计算出吉列公司的资本成本 KC；第五步，根据公司历年的股息分配率计算出股息留存率以及对应权益收益率，计算出平均的增长率 g；第六步，计算税后营业利润 NOPAT，等于净利润加上税后利息收入，再除以平均资本额，得出资本投资回报率 R；第七步，计算 $Q = (R - g)/(KC - g)$，在此基础上计算吉列公司每股净值 $V = (\text{资本额} \times Q - \text{有息负债})/\text{发行在外的流通股股数}$。

这样就获得了吉列公司不同时期内在价值的估值结果，再与同期发生的并购报价进行比较，就可以清楚地判断报价的合理性与吉列公司决策的正确性。

2. 与历次收购报价相比较

第一次报价为 65 美元，相对于 77.69 美元的估值，报价较低，从这个意义上来说，吉列公司拒绝收购是有道理的。

第二次报价为 81 美元（以 1986 年 11 月 65 美元的报价为标准计算），相对于 93.62 美元的估值，报价较低。

第三次报价为 94 美元，相对于 93.62 美元的估值，较为接近。

从以上比较来看，吉列公司董事会三次拒绝派瑞曼的要约收购，除了对并购前景有怀疑、对并购者的价值取向不认同外，更有其价格上的考虑，尽管各次报价均高出公司同期的市场价值（第一次收购报价高出市价 14.8%，第二次报价高出市价 19.5%，第三次报价高出市价 19%），但考虑到吉列公司因应对收购而采取的种种提高管理效率、增强盈利能力措施，其价值已经超出了报价的预期，吉列公司的决策是明智的。

四、吉列公司反收购过程中的内部调整分析

面对恶意收购的威胁，吉列公司积极采取应对措施，一方面是对内措施——从公司管理入手，增强公司实力，主要体现为积极的战略重组、业务整合、资产结构优化；保证中小企业融资供给、控制财务风险；促进销售、成本控制、费用控制，提高盈利能力；强化管理、提高资产运营能力等。

另一方面是对外措施——与收购者周旋，体现为设置毒丸计划、进行股票回购、签订停购协议、实施 TPR；强化保护中小股东利益的决策取向，寻求其支持；向州政府寻求支持；援引类似法院判例指导公司行为。

经过近三年的对内自我调整、对外应对周旋，同时在大的政治、经济、法律背景事件的影响下，吉列公司保持了独立，直到引入战略投资者——沃伦·巴菲特。

1. 战略调整、业务整合、优化资产结构

为应对恶意收购，20 世纪 80 年代吉列公司的经营战略从多元化扩张转向强化核心业务、剥离非主营业务。1987 年，公司出售了 1971 年购买的 S.T. 都彭公司 48% 的股权；70 年代，吉列公司为生产硬塑料而购买石油产品的支出很高，在世界油价持续上升的情况下，公司决定投资美国的一些石油和天然气企业，1981 年至 1983 年期间，吉列公司在此领域的总投资额接近 7 000 万美元,随着伊朗战争结束、中东联盟解体,油价下降,在应对派瑞曼而进行的重组中,公司撤出了在这一领域的投资;公司还卖掉了数据软件和数字学习系 20% 的股权、零售眼镜业务、诺勒公司、两家光学产品零售商场 Eye World、总部位于马萨诸塞州的内蒂克、Eye +Tech、位于休斯敦和罗克维尔德的土地与研究大楼,以及美容疗养企业——伊丽莎白·格莱迪第一国际美容公司,因为这些业务与吉列公司的战略目标不相匹配。

从历年年报资产负债表、现金流量表数据可以看出,历年用于购置固定资产的现金流出较大,而对相关业务的并购也较为突出;1987 年后,公司因处置非核心业务资产而获得的现金流入也较为显著,这些数据说明公司一直在重置与优化自己的业务结构,以获得业绩的提高。

1984 年至 1989 年间,公司总资产结构的变化不大,而流动资产结构发生了一些明显的变动。首先是应收账款与存货的比例出现上升,结合销售量、流动资产总额逐年增加的实际,说明公司在销售过程中存在一些问题,如赊销规模上升、回款不力、存货上升等现象,这与公司的销售量的增加是相互影响的,需要公司给予关注;其次是预付款项比重的增加,以及货币资金比重的下降;最后是短期投资从 1986 年开始出现大幅下降,说明在积极整合现有业务的大前提下,管理层开始谨慎对待短期投资决策。

这在一定程度上证明受到收购威胁的公司可以通过业务重组、优化资产结构来提高管理效率与资本运营能力。

2. 利用各种渠道融资,兼顾资金需求与财务风险控制

同样是来自于年报中的资产负债表与现金流量表的数据,从 1985 年开始,公司的所有者权益发生了大幅度的波动,1988 年甚至因为 TPR 的实施出现了负所有者权益的情况,幸好,J. P. 摩根和摩根士丹利等机构经评估后认为,负债"不会影响公司用以运作和实施经营计划的经济能力",也不会影响分红,吉列公司得以在这种极端的情况下继续经营,而不是破产;公司在 1986 年至 1988 年间持续回购股票,这是针对恶意收购的不得已的做法,尤以 1986 年和1988 年为甚;1989 年,公司发行了优先股,用以筹措资本金;在大规模并购出现之前的 1986年,公司将一部分可转债转化为普通股,优化了资本结构。

在应对收购进攻的过程中,吉列公司的财务管理能力与中小企业融资能力受到了极大的考验,1984 年至 1988 年间,公司一方面产生新的长期负债,一方面不断清理旧的长期负债,通过这种对负债结构的调整,来保障各种运营活动的资金需求,其中以 1988 年债务中小企业融资规模最大,因为 TPR 让吉列公司背负了 18 亿美元的债务,为了筹措这笔资金,吉列公司以7% 的利率从国外贷款 3 亿美元;1989 年则出现了大幅的偿债现金流出。

1984 年至 1989 年间,公司的流动比率平均保持在 1.74,速动比率保持在 1.11,波动不大,这说明公司控制财务风险,尤其是短期偿债风险的能力很强,这种能力对于公司抵御恶意收购十分重要,使得公司避免了这一时期十分普遍的破产现象,得以持续发展;这也得益于公司稳健的经营风格与稳固的市场领导能力,是成熟的品牌、遍布全球的庞大营销网络使得吉列公司能够保有稳定的收入来源,进而保持稳定的短期偿债能力。

从长期偿债能力分析来看,公司在 1984 年至 1989 年间的资产负债率平均保持在 0.807,负债权益比平均保持在 3.319,这是一种 20 世纪 80 年代典型的资本结构——负债构成大于权益构成,这样的资本结构一方面有助于利用负债资本的税盾效应扩大股东的收益,另一方面容易使得公司陷入破产境地,尤其是 1988 年至 1989 年,吉列公司由于实施 TPR 而出现了巨额负债,导致所有者权益为负,这在一般意义上已经是破产的表现,幸好资本市场以及评级机构认为这是一种由于采用特殊金融工具而导致的暂时性情况,并相信吉列公司的未来获利

能力可以扭转这一局面,而吉列公司此后的表现也证明了这一推断。

3. 扩大销售,控制成本与费用,提高盈利能力

虽然忙于应对恶意并购,吉列公司在 1983 年至 1989 年间的销售额却呈持续上升的局面,这正是吸引收购者的主要原因——源源不断、充足的现金流;相对于销售收入的提升,营业利润与净利润的涨幅较小;同时由于大量回购的实施,每股净收益的指标呈现快速攀升的趋势。但是在 1986 年,派瑞曼的第一次收购的确牵制了吉列公司管理层大部分的精力,各项收入指标均有大幅下降,不过这一局面在次年就得到了扭转。

1983 年至 1989 年间,公司的销售成本占销售收入的比重一直保持在 41.88% 上下,这说明公司的生产工艺与产能管理已经达到了成熟的状态;而经营费用占销售收入的比重由 1986 年前的平均 64% 下降到 1986 年之后的 41.2%,综合考虑销售量的逐年攀升情况,吉列公司在经营费用控制方面取得了很大的进展,这证明吉列公司的管理层在提高管理效率、降低管理费用方面取得了很好的成绩;虽然每股净利润指标出现上升,但由于发行在外的普通股股数随着几次回购而大幅减少,股利支出占销售收入的比重逐年下降,这样既保证了股东利益,又减轻了公司的股利负担;对应于资本结构的改变——1988 年后负债大幅增加,使得利息费用略呈上升趋势,但这是公司积极应对并购、采取一系列非常规中小企业融资措施的必然结果。

4. 提高管理水平,增强资本运营能力

1985 年至 1989 年间,公司的平均存货周转率为 2.29,1988 年提升至 2.38,1989 年为 2.36;同期的应收账款周转率出现下降,由最高的 5.2 下降到 1989 年的 4.9。有趣的是,1988 年,这两项周转率指标同时上升;流动资产、固定资产与总资产的周转率呈稳定的逐年增长趋势,说明吉列公司通过重组,优化了资产结构,促进了销售业绩的增长,加强了存货管理与应收账款管理,提高了资产的运营能力。

5. 引进战略投资者

1989 年夏,沃伦·巴菲特的介入改变了吉列公司被收购者追逐的情况,新董事会给予 Sensor 剃须系列产品高度的重视,并最终为吉列公司带来了事业的新高点。1990 年,吉列公司的现金流接近 5 亿美元,其股票价格在 1991 年 1 月 25 日收盘时是 1986 年收购价格的两倍;到 1991 年 12 月 31 日,经过三次股票拆细之后,股价还是接近于收购价格的三倍,这种结果似乎证明了吉列公司董事会反对管理层变更的决定的合理性。

五、吉列反收购过程中的外部应对措施分析

1. 设置反收购机制——毒丸计划

为了防御恶意收购的进攻,1985 年 12 月,吉列公司董事会在一次特别电话会议上采纳了一项毒丸计划。1986 年,吉列公司由 12 人组成的董事会采用了交错结构,每年选举四位董事,每届任期三年。通过这种改革,股东单凭投票表决至少也需要两年时间才能改变董事会的控制权。

1985 年 12 月 30 日,吉列公司制订了毒丸计划,规定只要 20% 或更多的已发行股票被恶意收购者收购,那么除了潜在收购者之外的所有股东都有权以半价购买新增发的股票。吉列公司在 12 月 30 日写给股东的信中强调,它的毒丸计划是:"为了保证在公司面临任何蓄意收购时,所有股东都会受到公平对待并获得最大的价值。这种分配方式使收购者无法实施不公平的两价制收购或以不平等的条件强制性取得吉列公司的控制权。这种安排也避免了收购过程中产生不正当自我交易。"其目的是为董事们的协商提供时间,以争取一个比单方面决定

的初始报价更高的价格。

吉列公司很清楚,毒丸计划或许无法阻止现金收购,但它会对即将采取行动的收购者施加压力,从而为公司赢得用以谈判的时间。毒丸计划的好处不在于毒丸计划的实施,而是毒丸计划所产生的威胁。

2. 保护中小股东的利益,争取其支持

尽管相对于机构投资者而言,中小股东对公司的影响力要小,但保护中小股东的权益是吉列公司也是美国社会的一贯做法,这也体现在一系列为避免侵害中小股东权益而出台的法律以及判例中。

同时,吉列公司的经营理念以及战略部署与中小股东的预期相符,都是以稳健的、可持续的长期发展为目的,而恶意并购者却恰恰相反,他们强调的是短期获利,并损害公司的发展潜力。在1988年4月21日的股东年会上,来自康尼斯顿的四位董事候选人在回答股东就日后经营问题的提问时说,"在董事选举后,公司将被招标出售,我们没有对公司的运营方式提出根本的反对意见,我们所谈的是一个企业的财务出售或兼并";而且对于愿意通过长期持有吉列公司股票的股东不得不因为兑现资本收益而缴纳1/3税金的问题,康尼斯顿的候选人没有表现出丝毫的关心。

事后证明,是中小股东的支持使得吉列公司以52%对48%的比例获得了投票的胜利,进而挫败了康尼斯顿争夺代理权的尝试。

而后来为应对康尼斯顿而采取的TPR也是在避免绿票交易、保护中小股东权益的前提下提出的。

3. 利用TPR与收购方达成妥协

康尼斯顿收购了2亿多美元的吉列公司股票,必须设法获取足够的收益,所以在代理权投票失利后,康尼斯顿提起诉讼,指控吉列公司在代理权竞争中作了虚假并误导股东的声明;吉列公司也提起诉讼,指控康尼斯顿没有披露它的所有合伙人的做法也误导了股东。由于法庭的介入,这场代理权之争开始复杂起来。

经过协商,双方同意以TPR的方式达成妥协,由吉列公司收回康尼斯顿持有的1600万股股票(1.12亿股已发行股票的1/7),价格是每股美元,通过这一流程,康尼斯顿出售股票后可以将"高税率的资本收益转变为股息收入(与个人不同,70%的公司股利都无须缴税)",同时,TPR的发行可以使所有的股东都享受均等利益,可以避免损害中小股东权益的绿票行为,因为TPR在市场上是可以买卖的,无论是那些因为赋税想出售吉列公司股票的股东,还是那些想将股票作为获取年金和鼓励的方式而不想出售股票的股东都可以获利,因为他们可以单独出售回购权。

1988年7月29日,J. P. 摩根和摩根士丹利等机构经评估后认为,负债"不会影响公司用以运作和实施经营计划的经济能力",也不会影响分红;7月31日,根据特拉华州的法律要求,关于吉列公司"偿付能力和资本伤害能力"的评估结果通过审定;8月9日,吉列公司发行了TPR,同时承诺在8月16日至9月19日之间以每股45美元的价格、1/7的比例回购股票,对于不愿以45美元的价格出售股票的股东可以出售回购权,其价格在9.50美元到11.125美元浮动。在24个交易日期间,共有850多万股成交。

六、外部因素分析

1. 联邦政府与州政府的立场分析

因为股票市场与公司法规同时存在于联邦政府与州政府两个层面上,这一时期的并购案会受到来自两方面的影响,而两级政府在并购行为上的立场及利益不同,所以存在一定的矛盾与机能失调。虽然40多个州政府各自拥有监管收购行为的司法权力,但是由于联邦政府的过度干预限制了更多的州政府控制与立法工作,从而削弱了州政府的影响力。

一般而言,出于本州选民失业问题以及税收问题的考虑,州政府倾向于支持本州法律保护范围内的公司抵御恶意收购的进攻;而联邦政府、国会以及美国证券交易委员会倾向于制定并实施适用范围更广、考虑更为全面的法律或管理办法。

(1)《要约收购信息披露及公平交易法案》

1987年12月,参议院的银行、住房和城市问题委员会发布了一项名为《要约收购信息披露及公平交易法案》的报告,讨论了联邦政府旨在规范某些被认为是滥用收购策略的改革问题,其中涉及有关规范大规模的股票收购、收购要约的程序、绿票讹诈、毒丸和州制规章的作用等方面现存和潜在的规则。这项报告还涉及联邦政府的控制与各州政府的权利问题,公司由于属地原则受州政府的法律和法院管辖,而联邦政府与美国证券交易委员会管理和监督着的证券市场却是公司发行股票或取得股权资本的场所,所以在管理上存在冲突。

收购活动的出现导致许多州制定了相应法律,目的是保护股东和员工的利益,而涉及员工利益时州政府会更敏感一些,既是因为要在本州地域内与企业进行直接接触,又是因为公司员工都是担心会失去工作的选民。

(2)《联邦税法》

根据1987年年底实行的联邦新税法,从恶意收购中赚取的绿票报酬要支付50%的税费。联邦政府拟通过税收政策来抑制以绿票收益等短期获利行为为目的的恶意收购行为。

2. 各州司法部门的立场——相关判例分析

(1)全联公司案例以及《经营判断原则》

1985年1月29日,特拉华州最高法院判决特拉华全联公司以凡·高尔克姆为首的9名董事对未经仔细估值即同意出售公司,使得每股售价低于法院裁决的价值的行为负有责任。

出售公司时其市价为每股38美元,董事会批准的价格为每股55美元,法院经评估认为17美元的差价不合理,同时董事会确定价格的过程过于草率——在两个小时的会议上讨论并通过了决定,并在当晚与对方签署了合同。

由于无法提供用以证明决策的文件,加之草率行事,董事会不能获得来自《经营判断原则》的庇护。《经营判断原则》规定,只要董事们在信息充足的基础上做到诚信为本,并以实现公司的最佳利益为己任,就可以获得庇护。

这个判例通过迫使董事会在面对恶意收购时放慢决策过程的节奏,避免仓促、草率的决定,达到了保护股东权益的目的,也为吉列公司董事会应对恶意收购赢得了时间。

(2)特拉华州的《纽蒙特采矿公司判例》

1987年10月股市崩盘后,吉列公司的股价下跌到每股23.625美元,当初接受每股47美元的收购报价是否更有利于保障股东的最大利益呢?吉列公司的董事会与管理层有没有义务必须出售公司呢?与派瑞曼签订的停购协议是否违反了法律呢?

1987年的《纽蒙特采矿公司判例》从一定程度上解答了这些疑问,并肯定了吉列公司通过签订停购协议来避免被收购的做法。

特拉华州最高法院发现,在此类事件中,停购协议是一个合乎情理的反应,因为该协议保护了公共股东免受"放肆的多数股东的侵害",而且纽蒙特采矿公司及其董事们也没有义务去出售公司。同样,吉列公司也没有义务去出售自己,尽管股市崩盘后股价远远低于当初收到的要约收购价。

(3) 马萨诸塞州的《反收购法案》

该法案剥夺了那些持有一家公司 20% 股权的人在公司董事会选举中的投票权,其适用范围包括在马萨诸塞州拥有大量资产但成立于州外的公司,以及总部设在该州的公司,例如吉列公司。据称,立法者在会见吉列公司的 CEO 时强调"他们计划采取行动以巩固吉列公司的收购防御体系"。通过求助政府来实现防御目的是可行的,因为吉列公司的数千名员工在马萨诸塞州的选举中拥有投票权,而员工要求保留工作机会的压力可以转化为政治谈判的筹码。

由于该法案要求在股权收购后的 50 天内举行一次选举,以批准或拒绝潜在收购者,因此通过加大派瑞曼或其他任何潜在收购者收购吉列公司的难度支持了吉列公司。

(4) 特拉华州的《反收购法案》

该法案支持公司继续根据"商业判断"准则并以符合公司最佳利益为出发点来采取行动,其追溯时效为 1987 年 12 月 23 日,从 1988 年 2 月开始,潜在收购者必须利用一次成功的现金要约来收购一家公司 85% 或更多的股份,否则不允许收购那些在特拉华州组建的股份公司。同马萨诸塞州的《反收购法案》一样,两州的法律都禁止潜在的收购者在未经董事会批准的前提下在三年之内加入目标公司,而在此期间,股票占有权不得超过目标公司的 15%。

这项法案的出台彻底堵塞了恶意收购者通过股权收购来并购吉列公司的途径,但是却促进了另一种收购方式——代理权收购的发展,而吉列公司又成为目标。

七、吉列公司反收购案例的启示

吉列公司的案例不仅反映出吉列公司在反收购战中所采取的一系列措施,以及取得的效果,也体现了这一时期美国社会对于恶意收购活动的思考与管理。

吉列公司赢得了反收购战的胜利,尽管每一次来自并购者的尝试都不尽相同,无论是报价、市场反应,还是公司内部情况、社会舆论都呈现出不同的组合,但唯一不变的是吉列公司董事会以及管理层对于完善管理、提高效率信念的把持,这也是吉列公司取得最终胜利的根本原因。

而同期美国社会所发生的种种政治、经济、法律领域的事件和思潮也都给吉列公司的反收购案例留下了或深或浅的烙印。总体来说,联邦政府与州政府、最高法院与州法院对于权力的争夺、对于最有利于社会经济行为的界定分歧、对于自身利益的强调都或多或少地反映在吉列案例中。

通过案例分析,可以看出一家公司面临并购威胁时,可以采用的应对措施有很多,但最本质的还是提高公司的实力,进而增加对手的并购成本,其前提是公司的管理层是有能力和有效率的。这是公司面临恶意并购威胁时最好的选择,对于整个社会经济效率的提高也是最好的选择。

政府系统以及司法系统在并购活动中扮演的角色应该是以提升整个社会的经济效率为前提,同时保护股东的正当权益,对于以短期利益为目标、不惜破坏现有企业竞争力的恶意并购行为要进行限制。吉列公司赢得了反并购的胜利,同时实现了业绩的提升,希望它的经验可以为其他公司所用。而美国经历了 20 世纪 80 年代末的股市崩盘后,政府对迈克尔·米尔肯进行了起诉,并追查一系列在恶意并购盛行的年头里,进行内幕交易、扰乱市场秩序、破坏经济运行的当事人及事件,最终得以扭转恶意并购的负面影响。希望我国可以借鉴美国的这段经历,更好地规范目前的资本市场。

案例资料来源:百度文库。

案例讨论题

1. 你认为吉列反收购成功的因素有哪些？
2. 若你作为并购方,你会如何来针对吉列的收购策略？风险如何控制？

本章小结

本章首先介绍了并购中反收购的三个原因以及目标公司成为被收购对象的一些可能原因,然后详细探讨了五种反收购措施的实践以及最新理论研究成果。

- 反收购是指目标公司管理层为了防止公司控制权转移而采取的旨在预防或挫败收购者收购本公司的行为。
- 收购主要从市场价值和经营战略的角度为收购者创造价值。针对收购存在的价值源泉,目标公司的反收购措施通常有四个出发点:(1) 采取各种措施提高敌意收购者的收购成本,降低收购者的潜在收益;(2) 着眼于股权方面的反收购措施使得收购者取得控股权的必要条件变得难以实现;(3) 使外部收购者即使取得控股权也很难改组企业的管理层并真正掌握企业的控制权,从而使并购的预期效果难以实现;(4) 通过给予收购者一定的经济利益,使收购方最终收回收购要约。
- 反收购措施主要有五种类型:(1) 提高收购成本,降低收购者的潜在回报;(2) 提高自身持股比例,增加收购者取得控股权的难度;(3) 公司章程策略;(4) 贿赂外部收购者,以现金换取管理层的稳定;(5) 焦土战术。

思考题

1. 简述进行反收购的原因。
2. 简述目标公司成为被收购对象的可能原因。
3. 反收购措施包括哪些类型？

第十二章	收购兼并:收购/反收购的法律规制

- 收购/反收购法律规制的历史和宗旨
- 上市公司收购/反收购的法律主体
- 上市公司收购方式的法律规定
- 针对反收购的法律规制

第一节　收购/反收购法律规制的历史和宗旨

一、法律规制的历史回顾

收购在本质上是股权转让的商业行为。无论是收购还是被收购,最终还是一种商业判断和交易,条件由交易双方决定。上市公司的收购可以被定义为收购方通过股份的收购达到一定的比例,从而导致或可能导致其对该上市公司拥有实际控制权的行为和事实。上市公司的收购通常伴随着公司控制权的转移和由此带来的公司资产和业务的变更,也常伴随着利益的重新分配。

第六章曾介绍过以美国为代表的西方各大资本主义国家的并购历史。从中我们知道,在19 世纪末20 世纪初资本主义大国市场竞争的白热化阶段,并购作为企业间优胜劣汰的一种法则,推动了资本主义进入垄断时代。一批实力雄厚的领袖企业在竞争中通过兼并不断发展壮大,形成了诸如洛克菲勒、杜邦、J. P. 摩根等大型财团,将资本主义经济推向了鼎盛。但事物总是一分为二的,并购固然可以改善资源配置,产生协同效应,但也会产生许多负面影响。在缺乏足够法律制约的情况下,并购引起的市场垄断、股市泡沫、金融欺诈等社会危害也渐渐暴露出来。1929 年的经济大危机,更是导致了美国等资本主义国家经济的全面萧条。

之后,随着资本主义世界的经济大调整,第一次限制甚至反对并购的浪潮来临,开始出现旨在对并购活动施加严格限制的各种法律规定。这次反对和限制并购的浪潮延续了相当长的时间。直至20 世纪70 年代末,仍有许多人将兼并收购视为灾祸而予以排斥。在这段时间前后,各个国家相继出台了多部规制并购的法律规范。如美国于1914 年通过了旨在制约指定购买、掠夺性定价以及明显倾向于垄断的企业间并购的《克莱顿法案》(Clayton Act),于1933 年和1934 年分别通过了旨在规范证券交易与资本运作的《证券法》及《证券交易法》,于1968 年通过了旨在规范要约收购和与收购相关的信息披露的《威廉姆斯法案》(Williams Act),等等。20 世纪80 年代初,美国和西方许多国家的经济进入滞胀阶段,经济增长率出现大幅度下降。各国政府又意识到兼并收购的价值,于是开始不断对兼并收购网开一面。由于政府的纵容,兼并收购活动又活跃起来,到1988 年更是发展到了顶峰。

其实,兼并收购作为一种交易,既不是洪水猛兽,也并非灵丹妙药。我们应当正视的是并购本身的一些复杂性和特殊性以及由此带来的相关各方的利益保障问题。

并购(包括反收购)的复杂性和特殊性主要体现在:(1) 收购公司(假设采用股票支付)与被收购的目标公司的股票价值具有相当的不确定性,可能受人为操纵的因素影响。因此,并购的法律规范应当旨在保障投资者及时准确地得到信息,在公平的市场环境中作出股权处分决定与(或)相关决策。(2) 被收购的目标公司股权分散,因此,董事会在处理有关方案时应当履行诚信义务的问题比较突出,这离不开外部的法律监管。(3) 中小股东作为上市公司中的弱势群体,实际上经常无法真正参与决定上市公司诸如收购与反收购之类的重大经营决策,因此,在公司控股权发生变化时,普通股民最需要及时获得有关信息,作出去留的判断。(4) 收购与反收购行为有可能损害公司利益,特别是中小股东利益。因此,需要相应法律对各种可能有损公司利益,特别是中小股东利益的收购与反收购行为加以限制。如第十章所说,收购,尤其是反收购,是资本市场上利益攸关的重大问题。尽管有些反收购措施对保护目标公司的股东利益有利,但在收购公司、目标公司的管理层与目标公司的股东三方之间的博弈中,多数破坏性的反收购措施,如焦土策略,与其说是为了维护目标公司的利益,不如说是管理层为了维护自身利益而不惜牺牲公司与其他股东的利益。因此,对收购/反收购行为制定适当的法律规制措施是相当必要的。

二、法律规制的宗旨

一般来说,收购/反收购的法律法规应该覆盖以下三个方面:(1) 收购/反收购方式的界定;(2) 不同收购方式需要履行的信息公告的程序;(3) 收购/反收购过程中各种行为应承担的法律责任。英国证券业委员会制定的《伦敦城收购及兼并守则》基本反映了收购/反收购立法的主要原则,包括以下四个方面:(1) 确保投资者待遇与机会均等;(2) 充分的信息披露;(3) 禁止未经股东同意便采取阻碍收购的行动;(4) 维持市场秩序。当然,从法律上进行并购规制有时也是为了保护市场竞争。下面我们就上述四点逐一进行分析。

(一) 投资者待遇与机会均等

投资者待遇与机会均等,即股东平等待遇原则,是公司法法理中股东平等原则的体现。所谓投资者待遇与机会均等,是指公司在基于股东资格而发生的法律关系中,不得在股东间实行不合理的不平等待遇,并应按股东所持有的股份性质和数额实行平等待遇的原则。

对于股东平等的理解不应只停留在"同股同权、同股同利"这个基本层面上,股东平等更应是一种实质性的平等,是一种机会上的平等。从公司治理的角度看,现代股份公司一般在"一股一权"的前提下实行股权多数决定制度,大股东与小股东之间存在着实际的不平等。大股东因其占有的多数股份而拥有更多的控制权,在一定程度上,他们可以合法地剥夺少数股东的权利和地位,从而造成股东现金流权与控制权的分离。作为一种机会上的平等,股东多数原则不禁止因股份数额不同而引起的股东间的不平等待遇,它只禁止那些不具备正当理由的不平等待遇。股东实质性平等的判断标准为禁止客观上缺乏合理性的不平等待遇,这是公平正义的法律理念的体现。

公司收购中的投资者待遇与机会均等原则,要求在收购过程中,"目标公司的所有股东均须获得平等待遇,而属于同一类别的股东必须获得类似的待遇"[1],它的基本内容体现在以下两个方面:

(1) 目标公司股东有平等参与收购的权利。具体内容又包括全体持有人规则和按比例

---

① 刘俊海:《股东权法律保护概论》,人民法院出版社 1995 年版,第 56 页。

接纳规则。全体持有人规则即在收购人以公开要约方式进行全面收购的情况下,要约人应向目标公司某类股份全体持有人发出收购要约。按比例接纳规则是指在部分收购的情况下,当目标公司股东在要约期内所欲出卖给收购人的股份超过收购人所欲购买的股份总额时,收购人必须按照相同比例从每一个同意出卖股份的股东那里购买该股份,而不论股东作出同意出卖其股份的意思表示的时间先后,以阻止对通常较晚才获得信息的小股东的歧视。这与在证券二级市场上遵循的"时间优先"原则明显不同。

(2) 目标公司股东有权获得平等的收购条件。首先,在收购过程中,目标公司的所有股东,无论持股多少,都平等地享有收购者向任何股东提出的最高要约价格,这就是"价格平等和最高价规则"。[①] 其次,收购要约人不得在要约有效期内以要约以外的任何条件购买股东所持股票,不得在收购有效期内给予特定股东以正式收购要约所未记载的利益,不得与特定股东签订或达成附属协议而直接或间接给予该股东以任何其他利益。最后,在收购支付上,对每一个股东必须平等对待,不得对部分股东以现金作为收购支付,而对另外的股东以证券作为收购支付。

(二) 投资者有充分的信息披露

信息披露是证券法律制度的重要内容,是对收购兼并与证券市场实行有效管理、防止内幕交易的重要手段。

充分披露原则是公开原则在上市公司收购中的具体体现,它要求上市公司收购的信息披露必须达到以下要求:

(1) 真实性。上市公司在收购兼并中所披露的信息必须是真实可靠的,不得有虚假不实记载或故意隐瞒、遗漏的情况。

(2) 充分性。上市公司在收购兼并中必须向股东充分披露与收购有关的各种关键性信息与资料,以便于股东据此信息作出决策。

(3) 及时性。有关收购的信息应在合理的期间内迅速、及时地予以公布,不得故意拖延,以避免有人利用内幕信息进行交易,从而损害其他投资者的权益。

(4) 平等性。上市公司应不加歧视地、平等地将信息披露给每一位投资者。

具体而言,收购人和目标公司的信息披露通常需要包括以下内容:

(1) 收购人持股情况披露。收购人在公布其收购意图前持有目标公司股份达到法律规定的比例时,须依法披露其持股情况。至于比例标准的规定,各国有所不同,中国、美国为5%,英国、法国等为10%。

(2) 收购人应将自身的财务状况、收购意图、收购要约的内容以及与收购有关的其他信息予以充分披露。已披露的信息如发生变更,该变更也应披露。

(3) 目标公司董事会应对所面临的收购发表意见,该意见应向所有股东充分披露;目标公司董事会还应说明其之所以持某种意见的理由,并披露其对该项收购的利益冲突。

(三) 禁止未经股东同意便采取阻碍收购的行动

公司收购一般表现为目标公司的控制权的转移/让渡,不可避免地会危及目标公司管理层的利益及构成。尽管有些反收购措施对保护目标公司的股东利益有利,但若目标公司的经

---

① 在美国,该规则体现在《证券交易法》第14(a)(7)条。

营者从自身利益出发,特别是采取具有重大破坏性的反收购措施(如焦土战术),阻碍价格合理并存在显著协同效应的收购,则将会损害中小股东的利益。退一步讲,即便收购方的收购条件过于苛刻,具体采取什么样的反收购措施,仍直接关系到股东利益,必须经过股东同意。

(四) 维持市场秩序

上市公司的管理层和控股大股东是收购活动中的内幕人,若其利用内幕信息,事先在二级市场上大量吸纳目标公司的股票,待收购信息公布之后股价大涨之时抛出获利,就势必导致市场秩序的混乱,违背资本市场的公平原则。此外,收购过程中时常发生的关联交易和价格操纵,也会对中小股东的利益造成伤害。

因此,各国证券立法都加强了对内幕交易的监管,并赋予了受害者损害赔偿请求权。

第二节 上市公司收购/反收购的法律主体

上市公司收购牵涉到多方利益相关的个人和群体,包括收购人、目标公司经营者、目标公司股东、目标公司董事会、收购方和目标公司的债权人及其他利益相关者等各方当事人。这些当事人在上市公司收购中所处的地位和所起的作用各不相同,其中处于主要地位的是收购人、目标公司管理层(包括目标公司董事会)和目标公司股东。

收购人是指通过受让上市公司股份获得或者试图获得上市公司控制权的人,包括法人、自然人或者其他经济组织。在上市公司收购中,收购人承担信息披露、平等对待目标公司同类股东等义务。但收购人往往通过某种安排,和其他人,特别是其下属的控股公司或关联公司共同购买目标公司的股份,以规避这些义务。例如,1998 年在中国资本市场引起轩然大波的大港入主爱使股份的著名案例,就是由大港油田旗下的三家关联公司——天津炼达公司、重油公司和港联公司共同操作完成的。再如,2001 年 5 月 11 日,方正科技公告显示,北京裕兴机械电子研究所、河南觉悟实业有限公司、深圳年富事业发展有限公司、深圳凯地投资管理有限公司、北京金裕兴电子技术有限公司及上海宇通创业投资有限责任公司合并持有占方正科技总股本 5.4103% 的股份,并据此采取"一致行动"。

"一致行动"在实践中有两类:一类是公开披露的"一致行动",多为扩大收购资金来源或出于操作需要、扩大企业影响等。裕兴举牌方正即属此类。另一类是大量隐蔽的"一致行动",即规避法律的"一致行动",包括:(1) 为规避强制性收购义务,分别由几家公司收购目标公司股份;(2) 为解决收购资金来源和收购主体资格进行"一致行动";(3) 为方便关联交易,由形式上的非关联方持有股权并表决等。此类"一致行动"的隐蔽性很强,信息不披露,杀伤力大,不易认定,是收购中的"灰色地带"。

针对并购中的"一致行动"问题及其可能存在的影响,一些国家和地区在上市公司收购制度中引入了"一致行动人"的概念。一般来说,"一致行动人"具有以下特点:存在行动的合意;取得一个目标公司的投票权;积极地进行合作;以获得或巩固对目标公司的控制权为目的。多数国家和地区对"一致行动人"的界定有以下四个要点:(1) 采取"一致行动"的法律依据是协议、协定、合同、默契、安排、关系或其他方式(不论口头或书面);(2) 采取"一致行动"的手段是通过扩大其对一个上市公司股份的控制比例,取得一家目标公司的投票权或表决权;(3) 采取"一致行动"的方式是积极地进行合作,或者进行共同行为的合意;(4) 采取"一致行动"的目的是为了获得或巩固对目标公司的控制权。

英国《伦敦城收购及兼并守则》将"一致行动人"界定为根据正式或非正式的协议或默契,积极地进行合作,通过其中任何人取得目标公司股份以获得或巩固对目标公司控制权的人(法人或自然人),并且列举了6种被推定为"一致行动人"的关联人,除非相反证明成立。具体包括:

(1) 一个公司、其母公司、附属公司、同一集团的附属公司,前述4类公司中任何一类公司的联属公司,前述4类公司是其联属公司的公司,以及存在前述6类关系的所有公司;

(2) 一个公司与其任何董事(连同他们的近亲和有关系信托的人);

(3) 一个公司及其任何养老基金;

(4) 基金经理(包括被免职的基金经理)与投资事务是由该基金经理以全权代理方式处理有关投资账户的任何投资公司、单位信托或其他人;

(5) 财务或其他专业顾问(包括股票经纪人)与其客户,以及控制该顾问、受该顾问控制或所受控制与该顾问一样的人;

(6) 公司的董事,而该公司已收到要约或该公司的董事有理由相信该公司可能即将收到一项真正的要约。

中国证监会2006年颁布的《上市公司收购管理办法》对"一致行动人"也有界定,详细内容我们将在第十八章介绍。

前面我们谈了收购人,现在再来看被收购人。被收购人是指上市公司收购所指向的目标,即被收购的上市公司。被收购人是一个比较笼统的概念,具体包括被收购公司、被收购公司的股东和被收购公司的董事会。此外,由于被收购公司、被收购公司的股东和被收购公司的董事会属于不同的民事主体,所以从理论上讲,应当对他们各自的权利、义务和责任严格区分,不能加以混淆。

第三节　上市公司收购方式的法律规定

我们已在前面有关章节对收购兼并的基本形式进行了介绍。在此,我们将对要约收购和协议收购这两种常用收购方式中的法律问题进行进一步讨论。

一、要约收购

要约收购是指收购人通过向目标公司所有股东发出在要约期满后以一定价格购买或按比例购买其愿意出售的股份的要约而进行的收购。根据收购人是否自愿发出收购要约,要约收购可以分为强制要约收购和主动要约收购。前者是指收购人已经持有目标公司股份达到一定比例并拟继续增持或者从一定比例以下拟增持并超过该比例股份时,按法律规定,必须向目标公司全体股东发出购买其持有的股份的要约,以完成收购;后者是指收购人自主决定通过发出收购要约以增持目标公司股份而进行的收购。根据要约收购的标的是否是目标公司股东持有的全部股份,要约收购可以分为全面要约收购和部分要约收购。前者是指以目标公司全部股东持有的全部股份为标的的要约收购,后者是指以目标公司全部股东持有的全部股份的一部分为标的的要约收购。

强制要约收购是一个颇具争议的制度,英国、法国、中国内地、中国香港等地采用该制度,而美国等国家对此则采取法律许可主义,没有强制要约收购制度,收购人可自由地进行要约收购。支持该制度的观点认为,收购人在收购成功后可能会以其控股地位侵害少数股东利益。因此,有必要要求已获得控制权的收购人以不低于其为取得控股权所支付的价格向其余所有股东发出收购要约,为小股东提供一个以适当价格退出的机会。反对该制度的观点认为:首先,强制要约收购只是赋予受要约人全部出售其股份的机会,不能消除要约过程中小股东的"受剥削"的问题。其次,强制要约收购制度会大大增加收购人的收购成本,弱化证券市场优化资源配置的功能。

按照强制要约收购的要求,在一个人(法人或自然人)获得另一个股份公司的有投票权股份达一定数量后,必须向该公司的全体股东发出收购股份要约,除非此项义务被相关机构豁免;而且有的国家规定,其要约价格不得低于此前某一时期内收购该种股份的最高价格。此制度起源于英国。20 世纪 60 年代,英国为规范公司收购,制定了《伦敦城收购及兼并守则》,该条例 9.1 规定,获得目标公司股份的任何一方,在下列情况下都必须向目标公司的所有股东发出收购要约:(1) 当任何一方获得一个公司的股份达到或超过该公司有投票权股份的30% 时(这些股份可能是一个人自己持有的股份之和,也可能是通过几个人的"一致行动"所得),无论这些股份是否是通过在一定时期内的一系列收购行为所得到;(2) 当任何人,包括与他一致行动的人,持有的股份之和不少于有投票权股份的 30% ,且不多于 50% ,该人或任何与他一致行动的人,在任何一个 12 个月内,另外获得的该公司的股份超过有投票权股份的2% 。此后,该制度为许多国家所效法,如法国、西班牙、澳大利亚、新西兰等。

主动要约收购因其收购股份比例一般低于 100% ,因此各国在对待主动要约收购的态度上各不相同。如英国采取个案审批主义,《伦敦城收购及兼并守则》规定,所有主动要约收购均应取得收购与兼并专门小组的同意。而美国等国家对此则采取法律许可主义,收购人可自由地进行要约收购,通常没有强制要约收购制度。

二、协议收购

协议收购是指收购人为了达到控制上市公司的目的,在证券交易所之外,通过和目标公司股东协商一致达成协议,受让其持有股份而进行的上市公司收购。

协议收购具有如下特点:第一,协议收购的主体具有特定性。协议收购的出让方为目标公司的特定股东,受让方为收购人。而要约收购方式和集中竞价交易方式的出让方都是不特定的。第二,协议收购以收购人和目标公司股东订立股权转让协议为形式要件。第三,协议收购的交易程序和法律规制相对简单,交易手续费低廉,可以迅速取得对目标公司的控制权。第四,要约收购只能通过证券交易所的证券交易进行,协议收购则可以在证券交易所场外通过协议转让股份的方式进行。

需要指出的是,中国《证券法》虽然未对要约收购与协议收购所收购的股份类型作出明确规定,但依据现时上市公司收购的实际情况并结合《证券法》的有关规定,协议收购的股份一般是非流通股(包括国有股和法人股)。

由于协议收购是收购人与目标公司的控股股东或大股东本着友好协商的态度订立合同、收购股份,以实现公司控制权的转移,所以协议收购通常为善意收购;而要约收购的对象是目标公司全体股东持有的股份,自然不需要征得目标公司经营者的同意,因此要约收购的方式多为敌意收购所采用。

一般而言,要约收购主要发生在目标公司股权较为分散、公司的控制权与股东分离的情况下;协议收购则多发生在目标公司股权比较集中、存在控股股东的情况下,收购人可通过协议方式实现控制权的转让。

由于协议收购往往是一对一进行的,在公正、公平以及透明度方面存在一定隐忧,可能引发内幕交易,因此有些国家和地区排除了协议收购的合法性①,只有证券市场发达,法律、监管机制完备的国家和地区,才允许对上市公司股份进行协议收购。如英国规定,经证券管理部门批准,收购人可以进行协议收购。为了维护协议收购过程中中小股东的利益,允许协议收购的国家和地区对协议收购的程序、申报和信息披露一般都有严格规定,比如要求收购人在并购双方达成协议后的一定期限内将收购协议予以公告,在未作出公告前不得履行收购协议。

第四节　针对反收购的法律规制②

一、各国针对反收购规制纵览

如前所述,收购兼并活动会导致控制权的转移和利益的再分配,这种变化并不总受目标公司股东或管理层的欢迎。面对不受欢迎的敌意收购,目标公司经常会采取一些反收购措施。反收购的动机主要有两个:一是收购方提出的收购条件不够有吸引力,从而不被目标公司股东所接受;二是目标公司的管理层担心收购后个人的地位、权力会受到不利影响,因而从自身利益出发,对收购进行抵制。很显然,前一种反收购的动机一般有助于维护目标公司股东的利益;而后一种反收购的动机则通常不会有利于目标公司的一般股东,因为目标公司的管理层有可能为求自保而不惜牺牲股东的利益。由于在公司管理层与中小股东的利益冲突中,中小股东通常会处在劣势地位,因此,为了维护中小股东的利益,对上市公司的反收购行为进行适当法律规制是必要的。

尽管大多数国家和地区从维护市场公平与秩序、保护中小股东的利益出发,对反收购行为都有一定的法律限制,但由于反收购的动机和影响十分复杂,在具体法律规定和法律限制的严厉程度方面,各国各地区之间差异很大。

---

①　在中国现阶段的资本市场条件下,由于存在大量非流通的国有股和法人股,协议收购不仅被允许,而且是兼并的主要方式。

②　本节内容多处参考和应用了作者与黄金老、吴治宇等合作为上海证券交易所所作的《中国上市公司的反收购措施及其规制》的研究报告。在此,向我的合作者及上海证券交易所表示感谢。

美国有关公司兼并的重要法典《威廉姆斯法案》,不排除目标公司管理层反收购行为的合法性,而将重点放在与反收购相关的信息披露方面,强调董事会成员的注意义务和忠诚义务。该法案规定:目标公司必须将有关其欲采取的反收购行为进行披露;有义务将其对收购要约的观点加以公开;目标公司欲对其股东提出任何建议(包括拒绝或接受收购要约),应在此类建议公布或送达股东之日前,向美国证券主管机构即美国证券交易委员会呈报;当目标公司自行购回已发行的股票时,必须在购回前向美国证券交易委员会填表报存有关资料并公布。美国《证券交易法》则规定:目标公司的反收购措施不得构成欺诈、不得涉及操纵。

在美国模式下,法律并不明确限制目标公司管理部门具体的反收购措施。目标公司经营者采取的反并购措施是否合法,要依据商业判断规则(the business judgment rule)来确定。根据此项规则的要求,董事对于公司之损害所负的责任仅仅限于那些因其违反注意义务和忠诚义务所造成的损害,至于纯因其判断错误所造成的商业损害,只要在作出判断时符合一般商业判断标准,则董事通常可以免责。[1]

在美国,目标公司董事在采取反并购措施时应尽的注意义务主要包括:[2](1)应对本公司的价值有一个正确的认识。否则,就难以判断反收购措施是否有利于公司价值的最大化。(2)尽可能获取关于并购的信息。董事应了解并购的背景以及相应的反并购措施之利弊,应对并购协议等相关文件进行细致的审查,并尽可能了解并购方财务能力等信息。(3)最小化利益冲突。如果目标公司董事在收购方公司中有利益,那么他应当立即向本公司的其他董事披露。而目标公司董事在采取反并购措施时的忠诚义务则要求董事的所作所为要符合公司及股东的最佳利益。一般来说,如果目标公司的董事采取的反并购措施具有合法、有效以及重要的商业目的,则表明他尽了忠诚义务。美国法学研究院的《公司治理原则》对注意义务和忠诚义务作了合并规定:"在下列情况下,以善意作出商业判断的董事或经理即履行了他(她)在本条项下的职责:(1)与商业判断事项没有利害关系;(2)对有关商业判断事项的了解程度达到董事、经理在相同情况下会合理地相信为适当的程度;(3)合理地相信此项商业判断符合公司的最佳利益。"[3]这段文字成为美国公司法中商业判断规则的经典定义。在该定义中,第(2)条实际上就是董事的注意义务,第(1)项、第(3)条则为董事的忠诚义务。

由于注意义务和忠诚义务的衡量标准较为模糊,董事对自己的行为是否符合董事义务很难完全明了,法院在事后也很难作出始终如一的判断。美国之所以采取这样一种法律规定,主要是基于其以判例法为基础的法律体系。美国判例法在审判实践中总结出一个董事免责的标准,称之为主要目的检验规则(the primary purpose test)。主要目的检验规则所关注的是,董事会采取反并购措施所要达到的目的是否正当。例如,董事会采取行动的主要目的是为了维护股东及公司的利益,还是为了确保董事的职位或延续他们对公司的控制?[4] 这种观点在一些反并购案件中已得到验证。

总之,美国各级政府对反收购行为的规制是相当宽松的,董事会对是否反收购具有很大的自由决定权。1984年,美国联邦最高法院称,将最小限度地干预公司管理层采取反收购措

---

① 范建得:《自"利益输送"问题谈中、美保护少数股东权之法律制度》,《台、港、澳及海外法学》,1991年第9期。

② Ralph C. Ferrara, Meredith M. Brown, John H. Hall, *Takeovers-Attack and Survival*, *A Strategist Mannal*, Butterwoiths, 1987, pp. 291—293.

③ 汤欣:《公司治理与上市公司收购》,中国人民大学出版社2001年版,第376页。

④ Lipton, "Takeover Bidsinthe Target Boardroom", *Business Lawyer*, 1979, Vol. 35, pp. 101—134.

施。有人认为,这在一定程度上纵容了董事会滥用权力,造成反收购行为失控,从而弱化了对少数股东利益的有效保护。

英国对上市公司收购/反收购的规制集中体现在《伦敦城收购及兼并守则》(以下简称《守则》)中。《守则》禁止目标公司的经营者实行反收购措施,而把反收购权利交给了目标公司的股东,规定:"无论何时……不经过股东大会的批准,目标公司的董事不可采取与公司事务有关的行为,其结果是有效地挫败一项善意的收购……"根据《守则》,目标公司董事会不得采取以下措施:(1) 发行任何已被授权但未发行的股份;(2) 发行或授予任何与未发行股份有关的选择权;(3) 创设或发行含有可转换或购买公司股份选择权的证券;(4) 出售、处置、购买或同意出售、处置、购买大量资产;(5) 除了正常的经营之外,签订任何合同(即非正常商业过程下签订的合同)。

《守则》也允许目标公司管理层在一定条件下采取一些反收购的措施。这些措施包括:(1) 向股东详细陈述在本次收购中公司的利害得失,劝说他们拒绝接受收购者的要约。这里,董事会劝说的依据——盈利预测、资产重估等,须由独立第三方公平作出。(2) 劝说有关部门将该次收购提交给垄断与兼并委员会。依据《守则》的规定,如果本次收购被提交到垄断与兼并委员会,本次要约自动失效。(3) 寻找收购竞争者。在司法实践中,英国判例法对目标公司反收购行为是否合法的判定,主要是依据董事的忠实义务来判定其行为是否获得股东大会的授权。

与美国相比,英国立法对反收购行为的规制要严格得多,董事会对是否反收购基本上没有自由决定权,董事会所能做的只能是劝说股东或寻找更佳收购者。

欧盟各国和欧洲大陆其他国家对反收购大都采取了类似于英国的态度,原则上规定除非得到股东大会过半数同意,管理层不得采取对抗行为。

关于中国在反收购方面的法律与规定,我们将在后面有关章节,特别是第十八章进行讨论。

二、规制重点之一:目标公司管理层的反收购措施

(一) 对目标公司管理层反收购措施滥用之防范

各国有关收购兼并的法律、法规普遍对收购兼并双方作了诚信义务的规定。例如,中国证监会2006年颁布的《上市公司收购管理办法》第四条规定:"上市公司收购活动应当遵循公开、公平、公正的原则,相关当事人应当诚实守信,自觉维护证券市场秩序。"第九条规定:"上市公司的董事、监事和高级管理人员对其所任职的上市公司及其股东负有诚信义务。"目标公司,尤其是上市公司的反收购措施,不能违背诚信义务。

《上市公司收购管理办法》第三十三条对被禁止的若干目标公司反收购措施作了列举。有此规定,国外所谓焦土战术、毒丸术等反收购措施在中国便被明文禁止。对并购后的目标公司人事安排和待遇,我国虽无明文规定,但诸如引入金降落伞计划、银降落伞计划或锡降落伞计划等,也可归入重大合同加以禁止。因为,这些极有可能是变相的瓜分公司资产或国有资产。

(二) 许可的目标公司管理层反收购措施

1. 在公司章程中置入反收购条款

(1) 分期分级董事会制度。即在公司章程中规定董事的更换每年只能改选 1/4 或 1/3 等。这样,收购者即使收购到了足量的股权,也无法很快入主董事会控制公司;原股东则可以通过控制董事会决定,采取增资扩股或其他办法来稀释收购者的股票份额。在我国,根据《公司法》第 112 条、第 115 条,股份公司董事会成员为 5—19 人,董事任期由公司章程规定,但每届任期不得超过 3 年;董事任期届满,连选可以连任;董事在任期届满前股东大会不得无故解除其职务;董事长和副董事长由董事会中全体董事的过半数选举产生。第 117 条规定,董事会由 1/2 董事出席可举行,决议经全体董事的过半数通过。这样,如果在公司章程中规定分期分级董事会制度,即使遭到恶意收购,由于董事长和大多数董事仍不变,原目标公司董事会仍可继续控制公司采取反收购策略以抵制收购行为。方正科技的公司章程就有类似条款。

不过,《公司法》第 104 条规定,持有公司股份 10% 以上的股东请求时,必须召开股东大会;而第 103 条规定,股东大会可以行使下列职权:① 选举和更换董事;② 修改公司章程。既然这样,收购者可请求召开股东大会,通过股东大会先行修改公司章程中关于分期分级董事会制度的规定,然后再行改选董事。这是收购者针对分期分级董事会制度的一项有效的反制方法。

(2) 多数条款。即由公司规定涉及重大事项(比如公司合并、分立、任命董事长等)的决议须经过绝大多数表决权同意通过。更改公司章程中的反收购条款,也须经过绝对多数股东或董事同意。我国《公司法》第 106 条规定:"股东大会作出决议,必须经出席会议的股东所持表决权的半数以上通过。股东大会对公司合并、分立或解散公司,必须经出席股东大会的股东所持表决权的 2/3 以上通过。"这意味着收购者为了实现对目标公司的合并,需要购买 2/3 或 3/4 以上的股权或需要争取到相当多数的(2/3 或 3/4 以上)股东投票赞成己方的意见。这就增加了收购者接管、改组目标公司的难度和成本。如果上市公司将分期分级董事会和多数条款结合起来,则收购者很难达到其收购目的。在方正科技的公司章程中同样可以看到多数条款。

(3) 限制董事资格条款。即在公司章程中规定公司董事的任职条件,非具备某些特定条件者不得担任公司董事;具备某些特定情节者也不得进入公司董事会。这给收购者增加了选送合适人选出任公司董事的难度,以赢得反收购的时间。

(4) 订立公正价格条款。即要求收购者对所有股东以相同的条件收购股票。这可以阻碍收购者以出溢价收购来分化目标公司股东的图谋,加大收购者的收购成本。我国《证券法》第 85 条和第 88 条规定:"收购要约中提出的各项收购条件,适用于被收购公司所有的股东";"采取要约收购方式的,收购人在收购要约期限内,不得采取要约规定以外的形式和超出要约的条件买卖被收购公司的股票"。这表明"二步报价"在我国是不合法的。

2. 股份回购

即通过大规模购回本公司发行在外的股份以使潜在的股份收购对象减少来防御被收购。股份回购因其极易衍生内幕交易,因此尽管多数国家的法律允许此类行为,但监管机构对其都施以严格的监管。股份回购,通常只能是公司在未分配利润缺乏明确投资方向,或者业务较为成熟而不需要追加超额投资,或者市场看淡而放弃原有投资计划时回报股东的一种选择。

股份回购在我国存在法律障碍。我国《公司法》第 149 条规定："公司不得收购本公司的股票,但为减少公司资本而注销股份或者与持有本公司股票的其他公司合并时除外。"该条第二款规定:"公司依照前款规定收购本公司的股票后,必须在十日内注销该部分股份,依照法律、行政法规办理变更登记,并公告。"

3. 司法救济

诉讼策略是目标公司管理层在反收购中常用的措施。目标公司管理层提起诉讼的理由主要有三条:一是披露不充分。目标公司认定收购人未按有关法律规定向公众及时、充分、真实地披露进行收购所必须披露的信息。我国《上市公司收购管理办法》第二十六条对收购人的要约收购报告书应当载明下列事项作了详细的 10 项列举;其第五章"监管措施及法律责任"对收购人未按规定履行报告、公告义务的以及收购人的报告、公告等文件中有虚假记载、误导性陈述或者重大遗漏的,规定了惩罚措施。二是反垄断。目标公司认定收购人的收购会带来某一行业或公司的垄断,违反反不正当竞争法。三是收购操作过程存在欺诈等犯罪行为。诉讼策略的第一步往往是目标公司管理层提请法院禁止收购继续进行。于是,收购人必须给出充足的理由证明目标公司的指控不成立,否则不能继续增加持有目标公司股票。这至少延缓了收购时间,便于目标公司管理层采取进一步的反收购措施。

三、规制重点之二:目标公司管理层的忠诚勤勉义务

(一) 充分的收购信息披露

要保证程序的公开性和透明度,就必须实行充分的收购信息披露。美国的《威廉姆斯法案》被认为是一部披露法。披露的内容包括:(1) 公司接到的或觉察到的所有有关收购信息,如大量持股变动。(2) 目标公司的真实经营状况。这种披露还要得到目标公司独立财务顾问的认可。(3) 收购者对目标公司管理层的许诺。目标公司董事必须在其对股东所作出的建议中将这种许诺作为重要事项予以披露。在英国,还要将收购者给予目标公司董事的优惠条件写到要约文件中。① (4) 收购人的收购意图、收购要约以及与收购有关的信息,特别是收购人的财务信息。

中国证监会颁布的《上市公司收购管理办法》是规范我国上市公司收购信息披露的最重要的法律规定,该管理办法对投资者(收购者)的权益和信息披露作出了非常详细的要求和规定,同时也要求目标公司董事会应当将目标公司董事会报告书与独立财务顾问的专业意见报送中国证监会,并予公告。

(二) 对股东选择提供决策支援

前已述及,目标公司股东与收购者在并购交易中处于信息弱势。为克服股东因信息不对称而导致的不利地位,目标公司管理层有义务利用其经营管理信息、专业技能,对股东选择提供决策支援。我国《上市公司收购管理办法》第七条规定:"被收购公司的控股股东或者实际控制人不得滥用股东权利损害被收购公司或者其他股东的合法权益。被收购公司的控股股

---

① 郭富青:《论公司要约收购与反收购中少数股东利益的保护》,《法商研究》,2000 年第 4 期。

东、实际控制人及其关联方有损害被收购公司及其他股东合法权益的,上述控股股东、实际控制人在转让被收购公司控制权之前,应当主动消除损害;未能消除损害的,应当就其出让相关股份所得收入用于消除全部损害作出安排,对不足以消除损害的部分应当提供充分有效的履约担保或安排,并依照公司章程取得被收购公司股东大会的批准。"第八条规定:"被收购公司的董事、监事、高级管理人员对公司负有忠实义务和勤勉义务,应当公平对待收购本公司的所有收购人。被收购公司董事会针对收购所作出的决策及采取的措施,应当有利于维护公司及其股东的利益,不得滥用职权对收购设置不适当的障碍,不得利用公司资源向收购人提供任何形式的财务资助,不得损害公司及其股东的合法权益。"

目标公司管理层在洞悉收购公司欲实施收购后,应首先分析收购者的收购动机及实力,明晓自身对收购者的吸引力在何处,判断对方的收购意图是否真实。董事必须本着注意义务和忠实义务的要求,具体分析收购要约的性质和后果,尤其要考虑收购要约的报价是否充分,收购要约的时间安排是否适当,收购是否有违法行为,收购对债权人、客户、公司雇员等利益相关者有何影响,收购是否符合国家的产业政策,收购不能完成的风险有多大,作为收购对价的证券品质是否优良,等等。

《上市公司收购管理办法》第三十二条、第三十三条、第三十四条对目标公司董事和董事会的勤勉、诚信义务和提供决策支援义务作了详细规定,第五章还规定了相应的法律责任。需要强调的是,董事会就收购问题出具的报告书,必须真实、准确、客观,不得有欺诈或误导性陈述。当董事会内部成员间关于收购问题发生意见分歧时,少数派董事的意见必须同样予以通报,以便于股东作出全面权衡。

(三) 争取对股东最有利的被收购条件

收购者为了能够顺利完成收购,往往给予持有股份数量较多的股东以一定的优惠条件,这构成了对中小股东的歧视、不公正。因此,各国法律都规定了价格平等、价格最高原则。美国证券交易委员会指出,关于收购价格应坚持两个原则:(1)一个公开收购要约必须是对作为要约对象的这一等级证券的所有的股东发出的;(2)所有的这些股东必须被付给在收购要约中最高的要约对价。英国《伦敦城收购及兼并守则》第六条也规定:"当一个要约被合理地认为是在收购的意图之中时,如果潜在的要约收购者获得潜在的被收购公司的股份,那么任何随之而来的收购者或一致行动的人,对同一等级的股东发出的一般要约,应不少于这些有利条件。"在司法实践中,美国还贯彻所谓"拍卖义务"理论,即如果目标公司被收购是不可避免的,则反收购措施的唯一合法目的就是通过类似拍卖的程序,为股东获得最佳的收购条件,而不得挫败收购人的收购。所以,目标公司管理层必须要为全体股东争取到最有利的收购条件。我国《上市公司收购管理办法》第三十五条对收购人确定要约收购价格作了量化的原则性规定,以最大限度地保护目标公司股东的利益。

(四) 禁止收购双方管理层的共谋行为

收购双方管理层的共谋行为普遍存在。在我国,一方面国有公司所有者缺位,企业内部控制松弛;另一方面股票价格还不能正确反映股票的价值。这样,收购双方管理层通过共谋来共同瓜分国有和中小股东财产的问题将更加严重。尤其在管理层收购中,管理层利用职务之便,通过调剂或隐瞒利润的方法扩大账面亏损,从而压低股价,甚至直至上市公司被 ST 后再以更低股价收购。而一旦管理层收购完成,管理层再通过调账等方式使隐藏利润合法再现,提高年底公司分红。例如,粤美的管理层收购的价格就有争议。粤美的管理层收购中第一次股权转让价格为 2.95 元,第二次股权转让价格为 3 元,均低于公司 2000 年每股净资产 4.07 元。再如,深圳方大集团股份有限公司(深方大)的管理层收购中第一次股权转让价格为 3.28 元,第二次股权转让价格为 3.08 元,均低于公司 2000 年每股净资产 3.45 元。

对此种共谋行为,必须严令禁止。主要是要在上市公司内建立科学的决策机制、制衡的内控机制以及充分的信息披露制度;在法律上,列明管理层隐瞒收购信息、欺诈股东所应承担的法律责任,如赔偿损失、将违反忠实义务所得及利息归入公司。对于管理层收购的,还应规定给予原股东在管理层收购完成后的一定时期内保留对原公司财务状况的知情、质询、追查,直至提起诉讼的权利等。

四、规制重点之三:反垄断

(一) 反垄断的立法情况

一个企业在市场所占份额过大,这个企业就会抬高产品价格,损害消费者利益。像政府的绝对权力会导致腐败一样,工商界的权力也会导致经济上的腐败,即垄断。政府有责任限制垄断,以维护自由竞争的市场秩序。企业合并对市场竞争的影响更具有长期性,常常是反垄断法的规制重点。许多国家都制定了反商业垄断的法律和规定,著名的如美国 1890 年《谢尔曼法》及 1914 年《克莱顿法》、英国 1965 年《垄断与兼并法》及 1973 年《公平交易法》《欧共体竞争法》《欧共体条约》第八十五条及第八十六条。根据反垄断法,达到一定规模的企业合并要申报,申报获得批准之后企业方能进行合并。因而,反垄断法成了管理层反收购的一件利器。

纵观全球发达国家,企业合并控制政策已由严厉型走向温和型。美国反垄断法以严厉著称,但早期确立的标准和原则已经历次修改而有所改变,结构分析方法和"有罪推定原则"已不复存在。因此,美国企业的合并浪潮在 20 世纪八九十年代一浪高过一浪。德国反垄断法的特点是将企业合并规制的重点放在横向合并上,对于非横向合并,至今没有给予实质性的立法限制。日本的企业合并政策历来被认为是最宽容的,尽管日本 1977 年修订了《禁止垄断法》,新增加了垄断状态规制,即不仅可以规制横向合并,而且可以部分地规制纵向合并和混合合并,但这一制度的有效性却一直受到怀疑,20 世纪 80 年代以来日本尚无一例关于垄断状态的案件便足以证明这一点。① 各国之所以对合并采取宽容政策,主要是为了在经济全球化的背景之下确保和提高本国企业的国际竞争力。

我国于 2008 年 8 月开始实施第一部反垄断法,其第四章对收购兼并导致的经营者集中行为作出了相关申报和审核的法律要求。该法第二十条明确定义了经营者集中行为,指出:"经营者集中是指下列情形:(一) 经营者合并;(二) 经营者通过取得股权或者资产的方式取得对其他经营者的控制权;(三) 经营者通过合同等方式取得对其他经营者的控制权或者能够对其他经营者施加决定性影响。"第二十一条则对经营者集中的申报提出了法律要求,规定:"经营者集中达到国务院规定的申报标准的,经营者应当事先向国务院反垄断执法机构申

---

① 林燕平:《美、德、日企业合并规制的最新发展及其评述》,《政治与法律》,1998 年第 2 期。

报,未申报的不得实施集中。"第二十八条进一步规定:"经营者集中具有或者可能具有排除、限制竞争效果的,国务院反垄断执法机构应当作出禁止经营者集中的决定。但是,经营者能够证明该集中对竞争产生的有利影响明显大于不利影响,或者符合社会公共利益的,国务院反垄断执法机构可以作出对经营者集中不予禁止的决定。"

(二) 垄断的判别标准

对于到底什么样的并购构成了垄断,需要量化的判别标准。构成企业合并垄断的综合审查标准通常有:[①](1) 相关市场。一是相互竞争的产品范围,即相关的产品市场;二是销售这些竞争性产品的地域范围,即相关的地域市场。(2) 相关市场的集中度。指在一个特定的市场或行业中,生产集中在少数几家大企业手中的程度,其指标有集中率与赫尔芬达尔指数(HHI)。(3) 市场份额。(4) 市场进入障碍。指该合并所涉及的市场是否是容易进入的市场,该合并能否影响潜在的竞争者进入市场,即是否给其他的企业进入市场形成了障碍。(5) 经济效率与国际竞争力。

美国司法部反托拉斯局将以下三种情况下的兼并活动认定为非法:(1) 兼并活动将会减少"原有竞争的可能性";(2) 兼并将会增进两个公司的"互惠性";(3) 兼并会导致对某一行业的"集中"控制。

德国《反对限制竞争法》规定,如果企业合并能够产生或加强市场支配地位,那么这样的合并就必须被禁止。依据德国的法定推断标准,一家企业取得1/2份额、三家或三家以下企业共同取得1/2份额、五家或五家以下企业共同取得2/3份额,就可以推断这一家企业、三家或三家以下企业、五家或五家以下企业取得市场支配地位。这是一个法定推断,还要同时考虑企业的财力、经济关系以及技术方面的优势。

一旦目标公司管理层认为收购符合垄断的标准,就可以向法院提起反垄断诉讼,控告收购者的收购违背反垄断法,从而提请法庭判决该项收购无效。

本章小结

本章回顾了收购/反收购法律规制的历史和宗旨,明确了上市公司收购/反收购的法律主体,讨论了上市公司对要约收购和协议收购的法律规定,同时还详细分析了针对反收购的法律规制的国外现状以及三个规制重点。

- 收购/反收购的法律法规应该覆盖如下几个方面:(1) 收购/反收购方式的界定;(2) 不同收购方式需要履行的信息公告的程序;(3) 收购/反收购过程中各种行为应承担的法律责任。其中四个主要原则是:(1) 确保投资者待遇与机会均等;(2) 充分的信息披露;(3) 禁止未经股东同意便采取阻碍收购的行动;(4) 维持市场秩序。

- 在上市公司收购/反收购中,处于主要地位的是收购人、目标公司管理层和目标公司股东。收购人是指通过受让上市公司股份获得或者试图获得上市公司控制权的人,包括法人、自然人或者其他经济组织。

- 要约收购是指收购人通过向目标公司所有股东发出在要约期满后以一定价格购买或按比例购买其愿意出售的股份的要约而进行的收购。根据收购人是否自愿发出收购要约,要

---

① 王春娣:《美国规制企业合并标准问题研究》,《中国人民大学学报》,1998 年第 2 期。

约收购可以分为强制要约收购和主动要约收购。对于强制要约收购,法律规定必须向目标公司全体股东发出购买股份的要约,以完成收购。主动要约收购是指收购人自主决定通过发出收购要约以增持目标公司股份而进行的收购。根据要约收购的标的是否是目标公司股东持有的全部股份,又可分为全面要约收购和部分要约收购。

- 协议收购是指收购人为了达到控制上市公司的目的,在证券交易所之外,通过和目标公司股东协商一致达成协议而进行的收购。

思考题

1. 简述收购/反收购的法律规制的主要原则。
2. 比较要约收购和协议收购的异同。
3. 简述反收购的法律规制重点。

第十三章　跨国并购及并购的效益与风险

第一节　并购的财富效应及其度量

一、并购的财富效应

并购究竟能为股东带来什么样的回报？能不能创造价值？我们在第五章从理论上介绍了并购的几个重要动机。综合来看，并购可能带来的正的财富效应主要体现在如下几个方面：

（1）规模经济效益。通过并购进行资产的补充和调整，达到最佳经济规模，降低企业的生产成本，提高生产效率和盈利水平。

（2）降低交易费用。企业理论告诉我们，市场运作的复杂性会导致交易的完成需要付出高昂的交易成本，通过并购改变企业边界，使某些高成本的交易转化为企业内部经营，从而节省成本、提高效率。

（3）提高市场份额和市场竞争力。企业通过并购活动减少竞争对手，提高市场占有率，可以增加对市场的控制能力和垄断能力，从而获得超额利润。

（4）套利。收购由于种种原因被价值低估的目标公司，可能为收购公司的股东带来额外利益。

（5）利用效率差异创造价值。如果一家公司的经营效率与管理水平低于另一家公司，则由高效率公司收购低效率公司，可使低效率公司的管理效率得到提高。其效应表现为：效率差异→并购行为→提高整体管理水平→提高整个社会经济的效率。

二、并购财富效应的度量

考虑两个分立的公司 A 和 B 准备合并。A 公司在分立时（未宣告合并前）的价值为 P_A，B 公司在分立时（未宣告合并前）的价值为 P_B，合并后的价值为 P_{AB}。则合并新创造的价值，即产生的协同效应为：

$$协同效应 = P_{AB} - (P_A + P_B)$$

当协同效应为正时，合并产生协同效应，创造财富；反之，则毁损财富。当然，即便合并产生正的协同效应，新创造的财富也不完全归收购方（A 公司）股东所有。原因是在收购过程中，收购方（A 公司）常常需要向被收购方（B 公司）支付超出其股票原有价值 P_B 的溢价。

（1）对于现金融资合并，合并成本等于支付给被收购对象 B 公司的现金总额减去未宣告合并前 B 公司的价值 P_B,即 B 公司在被合并过程中获得的溢价。

现金支付溢价公式:

$$A \text{ 公司合并成本} = B \text{ 公司所获溢价}$$
$$= \text{支付 B 公司现金} - P_B$$

(2) 对于基于股票融资的合并,合并成本的计算稍为复杂。A 公司合并 B 公司的成本,必须视合并之后的公司股票价值而定。假设 B 公司股东取得 X 比例的合并后公司的股票,则 A 公司实际的合并成本或 B 公司所获溢价为 $X \times P_{AB} - P_B$。

股票支付溢价公式:

$$A \text{ 公司合并成本} = B \text{ 公司所获溢价}$$
$$= \text{支付 B 公司股票价值} - P_B$$
$$= X \times P_{AB} - P_B$$

无论是现金收购还是股票收购,收购公司股东的价值增值即 A 公司的合并收益均可表示为:

$$A \text{ 公司合并收益} = \text{协同效应} - B \text{ 公司所获溢价}$$

例 13-1:合并公告宣布前,A 公司发行在外的总股本为 2 500 万股,每股市值为 20 元;B 公司发行在外的总股本为 2 000 万股,每股市值为 10 元。A 公司现以每股 12 元的现金价格收购 B 公司所有股票,两家公司合并后的总市值为 90 000 万元。

合并的协同效应为:

$$90\,000 - (2\,500 \times 20 + 2\,000 \times 10) = 20\,000(\text{万元})$$

B 公司所获溢价为:

$$12 \times 2\,000 - 10 \times 2\,000 = 4\,000(\text{万元})$$

A 公司的合并收益为:

$$20\,000 - 4\,000 = 16\,000(\text{万元})$$

例 13-2:在上例中,如果 A 公司以换股方式吸收合并 B 公司,B 公司每 1.6 股可以换成 A 公司的 1 股,两家公司合并后的总市值为 90 000 万元。

很显然,合并产生的协同效应仍为 20 000 万元。吸收合并后,A 公司存续,B 公司股票整体转化成 A 公司的 1 250(= 2 000/1.6)万股,因此合并后 A 公司总股本增至

$$2\,500 + 1\,250 = 3\,750(\text{万股})$$

A 公司向 B 公司支付的显性成本为:

$$1\,250 \times 20 = 25\,000(\text{万元})$$

但上述显性成本并非 A 公司向 B 公司支付的真实成本,或 B 公司股东获得的真实价值。B 公司原有股本占合并后新的公司的总股本的 1/3(= 1 250/3 750),即 $X = 1/3$。因此,B 公司原有股本在转化成 A 公司股票,完成合并后的真实价值为:

$$90\,000 \times 1/3 = 30\,000(\text{万元})$$

B 公司所获溢价为:

$$90\,000 \times 1/3 - 10 \times 2\,000 = 10\,000(\text{万元})$$

A 公司原有股东获得的合并收益为:

$$20\,000 - 10\,000 = 10\,000(\text{万元})$$

不过,实践证明,合并并不总是有利可图,它也存在着许多风险,并伴随着各种负面效应。

第二节　并购的风险分析

由于并购双方信息的严重不对称,企业并购隐含着各种风险,主要体现在:

(1)财务风险。财务风险是指由于收购方对被并购企业财务状况缺乏足够了解,从而导致收购方错误地估计目标公司价值和合并的协同效应。财务报表是并购中进行评估和确定交易价格的重要依据,其真实性对整个并购交易至关重要。但目标企业有可能为了自己的利益,利用虚假的报表美化其财务、经营状况,欺骗收购者,收购方股东可能因此而蒙受利益损失。

(2)资产风险。资产风险是指被并购企业的资产低于其实际价值或并购后这些资产未能发挥其目标作用而形成的风险。并购的本质是产权交易,并由此导致所有权和控制权的转移。所有权的问题看似简单,实际上隐藏着巨大的风险。比如,目标企业资产评估是否准确可靠,无形资产(商标、品牌、技术专利、土地使用权等)的权属是否存在争议,资产真实价值是否低于报表显示的账面价值等等,都不会那么一目了然。同时,并购资产质量的不确定性也可能影响合并后企业的运营。

(3)负债风险。在多数情况下(收购资产等除外),并购行为完成后,收购方要承担目标企业的债务。这里有三个问题值得特别注意:一是因目标企业为其他企业提供担保等行为而产生的或有负债。或有负债符合一定的条件便要加以确认,但主观操作空间极大,给企业未来的财务安排带来不确定性。二是被收购方是否可能隐瞒了负债。三是目标企业负债率是否过高,会不会在将来引发还本付息的压力。

(4)法律风险。企业在并购过程中可能发生民事纠纷,或者并购活动本身不符合相关的法律,如政府反垄断的规定。此外,目标企业的未决诉讼等或有事项也可能引发法律风险。

(5)融资风险。融资风险是指收购方能否按时、足额地筹集到资金,保证并购顺利进行。通过现金方式支付的企业并购往往需要大量的资金,如何利用企业内部和外部的资金渠道在短期内筹集到所需的资金是并购活动能否成功的关键。即便企业能够筹集到足够资金进行收购活动,但如筹资方式或资本结构安排不当,也会大大加重企业将来还本付息的负担,埋下财务危机的隐患。

(6)流动性风险。流动性风险是指企业并购后由于债务负担过重,缺乏短期资金,导致支付困难的可能性。流动性风险在现金收购与杠杆收购中表现得尤为突出。目标企业的高负债(特别是短期负债)比率也可能给承担债务的收购方带来流动性风险,影响其短期偿债能力。

(7)扩张过速风险。扩张太快未必是好事,其弊端表现在以下三个方面:一是可能带来管理的难度和风险。规模增加自然带来管理难度的增加。二是并购使企业规模增大,可能导致规模不经济,体现为随着企业生产能力扩大而形成的单位成本提高、收益递减的现象。三是可能分散企业的资源,造成资金周转的困难甚至资金链条的断裂。美国安然公司和世界通信公司的倒闭与兼并扩张太快不无关系。中国德隆系的崩溃也可以说是扩张太快的结果。

(8)多元化经营风险。混合兼并导致企业多元化经营。我们在前面相关章节提到,多元化经营虽不总是坏事,但有足够的事例表明,多元化经营的企业要比专一经营的企业难以管理。换句话说,许多时候业务专精的企业比业务分散的企业更容易创造价值。

（9）兼并以后的资源整合风险。兼并后的资源整合,包括生产技术的整合、产品的整合、流程的整合、标准的整合、品牌的整合、营销的整合、人力资源的整合、组织架构的整合和企业文化的整合等等,绝不是容易的事。波士顿咨询公司的一份调查报告发现,美国的企业兼并案例十例中只有两例是对兼并后的具体业务改组作出了事先计划的,致使兼并后大多数企业达不到预定目标。因资源整合不成功而导致失败的兼并案例可谓比比皆是。例如,2001年,即 Glaxowell-come 公司收购了 Smith Kline Beecham 公司后仅一年,两家公司的股东总收益就下降了41%;2000年,我们目睹了美国在线创纪录地以1 060亿美元收购了时代华纳,同样,一年后,其股东总收益降低了32%。导致并购重组失败的主要原因就是执行问题。美国科尔尼管理咨询公司并购整合的研究结果显示,造成这些问题的主要根源不在于基本战略,而在于其无法贯彻实施。

（10）反收购风险。兼并操作有时会遭到目标企业董事会和股东的抵抗,他们采取的反收购手段、设置的各种抵御收购的障碍,既增加了收购难度,也增加了收购成本。

此外,兼并还可能因以下两个方面的原因而使企业遭受损失:一是第十章中提到的"狂妄假说",即管理层过于相信自己的能力,盲目乐观地估计兼并的协同效应,低估了兼并的风险和资源整合的难度。二是代理成本,即管理层从自身利益出发,从事损害公司股东利益的收购。比如,第十一章中提到,管理层可能为了避免将自由现金流返还给股东,从而保持自己控制的资源数量而发动并购,或者为了增强公司对管理层的依赖性而并购那些需要管理层特殊能力才能有效运转的公司。对此,股东只能加大监督力度,通过订立合约、采用激励和约束手段等方式防范管理层的道德风险。这就提高了直接的合约成本以及监督成本,使管理成本加大。

案例分析
上汽并购双龙,42亿投入损失大半

2004年10月28日,上汽以5亿美元的价格高调收购了韩国双龙48.92%的股权。上汽借此巩固了其世界500强地位。这是国内车企第一次以控股方身份兼并国外龙头汽车公司。这一汽车业最大的海外并购事件,被看作中国汽车业跨国经营的标志性事件。根据双方协议,上汽将保留和改善双龙现有的设备,引进技术,并在未来对双龙进行必要的投资。上汽将帮助双龙拓展其在韩国的业务,还将帮助双龙拓展中国和其他海外市场。当时看来,上汽与双龙达到了一种双赢的跨国经营的局面。

上汽并购双龙的时候,双龙刚刚扭亏为盈,以生产SUV型汽车为主,还算是有一定知名度的品牌。2007年之后,随着国际油价的走高,SUV由于耗油量大,被称为"油老虎",开始不被消费者看好,双龙在韩的销售业绩一直在走下坡路。上汽帮助双龙将多款汽车进口到了中国,并帮助其建立了中国的销售渠道,然而中国消费者并不认可双龙品牌,没有打开销路。

随后爆发的华尔街金融危机更是雪上加霜,到2008年年底韩国汽车行业也遭受重创,包括双龙在内的现代、起亚、通用大宇和雷诺三星等韩国主要汽车企业,在这次金融危机的席卷之下均面临危机,纷纷减产、裁员。此时,双龙现金流几近枯竭,已经到了发不出员工薪酬的

地步。为了维持企业的正常运转,上汽与双龙管理层一起提出了减员增效、收缩战线的方案,却遭到了双龙工会的反对。由于工会成员担心取消新车推出计划将直接影响到员工的收入,2008年12月17日,双龙工会成员在平泽工厂,以外泄核心技术为由,扣留了中方的管理人员。最终双龙不得不放弃整改方案,同时宣布,已无力支付原定于当月24日发放的韩国工厂全体员工的月薪,并且停止招聘,暂停员工福利,以度过当前的经济危机。

虽然2009年1月5日,上汽紧急调拨4 500万美元注入双龙,用于支付员工工资(上汽提出的援助条件是双龙要从生产一线裁员2 000人),但双龙工会坚持不裁员使得上汽无法接受,其2亿美元的救济性资金援助也暂时搁浅。救不救双龙,一时间让上汽陷入两难境地。2009年1月9日,上汽向韩国首尔法庭申请双龙破产保护,以应对销量下滑和债务攀升的局面。2009年2月6日,韩国法院宣布双龙进入破产重组程序。这意味着双龙的大股东上汽集团永远失去了对双龙的控制权。

在并购双龙的五年时间里,上汽累计砸进42亿元人民币之多,目前已损失大半。此前有美国克莱斯勒和德国戴姆勒整合失败的先例。如果上汽早一点体会出"车型和技术上的融合其实非常容易,但文化上的巨大隔阂是阻止双方走得更近的关键"背后的深意,或者留意到早在并购之初,双龙工会强烈抗议韩国政府将公司卖给中国企业的信号,也许一心想做大做强的上汽,会对并购作出更审慎的判断。

然而,世上没有后悔药,中国企业迫切在国际同行里作出成就的心理,导致了这次并购行动由开始的考虑不周,逐步演化为一个惨烈的经营败局。

上汽并购双龙,本以为可以借此迅速提升技术,利用双龙的品牌和研发实力,加快实现自主品牌汽车生产的步伐。实际上,双龙并非是值得上汽如此期待的强势品牌,上汽过高估计了并购后的收益,比如,双龙只是韩国第四大汽车厂商,虽然拥有自己的研发队伍,在技术和研发上比中国企业要好,但缺少市场。此外,上汽还低估了并购后整合的难度,比如,韩国人的民族自豪感和对来自中国并购方心理上的优越感,以及韩国工会的强势力量等。

其实上汽早在2002年就收购了双龙的一条生产线,但两年之后仍没有看清楚双龙的真实价值,这就很难用准备不足作为失败的理由了。

中国企业并购的对象多为经营陷入困境的国外企业,需要更强的管理和整合能力。并购首先要解决企业文化差距和相互认同的障碍,双龙尽管是韩国企业,与中国企业同属于亚洲文化圈,但双龙和上汽之间的认同感仍然不高。并购后的双方确实存在以何方企业文化为主的选择。

一般而言,较强势企业的文化往往也是最后合并后的企业文化主体。这种现象就使得处于相对劣势的中国企业在并购比自己更强势的企业之后,实际上无法将自己的文化导入,也就无法获得主导话语权。这种文化差异是客观存在的,并购最后的胜者并不一定就是财大气粗的一方。上汽一直被诟病为双龙的提款机,而在管理上并没有很强的主导力量,前期双方关系更像是貌合神离,而一旦陷入危机,上汽无法真正控制双龙,终于导致反目成仇。

中国企业缺少并购整合的经历或成功经验,对于并购企业的文化、国外商业环境和法律制度不了解,并购对象的规模和复杂度超过控制能力是常见问题。这导致了并购后的无所作为或手忙脚乱,最后以被并购企业无法脱离困境而黯然收场,甚至并购方自己的业绩也被大幅拖累。

从更高层面分析,中国企业并购发达国家企业,面临的问题在于如何以不发达的商业文化和管理水平的低位势,去适应、容纳乃至统领处于较高位势的被并购对象。中国企业应该通过国际化市场竞争了解先进的商业文化和环境,在竞争中学习,提升自身的素质,逐步介入跨国并购活动。

案例资料来源:郑磊,《上汽海外并购陷入双龙陷阱,42亿投入已损失大半》,《第一财经日报》,2009-08-24。

第三节　跨国并购的意义与风险

随着中国经济的高速发展和中国企业的日益强大,随着经济全球化时代的来临和深入,"走向国际"已经成为中国众多企业的一种追求、一种时尚、一种趋势。从长远来看,企业走向国际,可以在更大范围内采购原材料、研发新技术、销售产品和吸引人才,这对于企业的发展壮大显然是极为重要的。跨国并购已经成为中国企业走出去的主要方式,成为中国经济全球布局的重要手段。

与直接投资兴办企业相比,跨国并购作为对外直接投资的一种方式主要有两点优势:效率和资源。一方面,跨国并购通常能以最快的速度帮助企业实现国际化扩张战略,并在新市场中确立起自己的地位,增加企业销量;另一方面,跨国并购还能将有关各方的资源和管理经验集合起来,特别是将国外目标企业的品牌资源、客户资源、销售渠道资源以及技术等据为己有,从而提升企业的竞争地位。对中国企业而言,跨国并购的重要性日趋明显,因为它给已经初具实力的企业提供了一条方便快捷的持续扩张路径,因为它能在中国经济日益国际化的背景下帮助企业快速取得中国国内并不具备的有形和无形资产,因为它迎合了中国企业热切希望跨国经营的需要和雄心,因为它可能使中国企业的技术、管理、产品、品牌、治理结构等得到优化,获得竞争优势,提高其在国内外的影响力。简单说来,跨国并购使企业能快速取得位于不同地域的资产,这种资产在全球化的经济中已成为决定企业能否做大做强的重要因素。

然而,跨国并购的优势并非唾手可得,与国内并购相比,跨国并购可能隐藏了更大风险,一旦处理不当,跨国并购的效果可能适得其反。

一是跨国并购的信息不对称,风险更加突出。由于目标企业远在异国他乡,市场信息难收集,尽职调查难度大,成本也高,因此,对该企业的发展潜力和资产状况的评估困难较大,特别是对目标企业的商誉和无形资产的评估更加困难。

二是文化差异大,整合困难多。并购的实质是资源的重整,是企业文化、管理机制的融合。每个企业都有自己特定的文化,而企业文化一旦形成,都有一定的稳定性和连贯性,即使是在相同社会、文化背景下的不同企业之间,企业文化仍然会存在很大的差别,文化整合也非轻而易举之事。跨文化整合自然更加不易。TCL收购德国施耐德因整合乏力,并没有取得预期效果;德国戴姆勒收购美国克莱斯勒,因为文化差异,三年后戴姆勒的市值损失了490亿美元。美德文化差异尚如此之大,中国与欧美的文化差异更可想而知。

三是留住人才不容易。人才是企业发展最宝贵的资源,但由于文化和理念上的差异,如何吸引人才、留住人才,始终是实施跨国并购的中国企业面临的一大挑战。

四是留住客户不容易。客户对原有目标企业忠诚,未必就会对新东家忠诚,如何在跨国经营中留住国外客户,也是对并购者的一大考验。

为了防范并购风险,使国际化战略真正为企业带来效益,任何一家企业要进行跨国经营必须做到以下几个方面:

首先,必须有一个非常明确的跨国经营战略,避免为图"国际化"虚名而跨国经营。在制定企业并购战略时不能仅关注短期效益,更重要的是关注企业的长期效益和长期战略。尤其当被并购方是国外亏损企业时,更应考虑,我们有什么独特的资源或手段,能让其变成利润的创造者。

其次,必须做好尽职调查,充分了解相关市场信息和法律法规等,规避法律风险和信息不对称带来的风险。

最后,并购方还必须做好充分的自我评价,分析企业目前的财务状况、资源供给状况和发展态势;分析并购活动对企业流动性和偿债能力的影响;分析并购给企业带来的资源和风险;分析企业整合资源的能力。

只有这样,并购企业才能使其并购活动真正有的放矢,稳扎稳打。

案例分析
苦涩的"跨国婚姻"——TCL 早年的国际化资本运作

2004 年,中国著名企业 TCL 家族风风光光地迎娶了两位"洋媳妇",引起业界内一片哗然:1 月,TCL 并购法国汤姆逊彩电业务,共同成立 TCL-汤姆逊电子有限公司;4 月,TCL 又一举并购了阿尔卡特移动电话业务。通过两次兼并重组,TCL 形成了全球规模最大的彩电业务以及全球领先规模的移动电话业务。人们纷纷期待着 TCL 未来的飞黄腾达,却没想到,正是这两次"跨国婚姻"给它的"世界梦"造成了沉重打击。

两个隆重的"婚礼":收购之路

TTE

2004 年 1 月 28 日对于 TCL 来讲,无疑是公司历史上非常重要的一天。当日,TCL 与法国最大的电子产品制造商汤姆逊公司在巴黎签订正式合作协议,拟合资成立全球最大彩电企业 TTE Corporation(简称 TTE),这意味着中国企业首次有实力重构主流产业世界版图。7 月 29日,TTE 在深圳正式挂牌运营。TCL 将其在中国内地、越南、德国的所有彩电及 DVD 生产厂房、研发机构和销售网络并入 TTE;汤姆逊则将其位于墨西哥、波兰、泰国的彩电生产厂房、所有 DVD 销售业务以及所有彩电及 DVD 的研发机构并入新公司。双方合并重组的总资产规模超过了 4.5 亿欧元,预计 TTE 年销量将超过 1 800 万台,成为全球最大的彩电供应商。

T&A

2004 年 4 月 26 日,TCL 通讯科技控股有限公司(以下简称为"TCL 通讯",TCL 移动的控股公司)与法国阿尔卡特公司签署协议,组建一家从事手机及相关产品和服务的研发、生产、销售与分销业务的合资公司 TCL 阿尔卡特移动电话有限公司(T&A),这被认为是 TCL 跨国收购道路上的另一个里程碑。双方协议,阿尔卡特以现金和全部手机业务相关资产、权益和债务合计 4 500 万欧元(约合人民币 45 117 万元)投入合资公司,认购合资公司 45% 的股份;TCL 通讯拟向合资公司投入 5 500 万欧元(约合人民币 55 143 万元)现金,认购合资公司 55%的股份。此外,合资公司成立 4 年之后,阿尔卡特可以选择把持有的股份出售给 TCL 通讯,而公司成立 5 年后,TCL 通讯将有权购买阿尔卡特拥有的全部合资公司的股权。因此,TCL 通讯将有权获得合资公司的全部股权。

巨亏

祝福和期待固然美好,现实却如铁一般摆在人们面前。根据 TCL 通讯公布的 2004—2005 年业绩,TCL 与阿尔卡特的合资公司 T&A 全年亏损 2.83 亿元。2005 年第一季度,T&A 亏损 3.78 亿元;与汤姆逊的彩电合资公司 TTE 运营前 8 个月(2004 年 8 月到 2005 年 3 月)亏损额达到 1.4 亿元。由于受到两家合资公司的巨大亏损拖累,在过去的一年中,TCL 旗下的几家上市公司均出现了大幅度亏损。在资本市场上,TCL 集团的价格在 2004 年一年中巨幅缩水——由最高的 9.46 元跌至 2005 年 2 月的 3.44 元,几乎探至历史谷底期的 3.23 元。这一结果,让叱咤商界多年的李东生也感到惊讶和头疼。

闪电"离婚"

在股价跳水、赤字连连的现实面前,所有婚前的"甜言蜜语"、"山盟海誓"都成了泡影,"离婚"成了双方共同的选择。2005 年 5 月 17 日,在香港上市的 TCL 通讯发布公告,计划以股份互换的形式收购阿尔卡特股份,同时将总部位于香港的 T&A 在法国的全资子公司 T&ASAS 转型为业务发展、销售、市场推广和产品开发支持中心。具体的换股方式是:TCL 通讯通过增发约 1.41 亿股新股给阿尔卡特,换取阿尔卡特所持有的双方合资公司 T&A 45% 的股份;同时,阿尔卡特将获得 TCL 通讯 4.8% 的股份。至此,T&A 将成为 TCL 通讯旗下的一家全资附属公司,这场轰轰烈烈的"跨国恋情"终于宣告结束。

从希望到失望

"跨国并购的益处是显而易见的",李东生说,"采取并购欧美亏损企业的方式,能迅速切入欧美主流市场,又避开了其贸易壁垒"。更为重要的是,并购可以整合全球研发资源。并购后的 TCL-汤姆逊电子有限公司可以利用已有的 34 000 余项彩电专利、1 000 多名员工的研发队伍,通过其全球六大研发中心,合理分配资源,使我国能从中国消费电子企业所处的技术商品化层面率先跨入核心技术积累阶段。与阿尔卡特的合作使 TCL 移动获得手机业务的核心技术,从而跨越知识产权壁垒,打通通向国际市场的通道。另外,TCL 也有可能从收入、制造和成本的协同效应中获益。

但是,"我们原来的团队显得有些乐观",李东生感叹道。谈及 T&A 的亏损,他说:"与整合全球第四大家电商汤姆逊的资产相比,与阿尔卡特的交易结构相对简单,涉及人员和资源比较少,整合难度比较低,所以阿尔卡特的项目,我们并没有像前者那样经过精密的策划,在汤姆逊的项目中,每个可能发生的困难都事先准备了解决方案。""另外,我们以为利用原有 TCL 移动管理团队的优势和阿尔卡特的优势,产生协同效应,可以扭转阿尔卡特的亏损状况。"

可事实是,TCL 移动与阿尔卡特的合资公司成立以后,TCL 移动的国内业务也面临很大困难,销量大幅下降,亏损达到 3 亿多元。TCL 移动的原有团队简直是自顾不暇,根本没有精力投入到合资公司的整合中,协同效应几乎没有发挥出来,企业还是按原来的习惯运作。

此外,公司文化的整合上更暴露出严重的问题。由于 TCL 与阿尔卡特的理念相差比较大,合资公司成立半年多来,仍存在着沟通、协调的障碍,导致公司的运作不顺畅。

中国企业需要什么样的国际化?

"走向国际"是许多中国企业家的梦想,也是中国企业发展的大势所趋。随着经济一体化和全球化的趋势加强,很多中国企业已经不能满足局限在国内,而是希望走出国门,在全球范围内参与竞争、接受挑战。从长远来看,企业走向国际,可以在更大范围内采购原材料、研发新技术、销售产品和吸引人才,这将有利于企业的发展壮大。

然而国际化毕竟是企业发展的途径而不是目的。只有能够增加企业价值和股东利益、有利于企业长远发展的国际化才是可取的。如果为了国际化而国际化,热衷于表面上的做大做强,外强中干,最终必将被激烈的市场竞争所抛弃。所以说,目前中国具有一定实力的企业最应当关心的问题不应该是简单的"要不要国际化"的问题,而是"如何国际化""国际化方式是否适当、划不划算"的问题。企业价值最大化,才是企业作出国际化决策的最重要准则。

作为中国企业国际化的先驱,TCL 国际化经历了三个阶段,也是当今国际上流行的三种国际化的形式:代工、建立自主品牌网络与并购重组以进入欧美发达市场。在遭遇欧美的技术和市场壁垒时,TCL 想到了通过并购的方式取得欧美的品牌和核心技术,并且通过自身的盈利能力消化对方的负债。而事实上,TCL 目前并没有如此强大稳定的"现金奶牛"来填补对方的亏损空洞,收购后反而自身陷入泥潭无法自救;对方的研发资源无法整合,双方基本保留了两班人马和两套运行体系,研发成本居高不下,对方开发的新产品也难以在中国市场上推广;另外,双方的管理体制、激励机制也存在着诸多冲突。总之,TCL 似乎高估了自身组织管理整个跨国收购过程的能力,也缺乏整合对方优势、改造对方沉疴的实力。一言以蔽之,TCL 缺乏自身的竞争优势来克服跨国经营中的困难,这是导致"跨国婚姻"宣告破裂的根本原因。因此,在进行国际化时,企业不但要考虑被收购方的价值和价格,还应考虑到自身的竞争能力。企业本身必须拥有独占的无形资产、独特的竞争优势,才能在激烈的国际竞争中站稳脚跟,并从国际化中获益。

前车之鉴

"跨国婚姻"不一定是美妙的。企业不能把"娶洋媳妇"看作一种时尚,更不能当成炫耀的资本。盲目的国际化有可能使企业付出惨重的代价。对于任何一个"跨国婚姻",我们都不得不考虑这样一些问题:新娘有多美? 我们要花多少彩礼或多大代价才能完婚? 这个代价值得吗? 婚后又该如何应对文化上的隔阂? 新娘能顺利融入这个家庭吗? 我们有足够的实力把新家建设好吗? 还是自顾不暇?

案例资料来源:于兹志:《TCL 跨国并购》,《北大商业评论》,2004 年第 2 期。

案例分析
中国五矿集团成功收购澳大利亚 OZ 矿业

中国五矿集团(以下称中国五矿)的转型与发展是资本运作特别是海外并购的成功典范。以下以中国五矿并购澳大利亚 OZ 矿业为例进行分析。

审时度势,并购时机恰到好处

OZ 矿业是澳大利亚大型矿业集团之一,是澳洲第三大多金属矿业公司,拥有世界第二大露天锌矿等多种资源。其在澳大利亚昆士兰的锌矿每年产量就在 50 万吨左右,是全球第二大锌生产商。公司主要生产锌、铜、铅、黄金、银,在澳洲、亚洲和北美洲都有发展项目。但由于金融危机的爆发,OZ 矿业在 2008 年下半年陷入债务危机,无力偿还近 5.6 亿澳元的债务,并自 2008 年 11 月 28 日起股市停盘,公司董事会试图在全球寻求资本层面的合作。在获知这一情况后,中国五矿迅速作出反应,从谈判到提出最终方案,仅仅用了两个月时间。之所以能够迅速采取行动,是因为五年来中国五矿始终关注着该公司,并且在最短时间内进行实地考察,作出详尽的尽职调查,明确其大部分优质资产仍然存在,所以决策起来比较容易,赢得了并购时间。

面对阻力,积极灵活应变

对于这起来自于中国央企的收购案,澳大利亚政府认为,由于 OZ 矿业旗下 Prominent Hill 铜金矿位于南澳大利亚的伍默拉(Woomera)军事禁区,出于国家安全考虑,不予通过。中国五矿迅速调整方案,放弃收购 OZ 矿业最优质的 Prominent Hill 铜金矿资产,并作出必要承诺,如将所购矿产的经营管理总部设在澳大利亚,以澳大利亚管理团队为主体进行经营;产品价格必须由中国五矿设在澳大利亚的销售总部根据国际基准价格来确定;保持和提高当地就业水平,尊重与当地社区达成的协议。通过灵活应变,澳大利亚财政部最终批准了中国五矿对 OZ 矿业新的收购方案。

价格谈判,牢牢掌握定价主动权

2008 年 2 月是 OZ 矿业股价的最高点,为 3.97 澳元/股,金融危机爆发后,其股价一路下滑,到 2009 年 6 月交易宣布时,股价只有 0.90 澳元/股。中国五矿迅速抓住这一有利时机,继续压低收购价格,最终以 0.825 澳元/股成交,仅相当于 OZ 矿业最高价格的 1/5,大大节约了并购成本。而当澳大利亚政府以国家安全为由拒绝收购申请时,中国五矿立即剥除了位于军事禁区的铜金矿资产,并对报价和承诺重新做了相应调整,在原成交价基础之上再减少 10 亿澳元,并不再承担 OZ 矿业 11 亿澳元的全部债务。而且,中国五矿还与 OZ 矿业签署了捆绑性协议,即一旦 OZ 矿业拒绝被收购,则须向中国五矿支付 1.2 亿美元的赔偿金,这对 OZ 矿业最后就范也构成了约束。而另外两家中央企业的并购正好相反:中石化于 2009 年 8 月宣布并购瑞士 Addax 石油公司,在此之前的 8 个月中,Addax 的股价一路上扬,从 2009 年 1 月的 19.6 加元/股上升到 8 月的 52.7 加元/股,这笔交易最终以 52.8 加元/股成交。可以说,成交的时机几乎是 Addax 股价的历史高点。在中铝入股力拓的交易中,交易宣布时力拓的股价为 137.0 澳元/股,正处于历史性的高点,交易完成之后一年以内,力拓的股价严重缩水,跌至 46.6 澳元/股,该交易也给中铝带来了严重的财务危机。中国五矿对定价时机的准确把握,避免了被目标公司牵着鼻子走的被动局面。

适当加价,冲破竞争对手的围堵

为了阻止中国五矿的收购,加拿大皇家银行和澳大利亚投资咨询公司 RFC 集团在最后一次股东大会前半路杀出,向 OZ 矿业提出了 12 亿美元的融资替代方案。同时,澳大利亚著名投资银行麦格理集团也向 OZ 矿业提交了另一个融资替代方案,计划通过 25.4 亿美元的配股发行来筹得 14 亿美元的融资。面对竞争威胁,同时也考虑到大宗商品价格已大幅上涨的客观实际,中国五矿与 OZ 矿业董事会商讨,适当加价 15%,成功阻击了对手的竞购方案。而在以上提到的中铝与力拓的交易中,中铝没有同意力拓提出的修改方案,也让自己处于被动局面。

高效沟通,争取最大程度理解

在整个收购过程中,中国五矿不仅团队之间有高效沟通,而且与澳大利亚相关政府部门、OZ 矿业股东董事会也保持了及时充分的沟通,甚至与反对党领袖也进行了富有成效的接洽。这使得澳大利亚相关各界明确了中国企业寻求的不是控制澳洲矿产资源,而是寻求得到长期、健康、稳定的能源资源供应。因此,一直反对中铝并购力拓的澳大利亚反对党,对于中国五矿收购 OZ 矿业并没有言辞过激的行为,对这笔交易表示了肯定。

2009 年下半年,MMG(收购后新的公司名称)息税折旧摊销前的利润为 3.5 亿美元。

2010 年前 6 个月,MMG 盈利 4.04 亿美元。两个数字相加,几乎持平于中国五矿收购 OZ 资产时向银行的借贷。截至 2010 年 6 月 30 日,度过债务危机的 MMG 生产了 31.8 万吨锌精矿、1.4 万吨铜精矿、3.4 万吨电解铜、2.1 万吨铅精矿、5.5 万盎司黄金。2011 年,成功收购了澳大利亚 OZ 矿业公司的中国五矿,盈利总额突破百亿元,同比增长 98.47%。这一并购,被《亚洲金融》杂志评为"全球最佳并购"。

案例资料来源:赵前,《中国企业跨国成功并购案例分析》,《铁路采购与物流》,2012 年第 5 期。

第四节　兼并的效果——研究证据

美国《商业周刊》曾对美国的大型并购作过详细研究,基本结论是多数并购未能产生人们期待的协同效应。相反,许多并购最终损害了股东的价值。比如,戴姆勒以 386 亿美元收购了克莱斯勒,导致该股票的回报率比标准普尔汽车工业指数低了 30%;美国在线以 1 660 亿美元收购时代华纳,结果也很不理想。

《商业周刊》研究了 1995 年到 2001 年发生在美国的约三百起大型兼并案例。研究得出的主要结论是:(1) 主并企业的股票表现比业界低 4.3%,比标准普尔 500 指数低 9.2%。(2) 买家失败的主要原因是出价太高,从并购前一周开始,卖家股东获得了 19.3% 的额外收益。(3) 完全用股票进行的并购(占并购总数的 65%)结果最糟。在并购一年后,它们的表现比业界低 8%。而完全用现金收购的企业比业界表现好 0.3%。(4) 投资者最初的反应对于并购的成败是一种很好的预测。在并购第一周股价大幅下跌的企业中,66% 的股价涨幅在一年后仍然落后于业界,平均幅度达 25%。而在并购第一周股价上涨的企业在一年后的平均涨幅为 31%,这些企业第一周的平均涨幅为 5.6%。

在《商业周刊》的研究中,表现最糟的是一家互联网企业。2000 年 2 月 14 日,WebMD 宣布以 32 亿美元收购 Medical Manager 公司及其下属的 CareInsite 公司。当时正值互联网的鼎盛期,溢价高达 48%。但是一年后,该股的表现比保健类股票差 152%。荷兰的 Buhrmann 以 10 亿美元现金收购 Corporate Express 则是最成功的收购,它们的溢价只有 24%。Buhrmann 的股价在第一周就上涨了 20%,一年后上涨了 110%,而业界同期则下跌了 19%。

但是也有一些似乎要失败的收购最终让股东获得了好的回报。AMD 在 1995 年 10 月以 8.6 亿美元收购了 NexGen,虽然在第一年 AMD 的股价下跌了 37%,比业界表现差 63%,但是如果 AMD 没有收购 NexGen 的芯片技术,它就不能与英特尔竞争。AMD 创始人桑德斯说:"没有这一协议,我们就将永远被关在处理器市场外面。我当时和现在都认为这是很好的并购。"

由于收购公司一般会向被收购公司支付相当幅度的溢价,被收购公司的股东通常是并购过程中的受益者。大量研究表明,并购重组为目标公司股东带来的收益很丰厚。表 13-1 显示,目标公司股东的平均超额收益率在 20%—30% 之间。Jensen 与 Ruback(1983)认为,在要约收购中,目标公司股东的超额收益率为 30%,而在兼并中则为 20%。

José Manuel Campa 和 Ignacio Hernando(2004)利用欧共体 1998—2000 年的相关数据所作的研究同样发现,兼并的消息对目标公司股东有利。在兼并公告发布前后的一个月时间里,目标公司股票累计产生约9%的超常回报,但主并公司的股东则基本一无所获。

与目标公司股东相比,收购公司股东并不总是那么幸运。有关收购公司股东收益的研究结果尚未得出比较一致的结论。由于样本选择与研究方法的不同,不同研究得出的结论大相径庭。表13-2和表13-3显示,收购为收购公司股东带来正收益的几率几乎与为收购公司股东带来负收益的几率一样大。

表13-4给出了交易完成后较长时期内的公司的异常收益。多数研究显示并购的长期收益为负。这些研究表明,收益随着年代推移似乎呈递减趋势。这些结果表明,收购公司股东从并购活动中获取的超额收益并不令人乐观。

如果我们将目标公司和收购公司合并起来考虑,计算并购的综合收益,结果如何呢?表13-5给出了相关研究成果的总结,几乎所有的研究都表明综合收益为正。因此,就目标公司与收购公司合起来而言,并购在一定程度上增加了社会财富。值得一提的是,目标公司与收购公司之间的规模常存在显著差异。由于收购公司通常要比目标公司大得多,即使将并购带来的收益额在二者之间平分,收购公司股东的超额收益率(按百分比计算)也要比目标公司股东小得多。

表13-1 目标公司股东收益

研究者	累积超额收益(%或每笔交易平均获利美元金额)	样本大小	样本期间	事件窗(天)	正收益所占比例(%)	备注
Langetieg(1978)	+10.63%**	149	1929—1969	(−129,0)	71.6%	兼并,以交易生效日为事件日
Bradley,Desai,Kim (1988)	+31.77%**	236	1963—1984	(−5,5)	95%	仅是要约收购;数据是1963年7月—1968年6月、1968年7月—1980年12月与1981年1月—1984年12月子时期的;随着时间变化,收购公司收益从+19%增长到+35%
Dennis,McConnell (1986)	8.56%**	76	1962—1980	(−1,0)	70%	——
Jarrell,Poulsen (1989)	+28.99%**	526	1963—1986	(−20,10)	N/A	仅是要约收购
Lang,Stulz, Walkling(1989)	+40.3%**	87	1968—1986	(−5,5)	N/A	仅是要约收购
Franks,Harris, Titman(1991)	+28.04%**	399	1975—1984	(−5,5)	N/A	合并与要约收购,有各种支付手段与竞争情况的分段数据
Servaes(1991)	+23.64%**	704	1972—1987	(−1,完成)	N/A	合并与要约收购,有付款方法的分段数据
Bannerjee,Owers (1992)	+$137.1MM**	33	1978—1987	(−1,0)	85%	白衣骑士竞价

研究者	累积超额收益 （%或每笔交易平均获利美元金额）	样本大小	样本期间	事件窗 （天）	正收益所占比例(%)	备注
Healy,Palepu, Ruback(1992)	+45.6%**	50	1979—1984	(5,5)	N/A	期间内美国的50起最大的合并
Kaplan,Weisbach (1992)	+26.9%**	209	1971—1982	(−5,5)	94.7%	合并与要约收购
Berkovitch, Narayanan(1993)	+ $130.1MM**	330	1963—1988	(−5,5)	95.8%	要约收购
Smith,Kim (1994)	+30.19%** +15.84%**	177	1980—1986	(−5,5) (−1,0)	96.0% 91.3%	成功的与失败的要约收购
Schwert(1996)	+26.3%	666	1975—1991	(−42,126)	N/A	合并与要约收购,也有各种交易属性的分段数据
Loughran,Vijh (1997)	+29.6%** 合并 +126.9** 要约收购 +47.9%** 综合	419 135	1970—1989	(−2,1250)	N/A	收购后5年的收益,也有付款形式的分段数据
Maquieira, Megginson, Nail(1998)	+41.65%** 综合性大企业 +38.08%** 非综合性大企业	47 55	1963—1996	(−60,60)	61.8% 83.0%	综合性大企业与非综合性大企业的换股合并收益研究
Eckbo,Thorbum (2000)	+7.45%**	332	1964—1983	(−40,0)	N/A	仅是加拿大的目标公司
Leeth,Borg (2000)	+13.27%**	72	1919—1930	(−40,0)	N/A	——
Mulherin, Boone(2000)	21.2%**	376	1990—1999	(−1,1)	N/A	——
Mulherin(2000)	+10.14%**	202	1962—1997	(−1,0)	76%	未完成收购的样本
Delong(2001)	+16.61%**	280	1988—1995	(−10,1)	88.6%	至少有交易一方是银行
Houston 等人 (2001)	+15.58%** (1985—1990) +24.6%** (1991—1996) +20.8%** (综合)	27 37 64	1985—1996	(−4,1)	N/A	交易双方均为银行

注:除非另有声明,事件日指合并/竞价公告日。**指在0.05或更好的水平上显著。

资料来源:Robert F. Bruner,"Does M&A Pay?",*Journal of Applied Finance*,Vol. 12,No. 1,Spring/Summer 2003.

表 13-2 收购公司股东收益(收益为负的结果)

研究者	累积超额收益(%或每笔交易平均获利美元金额)	样本大小	样本期间	事件窗(天)	正收益所占比例(%)	备注
Langetieg(1978)	-1.61%	149	1929—1969	(-120,0)	47.6%	兼并,以交易生效日为事件日
Dodd(1980)	-1.09%** 成功的 -1.24%** 失败的	60 66	1970—1977	(-1,0)	N/A	仅为合并,每日数据
Asquith,Bruner,Mullins(1987)	-0.85%**	343	1973—1983	(-1,0)	41%	——
Varaiya,Ferris(1987)	-2.15%** -3.9%	96 96	1974—1983 1974—1983	(-1,0) (-20,80)	N/A 42%	——
Morck,Shleifer,Vishny(1990)	-0.7%	326	1975—1987	(-1,1)	41.4%	以目标公司股票市值为基准,用竞价者市值的变化来衡量收益
Franks,Hams,Titman(1991)	-1.45%	399	1975—1984	(-5,5)	N/A	合并与要约收购,有各种支付手段与竞争情况的分段数据
Servaes(1991)	-1.07%**	384	1972—1987	(-1,完成)	N/A	合并与要约收购,有付款方法的分段数据
Jennings,Mazzeo(1991)	-0.8%**	352	1979—1985	(-1,0)	37%	——
Bannerjee,Owers(1992)	-3.3%**	57	1978—1985	(-1,0)	21%	白衣骑士竞价
Byrd,Hickman(1992)	-1.2%	128	1980—1987	(-1,0)	33%	——
Healy,Palepu,Ruback(1992)	-2.2%	50	1979—1984	(-5,5)	N/A	期间内50起最大的合并
Kaplan,Weisbach(1992)	-1.49%**	271	1971—1982	(-5,5)	38%	合并与要约收购
Sirower(1994)	-$10MM	330	1963—1988	(-5,5)	49.4%	要约收购
Berkovitch,Narayanan(1993)	-2.3%	168	1979—1990	(-1,1)	35%	——
Eckbo,Thorbum(2000)	-0.30%	390	1964—1983	(-40,0)	N/A	收购加拿大目标公司的美国收购者
Mulherin,Boone(2000)	-0.37%	281	1990—1999	(-1,+1)	N/A	——
Mitchell,Stafford(2000)	-0.14%**① -0.07%	366 366	1961—1993	(-1,0)	N/A	Fama与French的三因素模型,使用每月收益率

① 第一行的收益率基于等权重的基准组合,第二行的收益率基于以价值为权重的基准组合。

研究者	累积超额收益 (% 或每笔交易平 均获利美元金额)	样本 大小	样本期间	事件窗 （天）	正收益 所占比 例(%)	备注
Wallker(2000)	−0.84%**① −0.77%	278 278	1980—1996	(−2,2)	41.4% 46.4%	——
DeLong(2001)	−1.68%**	280	1988—1995	(−10,1)	33.6%	至少有交易一方是 银行
Houston 等(2001)	−4.64%** (1985—1990) −2.61% (1991—1996) −3.47%** (所有的)	27 37 64	1985—1996	(−4,1)	N/A	交易双方均为银行

注:除非另有声明,事件日指合并/竞价公告日。 ＊＊指在 0.05 或更好的水平上显著。

资料来源:Robert F. Bruner, "Does M&A Pay?", *Journal of Applied Finance*, Vol. 12, No. 1, Spring/Summer 2003.

表 13-3　收购公司股东收益(收益为正的结果)

研究者	累积超额收益 (% 或每笔交易平 均获利美元金额)	样本 大小	样本期间	事件窗 （天）	正收益 所占比 例(%)	备注
Dodd,Ruback (1977)	+2.83%** 成功的 +0.58% 失败的	124 48	1958—1978	(0,0)	N/A	仅为要约收购,每月 数据
Kummer, Hoffmeister(1978)	+5.20%** 成功的	17	1956—1970	(0,0)	N/A	仅为要约收购,每月 数据
Bradley (1980)	+4.36%** 成功的 −2.96% 失败的	88 46	1962—1977	(−20,20)	N/A	仅为要约收购,每月 数据
Jarrell,Bradley (1980)	+6.66%**	88	1962—1977	(−40,20)	N/A	仅为要约收购,每月 数据
Bradley,Desai, Kim(1982)	+2.35%** 成功的	161	1962—1980	(−10,10)	N/A	仅为要约收购,每月 数据
Asquith (1983)	+2.20% 成功的 +0.50% 失败的	196 89	1962—1976	(−1,0)	N/A	仅为合并,每日数据
Asquith,Bruner, Mullins(1983)	+3.48%** 成功的 +0.70% 失败的	170 41	1963—1979	(−20,1)	N/A	仅为合并,每日数据
Eckbo (1983)	+0.07% 成功的 +1.20%** 失败的	102 57	1963—1978	(−1,0)	N/A	仅为合并,每日数据
Malatesta(1983)	+0.90% 成功的	256	1969—1974	(0,0)	N/A	仅为合并,每日数据
Wier(1983)	+3.99% 失败的	16	1962—1979	(−10,取消日)	N/A	仅为失败的合并,每 日数据

① 第一行的收益率根据市场平均收益作了调整,第二行的收益率根据匹配的企业作了调整。

研究者	累积超额收益（%或每笔交易平均获利美元金额）	样本大小	样本期间	事件窗（天）	正收益所占比例(%)	备注
Dennis，McConnell(1986)	−0.12%（−1,0） +3.24%(−6,+6)**	90	1962—1980	（−1,0）	52%	——
Jarrell，Brickley，Netter(1987)	+1.14%**	440	1962—1985	（−10,5）	N/A	仅为要约收购;数据是1962—1969年、1970—1979年与1980—1985年子时期;随着时间变化,收购方收益从+4%降为−1%
Bradley，Desai，Kim(1988)	+1%**	236	1963—1984	（−5,5）	47%	仅为要约收购;数据是1963年7月—1968年6月、1968年7月—1980年12月与1981年1月—1984年12月子时期;随着时间变化,收购方收益从+4%降为−3%
Jarrell，Poulsen(1989)	+0.92%**	461	1963—1986	（−5,5）	N/A	仅为要约收购
Lang，Stulz.Walkling(1989)	0%	87	1968—1986	（−5,5）	N/A	仅为要约收购
Loderer，Martin(1990)	+1.72%** 1966—1968 +0.57%** 1968—1980 −0.07% 1981—1984	970 3 401 801	1966—1984	（−5,0）	N/A	合并与要约收购,有收购规模的分段数据
Smith，Kim(1994)	+0.5% −0.23%	177	1980—1986	（−5,5） （−1,0）	49.2% 76.2%	成功的与失败的要约收购
Schwert(1996)	+1.4%	666	1975—1991	（−42,126）	N/A	合并与要约收购,有各种交易属性的分段数据
Maquieira等(1998)	+614%** 非综合性大企业交易 −4.79% 综合性大企业	55 47	1963—1996	（−60,60）	61.8% 36.2%	综合性大企业与非综合性大企业的换股合并收益研究
Lyroudi，Lazardis，Subeniotis(1999)	0%	50	1989—1991	（−5,5）	N/A	欧洲、日本企业的国际收购

研究者	累积超额收益（％或每笔交易平均获利美元金额）	样本大小	样本期间	事件窗（天）	正收益所占比例(%)	备注
Eckbo, Thorburn（2000）	+1.71%**	1 261	1964—1983	（-40,0）	N/A	收购加拿大企业的加拿大收购者
Leeth, Borg（2000）	+3.12%**	466	1919—1930	（-40,0）	N/A	——
Mulherin（2000）	+0.85%**	161	1962—1997	（-1,0）	49%	未完成收购的样本
Kohers, Kohers（2000）	1.37%** 现金交易 1.09%** 股票 1.26% 样本整体	961 673 1 634	1987—1996	（0,1）	N/A	样本是高技术企业间的合并

注：除非另有声明，事件日指合并/竞价公告日。**指在 0.05 或更好的水平上显著。

资料来源：Robert F. Bruner, "Does M&A Pay?", *Journal of Applied Finance*, Vol. 12, No. 1, Spring/Summer 2003.

表 13-4　收购公司长期收益的研究

研究者	累积超额收益（％或每笔交易平均获利美元金额）	样本大小	样本期间	事件窗（天）	正收益所占比例(%)	备注
Mandelker（1974）	-1.32% 仅为成功的竞价	241	1941—1963	（0,365）	N/A	仅为合并，事件日为交易完成日
Dodd, Ruback（1977）	-1.32% 成功的 -1.60% 失败的	124 48	1958—1978	（0,365）	N/A	仅为要约收购，事件日为报价日
Langetieg（1978）	-6.59%** 仅为成功的竞价	149	1929—1969	（0,365）	N/A	仅为合并，事件日为交易公告日
Asquith（1983）	-7.20%** 成功的 -9.60%** 失败的	196 89	1962—1976	（0,240）	N/A	仅为合并，事件日为交易公告日
Bradley, Desai, Kim（1983）	-7.85%** 仅为失败的竞价	94	1962—1980	（0,365）	N/A	仅为要约收购，每日数据
Malatesta（1983）	-2.90% 样本整体 -13.70%** 1970年后 -7.70% 竞价的小企业	121 75 59	1969—1974	（0,365）	N/A	仅为要约收购，事件为交易公告日
Agrawal, Jaffe, Mandekler（1992）	-10.26%**	765	1955—1987	（0,1 250）	43.97%	仅为合并，合并后 5 年的业绩，要约收购后的业绩与零没有显著区别
Loderer, Martin（1992）	+1.5%	1 298	1966—1986	（0,1 250）	N/A	合并与要约收购，收购后 5 年的业绩

研究者	累积超额收益 (%或每笔交易平 均获利美元金额)	样本 大小	样本期间	事件窗 (天)	正收益 所占比 例(%)	备注
Gregory(1997)	−12%——−18%**	452	1984—1992	(0,500)	31%——37%	使用事件研究法的6种变体,英国的合并与要约收购,收购后2年的业绩
Loughran,Vijh(1997)	−14.2%合并 +6.13%**要约 −0.1%综合	434 100	1970—1989	(1,1 250)	N/A	收购后5年的收益,也有付款形式的分段数据
Rau,Vermaelen(1998)	−4%**合并 +9%**要约收购	3 968 348	1980—1991	(0,36个月)	N/A	收购后3年的收益,深入研究了价值与glamour投资战略

注:除非另有声明,事件日指合并/竞价公告日。**指在0.05或更好的水平上显著。

资料来源:Robert F. Bruner, "Does M&A Pay?", *Journal of Applied Finance*, Vol. 12, No. 1, Spring/Summer 2003.

表13-5　目标公司与收购公司股东的综合收益

研究者	累积超额收益 (%或每笔交易平 均获利美元金额)	样本 大小	样本期间	事件窗 (天)	正收益 所占比 例(%)	备注
Halpern(1973)	+ $27.35MM	77	1950—1965	(−140,0)	N/A	合并
Langetieg(1978)	0%	149	1929—1969	(0,60)	46%	兼并,以交易生效日为事件日
Firth(1980)	−£36.6MM	434	1969—1975	(−20,0)	N/A	英国的收购
Bradley,Desai,Kim(1982)	+ $17MM	162	1962—1980	(−20,5)	N/A	要约收购,从Jen sen,Ruback(1983)文中间接得到
Bradey,Desai,Kim(1983)	+ $33.9MM	161	1963—1980	(−20,5)	N/A	从Weidenbaum,Vogt(1987)文中间接得到
Malatesta(1983)	+ $32.4MM**	30	1969—1974	(−20,20)	N/A	合并
Varaiya(1985)	+ $60.7MM	N/A	N/A	(−60,60)	N/A	从Weidenbaum,Vogt(1987)文中间接得到
Bradley,Desai,Kim(1988)	+ $117MM (7.43%)**	236	1963—1984	(−5,5)	75%	仅为要约收购;数据是1963年7月—1968年7月、1968年7月—1980年12月与1981年1月—1984年12月子时期的;随着时间变化,综合收益并没有显著变化

研究者	累积超额收益 （% 或每笔交易平 均获利美元金额）	样本 大小	样本期间	事件窗 （天）	正收益 所占比 例(%)	备注
Lang,Stulz, Walkling(1989)	+11.3%**	87	1968—1986	(−5,5)	N/A	仅为要约收购
Franks,Harris, Titman(1991)	+3.9%**	399	1975—1984	(−5,5)	N/A	合并与要约收购
Servaes(1991)	+3.66%**	384	1972—1987	(−1,完成)	N/A	合并与要约收购
Bannerjee,Owers (1992)	+ $9.95%MM	33	1978—1987	(−1,0)	N/A	白衣骑士竞价
Healy,Palepu, Ruback(1992)	+9.1%**	50	1979—1984	(−5,5)	N/A	期间内美国的50起最 大的合并
Kaplan,Weisbach (1992)	+3.74%**	209	1971—1982	(−5,5)	66%	合并与要约收购
Berkovitch, Narayanan(1993)	+ $120MM**	330	1963—1988	(−5,5)	75%	仅为要约收购
Smith,Kim (1994)	+8.88%** +3.79%**	177	1980—1986	(−5,5) (−1,0)	79.1% 73.8%	仅为要约收购
Leeth,Borg(2000)	+ $86MM	53	1919—1930	(−40,0)	56.6%	1998年的美元
Mulherin,Boone (2000)	+3.56%	281	1990—1999	(−1,+1)	N/A	——
Mulherin(2000)	+2.53%**	116	1962—1997	(−1,0)	66%	未完成收购的样本
Houston 等(2001)	+0.14% (1985—1990) +3.11%** (1991—1996) +1.86%** (所有的)	27 37 64	1985—1996	(−4,1)	N/A	交易双方均为银行

注:除非另有声明,事件日指合并/竞价公告日。 ** 指在 0.05 或更好的水平上显著。

资料来源:Robert F. Bruner,"Does M&A Pay?",*Journal of Applied Finance*,Vol. 12,No. 1,Spring/Summer 2003.

第五节　收购和内部发展的比较

既然并购一般不给收购方带来利益,那么企业到底靠什么持续发展呢? 收购还是内部发展? 在此,我们对这两种不同发展模式的利弊作一个比较。

与内部发展相比,收购可能具备以下优势:

（1）通过外部收购可以更迅速地实现企业的某些目标。要新建一个项目或扩建一个项目，首先要策划与募集资金，建完了以后再投产，这个过程一般比较漫长。新建或扩建项目，不仅仅要投资固定资产、厂房设备，还要招聘人才。收购一个现成的公司，通常可以连人带资产同时取得。

（2）企业从内部新建一个组织的成本可能会超过收购的成本。这是许多公司倾向于收购的重要原因之一。正如新建一个项目一样，新建一个组织从策划到完成是个漫长的过程，这一过程中间的费用和风险带来的总成本有可能高于收购一个企业的成本。

（3）通过外部途径实现增长或多样化经营可能风险更小、成本更低，或者获得经济合理的市场份额所需的时间更短。尽管我们曾提到并购存在许多风险，但通过内部增长的途径进行的企业扩张同样存在各种风险。通过外部途径实现增长或多样化经营可能风险更小、成本更低，或者获得的经济合理的市场份额所需的时间更短。为什么呢？一个现成的企业已经是现实存在。这个行业的前景怎么样，这个企业做得怎么样，是有资料可以考查的。但是自己新筹建这样的公司，有没有这样的管理能力，能不能招到适合的人才，前景怎么样，还是一个未知数。所以，如果能合理地规划收购，做好尽职调查，外部收购也许风险反而更小。

（4）可利用目标企业的已有品牌与市场/公共关系资源。目标企业经过一段时间的经营，一般都有自己的销售渠道、品牌与客户群，有公共关系和政府关系资源，收购企业通过收购可较快地获得这些资源。例如，TCL 收购德国公司在某种程度上就是为了获取这些资源。

（5）企业可以用证券支付的方式来获得其他企业，而它可能没有足够的资金以内部方式获取相等的资产和生产能力。收购一家企业可以通过换股的方式进行，不一定需要大量现金。但是如果企业想通过内部扩大再生产的方式进行扩张，一般需要大量现金。当然，这些资金有可能通过资本市场来筹集，比如向银行借钱，或者发行债券，或者发行股票，但这个过程不仅有难度，而且通常比较漫长。

（6）可以获得税收优惠。这一点在杠杆收购时表现得尤为突出。由于杠杆收购多通过贷款融资，这样收购企业就可享受到利息税盾带来的好处。

（7）可能有补充其他企业能力的机会。收购一个企业，可能同时取得多种资源，比如生产技术、产品及人力资源等等，从而多方面补充收购企业的资源。

（8）其他企业可能不像收购企业那样，可以有效地运用其资产或管理能力。这意味着收购可以提高资源配置效率，产生协同效应。

当然，与内部增长相比，收购也可能存在弱点，如我们前面提到的信息不对称问题以及整合成本/文化融合障碍等。

中国有句名言："成也萧何，败也萧何。"这句话可以较好地概括并购的影响。并购有风险，有成本，用得不当会带来灾难；但如能善用，则可起到事半功倍的作用，促进企业迅速发展。

本章小结

本章介绍了并购的财富效应及其度量，分析了并购的风险和成本，同时总结了对兼并效果的研究成果，最后还比较了收购和内部发展两种发展模式的利弊。

- 并购可能带来的财富效应包括：（1）规模经济效益；（2）降低交易费用；（3）提高市场份额和市场竞争力；（4）套利；（5）利用效率差异创造价值。

- 并购存在的风险包括财务风险、资产风险、负债风险、法律风险、融资风险、流动性风险、扩张过速风险、多元化经营风险、兼并以后的资源整合风险以及反收购风险。

- 跨国并购作为对外直接投资的一种方式,具有效率和资源两点优势。但与国内并购相比,它可能也隐藏了更大的风险。

- 与内部增长相比,收购可能具有很多优势。例如,可以更迅速地实现企业的某些目标,降低实现增长或多样化经营的风险和成本,利用目标企业的已有品牌与市场/公共关系资源等等。但收购也可能存在弱点,如信息不对称问题以及整合成本/文化融合障碍等。

思考题

1. 并购的财富效应体现在哪些方面?
2. 如何度量并购的财富效应?
3. 简述并购可能带来的风险。
4. 比较收购和内部发展两种模式的利弊。

第十四章　分拆、剥离与重组

- 分拆的基本类型
- 企业分拆的目的和意义
- 企业分拆的经济效果

分拆是指通过资产转让、剥离而使公司变小的企业重组活动。广义的分拆是指已上市公司或者未上市公司将部分业务从母公司中分离出来，成为独立的法人主体或出售给另一方；狭义的分拆是指已上市公司将其部分业务或者某个子公司独立出来，另行公开招股上市。如果把企业的收购行为比喻成加法，则企业的分拆就相当于减法。收购是企业实现某些财务与战略目标的重要手段，分拆同样是企业实现财务与战略目标的重要手段。从这个意义上讲，企业不仅要善于做加法，还要善于做减法。分拆的运用非常普遍。自20世纪60年代末开始，伴随着国际资本市场无关联多元化的兴起，企业剥离就开始持续增加。以美国为例，1965年，企业剥离195起、企业并购2 125起，剥离和并购的比例约为1∶11。进入20世纪70年代后，并购企业数量明显下降，剥离数量则持续上升。20世纪80年代并购浪潮的一个主要特点就是，大量企业把无关联业务剥离出去，并购同类业务企业，使生产经营范围更加集中。

第一节　分拆的基本类型

一、公司分立

分立(spin-off)与合并相对，是指将一个法人变成两个法人。母公司将其部分资产和负债转移给新建立的公司，产生出新的法律实体。母公司将其在子公司中拥有的全部股份按比例分配给原公司的股东。在分立过程中，不存在股权和控制权向第三者转移的情况，因为现有股东对母公司和分立出来的子公司保持着同样比例的权利。母公司在向新公司转移其资产的过程中得不到任何现金回报，公司的资产也没有必要进行重估。此类交易被看作一种股票股利和一项免税的交易。以上只是有关分立的经典解释，我们称之为纯粹的分立。AT&T 的例子最为典型。1984 年，AT&T 分立为 8 个独立的公司，即新的 AT&T 公司和 7 个区域性的电话公司；1996 年，AT&T 又将朗讯和 NCR 公司分了出去。

二、股权切离(分拆上市)

股权切离(carve-out)也叫分拆上市，是指母公司设立一个新的公司，并将其资产的一部分转移到新公司去，然后，母公司再将子公司的股权对外出售。认购这些股权的人可以是母公司的股东，也可以不是母公司的股东。股权切离相当于母公司全资所有的子公司将其部分普通股首次公开发售(IPO)。股权切离时，子公司普通股的初次发行引起了资产所有权的公开交易,同时母公司得到了现金回报,也产生了新的法律实体。因此,股权切离是企业分立的一种衍生形式。我们通常所指的企业分拆上市就是指股权切离。这是一种在中国和许多其他国家都较为常见的分拆形式。著名的案例有:2001 年美国 3COM 公司分拆其掌上电脑部门 PALM 并将其单独上市,以及 2000 年 10 月 31 日北京同仁堂股份有限公司分拆北京同仁堂科技发展股份有限公司(同仁堂科技)并将其在香港上市等。

三、资产剥离

资产剥离(sell-off)是指母公司将其部分资产出售给其他公司。这种形式不同于公司分立和股权切离,在进行资产交易后,不会产生新的法律实体。资产剥离常涉及资产出售后现金的回报。深圳华为公司出售其下属公司安圣电气,欧洲最大的电信运营商德国电信公司以 21 亿欧元的价格出售其 6 个地区性有线电视网络给高盛集团和 Apax Partners 等多家公司,这些都是资产剥离的典型案例。在中国,资产剥离还是国有资产改制的常见手段。资产剥离有时是兼并后的副产品。例如,中远增持众城股票成为第一大股东之后不久便宣告将众城的全资子公司——上海众城外高桥发展有限公司转让给中远置业发展有限公司。

较常见的分拆有两种类型:一种是从事多元化经营的集团型上市公司进行的分拆,这是为了配合集团公司的经营模式从多元化向专业化转变;另一种是针对某个特定项目实施的分拆。

案例分析
拜耳公司猛药治理,分拆旗下不佳部门成立新公司

2003 年下半年,以发明阿司匹林而驰名世界的德国制药及化工业巨头拜耳公司宣布,将分拆旗下一些化工和塑料业务部门,成立一家新的公司。消息一传出,公司的股票立即飙升 7.6%。新公司的雇员人数将达到两万人。

拜耳公司化工部门生产的产品广泛用于冶金、印染、食品、皮革和造纸等行业。这一次拜耳公司计划将化工部门与塑料和橡胶部门进行合并,从而成立一个新的公司。拜耳公司的首席执行官沃纳·温宁(Werner Wenning)宣称,按计划,拜耳公司最早将在 2005 年以新股发行或配股的方式出售新公司的股票。

分析人士认为,剥离化工业务可能是拜耳公司这几年来采取的最为激进的措施。近年来,由于化工产品的滞销以及一些其他原因,拜耳公司的利润逐年下降,因此,拜耳公司一直试图通过强化主营业务来提高公司的利润。在这次业务分拆计划中,拜耳公司只保留了医疗部门、部分塑料生产部门和农用化学制品部门。这三个部门去年的销售额达到了 289 亿欧元(约合 333 亿美元)。

温宁指出,此项行动最大的着眼点在于集中资源。分拆了化工和塑料部门后,拜耳公司不必再将研发经费平均投放于四个不同的领域,而是集中投放在被温宁称为"我们拥有最佳技术、市场前景最看好"的医疗产品、农用化学产品和新材料三个领域。

拜耳公司在其一份新闻公告中指出,在分拆行动结束后,拜耳公司的销售额将从 2002 年

的 290 亿欧元下跌至 220 亿欧元,不过,该公司原来计划裁员的人数将减少 1 000 人。该公司宣布,包括董事会成员在内的所有员工都同意将其浮动工资削减 10%。

案例资料来源:中国医药经济信息网。

第二节 企业分拆的目的和意义

一、突出主业,增强企业核心竞争力

我们在第七章介绍核心竞争力和并购的关系时,曾特别强调基于核心能力安排企业经营活动与发展愿景的重要性。从企业经营发展的趋势来看,依托核心竞争力从事专业化经营的战略模式正在被越来越多的企业所采纳。在很多领域里,全球领先的跨国巨头的发展趋势不仅不是多元化,而是恰恰相反,它们中的相当一部分通过出售或者分拆,试图把没有核心竞争优势或整体利润率较低的业务剥离出去。例如,通用汽车公司舍弃了成功经营的电脑服务公司 EDS,以便集中精力于汽车生产;百事可乐公司原是饮料、饭店、快餐三位一体的企业,现在已决定放弃后两项业务,突出经营重点,集中核心力量在饮料市场与老对手可口可乐竞争;惠普公司则将两种并非基于同一核心竞争力的业务——计算机及其外设方面的业务与仪器、医疗仪器和化学分析仪器方面的业务分成两家新公司。

通常来说,一个企业并购其他企业的目的是实现两个企业之间的协同效应,即希望通过优势互补来达到共享资源、相互促进、提高竞争力等目标。但是,根据国外有关实证研究的结果,在全部兼并和收购业务中,有相当一部分未能实现预期的并购目标。许多企业在并购其他企业或部门若干时间后,又不得不将其剥离出去,以消除负的协同效应。

企业分拆之所以成为现代公司资本运营与重组的重要组成部分,很大程度上是因为企业的核心竞争力随着时间的推移在不断发展变化,这种变化的速度正越来越快。这些变化包括:技术进步与创新、产业发展、产品更新、市场与客户的变化以及国家有关法规政策的调整等等。由于这些变化,原先具备竞争优势的产业,随着时间的推移可能已失去昔日的光彩;企业原先具备的领先技术,现在可能已被别人超越。为了保持核心竞争力,企业对不再具有竞争优势的资产进行分拆或剥离通常是有益的。对于一些多元化经营的企业,通过分拆可以为母公司和子公司重新定位,确定母公司和子公司各自的竞争优势,从而为公司的股东创造更大的价值。

二、提高管理效率

通过分拆,剥离企业中与核心竞争力关联程度较低的非主营业务,在一定程度上可以帮助企业实行专业化管理,提升管理效率。此外,专业化经营也有利于更好地考核管理者的业绩,更好地设计激励制度。目前,股东通常采用公司股份、股票期权以及与股票价值相关的业绩奖励等措施来激励管理人员。此类方法在解决高级管理人员的利益和股东利益的一致性方面虽然取得了一些成效,但是在驱动和激励分支机构的经理时可能并不十分有效。一方面,在一个多部门企业或多元化发展的企业中,基于整个企业价值之上的股权激励措施其实并不与处于分支机构内的经理的决策或业绩密切联系。因此,股权激励对企业内的各个部门的经理人员难以发挥强烈的刺激作用,导致对分支机构经理激励的弱化。另一方面,由于分支机构管理人员和企业高层管理人员之间的信息不对称和利益差别,可能导致低效率的内部资源分配和不利于公司整体战略的投资决策,使得企业内部有限的资源配置不合理。而分拆可以将公司的不同业务按其特点划分成两个或更多的有着不同管理人员的独立实体,子公司直接进入资本市场,接受资本市场的严密审视,将子公司经营管理人员的报酬与公开交易的股票的市场表现联系在一起。因此,分拆可以强化子公司的激励机制,使分拆出去的子公司的管理人员和其他重要员工的激励和报酬制度与他们最直接从事的活动相互联系起来。

三、增加信息透明度,提升股票价值

市场并不总是充分有效的。一些庞大且业务复杂的企业集团,由于经营范围比较广泛,涉及较多的投资领域,使得市场投资者以及证券分析人员对其所涉足的复杂业务及领域无法做到正确理解和判断。这会增加企业管理层和投资者之间的信息不对称,可能导致投资者对其股票价值评价较低。通过资产剥离,将企业各项业务的盈利能力和发展前景更直接地展示给投资者,可以帮助他们更正确地认识和评价企业的市场价值,对于提升公司的股票市场价值具有积极意义(Krishnaswami/Subramaniam,1999)。

四、抵御敌意收购

一方面,公司通过分拆对敌意收购者具有吸引力的资产,在一定程度上可以化解被敌意收购的风险;另一方面,在一个多元化经营的公司中,个别有价值的资产或某项业务的真实价值可能没有被市场充分认识,造成公司的价值被低估。分拆以后,公司各部分业务的真实价值可以被市场更好地认识,使整个公司的价值充分体现出来。这将增加收购方的收购成本,起到阻遏敌意收购的作用。

五、分拆上市,筹集资金

这是资本市场上常见的企业重组方式。对于已上市公司来说,将其子公司独立出来另行上市可以筹集到新的资金;对于未上市公司而言,将其部分资产分拆上市可以减少某些法律障碍,使上市子公司主业更突出,更具投资吸引力。如果子公司的上市价格理想,母公司可通过子公司的分拆上市获得可观的资本溢价。其实,尚未上市的集团公司将部分业务从母公司独立出来单独上市是中国国内非常流行的一种做法。这种做法的出发点是基于国内的集团公司业务多元而且产权复杂的背景。国有大中型企业以这种方式实现上市的居多。同时，还有部分集团公司充分利用证券市场将旗下的多个业务分别剥离包装上市，从而实现了多个上市公司集中于一个集团公司的"场面"。

案例分析
美国热电子公司分拆型企业设计

当企业成功与发展时，不断扩大的企业规模也会带来消极影响：企业的间接费用上升，不必要的支出增加，决策缓慢，脱离客户。为了抵消这种消极力量，有些公司重组自己，将公司分成许多很小的利润中心，以便强化盈利责任，更加接近客户。在美国，许多公司都以分拆方式使得下属的子公司走向上市并获得独立。某些集团公司如美国热电子（Thermo Electron）公司、Safeguard Scientifics 等更是将分拆上市视为企业结构转变的基本准则，不断地出售业务单元的股份，取得了惊人的经济回报。美国热电子公司可谓是其中的"佼佼者"，我们可具体看看它是如何通过分拆以取得进展的。

美国热电子公司（以下称"热电子公司"）成立于 1956 年，主要从事生物医学设备、利用工业废热发电的设备、环境监控设备等与热力学的应用相关的设备制造和服务，1967 年上市，在场外交易市场（the over-the-counter market）首次公开发行股票，公司早期的股票收益相对于同行业的公司和标准普尔 500 综合指数来说相当糟糕（1969 年 3 月 1 日至 1979 年 12 月 31日，热电子公司的股东收益是 – 8.6%，而同一时期，行业内的公司收益是 88.9%，标准普尔 500 综合指数的收益是 9.7%），企业发展资金主要来源于 1969 年第二次股票发行、1974 年发行可转换债券以及与政府签订的研究合同，1980 年在纽约证券交易所（NYSE）挂牌交易。

自 1983 年首次实施分拆，组建热医疗（Thermedics）公司开始，热电子公司的经营哲学发生了转变。此后，该公司不断分拆出一些新的子公司，以保持与客户的直接联系，承担盈利指标，对公司股价负责。同时，这种模型还释放了一种强大的力量——一种向上的激励。新公司的管理人持有自己公司的股权。如果业绩良好，他们可以得到巨大回报。

在经营过程中，热电子公司创办者乔治·哈特索珀罗斯深切体会到，为了适应周围经营与市场的那种持续不断的变化，必须对现有企业设计进行持续的变革。

需要一种更好的方法来激励人

自热电子公司于 1967 年公开上市后，乔治先生就利用股票期权来激励员工。但是，在热电子公司的业务涉及越来越多的技术领域，公司规模不断扩大以后，这种激励的作用就越来越弱。乔治先生发现，用股票期权奖励部门经理的制度是有缺陷的，把母公司的股票期权送给管理层中的每一个人意味着，不管某一业务是否成功，奖励都是一样的。因为，这些期权并没有同特定的业绩相联系。显然，乔治先生需要一种更好的方法来激励那些最有才华的人。

理解客户的需求是至关重要的

与此同时，热电子公司的庞大规模使得它疏远了客户。

20 世纪 50 年代，当乔治先生创建公司时，他亲自参与产品开发和建立客户关系。到1982 年，作为一个拥有 2.4 亿美元资产的公司的总裁，乔治先生发现，日常业务的管理和维持客户关系变得越来越难。他的大量时间不得不花在向员工灌输"了解客户"这样的理念上。

热电子公司的最后一个障碍是，国内的资本成本很高。公众对公司项目的资金支持日益减少,而许多潜在的新技术,在投入市场前需要多年的资金支持。

在了解了所有这些因素后,乔治先生终于明白,热电子公司的企业设计必须变革。他说:"我们要想找到能够加快业务发展的方法,就必须要有一种新的动力。这就是,把我们的下属机构分别上市,让它们为自身的发展筹集资金。这种思路构成了我们'分拆'战略的基础。"

分拆与分立区别何在呢?

乔治先生开始对热电子公司的不同业务进行分拆。值得一提的是,这种分拆战略与许多大型公司通常采用的"分立"概念恰恰相反。

热电子公司分拆了核心业务,让这部分最有价值的业务首先上市。大多数公司是把它们的次要业务分立出去,把核心业务留下来。

热电子公司不出售它对其子公司的股权。乔治先生解释说:"在分拆过程的开始,我们就决定绝不出售我们持有的股份。这与那些采用分立战略的公司刚好相反。大多数公司分立下属业务,是为它们的核心业务筹集资金。它们说,'通过出售非核心业务,我们可以为核心业务筹集资本'。而我们希望,每一个子公司都应有其独立的价值,并能为自己筹集资金。"

分拆业务使投资者把热电子集团中每一个独立的公司都看作某一特定市场上的纯粹竞争者,使投资人了解了公司的主业。

乔治先生解释说:"在这个国家里,要想以合理的成本获得资本,唯一的途径就是关注特定投资者的企业家偏好。这些投资者之所以对巨型企业集团不感兴趣,是因为他们不清楚这些集团在做什么。我们重新包装了热电子公司的股权以后,投资者就能够买到那些有前景的技术和他们感兴趣的业务。"

热电子公司的企业设计创新极大地改变了金融分析家们对该公司的看法。美国某著名证券分析师说:"在企业文化上,热电子公司不像一个拥有 17 000 名员工的公司。在许多大公司中,常常包含好几个层次的管理人员,权术可能是个人成功的因素之一。热电子公司是一种分权结构,它让员工承担经营责任或成为公司的一部分,这种情况创造了一种非常开放和非政治化的企业文化。"

这种分拆的组织结构让投资者容易对热电子公司的各种技术和市场有一个了解,它为热电子公司的技术进步带来了必要的资金。而且,分拆战略为员工带来了强大的动力,他们有了所有权意识,他们的报酬与其业务部门的业绩直接相关,因而工作更加积极。

像海绵一样地吸收客户信息

热电子公司企业设计的分权化,也强化了公司与客户的关系。

通常,随着公司规模的扩大,客户的重要性会越来越被忽视。在那些很大的公司里,其内部人员相对于客户来说已经过多,金字塔形的内部结构大大削弱了管理层与客户的联系。公司越来越不能了解客户的需要,更不用说对之作出反应或适应它们。

在乔治先生的分拆型企业模式之下,热电子公司的经理们的工作必须面对客户,并寻求解决问题的方案。在此过程中,他们可以像海绵一样地吸收客户信息。例如,热激光公司是热电子公司的一个子公司,它开发了一种整容和工业用的低密度激光。为了与客户保持紧密联系并提供一系列迎合个人需求的服务,它采取的方法是,在医学方面的会议上直接面向外科医生宣传它们的产品。另外,热激光公司还开设了连锁诊所,那里的专家们应用激光技术为消费者理发、去斑、整容。该公司还准备创建一个全国性的外科医生网,租用激光设备开展诊治。这种利润丰厚的企业设计可以说是热激光公司独立后才有可能发生的,在大型企业里,这样的创新很可能被官僚体制所耽搁或否定。

热电子公司从一家开发和制造产品的技术公司转变为一家风险投资公司,它把拥有前景的技术领域分拆成独立的单位,并向这些单位提供资金、技术知识和其他商业资源方面的支持。

现代的分拆型企业设计

乔治先生的分拆模式几乎改变了热电子公司企业设计中的每一个要素。

热电子公司仍然通过技术产品为传统客户提供服务,但是,它还为两类新的客户服务:投资者和企业家。

在热电子公司的企业模式中,为投资者提供服务的方式是,投资者可以投资于热电子公司的某一项业务,只要他们确信那里具有最大的盈利潜力。

为了向投资者提供稳定的价值增长,乔治先生从热电子公司的许多创意中谨慎地挑选出某些业务,作为公开上市的备选对象。他只想把那些安全而又很有前景的构想提供给公众,从而建立一种安全而又有利可图的投资声誉。

乔治先生说:"我们应对投资于热电子公司的股东负责。我们向他们保证,热电子集团下的所有公司最终都将获得成功,我们将尽最大的努力让这些公司重新站稳脚跟。"

关于上市对象的三个主要标准

为了强化这一政策,乔治先生强调关于上市对象的三个主要标准:(1)强有力的经营计划;(2)优秀的管理层;(3)容易为人接受的技术和业务。

他说:"我们在这方面的历史记录非常好。所以,每当我们分拆某些业务时,马上就会有买家。"

通过为企业家提供启动资金,然后依靠集中的研究开发来管理企业,热电子公司使企业家有机会把一种想法或一项技术推向市场。传统的研究开发机构是开发新的产品,而热电子公司的研究开发机构实际上是在开发新的业务。乔治先生说:"我们称它为研发中心,但它并不为业务部门做研究开发。它是新型业务的孵化器。"

这种制度非常成功,一旦新的业务开始启动,那些曾经从事研究开发工作的人就会离开热电子公司,到子公司去担任高层主管。

热电子公司成为一架不会停止的价值创造机器

热电子公司的分拆型企业设计还创造了获取价值的强大机制。热电子公司通过传统方式获取价值(销售产品和服务),也通过新方式获取价值(吸引投资者)。与其竞争者的情况不同,分拆公司的股票发行使热电子公司获得了极低成本的资金。

公司用出售股票得到的账面利润投资于新的项目。只要新技术的开发能够支撑新的上市项目,公司实际上就成为一架不会停止的价值创造机器,它通过在技术上的不断投资来使自己获得持久的动力。

具有小公司与大公司的优势

尽管分拆业务是热电子公司企业设计创新的一个重要部分,但它们只是热电子公司历史的一半。乔治先生喜欢小公司的优势,但也认识到大公司具有同样多的优势。为了从这些优势中获益,乔治先生需要集中管理那些能够凝聚热电子集团的业务活动。乔治先生集中管理的业务活动包括:人力资源、公共关系、银行业务、投资者关系、战略规划、法律服务以及其他行政管理功能。

乔治先生说:"把这些活动集中在一起,可以使热电子集团的业务更加精简。每一个分拆公司可以集中精力做自己最有优势的业务,即具体产品的开发、发掘客户以及产品制造。"

和 ABB 的"全球专家网络"企业设计一样,热电子公司的企业模式要求其分拆公司专门从事特定的业务活动。这样可以提高它们为客户创造价值的能力。公司集中管理的活动把各个子公司凝聚在一起,共享热电子公司的未来。各子公司也可以从母公司得到资金支持、技术知识和法律方面的建议。

各个分拆公司能够积极交流

乔治先生还竭力保证各个分拆公司能够积极交流想法。他说:"我们还创造了一个称为热学院的机构,它的目的是把人们集中在一起。在我们的会议上,我们用 3 天时间和每个子公司的代表沟通看法,讨论他们的下一年工作计划。我们还将召集几次分拆公司的首席执行官会议、财务主管会议以及部门主管会议。"

一方面,这些会议使得分拆公司之间可以交流信息,从其他公司的经验中获益;另一方面,热电子公司也从这些分拆公司的做法、项目和资源中获得了最大的回报。

乔治先生为热电子公司建立了一个以客户为中心、激励员工、保持股票准确定价和高价位的企业设计。

热电子公司的每一个下属公司都很精简,随时准备根据客户偏好的变化而作出调整;这些公司又具有足够大的规模,从而可以公开上市。热电子公司的企业设计正好使公司保持在利润区之内。

更重要的是,热电子公司这种独特的企业设计使其能够顺利地随着客户和经济环境的变化而变化,从而可能进入明天的利润区。

结果

热电子公司通过这一创新的企业架构设计取得了怎样的市场表现呢? 我们来看一组可能很有说服力的数据:1983 年 8 月 10 日投资 100 美元购买热电子公司的股票,至 1995 年年末价值为 1 667 美元(如果减去在上市子公司中所享有的股票收益,价值只有 696 美元),而投资于同样权重的行业内公司或标准普尔 500 综合指数,价值只有 524 美元和 381 美元;对于已经分拆上市的子公司来说,投资 100 美元,在分拆后 5 年内增长到 634 美元,而投资于与分拆上市的子公司处于同一行业的一组公司和标准普尔 500 综合指数,在相同时间内价值只增加到 183 美元和 180 美元;1982 年,热电子公司的市场价值为 6 000 万美元,1996 年就达到了 80 亿美元,1984—1996 年累积平均年增长率为 38%。显然,作为母公司的热电子公司和分拆出去上市的子公司的股东收益都远远地超过了行业和市场平均收益。毫无疑问,热电子公司的股票收益的良好表现主要归因于其占有控制性权益的分拆出去的上市子公司的市场表现(热电子公司所有分拆出去的子公司从分拆开始日到 1995 年年底加权平均年复合回报率均超过 33%)。

案例资料来源:方晖,《美国热电子公司分拆型企业设计》,《总裁》,2002 年第 9 期。

六、满足公司的现金需求

公司在运转过程中,有时需要大量的现金以满足主业扩张或者减少企业债务负担的需要。企业通过剥离部分非核心或非相关业务,既可以筹集到大量资金,又可以集中精力搞好主业,摆脱战线过长、资金投向分散的不利境地,这通常不失为一种行之有效的选择。杠杆收购中就经常发生为了偿还收购过程中形成的巨额债务,而部分出售被收购公司的资产或业务,以满足收购公司对现金流量的巨大需求的实例。当然,在公司面临巨大资金压力时,也可以通过出售盈利业务以偿还债务,获得周转资金,从而摆脱破产的命运。

七、摆脱经营亏损的包袱,美化财务报表

由于市场环境、技术条件的变化,企业在经营过程中经常会遇到某些子公司、部门或者某些业务由于经营不善而发生亏损或者利润水平低,从而达不到初期利润增长的预期目标,对整个企业的盈利造成拖累。为了避免这些业务、部门、子公司对整个企业的长远发展以及利润增长形成障碍,可以考虑将这些业务、部门或子公司作为企业资产分拆、剥离出去。这样做既可以使企业更专注于核心业务的经营,也可以改善企业的财务报表。对于一个上市公司来说,这种做法经常可以有效地改善其股票的市场表现。

第三节　企业分拆的经济效果

国外学者对分拆的经济影响做过不少研究,结果显示,企业的分比合(就收购方而言)似乎更能为股东带来回报。例如,1988 年 5 月,美国雷克尔(Racal)集团将旗下雷克尔电讯公司分拆上市。雷克尔集团董事长宣布雷克尔电讯公司分拆上市的消息后,雷克尔集团的市值由15 亿美元迅速攀升至 20 亿美元,待雷克尔电讯公司分拆上市后,其市值高达 17 亿美元。

不少学者对分立为股东带来回报的现象做了一系列的实证检验,并且试图找出这一现象的原因。主要的文献显示出,分立通常的确会给股东带来额外的回报,但是对于其原因依然存在分歧。但是一个基本的共同点是分立的确创造了价值,股东的回报并不只是以其他优先证券持有人的损失为代价的。

Gailen L. Hite 和 James E. Owers(1983)检验了两个关于分立的假说:其一是如果一个公司具有多个运作部门的话,可能会妨碍不同的部门依据各自的竞争优势使用特定的一套合约;其二是征用(expropriating)假说,即股东在分立后的收益可能只是从优先级更高的证券持有人那里转移过来的。他们的样本取自 1963—1981 年 116 家公司的 123 起分立事件,结果显示,分立具有正的超常收益。而通过对 31 家分立公司的 53 种优先证券的检验,发现并不能证明征用假说。相反,这个结果与有效合约的解释相一致。此外,他们还检验了基于不同目的的分立所具有的不同收益,结果表明,基于专业化的分立收益最为明显,其次是基于兼并目的的分立,而收益最差的则是受制于反垄断法的被迫分立。在公告后的较长时期内,最后一种分立会有负的收益。

James A. Miles 和 James D. Rosenfeld(1983)考察了 1963—1980 年在 NYSE 和 ASE 列示出的全部 55 家公司的 55 起股权切离事件,通过考察这些事件发生的前 120 天直至其后 60 天的平均调整收益(AAR)和累计平均调整收益(CAAR),他们认为,分立公告对股东财富具有积极的影响。在全部 181 天的观察期内,CAAR 为 22.1%。特别要指出的是,超过一半的收益

要归因于公告事件发生的前 120 天至前 20 天这一期间,暗示了分立公告导致了一段时期的超常正收益。另外,在公告事件前后,正的 AAR 非常显著。而自事件发生一天之后,AAR 表现为随机游走,显示出市场对这样的特殊事件是半强有效的。

Katherine Schipper 和 Smith Abbie(1983)考察了公司自愿分立公告对股东财富的影响。他们的样本来自 1963—1981 年 NAARS、ASE、NYSE 列示的公司分立公告和一些商业报刊以及 Commerce Clearing House 出版的 *Capital Change Reporter* 一书中所涉及的公告。在剔除了一些非自愿分立公告、一些易混淆于其他公司专业化事件的分立公告及股票收益记录不全的分立公告和两个不能确定日期的分立公告后,共取得 93 个数据。他们检验了三个基本的股东收益的原因:其一是征用假说,结果不能证明此假说;其二是分立导致公司所受规制和税收方面的放松,结果发现其中 18 起涉及此问题的公司分立事件有非常显著的正收益;其三是多部门处于同一管理层下,将由于交易成本导致收益减少,结果显示,样本公司具有较高的平均增长的情况以及母公司、附属公司业务明显不同的情况与这一观点相一致。

而后,James D. Rosenfeld(1984)考察了 1963—1981 年在 NYSE 和 ASE 列示出的 35 家公司的 35 起分立和售出事件,挑选出这些事件的标准是分立部分的市值至少要大于公告日公司全部市值的 10%,其目的在于进一步检验是否规模较大的分立具有更为明显的正收益。该文章得出结论:对于分立企业来说,关于分立和售出的公告都会对股价产生积极的影响。在全部的观察期内,分立和售出具有相仿的累计平均调整收益,但在公告期它们具有明显的区别。公告事件发生的当天,分立比售出具有更好的业绩。尽管这还不足以证明分立的战略比售出更有优势,但是就可比较的金融指标来说,分立比售出更有优势。他认为,股东将售出公告理解为一个净现值为正的交易。售出公司的股东与买入公司的股东差不多均分了这一收益。

P. Cusatis,J. Miles 和 J. Woolridge(1993)的研究则发现分立导致公司股价上升的原因是因为分立总是同接管联系在一起,意味着分立为那些能够给公司创造价值的出价者提供了一个低成本的转换公司资产控制权的方法。他们的数据样本取自于 1965—1988 年的 146 起分立事件。通过调查分立出的公司、母公司在分立后长达 3 年的股票收益,他们发现,两者的业绩及两者的联合业绩均有显著的正收益。同时也发现,当剔除了那些涉及日后接管事件的数据样本后,调整后的收益依然为正,但是并不显著。因此,他们认为价值创造的原因可能是分立提供了一个低成本的公司资产控制权转移的方法。

Sudha Krishnaswami 和 Venkat Subramaniam(1999)则是着力于从信息假说来检验公司分立的收益。他们的样本包含 1979—1993 年的 118 起自愿分立事件,实证分析了信息假说,即公司分立可以提升公司价值的原因是分立减少了公司的信息不对称。与此假说一致的是,他们的研究结果显示,从事了分立的公司与他们所在产业及同等规模的公司相比具有更高的信息不对称水平,并且信息问题在分立后显著地减少。同时也发现,尽管负的合成效应的确是分立创造价值的原因之一,但是减少信息不对称亦是重要的原因,而他们的结果并不支持分立的规避管理动机和便利并购动机。他们的研究结果还显示,具有高增长机会的公司和流动性约束较强的公司更倾向于分立,这些公司在分立的两年后也确实筹集了更多的资金。

Hemang Desai 和 Prem C. Jain(1999)则试图检验公司分立的原因是否与公司集中业务有关。他们使用了具有 155 个样本的数据来进行检验,这些样本来自于相关机构和杂志所记录的 1975—1991 年的公司分立数据。他们的结果显示,公司分立后的 3 年内,111 家业务集中程度提高的样本公司平均取得了 33.36% 的超常收益,而与此相反,44 家未提高业务集中程度的样本公司则取得了 −14.34% 的超常收益。另外,他们的横截面数据检验结果显示,公告期的超常收益与业务集中及运行业绩正相关。同样,运行业绩与业务集中正相关。他们的研究结果还显示,并非出于业务集中目的的分立之所以发生,是为了从母公司中剥离那些在股票市场中表现不佳的附属部分,而不是为了减少债务、应对财务危机或者将母公司的债务转移至附属部分。

征用假说通常被用来解释公司的分立行为,但是试图证实这一假说的努力却一直因缺乏足够的数据而未能成功,直至 William F. Maxwell 和 Ramesh P. Rao(2003)利用一组大样本数据为财富转移假说提供了证据。作者使用了包含 80 个分立公告的样本。这些数据采集自 1976—1997 年,包括股票价格的数据和债券价格的数据。根据这些分立的样本,作者发现,在分立公告的一个月内,债权人具有平均 88 个基点的超常负收益。而与此同时,股东则会有平均 3.6% 的正收益。文章还检验了全部的公司价值的变化,发现公司价值平均增长了 1.59 个百分点。这一检验暗示了分立的确会导致财富从债权人向股东转移,但这仅仅是股东收益的一部分。

本章小结

本章介绍了分拆的三种基本类型,同时从七个方面阐述了企业分拆的目的和意义,最后总结了对企业分拆的经济效果的实证研究成果。

- 分拆包括三种基本类型:(1) 公司分立,指将一个法人变成两个法人;(2) 股权切离,指母公司设立一个新的公司,并将其资产的一部分转移到新公司去,然后再将子公司的股权对外出售;(3) 资产剥离,指母公司将部分资产出售给其他公司。
- 企业分拆的目的和意义在于:(1) 突出主业,增强企业核心竞争力;(2) 提高管理效率;(3) 增加信息透明度,提升股票价值;(4) 抵御敌意收购;(5) 分拆上市,筹集资金;(6) 满足公司的现金需求;(7) 摆脱经营亏损的包袱,美化财务报表。
- 对企业分拆经济效果的实证研究结果显示,分立通常的确会给股东带来额外的回报,虽然对其原因依然没有达成共识,但是分立的确创造了价值,股东的回报并不只是以其他优先证券持有人的损失为代价。

思考题

1. 分拆有哪几种基本类型?
2. 简述企业分拆的目的和意义。

第十五章　并购的会计处理

- 购买法
- 权益结合法
- 购买法与权益结合法的比较
- 中国企业合并报表的相关规定

并购发生时,合并实体的财务报表必须反映合并的效果和财务影响。并购的会计处理也因此而产生,它是对实施合并的企业收购其他企业的业务进行账务处理和报告的一整套方法和程序。主要涉及对被并购企业净资产的计价(如是按账面价值还是按公允价值计价)、确认商誉(负商誉)、合并费用(资本化还是计为当期费用)、留存利润、合并前利润的处理以及比较会计报表中账项的调整等方面内容。1950 年,美国 AICPA 的会计程序委员会发布了有关《企业合并》的会计研究公报第 40 号(ARB-40),第一次用"权益联合"(pooling of interests)和"购买"(purchase)两词描述了两类企业联合的会计处理。这一公报对后来的并购的会计处理产生了重要影响,奠定了现代并购会计的基础。

第一节　购买法

一、购买法的含义

购买法(purchase method),亦称购受法,是指比照一家企业购买另一家企业资产的做法来处理企业并购的会计方法。该方法实际上假定,企业合并是一个企业取得其合并范围内企业部分或全部净资产的一项交易。购买法的核心是依据收购时的公允价值,而非账面价值,确定被购资产/负债的价值。

购买法将收购方获取被收购企业净资产的行为视为资产交易行为,即将企业合并视为收购方以一定的价款购进被收购企业的土地、设备、存货、有价证券等资产项目,同时承担该企业的所有负债的行为。这种会计方法要求收购方在编制财务报表时,按合并时的公允价值计量被收购企业的净资产,并将投资成本(购买价格)超过净资产公允价值的差额确认为商誉(goodwill),记作无形资产,或者调整股东权益。

二、购买法的特点

一般而言,购买法具有以下特点:①

(1) 购买企业(投资方)收购的被合并企业的资产和负债应按公允价值入账。所谓公允

---

① 丁新娅:《浅议企业合并的会计方法——购买法和权益集合法的比较》,《中华女子学院学报》,2002 年第 6 期。

价值,是指在一项公平交易中,由熟悉市场情况且自愿交易的双方所确定的资产交换或债务清偿的成交价格。

(2)购买企业的合并成本与取得净资产公允价值之间的差额为商誉(或负商誉),在合并报表时确认。

(3)从购买日起,被合并企业的经营成果应该合并到购买企业的损益表中,被合并企业的留存收益不能转到购买企业中。也就是说,集团的合并损益包含且仅包含取得日以后属于集团的部分。

使用购买法进行会计核算,收益包括收购企业当年实现的收益和合并日后被合并企业所实现的收益,被合并企业的留存收益不得转入收购企业。由于被收购企业在被合并前的经营成果不纳入收购企业的损益计算范围,而且,由于要按较高的公允价格重新计量确定各项资产的价值,因而会在今后年度中导致较高的摊销费用,因此在购买法下,企业的报表收益可能因合并而减少(即低于不合并的情况下两家企业的报表收益之和)。

三、会计处理方法

购买法下需要仔细处理的比较具体的会计问题有:购买成本的确定、可辨认资产和负债及其公允价值的确定、购买商誉的确定与计量、非全面收购下少数股东权益及相应资产与负债的计量等等。[①]

1. 购买成本的确定

购买成本是购买目标企业所付出的代价加上可作为购买成本的有关费用。在确定购买成本时应考虑到交易的性质:如果是用现金购买,则应按支付的现金数额记账;如果是用负债购买,则应按应付数额的现值记账;如果是以非现金资产购买,则应按非现金资产的公允价值记账。例如,如果是以股票支付,则一般可采用交易日的市场价格作为公允价值,但如果该交易日的市场价格受到诸如购买这样的消息影响而不可靠时,就应考虑这一消息公布前后适当期间价格波动的影响。对于为收购而发生的其他一些费用,如咨询费、注册登记费、证券发行费用等,则应视为发生当期的费用,而不应包括在购买成本中。

2. 可辨认资产和负债及其公允价值的确定

购入的可辨认资产和负债是由于收购而产生的可以单独确认和计量的资产和负债,一般应符合以下两个标准:一是相关性,即与收购企业的未来经济利益和经营活动相关;二是可计量性,即对于收购企业而言,其成本或公允价值可以可靠地计量。主要资产和负债公允价值的确定一般如下:有价证券的公允价值一般为其市价或可变现净值;应收款公允价值为账面价值扣除估计坏账后的净额;产成品和商品公允价值为售价减销售费用、清理费用、合理利润;在产品公允价值为估计售价减完工尚需发生的成本、销售费用、清理费用、合理利润;原材料公允价值为其现行重置成本;长期投资公允价值为其评估价值;固定资产公允价值为其现行重置成本(拟出售的,按可变现净值计算);可辨认无形资产的公允价值为其评估价。负债类项目公允价值一般按现有利率的折现值处理,如到期日较短,可直接按账面价值确定。

---

① 沈田丰:《企业并购的会计处理》,http://www.sh_lawyer.com。

3. 购买商誉的确定与计量

确定商誉是购买法的一个基本特点。主并企业为取得其他企业净资产和控制权而付出的代价即购买成本,它与被收购企业各项可辨认资产和负债及公允价值的差额,被确认为商誉①。商誉一般来自于被收购企业具有的超额获利能力,或者是合并本身产生的协同效应。对于商誉的会计处理,在国外主要有两种观点:一是确认为无形资产,二是冲减股东权益。将购买形成的商誉确认为无形资产的理由是,购买形成的商誉是主并企业为了获得目标企业所具有的获取超额未来经济利益的能力或者与目标企业形成一种可导致未来经济利益的协同作用而发生的支出,它在实质上与企业购置其他资产的支出并无差异,因而将购买商誉记作一项无形资产是符合会计原则的。但是,商誉最后能否为收购企业带来未来经济利益,它所产生的未来经济利益究竟能有多少,却是在购买当时所无法精确计量的。因此,有人认为,应将购买商誉直接冲减股东权益。理由如下:(1) 购买商誉固然可被视为一种产生未来收益的无形资产,但更可视为主并企业为实现收购,付出的收购价格高于被收购企业公允价值而形成的资本损失。因此,购买商誉的支出应当冲减股东权益。(2) 由于购买商誉的直接经济效果很难计量,加之有不予确认自然产生的商誉的惯例,因而,不确认购买商誉以保持企业在商誉的会计处理上的一致性。当然,大多数国家的会计惯例还是将商誉在合并后的会计报表中确认为一项无形资产,并在使用年限内有规则地摊销和冲减收益。

4. 少数股东权益的计量

当主并企业没有取得被收购企业的全部股权,即被收购企业还存在少数股权时,则少数股东权益的计量也是会计处理的一个重要方面,大体有三种不同的方法:一是将主并企业已经获得控制权的可辨认资产和负债以其公允价值反映,并相应地将少数股权按其在子公司可辨认净资产价值中所占的比例同样以公允价值予以反映;二是将进入合并报表的被收购企业之资产和负债属于少数股权的部分仍按购买前账面价值(而不是像被收购资产那样,按现时公允价值)计价;三是不仅购入的可辨认资产和负债应全部按公允价值计量,而且对于进入合并报表的商誉和负商誉,也按主并企业购买被收购企业全部股份的情况进行计量,并相应地按比例确认实际上并非购买发生的少数股权的商誉。这样一来,少数股权的价值也就包括了非实际购买产生的商誉的价值。

实施合并的企业使用购买法时应在合并当期的财务报表注释中披露如下信息:(1) 被收购企业的名称及简介;(2) 企业合并的会计方法——购买法;(3) 被收购企业经营成果纳入实施合并企业损益表的期间;(4) 收购被收购企业的成本;(5) 或有事项的性质及会计处理;(6) 企业合并时所出现的商誉、摊销方法和摊销期限;(7) 合并后企业本期和前期备考经营成果等。

四、对购买法的批评与争论

有关购买法的批评与争论的焦点集中在商誉的确认上。许多会计师对估计商誉的差额基准持有异议。这些批评者坚决主张分派到商誉的数额也可以适用于其他无形资产。收购成本中任何不能直接分派到可辨认有形或无形资产或商誉的部分,都应当以第一次资产评估

---

① 有些情况下,购买成本会比购入的可辨认资产和负债的公允价值的合计数低,形成所谓"负商誉"。

中分派的数值为基础分摊到这些资产中,或确认为损失。

有些会计师认为,美国会计制度中规定将商誉强制摊销,对来自企业合并的商誉是不合适的,把企业合并中分派到商誉的数额作为新企业股东权益的减项似乎更加合适。

批评者还认为,如果收购成本小于公允价值而产生负商誉,通过比例分配这一差额来随意减少以前确定的资产公允价值缺乏理论依据。

第二节 权益结合法

一、权益结合法的含义

权益结合法又称权益集合法或权益联营法,该方法将企业合并视为参与合并各方经济资源的联合或所有者权益的结合。这种方法认为,当一家企业以自身的普通股股票去交换另一家企业的几乎所有的普通股股票时,其实质并非购买,而是参加联合各方的股东分别放弃对原企业的单独控制,转变为共同拥有、共同控制和管理联合后的企业,共同分担合并后企业主体的风险和收益。因此,参与合并的任何一方都不能被认定为购买方,不存在购买价格的确定,因此投资方不能按投资成本入账。

二、权益结合法的特点

一般而言,权益结合法主要有以下特点:[①]

(1) 不论合并发生在会计年度的哪个时点,参与合并各企业整个会计年度的损益都要全部包括在合并后的企业之中,合并报表的编制不再区分合并前与合并后的损益,就像企业在报表起始日就已经合并在一起一样。

(2) 参与合并各企业整个年度的留存利润均应并入合并后的企业当中。

(3) 企业合并过程中发生的与合并有关的费用,包括股票的登记和发行费用,合并过程中发生的咨询费、审计费、律师费等等,应在发生的当期确认为费用。

(4) 参与合并的各企业,其会计报表通常不用变动,资产负债均按原来的账面价值记录,即不用将其反映为公允价值。相应地,投资方的"长期投资"入账价值为换出股票的账面价值。

(5) 没有任何商誉问题,当然也就用不着确认商誉。

(6) 股权联合后发生的内部交易都在编制合并会计报表时抵消。

(7) 已登记入账的发行股本的金额与支付的现金或以其他资产形式支付的额外价款之和,同账面登记的购买股本的金额之间的差额,应调整所有者权益。

---

① 丁新娅:《浅议企业合并的会计方法——购买法和权益集合法的比较》,《中华女子学院学报》,2002 年第 6 期。

(8) 若参与合并各企业的会计处理方法不一致,则应予以调整,以保持合并后会计方法的一致性。

与购买法相比,权益结合法下的合并费用一般较低(因为折旧按历史成本而非重估价,又不存在商誉摊销),从而使得报告年度收益、每股收益率及每股收益额偏高,留存收益也相应提高。

案例分析
TCL 通讯换股合并:"权益结合法"导致折价发行

一、TCL"权益结合法"导致"折价发行"

2003 年 9 月 30 日,TCL 通讯(000542. SZ)发布公告称:公司将通过与母公司 TCL 集团换股,以被母公司吸收合并的方式退市。TCL 通讯流通股股东所持股票将按一定的换股比例折换成上市后的 TCL 集团公司的股票。换股完成后,TCL 通讯将退市,注销法人资格,其所有权益、债务将由 TCL 集团承担,而 TCL 集团将通过 IPO 实现整体上市。折股比例将按 TCL 通讯折股价格除以 TCL 集团 IPO 价格计算,而 TCL 通讯折股价格以 2001 年 1 月 1 日到 2003 年 9 月 26 日间的最高股价 21. 15 元计算。

换股合并在我国资本市场并不是什么新鲜事,清华同方、新潮实业、正虹饲料、华光陶瓷、大众科创、青岛双星、龙电股份、宁夏恒力、亚盛实业、同济科技都曾使用过换股合并方式,可 TCL 集团并购模式为什么会引起市场热捧呢?其"一夜成模"的原因主要有两个:一是以前换股合并,合并方是上市公司,被合并方是非上市公司,而 TCL 换股合并方案则相反,合并方是拟 IPO 的非上市公司,被合并方是上市公司,这种形式的合并上市在我国证券市场尚属首次;二是 TCL 集团通过换股合并实现由局部上市转向整体上市,一些有着相似优势的公司正跃跃欲试,拟效仿 TCL 集团实现整体上市。

截至并购基准日(2003 年 6 月 30 日),TCL 通讯每股净资产为 3. 066 元,TCL 集团 IPO 模拟价格分别为 2. 67 元(市盈率 10 倍)、4. 00 元(市盈率 15 倍)、5. 33 元(市盈率 20 倍)时,折股比率分别为 7. 9213、5. 2875、3. 9681,TCL 通讯流通股股东取得 TCL 集团每股股份投入的净资产为 0. 387 元、0. 5799 元、0. 773 元,本次主承销商及财务顾问中金公司在《财务顾问》中称,TCL 集团在本次吸收合并中的会计处理上采用权益结合法,这样导致 TCL 集团换股合并的流通股入账价值低于面值。据东方高圣模拟测算,差额部分冲减 TCL 集团合并后的资本公积,三种情况下分别减少资本公积 436 元、454 元、644 元,221 元、920 元、324 元和 114 元、451 元、912 元。而《公司法》第一百三十一条规定:"股票发行价格可以按票面金额,也可以超过票面金额,但不得低于票面金额。"于是有市场人士对其换股合并方案提出质疑,认为其折价发行。TCL 集团律师施贲宁对此作出澄清,认为 TCL 集团换股合并发行的流通股与社会公众投资者认购流通股价格是一致的,不存在折价发行之说。笔者认为,造成 TCL 集团账面上折价发行的诱因是其合并会计选择了权益结合法,如果采用购买法,则就不存在低净值(折价)发行之说。按并购基准日 TCL 通讯流通股股东持有 8 145 万股计算,与权益结合法相比,在购买法下,TCL 集团要多确认 14. 7 亿元的商誉和资本公积,假设商誉摊销期限是 10 年,则 TCL 集团自 2003 年 7 月 1 日起,每年减少利润 1. 47 亿元,而 2003 年上半年 TCL 集团模拟净利润只有 3. 43 亿元。据此计算,如果 TCL 集团此次换股合并采用购买法,则会导致 TCL 集团合并后的 10 年每股收益减少 20%—25%，且由于净资产增加 14.7 亿元，导致其净资产收益率大幅度下滑，这对其以后的再融资极为不利，因为在中国，净资产收益率是再融资的生命保障线。

二、购买法抑或权益结合法：企业合并会计准则的挑战

购买法与权益结合法主要有两个不同点：一是购买法要求购买方按公允价值记录购入的净资产，将购买价格与公允价值之间的差额确认为商誉或负商誉；权益结合法则要求按并入净资产的原账面价值入账，不确认商誉或负商誉。二是如果采用发行股份的办法实行合并，购买法要求按换出股份的市场价格将被收购企业的所有者权益加计到投入资本（股本与资本公积），但不确认被收购企业的留存利润；权益结合法则按被收购企业的账面总额合并投入资本，被收购企业的留存利润也全数并入。从 TCL 集团并购会计方法的选择上，我们可以发现，购买法抑或权益结合法对并购企业的财务状况及经营成果影响重大，由于收购价格往往大大超过被收购企业的净资产，使用购买法需要确认巨额的商誉，并在规定的期限内摊销，导致并购企业利润的减少，所以一般企业都选择权益结合法。我国资本市场上发生的换股合并案无一例外地选择了权益结合法，就是一个例证。但美国财务会计准则委员会（FASB）已禁止使用权益结合法，国际会计准则也严格限制使用权益结合法，我国企业合并会计准则至今尚处于征求意见阶段，实务中主要参照《企业兼并有关会计处理问题暂行规定》、《合并会计报表暂行规定》、《关于执行具体会计准则和〈股份有限公司会计制度〉有关会计问题的解答》，上述规定都没有考虑股权交换合并，这给 TCL 及其他换股合并企业提供了会计选择空间——不管是购买法还是权益结合法，都不违反现行会计标准。但 TCL 与先前的换股合并企业的不同在于，它有一个比较明确的收购价格，每股收购价格确定是 21.15 元，如果说以前换股合并是因为收购价格不能合理确认而导致无法使用购买法，那么在 TCL 案例中，则完全可以使用购买法。问题的关键还在于，TCL 采用权益结合法，导致了流通股股东以低于面值的净资产折股的折价发行现象。对此，监管层及会计准则制定部门应给予重视。

企业合并会计准则如果允许两种并购会计方法并存，一是不符合国际发展趋势，二是本身就为企业提供了会计选择空间，从而导致企业间的信息不可比，如本案中并购会计方法选择对企业财务状况及经营成果影响重大；如果只允许一种并购方法，则无疑会采用购买法，但我国实务界换购合并基本采用权益结合法，存在就是合理的，购买法在我国的运用还存在一些问题，在股权分裂的中国资本市场，换股合并中被收购公司的公允价值难以获得，因而我国上市公司换股合并尚难以采用购买法，这也是证券管理当局默许权益结合法的另一个重要原因。但权益结合法导致企业价值低估，甚至出现折价发行现象，违反了我国《公司法》的规定，这是一个两难问题；此外，即使是采用了购买法，对商誉的摊销是否按年限摊销，也值得反思。为此，一个有财政部会计司副司长应唯参加的课题组提出了一个折中方法。这个以上海财经大学会计学院院长陈信无为课题负责人的财政部重点会计科研课题组认为：鉴于权益结合法存在固有的缺点，而购买法又缺乏基本的实施条件，我们认为，现阶段我国上市公司的换股合并可以采用一种基于可辨认资产公允价值的购买法（即不确认合并商誉的购买法），同时对换股合并后被收购企业整体性转让、出售行为作出限制。笔者对此方法表示怀疑，这实际上不是购买法，而是变异的权益结合法，因为收购价格与被收购企业净资产之间的价差主要是被收购企业的市场渠道、产品工艺、管理团队、人力资源、合并的协同效应及控制权溢价导致的不可辨认资产（商誉）造成的，被收购企业可辨认资产公允价值与账面价值往往相关不大，采取"基于可辨认资产公允价值的购买法"根本无法反映购买价，而且，从非货币性交易及债务重组的各种教训中我们已知道,公允价值计量属性在目前中国资本市场缺乏实施的必要条件。笔者认为,与其采用"基于可辨认资产公允价值的购买法",不如采用"基于账面价值的购买法",不调整被收购企业的可辨认资产账面价值,将购买价与账面资产净值差额全部列为商誉,但问题是商誉要如何摊销。美国在取消权益结合法之后,对商誉的摊销也作了重新规定。美国财务会计准则委员会颁布了 SFAS No. 142——商誉和其他无形资产,不再要求对商誉摊销,代之以商誉减损测试,也就是说假设 TCL 确认了换股并购带来的 14.7 亿元的商誉,按 SFAS No. 142 的规定,不在有限年限内摊销,只有在存在减值时才计提无形资产减值准备。一方面美国规定企业合并必须采用购买法,另一方面又规定商誉不在有限年限内摊销,这给上市公司带来了巨大的利好消息,从世通到美国在线-时代华纳的案例看,这样的规则导致美国上市公司在商誉的确认和计量上存在巨大的操纵空间,严重影响了会计盈余的信息质量。不在规定的年限内摊销而以商誉减损测试取代导致的会计信息失真与我国当前"八项减值计提"存在的问题性质是一样的,不管是企业的会计师还是独立审计师抑或监管层,都无法对资产的价值作出准确的测试,企业利用减值的计提和冲回大玩会计魔术,这种教训已有很多。我国在制定企业合并会计准则时,应充分考虑到这种风险,理论上最适用的(最大限度地满足相关性要求)往往容易被滥用(远离可靠性),公允价值、八项计提已惹了很多麻烦,使会计变得越来越让人看不懂,看不懂背后可能隐藏着一个个"安然地雷"。

纵观世界 500 强企业,大部分的公司都是通过不断的并购发展壮大的,并购大量是以换购并购进行的,我国资本市场已有十余起换购并购案,相信以后还会有更多的案例出现,而且频率会不断加快。美国上市公司并购会计有很多教训,如利用并购会计阴谋,创造性地运用并购会计,提取巨额"未完工"研究与开发支出并注销;运用"大洗澡"或"甜饼盒"操纵利润,如计提秘密准备包括低估资产、高估负债、不反映某些特定资产价值等。从世通、施乐、阳光、废物处理、山登、美国在线-时代华纳等财务舞弊手法来看,大多与滥用并购会计有关。美国财务舞弊侦查专家施利物博士指出了美国上市公司八大并购会计阴谋:不断收购盈利不佳的公司、把亏损转移到残余时期、兼并前后大笔注销资产、通过大笔注销释放准备金、兼并后变更收购价格的分配、记录与收购公司有关的销售收入、把权益人入股看作无关紧要、付给股票或股票权证作为未来购买承诺的诱因。这些滥用并购会计的手法都应引起我们的重视,当前我国资本市场会计标准的首要目标还是遏制拟上市公司或上市公司虚增资产、虚增利润,而美国与国际会计准则下的并购会计恰是最容易产生会计数字游戏的地方。会计准则国际化与我国国情如何有机结合,这是对《企业会计准则——企业合并》制定者的一个极大的挑战。

案例资料来源:http://finance. tom. com,2006 年 10 月 27 日。

第三节　购买法与权益结合法的比较

一、两种方法的区别

首先,两种会计方法的适用范围不同。一般说来,购买法适用于一个企业(购买企业)通过换出资产、承担负债或发行股票等方式获得对另一个企业(被收购企业)净资产的权利和经营控制权的情况;而权益结合法适用于交换股份或股权的企业合并的情况,通常在各合并企业的股东联合控制他们全部(实质上)的净资产,并继续对合并后实体分享利益和分担风险,不能辨认购买方的情形下使用①。简言之,购买法是将企业合并视为一家企业购买另一家企业的净资产,而权益结合法不承认企业合并是购买行为,因为合并不需要任何一个参与合并的企业流出资产。

其次,两种方法在资产/负债的价值的确认和核算方法上存在显著的差别。

最后,两种方法在对企业留存收益(未分配利润)的确认和处理上也存在明显区别。在购买法下,被收购企业在合并前的利润在合并日被资本化了,所以合并后集团的未分配利润只留下收购企业的部分。

表 15-1 总结了两种方法在记账方面的主要差异。

表 15-1　购买法与权益结合法的核算差异

购买法	权益结合法
• 主并企业要按公允价值记录所收到的资产和承担的负债;合并成本与取得净资产公允价值的差额计为商誉,在规定的期限内摊销。	• 由于其计价基础不变,资产、负债均按账面价值计价;不存在商誉的确认问题。
• 合并企业的收益包括当年本身实现的收益以及合并日后被合并企业所实现的收益。	• 不论合并发生在会计年度的哪个时点,参与合并企业整个年度的损益都包括在合并后的企业中。
• 被收购企业留存收益不能转入合并企业,合并企业的留存收益可能因合并而减少,并相应影响企业可用于分配红利的未分配利润。	• 参与合并企业整个会计年度的留存收益(未分配利润)均应转入合并企业。
• 间接费用计入当期损益,而直接费用则调节资本公积,或者调整投资成本。	• 企业合并时发生的所有费用,不管是直接费用还是间接费用,都计入当期损益。
• 无须对企业的账面价值进行调整,先前年度的数字不进行追溯调查。	• 如果参与合并企业的会计方法不一致,应当进行追溯调整。
• 允许为未来的亏损/重组费用设立准备金。	• 不允许为未来的亏损/重组费用设立准备金。

由于上述两种方法在会计处理上存在显著差异,二者对会计结果也会产生重要影响:

(1)资产。在购买法下,重估后资产的公允价值通常高于账面价值,资产中的土地、建筑物等通常会有较大升值幅度。尤其是在通货膨胀时期,资产升值更为明显。在权益结合法下,被收购企业的资产和负债均按账面价值计量,不考虑公允价值,也不确认商誉,而一般情况下资产账面价值又低于其公允价值。因此,与依账面价值记账的权益结合法相比,购买法可能会核算出更高的合并后企业的资产价值。

(2)合并成本。权益结合法不要求对被收购企业的净资产进行评估,而购买法则要求评估其公允价值,单从这一点看,应用权益结合法的合并成本应该低于购买法。

(3)利润。权益结合法下按账面价值计量的被收购企业的资产常低于公允价值。收购企业若对外出售这些资产,就能马上获得收益;即使不出售,也可以较低的资产账面价值进行摊销,从而使报表利润增加。购买法导致资产价值增加,这种增值将在以后年度转化为成本

---

① 当然,不同国家或地区对权益结合法适用范围的规定有所不同。

或费用,从而导致购买法下的成本费用要比权益结合法下多。更为重要的是,购买法下,合并企业当年的利润仅仅包括购买日后被收购企业实现的利润;而在权益结合法下,合并企业当年的利润包括被收购企业整个年度的利润。因此,权益结合法能产生更多的报表利润,给报表使用者以企业利润增长的感觉。但这种利润的增长并不是企业的经营活动引起的,而是靠会计处理来实现的。

(4)净资产收益率。权益结合法下,并入的净资产较低,而合并后的利润较高,从而导致权益结合法下的净资产收益率较高。正因为如此,在条件允许的情况下,企业通常更倾向于使用权益结合法。

案例分析
清华同方吸收合并鲁颖电子

一、背景

根据公开发行的资料可知,1998 年 6 月 30 日,清华同方通过向鲁颖电子定向发行普通股,按 1∶1.8 的换股比例换取鲁颖电子股东所持全部股份,吸收合并鲁颖电子。

清华同方、鲁颖电子合并前后股东构成的变化如表 15-2 所示。

表 15-2　合并前后股东构成的变化

股东	未流通股份		已流通股份	
	股数(万股)	比率(%)	股数(万股)	比率(%)
清华同方,合并前(合并后)				
大学企业集团国有股	9 855(9 855)	59.35%(54.39%)		
境内法人持有股	450(450)	2.71%(2.48%)		
境内上市的普通股			6 300(6 300)	37.94%(34.76)
鲁颖电子,合并前(合并后)				
山东沂南国资局法人股	10 099(560)	36.94%(3.09%)		
境内上市的普通股	(957)	(5.28%)	1 722	63.06%

注:括号内的数字为合并后存续人所持的股数与持股所占的比率。鲁颖电子的该部分流通股合并 3 年后方可上市流通。

鲁颖电子合并前的平均股权转让价为 7 元/股,清华同方的平均市场价为 32 元/股。这里假设法人股与流通股按同一价格交易,采用北京中华资产评估有限公司出具的鲁颖电子 1998 年 6 月的净资产评估值 5 780 万元,产生的商誉按 10 年摊销。若采用现金购买法,收购所用的现金来自银行借款,借款利率为 6.39%。为了全面理解购买法与权益结合法的差异性,本文考虑三种情形,即采用权益结合法、采用现金购买法与采用换股购买法,来分析不同情形下对企业净利润、EPS、净资产收益率的影响。

资料显示,合并基准日为 1998 年 6 月 30 日,但此处我们假设合并发生在 1998 年 1 月 1 日,这样无论是权益结合法还是购买法,鲁颖电子 1998 年的利润都会计入清华同方的合并后利润中。如果在这种情况下,两种方法对净利润的差异都较大,那么发生在期中,权益结合法的利润则会远大于购买法。在具体分析两种方法的差异之前,首先列示三种情形的分录(见表 15-3)。

表 15-3　合并会计分录的三种情况　　　　　　　　　　　　　　　　单位:万元

权益结合法	现金购买法	换股购买法
净资产(账面值) 6 599(7 361－762)	净资产(公允价)5 780	净资产(公允价)5 780
股本 1 517(560＋957)	股本 2 731(1 722＋1 009)	股本 1 517(560＋957)
资本公积 2 828(4 345－1 517)	资本公积 16 386(1 722＋1 009)×7－(1 722＋1 009)	资本公积 47 027(560＋957)×32－(560＋957)
盈余公积 608	商誉(倒轧)13 337	商誉(倒轧)42 764
未分配利润 1 646		

　　根据清华同方 1999 年 6 月 12 日《吸收合并公告书》中的模拟合并资产负债表和模拟合并利润表,可推断其采用的是权益结合法。

　　下面我们讨论三种情形下对合并存续公司(清华同方)1998 年年底净利润、EPS、净资产收益率的影响。

　　若采用权益结合法,净利润＝未合并的清华同方 1998 年的净利润＋鲁颖电子 1998 年的净利润＝10 476＋762＝11 238 万元,净资产＝未合并的清华同方 1998 年的净资产＋鲁颖电子 1998 年的净资产＝71 081 万元,EPS＝11 238/(16 605＋1 517)＝0.62,净资产收益率＝11 238/71 081×100%＝15.81%。

　　若采用现金购买法,则净利润＝10 467＋762－1 333.7－1 222.6×85%＝8 864 万元(其中,1 333.7 万元是商誉,分 10 年摊销;1 222.6×85%是投资成本),净资产＝63 619＋5 780＝69 399 万元,EPS＝8 864/15 506＝0.57,净资产收益率＝8 864/69 399×100%＝12.77%。

　　若采用换股购买法,则净利润＝10 476＋762－4 276.4＝6 961 万元,净资产＝63 619＋5 780＝69 399 万元,EPS＝6 961/18 122＝0.38,净资产收益率＝6 961/69 366×100%＝10.3%。

二、结果

　　(1) 与未吸收合并鲁颖电子的清华同方 1998 年各项指标(净利润为 10 476 万元,EPS 为 0.62,净资产收益率为 16.47%)相比,采用权益结合法较大地提高了清华同方(存续公司)的净利润,稍稍降低了 EPS 和净资产收益率。而在购买法之下,各项指标明显降低,尤其是采用换股合并,净利润由 10 476 万元下降为 6 961 万元,降幅达 33.5%;EPS 由 0.63 下降为 0.38,降幅达 40%;而净资产收益率也由 16.47% 骤降到 10.3%。若净资产收益率低于 10%,清华同方将失去一次增发新股的机会,这对于任何合并企业来讲都是一项重大损失。由此可以推断,如果国家没有明文规定采用哪一种会计合并方法,任何合并企业均会倾向于采用权益结合法,尤其是在换股合并的方式下。

　　(2) 就权益结合法与购买法而言,净利润之间的差异主要是由商誉造成的。在权益结合法下,不确认商誉,合并后的净利润即为合并的两家企业的净利润之和。而在购买法下,还要减去合并确认的商誉,由购买被合并企业的成本减去其公允价值得到。由前面的计算可以看出,换股购买法下的商誉要远远大于现金购买法下的商誉,公允价值在两种购买法下均相同,差异主要是由购买成本的不同造成的。换股购买时,是把鲁颖电子的股数按换股比例换算为清华同方的股数后,再乘以清华同方的市场价作为购买成本。因为 32 元的清华同方价格与 7 元的鲁颖电子的市场价差异远远大于换股比例 1.8∶1 的差异性,所以换股购买法下的购买成本远远大于现金购买法下的购买成本,进而得出商誉的差异性。因此,在换股购买法下减去较大的商誉摊销后,只能得到相对较小的净利润。由此可以得出,当合并双方股票价格差异与换股比例的差异较大时,即合并双方的规模差异较大时,换股购买法的净利润就低于现金购买法的净利润,进而也就更低于权益结合法下的净利润。

(3) EPS 之间的差异是由净利润和股数的差异造成的。权益结合法与换股购买法下的股数相同,所以 EPS 由 0.62 下降为 0.38,全部是由净利润造成的。虽然现金购买法下的股数不同于权益结合法与换股购买法下的股数,会对 EPS 的变化造成一定的影响,但可以看出,EPS 的变化主要是由净利润的不同引起的。另外,净资产收益率的变化不但与净利润有关,还与净资产有关。在净资产收益率由 15.81% 下降到 10.3% 的过程中,净利润的下降起到了主要作用。相反,净资产的下降(购买法中 5 780 万元的评估价值小于权益结合法中的净资产账面价值 7 361 万元)起到了抑制作用。如果本案例中的净资产评估价值符合一般规律,即高于账面价值,则净资产收益率可能会下降到 10% 以下。如果出现这种情况,任何企业在换股合并时也不会采用购买法。这提示我们在制定合并会计准则时,不但要考虑企业为操纵净利润而使用权益结合法,还要考虑合并企业是否为了得到增资扩股的机会而进行合并。

案例资料来源:郭丽红,《不同合并会计方法下的盈利指标》,中华财会网,2003 年 8 月 22 日。

会计以反映企业的经济收益为目的,真实性、公允性是会计应该遵循的基本原则之一。资产、负债的账面价值是其历史成本,当持续经营假设不再成立时,合并企业在决策过程中,考虑更多的应是被合并企业的公允价值,而非其净资产的历史成本。从会计信息的相关性来看,购买法提供了关于合并企业资产和负债公允价值的信息,便于投资者预测合并后企业未来的现金流量,从而其提供的信息有极大的相关性,也就是说,购买法能给投资者提供更多有用的信息。但由于净资产公允价值的确定存在困难,故权益结合法比购买法更易于操作。从会计信息的可靠性来看,由于权益结合法按历史成本反映合并后企业的资产和负债,因而,其信息的可靠性较高。从会计信息的可比性来看,采用购买法使各企业之间的会计信息具有横向可比性,但由于合并时采用的是新的公允价值的计价基础,而合并前的会计信息是以历史成本为计价基础的,因而合并前后的会计信息缺乏可比性;而采用权益结合法,合并前后的会计信息都是以历史成本为计价基础的,因而不存在合并前后的会计信息缺乏可比性的问题。因此,购买法提高了会计信息的相关性,但同时却降低了其可比性和可靠性。

实证研究表明,由于使用权益结合法能产生更高的报表利润,那些能够使用权益结合法的企业和那些只能使用购买法的企业相比,常常愿意为目标企业支付更高的价格,从而使只能使用购买法的企业在并购市场中居于不利地位,并进而影响它们参与企业合并交易的积极性。

二、两种方法的具体应用及相关规定

(一) 美国会计制度的相关规定

以下我们以美国的会计制度为例,简要介绍购买法和权益结合法在具体应用方面的一些规定。为了限制对权益结合法的滥用,美国注册会计师协会(AICPA)的会计准则委员会在《APB 第 16 条意见》中严格限定了权益结合法的适用条件——企业合并必须同时具备下述条件才能采用权益结合法处理:

1. 参并企业的特征

每个企业都是自治的,而且在合并发起前两年内作为另一个企业的子公司或分部。

每个参并企业独立于其他企业。参并企业的独立性是指在企业合并发起到完成期间,任何参并企业不得持有另一参并企业10%以上的可投票的普通股。否则,这些企业就可以被认为不是独立的。

2. 所有者权益的合并方式

合并在一次交易中完成或按计划在合并发起后一年内完成。

在合并完成日,一个企业只能发行或提供与其大多数可投票普通股有一样权利的普通股来换取另一个企业实际上全部可投票股东的权益,这一条件要求至少有90%的被并企业的可投票普通流通股用来交换发行企业的可投票普通股。

在合并发起前两年内或合并发起日至完成日之间,任何参并企业都不能以影响合并为目的变更可投票普通股的所有者权益。旨在影响合并的变更包括配股、发行新股、换股和证券撤回等。

每个参并企业只能为了除企业合并以外的其他目的获得它的可投票普通流通股。任何企业都不能在合并计划提出到完成日之间获得超过正常数量的这些股份。

影响企业合并的普通股交换以后,在一个企业内,一个普通股东的权益与其他普通股东的权益之比仍然是一样的。

在合并形成的企业中,普通股东所持有的投票权必须是股东自己可执行的,在一定时期内,股东的这些投票权既不能受到剥夺,也不能被限制。

在合并计划完成之日,合并应全面实现。计划中关于证券发行或其他补偿的任何条款都不能悬而未决。

3. 没有预谋条款

新企业不能直接或间接地同意撤回或获取新发行的影响合并的全部或部分普通股。

新企业不得从事其他有利于参并企业原股东的经济活动,如用合并中发行的普通股作贷款担保。这会对换股产生消极影响。

在合并后两年内,新企业不能故意或有计划地处理掉较多的参并企业资产,以前独立企业的普通业务过程中的处理和减少备用设施或过剩业务能力的处理除外。

(二) 企业管理者的选择倾向

1. 倾向于选择权益结合法

在如下情况,企业管理者通常更倾向于选择权益结合法:

(1) 管理者的业绩评价依据是会计利润。权益结合法下,并入的资产以账面价值而非公允价值入账,可以减少额外的摊销和折旧,避免利润的下滑。而且权益结合法下,合并报表中的利润包括了被并企业当年的全部利润,而购买法下,被并企业只有并购日后的利润可以计入合并企业的报表,因此,权益结合法的合并利润往往高于购买法。

(2) 管理者的业绩评价依据是股票价格变动。权益结合法抬高利润会带动股票价格的上涨,但是美国的实证研究并没有在这方面取得非常强有力的证据,说明投资者有可能看穿了权益结合法下合并利润的数字游戏。

2. 倾向于选择购买法

在如下情况,企业管理者通常更倾向于选择购买法:

（1）管理者的业绩评价依据是资产负债表的项目。如果以资产的增值程度衡量管理者的业绩，那么对管理者来说，购买法显然优于权益结合法。

（2）企业资产负债率特别高，或者受债务条款约束比较大。因为购买法按公允价值记账会提高合并企业权益的账面价值，降低其资产负债率。

第四节　中国企业合并报表的相关规定

我国对合并报表的法律规定和企业实践起步较晚，直到1995年，财政部才颁发了《合并会计报表暂行规定》（财会字〔1995〕11号）。该暂行规定对编制合并报表的企业范围、纳入合并的企业范围、合并会计报表内容、具体合并方法及报表附注的披露内容进行了详细规定。虽然某些条款现在已不适用，但它仍然是目前合并会计报表实务最重要的文件依据。

财政部2000年颁发的《企业会计制度》（财会字〔2000〕25号）第一百五十八条对合并报表作了如下规定：

　　企业对其他单位投资如占该单位资本总额50%以上（不含50%），或虽然占该单位注册资本总额不足50%但具有实质控制权的，应当编制合并会计报表。合并会计报表的编制原则和方法，按照国家统一的会计制度中有关合并会计报表的规定执行。

　　企业在编制合并会计报表时，应当将合营企业合并在内，并按照比例合并方法对合营企业的资产、负债、收入、费用、利润等予以合并。

2002年，财政部又专门印发了《关于执行〈企业会计制度〉和相关会计准则有关问题解答》（财会字〔2002〕18号），对《企业会计制度》实施过程中出现的一些问题作出了解答，其中对收购兼并过程中合并财务报表的问题作了如下三点规定：

　　企业在报告期内出售子公司（包括减少投资比例以及将所持股份全部出售），期末在编制合并利润表时，应将子公司期初至出售日止的相关收入、成本、利润纳入合并利润表。

　　企业在报告期内购买子公司，应将购买日起至报告期末该子公司的相关收入、成本、利润纳入合并利润表。

　　企业在报告期内出售、购买子公司，期末在编制合并资产负债表时，不调整合并资产负债表的期初数。但是，应在会计报表附注中披露出售或购买子公司对企业报告期（日）财务状况和经营成果的影响，以及对前期相关金额的影响。

随着并购重组业务在中国的蓬勃发展，2003年3月，财政部在《关于执行〈企业会计制度〉和相关会计准则有关问题解答（二）》（财会字〔2003〕10号）文件中进一步对收购兼并的会计处理作了详细规定：

　　企业在报告期内出售、购买子公司，应按下列规定编制合并会计报表，并在会计报表附注中作相关披露：

　　1.企业在报告期内出售、购买子公司，期末在编制合并资产负债表时，不调整合并资产负债表的期初数。但为了提高会计信息的可比性，应在会计报表附注中披露出售或购买子公司对企业报告期（日）财务状况和经营成果的影响，以及对前期相关金额的影响。

具体按以下情况分别进行披露：

（1）被出售或购买的子公司在出售日或购买日，以及被出售的子公司在上年度末的资产和负债金额，包括流动资产、长期投资、固定资产、无形资产及其他资产和流动负债、长期负债等。

（2）被购买的子公司自购买日至报告期末止的经营成果，包括主营业务收入、主营业务利润、利润总额、所得税费用和净利润等；被出售的子公司自报告期期初至出售日止，以及上年度的经营成果，包括主营业务收入、主营业务利润、利润总额、所得税费用和净利润等。

2. 企业在报告期内出售、购买子公司，应根据《财政部关于印发〈关于执行企业会计制度和相关会计准则有关问题解答〉的通知》（财会字〔2002〕18号）的规定编制合并利润表。即应将被出售的子公司自报告期期初至出售日止的相关收入、成本、利润纳入合并利润表；将被购买的子公司自购买日起至报告期末止的相关收入、成本、利润纳入合并利润表。

3. 企业在报告期内出售、购买子公司，期末在编制合并现金流量表时，应将被出售的子公司自报告期期初至出售日止的现金流量的信息纳入合并现金流量表，并将出售子公司所收到的现金，在有关投资活动类的"收回投资所收到的现金"项目下单列"出售子公司所收到的现金"项目反映；将被购买的子公司自购买日起至报告期期末止的现金流量的信息纳入合并现金流量表，并将购买子公司所支付的现金，在有关投资活动类的"投资所支付的现金"项目下单列"购买子公司所支付的现金"项目反映。

本章小结

并购发生时，合并实体的财务报表必须反映合并的效果和财务影响。本章分别介绍了购买法和权益结合法的含义、特点、会计处理方法并详细比较了两种方法及其具体应用的相关规定，最后总结了我国企业合并报表的相关规定。

● 购买法是指比照一家企业购买另一家企业的做法来处理企业并购的会计方法。其核心是依据收购时的公允价值而非账面价值确定被购资产/负债的价值。

● 权益结合法将企业合并视为参与合并各方经济资源的联合或所有者权益的结合。参与合并的任何一方都不能被认定为购买方，不存在购买价格的确定，因此投资方不能按投资成本入账。

● 购买法与权益结合法的区别在于：（1）适用范围不同；（2）在资产/负债的价值的确认和核算方法上存在显著的差别；（3）在对企业留存收益（未分配利润）的确认和处理上也存在明显区别。

● 由于购买法与权益结合法在会计处理上存在显著差异，二者会对资产、合并成本、利润、净资产收益率等会计结果产生重要影响。

思考题

1. 怎样理解商誉？
2. 分析购买法和权益结合法的特点并比较二者的异同。
3. 我国对收购兼并过程中合并财务报表做了哪些具体规定？

第十六章　并购的操作程序

- 自我评价
- 目标筛选和尽职调查
- 协商议价及确定交易方案
- 并后整合

我们将并购的操作分为四个环节或重要步骤,即自我评价、目标筛选和尽职调查、协商议价及确定交易方案、并后整合。下面我们逐一介绍这些环节。

第一节　自我评价

自我评价是并购操作的第一步。企业自我评价的目的在于结合企业的战略安排与财务状况,分析企业的并购需求、目标和能力,也就是说,企业经营目前处于哪一个发展阶段,企业的发展潜力如何,企业的竞争地位及该地位今后的变化趋势如何,企业将面临哪些机遇和挑战,企业的发展是否要扩展到新的经营领域中去,有没有收购其他企业的必要,收购能不能增强企业的业务能力和竞争优势,企业有没有财力和管理能力去收购别人,会不会因此成为反并购的目标,等等。

自我评价起着非常重要的作用。我们已经谈到,并购的经济效果其实并不如人们想象的那样美妙。许多公司,甚至是一些国际知名的大公司,就是因为不恰当的收购兼并而元气大伤,大大减弱了其抵抗风险的能力和发展后劲,最后导致了破产的结局。收购一般要花很大的代价。因为收购要占用很多的资金,从而使主并企业的抗风险能力明显减弱。如果所收购的目标企业不能带来利润,不能增加现金流,那么企业的资金周转就可能会受到很大的影响。许多企业因收购而导致失败,这与事前缺乏正确的自我评价不无关系。

第二节　目标筛选和尽职调查

并购的第二步是考察、筛选目标企业,并对目标企业进行尽职调查。

一、目标筛选

首先要考虑的是目标企业是否符合主并企业的战略需要。考察内容包括:第一,目标企业所属的产业和所生产的产品是什么,产品的吸引力、竞争力如何,与主并企业是否存在战略上的协同效应。第二,目标企业的资产规模、销售量及市场份额。一方面,这是为了了解对方的实力以及目标企业对收购以后成立的新公司在市场份额和提升企业竞争力方面所能作出的贡献;另一方面,如果目标企业的规模非常大,就可能超过主并企业的收购支付能力。第三,目标企业的财务状况是否健全。这是尽职调查(审慎调查)的重要内容,我们稍后将详加阐述。第四,并购双方之间组织文化整合的难易程度。是否能够比较容易地进行组织方面的整合或者文化方面的整合,直接决定着并购的效果。第五,目标企业是否具有反并购的章程,开展反并购战的可能性有多大。因为反并购可能会大大增加并购的成本,提高并购的难度,增加失败的机会。

一般而言,理想的目标企业应具备以下条件:

(1)具有某种财务或战略性资源可资利用。并购是为某种财务或战略目标服务的。为了达到这一目的,目标企业必须具备某种满足或补充主并企业需要的核心资源。如目标企业有一定土地或自然资源(如矿山、油田等);有较好的融资能力;有先进的技术或生产设备;有良好的产品和销售渠道等。

(2)规模大小适中。目标企业规模太大,对收购资金的需求也大,可能增加并购的风险及并购后资源整合和管理的难度,反而会遭受损失;规模太小,则可能难以达到预期目标。

(3)行业有较高关联度。尽管也有多元化成功的先例,但大量研究表明,有高度关联性的目标企业更可能提供主并企业所需要的资源,产生协同效应。这里的关联企业指和主并企业处于相同或相近行业的企业,或处于上游或下游的企业。

(4)股价较低或适中。较低的股价有利于降低并购成本,为并购后股票的升值预留良好的空间。

二、尽职调查

我们曾经谈到,信息不对称风险是并购与资本运作当中最重要的风险之一。尽职调查,或称审慎调查(due diligence),是降低并购过程中的信息不对称风险的最主要手段,理所当然地应成为并购操作的重要一环。所谓尽职调查,就是从资产、负债、财务、经营、战略和法律角度对目标企业进行一系列深入的调查和核查,了解目标企业真实的经营业绩和财务状况以及目标企业所面临的机会和潜在的风险,以对目标企业作出客观评价,帮助主并企业作出正确的收购决策。

并购的尽职调查通常分以下几个方面进行:(1)业务/市场调查。主要了解目标企业的行业状况、产品竞争力、市场现状、市场前景等。(2)资产情况调查。主要了解目标企业的资产是否账实相符,了解无形资产的大小、产权质押及是否有产权归属不明的问题。(3)负债情况调查。主要了解目标企业的债权、债务和义务,特别是或有负债的情况。(4)财务方面的调查。主要了解目标企业的收支状况、内部控制、或有损失、关联交易、财务前景等。(5)税务方面的调查。主要了解目标企业的纳税情况及有无拖欠税款的情形。(6)法律事务调查。主要了解目标企业一切可能涉及法律纠纷的方面,包括目标企业的组织结构、产权纠纷、正在进行的诉讼事项、潜在的法律隐患等。这些调查结果会对并购的进行与否产生直接的影响。

从历史经验来看,有相当多的主并企业未能充分重视尽职调查,尽职调查流于形式的情况时有发生。埃森哲的一项非正式调查表明:只有10%的企业在尽职调查过程中利用了企业外部的四个或更多的信息来源。对于一项涉及上千万甚至上亿美元的项目,仅仅把调查局限在小范围内是不能称得上尽职的。失败的并购案例中很多是因为主并企业对收购对象的财务/资产/经营情况知之甚少,以及对其复杂性预计不足。

主并企业在收购前作尽职调查时,应特别注意以下几点:(1) 选择有实力的中介机构,包括律师事务所和会计师事务所等;(2) 明确尽职调查的范围和完成时间;(3) 除了报表分析外,关注报表以外的信息,特别是可能存在的陷阱。

案例分析
尽职调查,暗藏玄机

一、案例背景

1. 收购类型

收购标的、出售方、购买方均为非上市公司。

2. 出售方

一家英国公司,主要从事全球性的产品代理业务,在各大洲均设有业务机构(我们称之为 Seller Co.)。

3. 购买方

一家德国公司,主要从事特种印刷设备的设计、制造和销售,Seller Co. 为其重要的合作伙伴(有着超过二十年的合作关系),并拥有其产品在亚洲地区的独家代理权(我们称之为 Buyer Co.)。

4. 收购标的

Seller Co. 在中国的全资子公司,负责 Seller Co. 在中国地区的业务(改装、加工和销售),并在中国香港地区和中国台湾地区均设有全资子公司负责港、澳、台地区业务(我们称之为 Acquiree Co.)。

5. 收购理由

Buyer Co. 在中国地区的市场推广及销售业务都是由 Acquiree Co. 直接进行的,并且呈现稳定上升的发展趋势;而 Acquiree Co. 每年55%的营业额是来自销售 Buyer Co. 的产品,其中的毛利更是达到40%。

由于 Seller Co. 美国子公司的业务遭受严重挫折,Seller Co. 集团的整体财务状况出现危机,陷入大规模亏损和现金短缺的困境。尽管 Seller Co. 已经从其全球的子公司抽调现金以集中解决现金危机,但中短期资金缺口仍难以填平。在不得已的情况下,Seller Co. 开始寻找买家以出售欧美地区以外的业务(包括 Acquiree Co.)。

Buyer Co. 是一家专注于发展核心竞争力的中型国际公司,专心于产品的研究开发和市场战略的制定,而将生产、销售、财务管理等非核心功能完全外包;同时,Buyer Co. 的董事会对现金有着超乎寻常的"兴趣",应收账款和存货(通过管理策略和手段)均被严格控制在非常低的水平,而公司常年保有约十亿元人民币的现金(包含极易变现的短期证券投资)。为了避免因为 Seller Co. 亚洲业务转手而影响其开拓中国市场,Buyer Co. 决定收购 Seller Co. 拥有的 Acquiree Co. 的全部股权。

6. 收购操作

Buyer Co. 与 Seller Co. 就收购 Acquiree Co. 达成意向、确定交易定价基础(最近两年经常性利润平均值的十倍,扣除调整项目),然后委托专业机构进行商业性的尽职调查。在尽职调查报告和审计报告的基础上，Buyer Co. 与 Seller Co. 最后敲定标的资产的构成（需要剥离无关业务和 Seller Co. 急需的现金）、收购价格、出售方就收购日前的某些或有事项（包括财务、税务、法律等方面的事项）的承诺及保证。

二、详尽的尽职调查报告

在此商业收购项目中，通过与 Buyer Co. 的几位执行董事商讨尽职调查工作的范围及报告内容，我们看到这几位年届五十的资深"资本家"（合计近一百二十年的商业经验），在商业经营方面充满着智慧，而这种商业机智令其在收购项目中步履轻松、从容不迫。最终确定的调查范围集中体现了商业资本家在进行收购决策时所关注的事项，而全文 250 页的尽职调查报告加上几位执行董事的商业判断令董事会制定了收购 Acquiree Co. 的决策和条款。

在此，我们仅选取其中一些常常被国内企业忽视的项目，来分析案例中的"资本家"在商业收购决策中的考虑和算计。

1. 收购价款的调整项目

商业收购的议价基础一般可以按照年度经常性利润的一定倍数、年度经常性现金流量的一定倍数、净资产值、股权市价或双方协议的其他指标来确定。整个交易的最终价款一般是在确定了议价基础后通过协商来确定，但交易价款往往不是一个固定的金额，而且往往无法在签订收购合同时就准确地定出最终的金额。

根据项目的特殊性，最后的交易价款通常要考虑一些需要后期确定的调整项目，在此案例中，Buyer Co. 和 Seller Co. 协议的调整项目就包括但不仅限于：（1）审计基准日到资产移交日之间的净资产值变化；（2）额外议定的资产减值准备或未入账的资产增值（包括存货中已经包含的未实现利润）；（3）需要剥离的资产及负债项目；（4）对或有事项的特殊准备金；（5）整体的折价或溢价。

通过设置上述的调整项目，购买方和出售方便可以在整个尽职调查未完成前完成最基本的收购条件谈判，而在整个调查和谈判结束前根据事先约定的项目进行合理的调整以完成收购交易。

2. 出售方就收购日前就存在的或有事项和未披露事项对购买方的承诺及保证

在国内某些资产收购或出售交易中，许多交易无法成交是由于存在不确定因素，而有些成交的项目也会在交易完成后"曝出"一些"黑幕"或"炸弹"。其一方面是客观环境造成的，即缺乏完善的法律体制和商业诚信；另一方面则在于交易前的调查不充分，以及在交易条款中未对不确定和未披露事项的责任归属和保障措施（如收购价款的支付时间表、由独立中介保管的交易质押金、责任保险、违约事项的调解和诉讼等）作妥善设定。

在考虑周详的收购项目中，购买方对于某些在收购日尚无法确实核定的事项（包括财务、税务、法律等方面的事项），如果认为无法控制有关的风险和责任，往往会要求出售方作出承担风险的承诺（如有收益，亦归属于出售方）。基于这种考虑，Buyer Co. 同意 Seller Co. 享有于收购日后实现的或有收益，但同时要求 Seller Co. 承担以下或有项目：（1）或有资产损失（收购日的存货无法实现评估价值的差额、各项资产超出已计提准备金金额的减值）；（2）或有负债（收购日以前期间的未决法律事项的损失、潜在税务处罚、对外担保事项的损失、商业票据的相关损失）；（3）未向购买方提供的商业合同（包括购买、销售、借款、担保、金融期货、信托、投资等）所引致的损失；（4）对资产/负债移交时状态、移交文件、移交时间的承诺，以及相关的违约条款。通过设置前述的保护条款，购买方得以将有关的风险留给出售方承担，更有把握地完成交易。

3. 对财务资料的再次分析及考察只是尽职调查的一部分

在某些企业的商业收购活动中往往存在一些通病。例如,在收购决策中偏重考虑财务数据,下足工夫去核实财务报表,而对企业经营及管理的详细情况则认为在收购调查时了解一下就行了,可以在收购以后慢慢理顺,甚至全部更换。

其实,财务报表即使准确,反映的也是企业的过往记录;而商业收购最需要考虑的是企业的业务前景,但这是不确定的。因此,尽职调查的范围还应包含大量财务资料以外的内容,重点在于全面考察企业经营管理的各个方面(如经营环境、管理系统、客户、竞争对手、供货商、企业人员、管理制度、重要业务流程等)。而 Buyer Co. 在此次收购的尽职调查报告中就规划了较为周详的内容。

尽职调查的主要目的在于令购买方在并购交易完成前即可详尽地了解被收购企业的经营及管理情况,发现存在的风险因素,辅助收购决策,以及尽早规划未来的经营战略、计划和具体措施。

4. 关注 Acquiree Co. 遵守各项法律、法规的情况

在国内的收购交易中,调查企业遵守法律法规情况的主要目的在于发现及解决与收购直接相关的问题(如或有损失、收购定价等)。同时,购买方一般会认为企业管理人员在经营管理方面的专业能力强就行了,法律问题应由律师把关。而对于企业以前在法律事项上出现的问题,往往认为过去了就算了;管理人员以前犯了错误,改正了就可以了。

但在此案例中,Buyer Co. 的几位执行董事对企业遵守法律法规的情况非常关注。这一方面是为了评估相关的或有风险,并准备修正及完善;另一方面是从侧面了解及分析企业管理人员的经营管理能力(是否熟悉法律及法规等)和职业道德水平(能否自觉遵守法律及法规等)。

商业社会的基本游戏规则是法律和商业道德(诚信)。成熟的企业追求利润最大化,需要以遵守法律为准绳,避税也要合乎法律规定。由于企业的道德水平主要取决于高层管理人员的道德水平,因此购买方试图通过对企业过往事件的分析去考察其管理人员的职业道德水平。

5. 重点考察企业的高层管理人员

在收购完成后原企业管理人员的留用方面,有的企业会马上着手派驻新管理人员(购买方人员或独立经理人),有的企业会在实现稳定控制时更换企业管理班子,有的企业会在收购完成后考察原有管理团队以决定其去留。这主要取决于购买方的管理风格和经营决策,但对原有管理人员的考察则宜早不宜迟。

由于 Buyer Co. 早已决定在收购 Acquiree Co. 后保留原有的经营及管理班子继续经营企业的业务(Buyer Co. 仅从宏观决策和财务管理两个方面调控 Acquiree Co. 的经营),因此 Buyer Co. 希望对整个高层管理人员团队能够有深入的了解。为此,尽职调查团队分析了企业的档案资料并与 Acquiree Co. 的高层管理人员进行了单独的面谈,在此基础上,为 Buyer Co. 提供了一份详细的管理权限分工图表和管理人员专业简历。

尽职调查报告提供了高层管理人员的薪酬报告,包括薪金、津贴、奖励机制、退休金计划、低息贷款计划等详细资料以及合同文本。同时,报告中也汇总分析了整个企业的人力资源状况(如人员数量、构成、薪酬、培训、退休金计划)和相关的制度及措施,以便 Buyer Co. 进行宏观调控。

6. 关注企业财务预算的执行情况

经营预算是企业管理的重要手段和记录,但随着时间的推移,过往已实现和未完成的企业预算还有价值吗? Buyer Co. 对此的答复是绝对肯定的。

Buyer Co. 的执行董事认为,企业预算执行情况是企业管理层驾驭企业能力的历史记录,能够反映其预测判断企业经营环境的能力及计划组织企业资源要素的能力。就此,Buyer Co. 要求在调查报告中对过去三年及当年前四个月的预算执行情况进行分析。

通过分析预算的执行结果,Buyer Co. 对 Acquiree Co. 原有管理团队的信心得到增强,并且在收购还未全部完成时,就开始着手与该管理班子一同编制未来两年的经营计划和预算。

7. 关注客户忠诚度和销售业务的细节

企业发展的初期一般比较重视销售收入和客户的增长,但却未必会细致分析客户构成和客户忠诚度等"质"的因素。同样的,企业在收购交易中也往往把注意力集中在"量"的指标上,而把企业经营管理的流程及控制留在收购完成后再进行分析、调整及优化。

但经验老到的 Buyer Co. 把企业销售业务中的"质"看得和"量"一样重要,为了了解 Acquiree Co. 的客户忠诚度,Buyer Co. 要求在尽职调查报告中计算及报告其过去两年中有多少营业额来自现有的客户群(repeating businesses),而分析结果是 60% 左右的业务来自现有客户群。

一般而言,企业经营管理体系的设计及实际运作是否健全,关乎过往财务资料的可信性和舞弊行为的可能性。为了分析与销售相关的整个业务流程,Buyer Co. 不但要求提供不同类型销售业务的完整流程图,还要求报告相关的定价政策、信用额度审批及管理制度、售后服务政策、订单管理方法、重大客户关系管理方法等。通过这种调查和分析,一方面帮助购买方了解企业管理模式,另一方面协助其尽早发现管理控制体系中的漏洞或风险因素,以及更好地把握企业提供的资料的可信程度。

8. 关注企业资产的使用效率和保障情况

企业的资产并不是记账准确、实物完好就行了,在购买方决定购买企业资产时更重要的判定条件是这些资产必须是必要的、有效率的资产。

针对 Acquiree Co. 的实物资产,Buyer Co. 不仅关心其账面成本和实际价值,几位从制造业起家的执行董事要求专业顾问去分析生产设施的使用效率,包括机器设备每周的运转小时数等。"资本家"希望了解机器的工作是否饱和、有没有"偷懒",以便辅助其经营决策(增加或减少)。而且,Buyer Co. 要求专业顾问在调查报告中分析固定资产的保养及维护情况,并要求提供 Acquiree Co. 为重要资产购买保险的情况。

9. 对企业营业额、销售毛利润和经营利润的详细分析

不同于一般的财务资料分析,收购交易中的财务分析是在企业充分配合以及完全开放的情况下进行的。购买方所进行的财务分析不仅仅是为了对企业的销售收入进行全局性的把握,也不是为了整体性地确认企业盈利情况,而把财务报表以外的明细数据分析放在收购完成后再审查。

Buyer Co. 要求在商业调查报告中详细分析 Acquiree Co. 在最近两年的销售收入和毛利润,如:按产品类型划分的销售收入及毛利润分析;按地区划分的销售收入及毛利润分析;季节性分析。

为了协助 Buyer Co. 全面考察其下属销售分公司所辖区域的业务发展情况,调查报告中分析了各分支机构对企业整体利润水平的贡献程度。

10. 关注存货的存量管理

在企业的存货管理中,质量、成本等因素一般可以比较量化和有效地进行控制,而存货的存量控制目前仍是摆在许多企业面前的一个难题。作为制造业的专家,Buyer Co. 的几位执行董事感觉到 Acquiree Co. 的存货水平偏高。为了分析现状并为管理调整作准备,调查报告中

以数据和图表相结合的方式提供在各个环节的存货存量水平(进口运输途中、保税仓中、运至工厂途中、工厂原料仓库中、加工中、工厂成品仓库中、发运至销售分公司途中、销售分公司仓库中、发送至客户途中),以便 Buyer Co. 进一步分析及确定存量控制方法的决策。

11. 关注关联公司交易

针对关联交易,有些企业在收购调查中会比较注重交易的内容和金额,有的甚至忽视其中的现金流量;同时,许多企业在完成资产收购交易后的处理方式也往往较为直接和简单,比如不加区分地全部停止。这样操作的结果是无法客观、公正地分析经常性的(如正常合理的业务往来)和非经常性的关联交易,并可能会对企业的业务造成损害。

由于 Acquiree Co. 与 Seller Co. 集团内的企业的关系在此次收购完成后即将发生重大变化,因此 Buyer Co. 必须了解其与 Seller Co. 集团的其他企业间的经常性交易、非经常性交易和现金流量情况,并尽早规划在未来的业务发展中如何处理类似的交易;但同时 Buyer Co. 认为需要继续与 Seller Co. 集团进行正常的业务往来,既要清晰划分利益关系,又要确保业务健康平稳发展。

12. 关注现金流量

现金流量对许多企业的意义可能甚至高于经营损益。作为精明的商业"资本家",Buyer Co. 的执行董事非常关心 Acquiree Co. 的现金流量,包括其经营中创造现金的能力和其短期流动资金贷款的使用效率。为此,调查报告中为其提供了分月的现金流量分析和分月的流动资金头寸分析。在此分析基础上,Buyer Co. 计划为 Acquiree Co. 提供适当的流动资金支持(通过销售货款的内部赊账期),同时偿还 Acquiree Co. 的短期贷款以降低整个集团的财务费用支出。

13. 关注税务事项

由于中国的税务法规及实务的特殊性,Buyer Co. 对此了解甚少。但为了控制经营风险,Buyer Co. 要求专业顾问在调查报告中重点介绍相关的税务法规和 Acquiree Co. 现存的问题,并在此基础上提出专业的税务筹划建议(包括合法避税)。

三、反思

从上述的一个小型收购案例的尽职调查报告的简介中,我们可以看到"资本家"在处理商业收购项目时的严肃、谨慎和深思熟虑。这种严谨和细致,除了是源于企业治理机制和经营管理体制的必然要求,另一个重要的因素恐怕在于其丰富的商业市场经验和资本市场经验。因此我们可以预见,随着中国商业社会的进一步发展,成熟的商业人才必将推动商业活动及资本运作的逐步规范化和国际化;同时,也只有经验丰富的中国商人才能真正走向国际市场,去战斗,去合作。

案例资料来源:何德勇,《尽职调查,暗藏玄机》,《经理人》,2002 年 2、3 月合刊。

第三节　协商议价及确定交易方案

并购是一种交易,同任何交易一样,价格是其关键。在尽职调查的基础上,并购的另一个步骤就是确定收购价格及交易方案。我们已在第一章简要介绍了价值评估的一般方法与模型,在此我们就这些价值评估方法在并购过程中的应用问题作进一步说明。

(1) 贴现现金流量分析法(DCF)。贴现现金流量分析法是一种最基本的价值评估方法。它是将未来一段时期内目标企业的预期现金流量以某一折现率折现,来确定其价值。这一方法具有良好的理论基础,但由于未来的现金流很难准确预测(现金流预测的时间越长,准确性越差),加之折现率也很难估计,所以实际使用时必须十分小心,建议结合使用必要的敏感性分析。

(2) 市盈率法。市盈率即价格/收益比率,反映的是公司股票的每股市价与过去(或预测的未来)一年每股盈利的比率,通常记为 P/E。根据市盈率计算并购价格的公式应为:

$$并购价格 = (P/E) \times 目标企业的盈利$$

上市公司市盈率的高低主要取决于企业的预期增长率和折现率(与风险有关)。市盈率法对风险及增长率等因素的考量主要体现在市盈率指标的选取和确定上。在企业并购中运用的市盈率经常是一段时期(大约3—5年)市盈率的平均值或同行业其他类似企业市盈率的平均值。理论上讲,在收益有较高的预期增长时应使用较高的市盈率值。这种方法比较适合那些经营状况稳定的企业,因为这时的平均市盈率较有代表性,说服力较强。但对于某些企业,如亏损企业,市盈率法并不适用。

(3) 可比公司法(benchmark)。可比公司法是指通过与同行业相似公司比较来估算目标企业的价格。在同类企业的比较中,要考虑企业所在的行业、企业规模、企业的财务结构、并购的时间等方面的情况,对可比较的部分进行合理的组合,然后判断目标企业的相对价格。至于比较的基准,我们可以考虑每股盈利(乘以用作比较的公司的市盈率)、每股净资产(乘以用作比较的公司的市净率,即每股市场价格与每股净资产的比率)、每股现金流、每股销售收入等。

(4) 账面价值法。账面价值法是利用传统的会计方式确定净资产来决定并购价格的方法。当然,一个企业在正常运营时,账面价值与真实价值会有很大差异。不过,仍然有许多人将此作为并购时重要的定价参考指标,特别是企业已处在难以正常经营的情况下。

企业并购过程中的价值评估是一个非常复杂但至关重要的步骤。不同的评估方法导致不同的评估结果,同样的评估方法因所作的假设不同,也会得出不一样的评估结果。值得一提的是,上述各种评估方法都没有考虑并购当中的一个重要因素,就是控制权的价格。因此,在实际的并购操作中,收购价格需要综合考虑多种因素来确定,通过模型估算的价格通常只是提供一个重要的参考。

一般来说,在为目标企业定价时,除了考虑目标企业现在的财务、经营状况之外,还应考虑以下因素:(1) 并购案对主并企业的价值有多大,即并购的协同效应的大小。协同效应越大,主并企业的收购愿望越强,当然在收购价格方面可作一定让步,以保障并购的顺利实施。(2) 并购案对卖方和其他竞争者的价值。并购案对卖方和其他竞争者的价值越高,主并企业的出价也应越高,否则并购可能告吹。(3) 卖方和其他收购者的财务状况。对方的财务状况越强,就越不急于成交。这样一来,收购价格可能会被迫适当提高。(4) 卖方和其他收购者可能的策略和动机。"知己知彼,百战不殆",充分了解对方信息,可以在价格谈判中更好地掌握主动权。(5) 并购案对反收购行动的潜在影响。反收购行动会增加并购的成本和难度。收购价格越低,进行反收购战的可能性就越大(见附录 A:甲骨文–仁科的收购大战)。这一点在考虑目标企业的定价时值得加以注意。总而言之,在目标企业的定价方面,既要仔细严格地进行定量分析,也要考虑具体并购案中的内外环境;既要考虑本企业的利益,也要重视对方的具体情况与讨价还价能力,在与目标企业协商的基础上,寻求双方能够接受的价格和并购条款。

在交易价格确定以后,交易双方还必须议定具体的交易方案,签署有关交易文件,并履行相关法律手续。关于并购的一般性程序,可参考图 16-1。

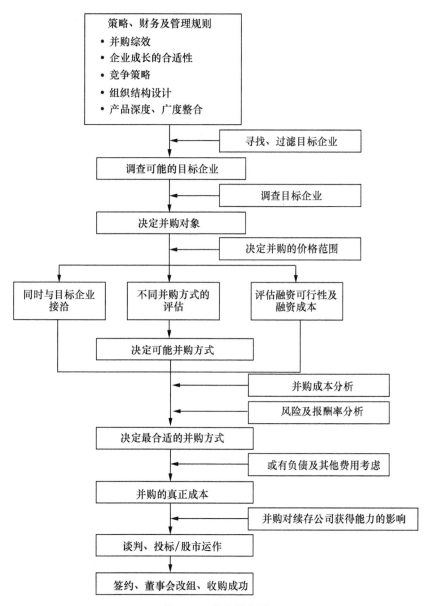

图 16-1　并购程序图

资料来源:http://pioneerchina. nease. net/。

第四节 并后整合

并购的正确动机是创造价值,但在相当多的并购中,价值破坏却经常成为事实。究其原因,我们已经谈到有诸如代理问题、判断问题等因素,此外,并后整合的失败也是一个非常重要的原因。

具体说来,并购后的整合大体可分为以下七个方面:

一是企业的战略定位、远景安排以及相关的沟通工作。友好的沟通是非常有益的。明确并购后企业的长远规划与发展方向,一来可以更好地为相关的资源整合做好思想上与认识上的准备;二来可以减少并购后管理者和员工的不安定心理,减少整合过程中的误解、不满和摩擦。

二是管理制度的整合。在双方营运作业需要合并的情况下,各种管理制度,包括工资制度、奖惩制度、质量控制制度、财务会计制度、内部控制制度等,应当予以统一,以利于业务的融合。由于每个企业的工资制度不同,因此在进行制度上的融合时,工资制度的整合是非常敏感的问题,须仔细评估、合理安排,以免影响员工士气和内部团结。假如收购后买方将目标企业视为一个独立个体,则某些制度(如工资制度)可暂缓整合。

三是经营政策和方向的调整。收购后目标企业的营运政策和方向往往须作调整,譬如某些业务不符合收购后的企业整体发展战略需要,或者某些功能及设备与买方重叠,对这些资产和业务可进行调整或剥离。此外,企业被收购后,其原来的销售体系亦常因新的经营者对整体利益的考虑而进行重组。

四是文化方面的整合。文化是企业的灵魂。一个组织的文化体现在其价值体系、行为准则和理想信念之中,它可以激发员工,使之成为企业不竭的价值源泉。表 16-1 提出了四种不同类型的组织文化,这是由 Cartwright/Cooper 于 1992 年提出来的,分别是权力型、作用型、使命型和个性型。

表 16-1　组织文化的类型

类型	主要特点
权力型	对挑战进行独裁和压制,突出个人决策而不是组织决策。
作用型	官僚主义和等级制度;突出刻板的教条和程序;高效和标准化的客户服务。
使命型	突出团队义务;使命决定工作组织;灵活性和工人的自主性;要求创造性环境。
个性型	突出质量;追求成员的个性发展。

要实现并购的预期目标,并购后的企业整体在文化上必须具有高度的凝聚力。文化上的差异会妨碍两家企业之间的有效整合。在对并购方案进行可行性评估时,除了考虑战略方面的问题外,还要考虑到文化风险。文化适应性不好或文化上的水火不容,必然产生很大的分歧,使组织内成员无所适从。文化类型差异太大的某些企业之间的合并可能会是灾难性的。

五是组织结构的整合。目标企业的营运是否应完全融入现行组织结构中(如成为母公司一个部门),或让其独立营运?是否应当裁拆目标企业的某些部门,或将其并入母公司的相关部门?在目标企业产线的营运上,需要哪些新的技术或新产品的投入?目标企业的现有产品和母公司的现有产品有多大差距？目标企业的产品能否通过母公司的现有销售渠道在市场上销售？是否可将母公司部分业务安排到母公司的一个部门来运营？这些问题，必须结合被并公司的产品结构、规模、文化等因素综合考量。

六是人事整合。这也是并后整合中最敏感的问题，主要有以下两个方面：(1) 母公司是否派任以及如何派任目标企业主管人员。收购后母公司对目标企业最直接而有效的控制方法，就是派人担任目标企业的主管。不过，派任目标企业的主管人员并非易事。相关人选既要对目标企业的业务有相当了解，有足够的能力和知识，又要能为目标企业所接受。否则，就可能会适得其反。(2) 如何稳定人才队伍与设计激励措施。收购后如何稳住目标企业的关键人才，是关系到并购成败的重大问题。要留住关键人才，一要提高目标企业员工的归属感、认同感与安全感，使他们能较快适应新的环境；二要靠正确的激励措施，如期权计划等。

七是利益相关者的整合。并购一个企业不单单涉及两个企业之间的重组，还不可避免地波及企业外部。并购企业同时应关注对企业外部的关系管理：(1) 政府关系的管理。比如，在我国，政府既是宏观经济和社会生活的管理者，又是国有资产的所有者，因此，并购企业应关注这个利益相关者的倾向。(2) 供应链的管理。一要保持供应商的稳定性和竞争力，二要对供应商进行系统的评审。(3) 客户关系管理。这要求主并企业制定出强有力的策略，保持或重建目标企业的信任和关系。保持和重建的策略一般为：沟通、承诺及一定的促销措施。

案例分析
达能收购乐百氏的悲惨整合

一、背景

达能是当今欧洲第三大食品集团，2005 年，达能全球销售额达 130 亿欧元，较 2004 年增长 6.7%，其在中国市场也获得 11.86 亿欧元的收益。

这家于 1966 年才创办的法国公司，原本是一家玻璃专业制造工厂，直到 20 世纪 80 年代才开始逐渐转型为一家食品饮料生产商。其间，达能也渐渐形成了自己的产业成长模式：一是果断转向朝阳行业，并不断抛弃边缘产品；二是在世界各地的市场上广泛收购当地的优秀品牌，实行包容性的本土化和多品牌战略；三是把自己定位为一家全球化公司，在任何一个市场上准确袭击国际竞争对手，而对本土的企业品牌则敞开大门、密切融合。

90 年代初，达能开始在中国设厂，以达能为品牌的酸奶在广州及上海均居于领导地位。从 90 年代中后期开始，达能就带着支票不断出入中国领先的食品饮料制造商们的大门。1996 年，达能开始与娃哈哈建立合资公司；2000 年，达能获得光明乳业 5% 的股权，并不断谋求对这家中国乳品市场有力竞争者的增持；同年 3 月，达能控股乐百氏，后者是当时中国市场饮用水领域的王者；2004 年，达能又染指上海梅林正广和饮用水公司（以下称"梅林正广和"）。估计达能在中国的收购耗资接近 60 亿元人民币。

目前，达能已经收购：娃哈哈 51% 的股权、乐百氏 98% 的股权、深圳益力矿泉水公司（以下称"益力"）54.2% 的股权、梅林正广和 50% 的股权、汇源果汁 24.32% 的股权、与蒙牛的合资公司 49% 的股权、光明乳业 20.01% 的股权。

达能全球总裁 Frank Riboud 介绍了达能在中国的发展计划："十几年以来，达能集中致力于三个核心的领域，即饼干、瓶装水和饮料、鲜乳制品，鲜乳制品已经占了我们全球营业额的一半,目前我们并不打算去开拓新的行业或品类。"然而,收购汇源果汁股权似乎说明达能正有意在中国开拓其他业务。

达能在中国乳业、饼干和饮用水方面的实力比较强,饮料却是一个空缺,达能可能会希望通过收购来完善自己在中国的产品线。

二、达能承认犯错乐百氏

达能亚太区总裁范易谋2007年3月1日在上海宣布公司增持汇源果汁股权至24.32%的同时,更难得地检讨达能整合乐百氏过程中出现的问题。他表示,在乐百氏的问题上,"必须承认,我们犯下了错误"。

范易谋坦承,实际上,乐百氏的创始人在决定将其卖给达能时,他们已经面临困难。但达能仍然在并购乐百氏之后的一半管理层中,保留了原有管理层。他表示,目前达能已针对乐百氏的问题采取了行动,比如以乐百氏品牌推出"脉动"系列,以丰富其产品线,但乐百氏的发展仍未按公司预想的情况得以扭亏为盈。

但他同时强调,目前看不到乐百氏事件会给达能在中国的其他合作伙伴带来风险。自2000年收购乐百氏92%的股权后,达能就从未停止过对乐百氏的调整,并将其原来的饮用水业务分拆出来,试图与益力、梅林正广和等达能旗下的水业务进行整合,随之而来的是对乐百氏的大裁员。

范易谋认为,在乐百氏事件中,达能得到的最大教训是:在未来的合作中,文化的融合是最重要的。他表示,乐百氏之前太过于依赖个人的领导,这样并不利于其发展。对于达能目前在乐百氏进行的调整,范易谋心中也在打鼓:"必须承认,我们不可能百分之百成功。"

三、负面标本:乐百氏

自从2000年3月以来,乐百氏的会议室里一直只有达能一种声音,这是推行其全面产业管理经验的最佳实践机会,也是向其他合资伙伴证明其运营能力的最好实验标本。

但事与愿违。这家曾经与娃哈哈一起争雄的著名瓶装水生产商,在此后的六年时间里,其声渐无可闻。

一方面,乐百氏被贴上达能的标签之后,似乎越来越沾染上与达能同样的神秘低调的气质;另一方面,乐百氏品牌旗下的各个子品牌市场不断萎缩,而唯一花大价钱培养的品牌——"脉动",不细心的消费者根本无法找到任何其与乐百氏有关的联系。

乐百氏茶饮料已经几乎从市场上销声匿迹,而桶装水业务也不断萎缩,已经接近盈亏平衡点。能够维持的只有乐百氏酸奶,还能保持微幅增长。

而更多的流言也不断袭扰乐百氏。

乐百氏的亏损被其内部人归结为达能在新品牌"脉动"上的经营失策:一是在脉动热卖时,在成都和东北盲目扩充的生产线占用大量资金,这在内部被认为是一个20年都无法回收成本的投资;二是铺张的宣传费用;三是系统资源的浪费和管理不善,造成了操作层面的失误,甚至是个别员工的营私舞弊。

"脉动"作为新功能性饮料推出之后,娃哈哈和国内其他饮料厂商迅速跟进,推出了"激动""尖叫""苗条淑女"等类似产品,"脉动"也迅速失去了巩固先发优势的时机。

"很多决策都是公司高层拍着脑袋想出来的",一位不愿透露姓名的乐百氏离职高管说,"除'脉动'以外,2005年乐百氏所有的产品都出现了大幅度的销量下跌"。他将原因归结为达能管理上的问题,既不懂中国市场,又不懂管理中方员工,所有问题的解决方案全都依据数据和曲线图,远离现实世界。在他看来,市场决策失误仅是乐百氏今天困境的表面原因,更关键的是糟糕的内部管理。

一开始,达能非常谨慎地采用循序渐进的策略进入乐百氏,只派遣了两个人:一位财务总监和一位美籍经理。"这也是达能的一贯策略,以逐渐渗透的方式进入,逐步取代控制权"。这位离职高管表示,"不得不承认达能的财务和管理方式确实行之有效"。

在摸清乐百氏的内部情况之后,达能开始向各个部门派驻自己人逐步替换原有管理层。但是问题并非如此简单,达能的管理方式实际上带有很强的摧毁性和排他性。达能在进入乐百氏后召开的培训会议上,都会强调管理人员要放弃原有的管理方式,移植新的管理方式。

于是,一场新旧势力的斗争便开始了。达能派往乐百氏的管理人员大多都是高学历、有过跨国公司职业背景的人,但是他们对中国市场具体不甚了解,同时他们又看不起原来的管理团队。这也是诸多乐百氏高管离职的原因之一。

1. 达能中国饮料市场的多品牌定位

达能试图强制性地把其已买下和参股的品牌作市场区分。

具体做法是,把达能收购的另一纯净水品牌——益力和乐百氏进行整合,包括渠道共享、共用一部分管理框架以及在品牌推广方面进行合作。达能的设计是:让娃哈哈从事低端产品的生产营销,益力以高端品牌形象出现,乐百氏则占领中端市场。

但整合并没有达到达能的预期,反而市场一度失控。在华南市场,娃哈哈、益力和乐百氏的暗斗转化为一场惨烈的内战,甚至还扩展到华东、华北等市场。达能曾经一度想调和内部的矛盾,但这种调和是苍白无力的。乐百氏由此也陷入了内忧外患的尴尬境地。

"达能的思路没有错,从预期来说,整合中国所有被并购企业的渠道,是一个很好的理想状态",这位乐百氏离职高管认为。但是,当梦想照进现实,得到的却是事与愿违的结果。

从光明到娃哈哈,从乐百氏到汇源果汁,达能本来拥有的是一盘开局良好的精彩棋局。资本先行,并购强势品牌,遇障碍则辗转迂回,以参股的方式渐进——通过这种全行业收购和"猎首"方式来快速获取在一国市场上的优势地位,也的确是国际上颇为流行并被证明行之有效的做法。

而现状并不匹配这"精彩的棋局"。"达能终究是一家法国公司",一位不愿透露姓名的业内人士称,"始终贯穿着法国人的思维方式,而且怠于改变"。

2. 企业文化融合艰难

达能收编乐百氏后,企业文化的融合一直是个突出的问题。在老乐百氏时代,创业家何伯权身上体现得更多的是广东民营企业家较注重的个人风格,在这种背景下,何伯权旗下的骨干也耳濡目染,企业上下,"创业""建渠道""抢市场",是大家一致认同的工作氛围。

一位乐百氏前人事部员工称,"当时销售一线与后方决策沟通随意,形式多样,除了开会,打牌、唱歌都可以。所以当时大家对做市场的确比较齐心"。

达能入主一年后,随着乐百氏创业的几大元老的离开,新乐百氏的管理风格也在发生变化。

随着以香港为主的高层管理人员的到位,西式风格的市场绩效管理对市场的影响开始明显。"他们在决策时更倾向于对结果的考核,而对过程并不太关注,这可能是让老乐百氏人感情上难以接受、最终造成沟通困难的主要原因"。这位乐百氏的前任高管表示。

"由于沟通障碍未能及时有效处理,在一个本应有共同目标的团体里,'新乐百氏人''老乐百氏人'似乎也非人为地逐渐形成两个阵营",一位较后期进入乐百氏的员工称。对此前传出"达能清洗乐百氏老员工"的消息,他认为两个阵营的对立会被激化。

"本来一个企业亏损,为缩减支出,裁员是一件正常的事情。原本老乐百氏员工的比例就高,在裁员中,当然比例就会高。但最后演化成'达能清洗乐百氏老员工',这显然对企业今后和谐的企业文化建设,以及正常的经营与管理,是非常不利的。"

然而,在企业文化未能形成共同向心力的情况下,内部沟通消耗资源增大,将弱化企业最终在销售市场上的表现。

公司管理层将业绩下滑的责任归咎于销售不力。而销售人员则认为是公司管理混乱所致——既无市场方向,又缺市场策略。"连续几年都没有新产品成功推出。高管们只知道坐在办公室花钱。那1亿元的广告投入,真不知道他们花到什么地方去了"。一名乐百氏销售人员无奈地说,"我们在市场上根本无法发力"。

"大家都知道,市场部和销售部的关系就像空军和炮兵那样"。一名老乐百氏销售高管陈述"分裂"之痛,"市场部在各大区都没有常驻的机构。现在的乐百氏和过去不一样,原来何伯权是企业主的身份,亲自和客户谈,和渠道谈,现在市场部都是'职业经理人'了,他们只懂数据,被广告公司牵着走。原来是我们告诉广告公司该怎么做,现在变成了广告公司告诉我们该怎么做"。

"那些香港人和英国人根本不了解中国内地市场"。上述销售高管认为,太过死板地根据数据决策,是乐百氏业绩滑坡的原因之一。

据悉,市场部前两年由香港人掌管,现在是由一个叫马克的英国人接手。

"V飙、清蓝、动动茶、营养酷、泽心堂",这名已离职的销售高管有些激动了,"这些产品名称,你听说过吗?"

据了解,上述产品都是近两年乐百氏走马灯式推出的新品。通常在上市三四个月后,一些产品就被市场部判了"死刑",市场部将产品收回的依据是数据分析。但是销售人员说,数据分析背离了实际,有些被判"死刑"的产品,再坚持一段时间,就要被消费者接受了。

"我们一线的意见已经很难再被高层接受",一名老乐百氏销售经理颇觉无奈,"他们总觉得,老乐百氏人只会从操作层面考虑,不会从战略角度理解。他们想彻底改造乐百氏"。

早在何伯权出局前夕,原乐百氏营销总监杨杰强就发现,他们与达能在乐百氏发展速度上有很大分歧。老乐百氏人认为,中国的经济发展速度比国外快,需要重点抢夺市场空间,提高市场占有率,这样不仅日后获利可观,也是民族企业的长远打算;但是,达能追求的是每年的收益,不惜削减成本,收缩编制。

"你知道,企业管理和人一样,真正的联系是人的血脉。乐百氏早由过去的创业心态,变成了各种不同利益角逐的场所",一名老乐百氏人"缅怀"起当年的岁月。

"原本最熟悉的乐百氏理念,是把公司当成自己的事业在做,有忠诚度,现在都是职业经理人。老乐百氏人刚进来时,哪怕工资只有600元,也能拿出200元打车、跑业务。现在哪怕收入3 000元,如果公司不报销,自己也不会贴上哪怕10元的交通费。如今主管的收入越来越高,总经理300万元年薪,大区经理20多万元年薪,销售人员的收入却越来越低,基本月工资只能在1 000—1 500元之间",这位老乐百氏人说。

"其实香港人做事很认真也很职业,他们在决策时更倾向于对结果的考核,而不去太多考虑过程,这可能是让老乐百氏人感情上难以接受、最终造成沟通困难的主要原因",另一位已经离职、目前仍与达能中国存在合作关系的原乐百氏销售高管如此评价新旧两任乐百氏总经理。这位昔日的销售高管认为,"乐百氏败在新旧管理模式的风格差异,以及新班子与销售团队的文化差异上"。

从一家土生土长的民营企业到跨国公司子公司的转变,创业激情的丧失以及随之而来的标准化管理模式,使得老乐百氏人再也找不到以前"做事"的感觉,不同理念加上不同的表达方式,使得矛盾不断累积。

3. 乐百氏品牌被弱化

瓶装水是乐百氏的主打产品,在1996—1999年的快速成长期,其销量一度在中国市场达到30%的份额,占有率居全国第一。但是现在,其市场份额仅为5%,被竞争对手娃哈哈和农夫山泉远远抛在身后。乐百氏瓶装水的产品线也在收缩,撤销了薄荷水和矿物质水。

据了解,达能入主后的乐百氏管理模式是:桶装水以独立公司存在,其他产品按品类分类管理,每个品类独立运作。这些品类包括瓶装水、酸奶、茶饮料和"脉动"。

由于茶饮料一再亏损,该品类在2006年10月被彻底剥离。于是,四大品类变成三大品类。

AD钙奶是乐百氏率先推出来的,娃哈哈是跟进者。但是,乐百氏目前盈利微薄。

"脉动"是乐百氏在2003年推出的新产品,一度市场反响热烈。但"脉动"是短线产品,到2006年就进入了衰退期,以往年销售最高能达到8亿元,2006年只有5亿—6亿元。"脉动"的成功纯属偶然。当时正逢"SARS",以功能型饮料为概念的"脉动"得以崛起。

桶装水倒是每年有2 000万元的盈利,但瓶装水和茶饮料的亏损,最终造成了乐百氏连续两年的整体性经营亏损。

2006年亏损的原因主要有两个:其一是巨额的广告投入无效,市场销售达不到预期。管理层声称投了1亿多元的广告,但是销售人员的反馈是,没有看到广告效果;其二是2005年,张有基在工厂建设上投资过大,仅重庆就投入了2亿多元,而市场销售却跟不上去。

"我能感觉到他们贬低的口气。"2006年6月,达能在北京召开了一次180多人规模的亚太区会议,乐百氏作为达能旗下企业参加了。一名乐百氏人发现,乐百氏成了众多参会者批评的对象。并且,在各公司的产品展示上,乐百氏同样受到了冷遇。

按照计划,公司在北京嘉里中心的主题会议结束后,2006年6月16日将安排在长城举办活动。按惯例,所有企业都会在活动现场布置自己的产品展示。但是,负责会议筹备的益力总经理毛天赐(音),一直不肯告诉乐百氏华北市场总监王磊活动的具体地点。当天上午10点,王磊打电话问,毛天赐还说不知道,含糊地说可能在司马台长城。结果活动却在居庸关长城进行。

对达能来说,乐百氏只不过是达能"大家庭"的一员而已。

一群欢笑的孩子竞相追逐,齐声喊出"今天,你喝了没有?"这幅乐百氏早年的电视广告画面,已成为遥远的记忆。曾经家喻户晓的乐百氏品牌,正在从人们的视线中逐渐淡出。

"达能根本不想把乐百氏品牌做大"。一名张姓老乐百氏人有些伤感,他的依据是,乐百氏的牛奶、酸奶,早被公司高层有意无意地淡化,在达能大家庭中,酸奶的重点布局在光明和蒙牛这样的企业身上。

"你还可以看看'脉动'饮料的包装瓶,消费者甚至看不出'脉动'与乐百氏的关系,'乐百氏'的字样在包装瓶的右上角,也不明显。关键还是公司在产品推广时如何对待乐百氏这个品牌的问题"。这位张姓乐百氏人说。

"在老乐百氏时代,我们的宣传投入并不是很大,但效果一直不错"。张先生反问记者,"为什么达能接手之后,乐百氏的知名度却开始下滑?以'脉动'为例,在宣传和推广'脉动'

时,背后的乐百氏却在有意无意中被淡化了"。

张先生说:"我们有时还在做白日梦,希望有一天,能将乐百氏从达能手中收购回来,把乐百氏重新变成民族企业、民族品牌。"

4. 单平台架构的失败

乐百氏于2006年9月进行架构调整,将从全国营销的公司变成只在多区域营销的公司,为的是全面收缩战线。这恰恰与六年前达能收购乐百氏的初衷背道而驰。

达能最初的意图是希望通过乐百氏的渠道,搭建一个属于达能的销售平台,这个平台不仅销售乐百氏的产品,同时也销售达能的其他产品,包括益力、怡宝、梅林正广和。

乐百氏被达能收购前,采取的是直线职能制架构,按产、供、销划分,全国各地分公司负责销售;达能入主后,一度采用产品事业部制。但有分析人士认为,这个仅实施了8个月的构架是一个过渡措施,目的是将权力分配给1个总裁和14个总经理,从而分化何伯权等五位创业元老的"五人会议"权力影响。当何伯权等五名创业元老被踢出局后,2002年3月,乐百氏正式采用了区域事业部架构。市场按地域划分为五大块:华东、华北、东北、西南、中南(华中和华南)。每一个事业部都变成一个"小乐百氏",均有一套自己的独立的生产和销售体系。

但是,发生在2006年9月的架构调整,彻底宣告了达能欲将乐百氏变成自己销售平台构想的失败。

在乐百氏新的架构中,东北大区被撤销。华东、华北、西南、中南大区虽然名字未变,但划分的依据不再是区域地理概念,而是产品销售情况。譬如,原本属于中南大区的武汉,被划分到西南大区。那些销售情况不好的市场,譬如长春、贵阳,则被划分为拓展区。

事实上,六年来,乐百氏的销售平台从来没卖过乐百氏以外的产品。

5. 主力产品:桶装水桂冠旁落

原来乐百氏"中国销售量第一"的桶装水板块持续推动力不足,是一个明显的例子。

桶装水是1999年乐百氏花了2 200万元启动的一个项目。2001年达能全面入主后,乐百氏桶装水正值黄金时代。据当时公司统计数据,2002年上半年,桶装水利润就达到4 600万元,同时也摘取了"全国桶装水市场销售"的桂冠。

"在双方的蜜月期,达能所有相关企业里,乐百氏被评为全球投资回报率最高的企业",乐百氏桶装水业务前销售人员称。当时乐百氏桶装水业务的卓越成绩,一定程度上修饰了收购与被收购企业间存在的磨合问题。

2000年前后,正值中国桶装水"战国时代",乐百氏不得不与全国性饮用水巨头娃哈哈和区域性饮用水品牌怡宝在不同区域"鏖战"。

"水便利店""原装桶",这些都是乐百氏在光辉时代最为业界称道的成功营销。"乐百氏是全国桶装水生产企业里,第一个销量达到2 000万桶的企业。我们当时都把乐百氏在市场的每个动作作为案例开会研究",华南饮用水某领导品牌前高管G先生称。

然而,经历数年辉煌,乐百氏桶装水业务却后继乏力。

虽然达能入主后,公司方面称每年总体有过亿元广告拉动,但从2004年后,再也未见令人有印象的乐百氏桶装水广告出现。"主力盈利的品牌没有得到足够的资源分配,搞不清楚领导是怎么想的。"

原以市场营销见长的乐百氏桶装水,在最近两年沉寂下来,令原销售一线的L先生非常着急。"饮用水产品不同科技产品,竞争产品本身同质化较普遍,营销与服务不能超越对手,最终只会无路可走。"

"中国的快速消费品市场中国特性浓厚,本土的管理人才熟悉国情,熟悉市场兴奋点,往往在营销执行上非常有效"。G先生指出,达能本土人才的流失,显然造成企业在营销上的短板。

2000年年初乐百氏刚进入桶装水领域时,整个中国的桶装水市场由于进入门槛较低,鱼龙混杂。许多不具备卫生设备条件的小企业、家庭作坊充斥市场。时任乐百氏桶装水公司总经理的刘箭决定从"桶"入手,打差异牌,引入日本先进制桶机器,选用符合欧洲卫生标准的食品级PV材料制造水桶等。此后,媒体曝光业内不法企业的"黑桶"内幕,更令乐百氏桶装水在品牌形象上大大得益。

"乐百氏在行内第一个打造'水便利店'的概念,把桶装水与配送网络放在一起整合形象,当时成为一种销售的新模式。同样,结合中国国情的'水票'也是乐百氏在'水便利店'的平台上创新出来的。"G先生认为,切合市场需求与渠道运作规律,是乐百氏桶装水此前成功的关键。

然而,G先生称,"作为曾经的'全国第一',乐百氏桶装水近年来谈不上有惊人之作","过去老乐百氏以营销创新领先市场,重市场份额的提升,而新乐百氏却传承了新东家达能重资源管理、绩效评估的传统。企业内部新旧两种理念难免发生碰撞。"

整合不完善,令市场一线的管理也出现空洞。一些"水便利店"内甚至连基本的渠道管理也出现缺失。G先生称,"一些乐百氏的'水便利店',里面还兼卖柚子、零食。"

"乐百氏为树立更专业的品牌形象,把原来夫妻杂货店形式的水店,升级改造成与实力机构捆绑的连锁加盟形式,由机构专业人员管理乐百氏加盟水站。但假如管理跟不上,很容易被打回原形",乐百氏前销售人员L先生称。

当时乐百氏桶装水总经理刘箭曾规划乐百氏"水便利店"将开近5 000家,并在这个平台上实现日用消费品电子商务公司的宏图。"现在乐百氏动作慢下来,但该模式的配送网络已经开始被越来越多的跨国公司重视,雀巢在北京开始了桶装水的配送,可口可乐等也开始了行动。"

四、乐百氏案例的借鉴

1. 借鉴

从乐百氏近年的发展轨迹来看,显然在文化建设、产品研发、人才选用这些重要方面,达能并未能体现出一个跨国企业应有的管理与协调能力。

世界上的大部分并购案例表明,解决人的问题,是成功的首要条件。然而在新的乐百氏里,却一直存在着"新乐百氏人""老乐百氏人"两个有意无意的阵营之分。由于此前传出"达能清洗乐百氏老员工"的消息,两个阵营的对立会被激化。一位在后期进入乐百氏的员工称,之所以出现这个问题,沟通障碍未被企业领导重视、未能及时有效处理是重要的原因。一个团队不能形成合力,企业决策的执行也就事倍功半。

虽然达能是世界数一数二的食品巨头,但在乐百氏的个案上,似乎摸不清中国市场的脉搏。曾经辉煌的乐百氏元老认为,中国的快速消费品市场本土特性浓厚,本土的管理人才熟悉国情,熟悉市场兴奋点,往往在营销执行上非常有效。然而企业被收购后,本土人才的流失造成了企业在营销上的短板。

乐百氏连年亏损,有人说达能通过并购,消灭了原来竞争的品牌。然而,这并不确切。因为七年前,达能也是花了真金白银把乐百氏买下来的。作为乐百氏的全资方,乐百氏好,达能更好。况且,在良性的并购下,在发展自己的品牌的同时,通过资本培植一个同样优秀的本土品牌,无疑是双赢的结果。

达能作为一个资本大鳄,不会因为在收购乐百氏上的不成功而停下扩张的步伐。不过,在其承认在乐百氏问题上犯下错误的同时,失败的经验已经在警醒今后的并购。因此,在此后光明、蒙牛、汇源果汁的股权并购上,达能并没有直接参与企业管理。而目前这三家参股企业的成功趋势,大家也有目共睹。

这些迹象显示,曾经高傲的达能,今后更愿意扮演一个低调而实惠的战略投资者角色。然而,换上低调面孔的达能,却不能改变其大鳄的身份。在未来的并购中,达能瞄准的目标依然是中国本土行业巨头。通过一步步参股食品行业领导企业,达能意欲实现其逐步蚕食中国食品市场的最终目标。

从乐百氏的"鲸吞",再到今日乳业、果汁行业,又或是其他行业的"蚕食",不是达能的胃口小了,而是达能的扩张形式变得越来越隐蔽了。这样的达能或许将更加可怕。

2. 思考

在资本全球化的背景下,外资并购在中国越来越活跃,我们必将面对民族品牌何去何从的问题。更深层次的思考是,外资并购的最终目的到底是什么?是纯粹的投资收益,还是全球化的战略布局?如果是后者,那么民族品牌将不是并购过程中外资最为看重的,背后的渠道、市场占有率等因素才是外资所觊觎的资源,而民族品牌被雪藏甚至消失似乎是必然的。

乐百氏的失败,不能完全说只是因为达能想打压这个品牌,也有可能是乐百氏原来的运作方式与外资的品牌运作方式不兼容。由于丧失了控股权,乐百氏在实际的公司运作过程中已经处于下风,因此只能按照外资的思维模式去运作。

如何既能够与外资共舞,又能够较好地保存民族品牌,这还需要中国企业家的长期探索。即使之前双方达成保留自主品牌等方面的协议,然而一旦资本占了上风,企业的运作必然要符合资本的意志。因此,企业家必须要处理好并购过程中的技术性因素。

也许娃哈哈的掌门人宗庆后对娃哈哈的某些经验值得借鉴。

同样是与达能合作,娃哈哈却能始终自主地把握品牌的发展脉搏。据说,宗庆后一直抵御着达能对经营的干预,甚至用"不理睬"的方式自我发展,等到业绩出来,再让达能哑口无言。宗庆后甚至驱赶了达能派驻的研发经理和市场总监,此外他对达能的持股异常敏感,至今,达能虽然在娃哈哈50多家子公司里的一半以上有股份,但宗庆后强调,在娃哈哈集团层面,达能并不持股。

不过,在乐百氏和达能之间,并没有纯粹的成功者和失败者。一方面,虽然被达能并购以后,乐百氏的创业者提前支取了未来几年的收益,但是一个好不容易打造起来的民族品牌就这样逐步退出了;另一方面,作为乐百氏的所有者,达能除了因为对乐百氏的经营战略而无法获得本土居民的认可,同样还要为乐百氏品牌的失利承担经济损失。

五、乐百氏危机事件回放

2005 年,乐百氏亏损达 1.57 亿元,而 2006 年的亏损也在 1.5 亿元左右。

除了财政上的巨额亏损,乐百氏的人事也面临振荡,这场从 2006 年 9 月开始的人事调整已经裁去了近 30% 的销售人员;在大区和分公司的中高层管理者中,老乐百氏人的比例从过去的 70% 锐减到 20%,大区的财权也被总部收回;在工厂方面,裁员的幅度高达 40%,以供应华北和东北市场货源的唐山工厂为例,原本有 2 000 多人,如今只剩下 800 多人。

不过,亏损和裁员只是表象。更加令人担心的是,作为一个独立的民族品牌,乐百氏正逐步丧失影响力和知名度。

如今的乐百氏落寞万分,不仅以何伯权为首的乐百氏五元老早早被达能踢出局,辛苦塑造的民族品牌也面临雪藏甚至消失的危机,这种发展态势是当初的决策者不曾预料到的。

案例资料来源:根据网络资料《达能中国并购案例》整理,http://bbs.tiexue.net/post 2_2119172-1.html。

案例讨论题

分析达能收购乐百氏的得失及原因。如何避免乐百氏之类的失败?

本章小结

本章详细地介绍了并购操作的四个环节,即自我评价、目标筛选和尽职调查、协商议价及确定交易方案、并后整合。

- 自我评价是并购操作的第一步,其目的在于结合企业的战略安排与财务状况,分析企业的并购需求、目标和能力。
- 目标筛选和尽职调查是并购操作的第二步。目标筛选主要是考虑目标企业是否符合主并企业的战略需要。尽职调查也称审慎调查,是从各方面对目标企业进行一系列深入的调查和核查,了解目标企业真实的经营业绩和财务状况,以及目标企业面临的机会和潜在的风险,以对目标企业作出客观评价。尽职调查是降低并购过程中的信息不对称风险的最主要手段。
- 协商议价及确定交易方案是并购操作的第三步。在并购过程中,可以使用以下价值评估方法:(1)贴现现金流量分析法;(2)市盈率法;(3)可比公司法;(4)账面价值法。
- 并后整合是并购操作的第四步。并后整合大体可以分为公司的战略定位、管理制度、经营政策和方向、文化、组织结构、人事、利益相关等七个方面的整合。

思考题

1. 简述并购的几个重要的操作程序或者操作环节。
2. 理想的并购目标企业应具备哪些条件?
3. 并购的尽职调查可以从哪几个方面进行?
4. 对目标企业进行价值评估时应考虑哪些因素?
5. 并购企业应该怎样进行并后整合?

第十七章　资本运营的时机选择

- 如何把握资本运作时机
- 实物期权及其在资本运作中的应用
- 实证研究成果

上市和并购等资本运作本质上是一种交易。正如我们前面谈到的那样,对于任何交易而言,价格总是至关重要的。在市场不充分有效、价格与价值可能发生背离的情况下,资本运作者通过选择适当的并购时机,有可能大大降低并购成本,从而提高资本运作的经济效果和财务收益。本章主要借助实物期权的理论与方法来讨论资本运作的时机选择问题。

第一节　如何把握资本运作时机

经济形势有好有坏,资本市场有牛市有熊市,股票估值有高有低。如果企业能根据市场形势的变化,因时制宜,"该出手时出手,不该出手时不出手",资本运作自然会产生较好的效果。下面我们就如何把握资本运作的机会进行一些简单分析。

(1) 当股市火爆、IPO 市场红火时,股票发行价高企,拟上市公司应积极争取机会,尽量在市场热度消退前上市。20 世纪 90 年代至 2000 年,美国股市经历了一波大的牛市,大批公司,特别是 IT 公司在此期间争先恐后地上市,募集了大量资金。2000 年,全美国有约 440 家公司进行了 IPO,平均每个工作日接近两家,而熊市开始的 2001 年,美国 IPO 公司数量锐减,只有几十家。在中国创业板市场推出的初期,即 2009 年和 2010 年,创业板市场异常火爆,发行市盈率动辄五六十倍,吸引了大量公司跃跃欲试,闯荡创业板。

(2) 对于上市公司,当公司股价被高估时,利用公司的高估值换股收购,通常是公司廉价获取资源、谋求扩张的好机会。2007 年 9 月 6 日,深交所上市公司东华合创(002065)发布公告称,拟定向发行 1 264 万股股票购买 5 位自然人持有的北京联银通科技有限公司 100% 的股权;公告特别强调指出,联银通的 5 位自然人股东与东华合创原股东之间并没有关联关系。当时,东华合创股价达 47 倍动态市盈率,换股收购联银通后,其动态市盈率降至 38 倍。

(3) 在公司估值状况良好时增发股票,募集企业发展所需的资金。当然,如果股票估值太高,增发特别是带有私募性质的定向增发也许会有一定难度。香港盈科动力在 1999 年 5 月借壳上市后,股价一路飙升,在短短数月之内,盈科动力利用高估值优势进行了一系列注资和换股并购,并通过配股、增发募集了 70 多亿港元现金。

(4) 在潜在被收购对象价值被低估,或处于财务困境时出手收购,可以降低收购成本。例如,2009 年全球金融危机爆发后,西方国家很多企业财务出现问题,股价暴跌。中国企业因受影响相对较小,便瞅准机会,积极尝试海外并购,拓展全球业务,五矿集团成功收购澳大利亚矿业公司 OZ、吉利汽车收购沃尔沃和澳大利亚变速器公司 DSI 均发生在这一时期。

当然,必须指出的是,资本运作首先应当考虑的是公司的战略需要。价格是否有利、时机是否最佳固然重要,但不可取代公司的战略考量。

另外,在真实的资本运作中,时机是否合适、价格是否合理,并不总能一目了然。举例来说,某热门行业的一家未上市公司(我们将其称为 A 公司),正在通过股权私募的方法筹集资金。由于行业热门,该行业各公司的股票普遍被明显高估了。A 公司的要价与其同行比明显要低,但和其内在价值(基本面)比却显著偏高。如果你是一家私募股权基金(PE)的经理,你是否愿意投资 A 公司?答案恐怕绝不简单。如果你能立即将 A 公司的股票变现,就无需考虑内在价值;如果你永久持有 A 公司,则无需顾及市场价格和市场泡沫。但作为一家 PE 机构,你不可能立即变现投资,也不可能永远做 A 公司的股东,因此,你必须考虑 2—3 年后退出时 A 公司的股价,这恐怕既要考虑基本面,也要考虑泡沫破灭的速度和概率。实物期权方法提供了此类问题分析的很好的理论框架。

案例分析
长江实业收购和黄

20 世纪七八十年代,和记黄埔(下称"和黄")和香港置地的失误,创造了难得的"机会窗口",李嘉诚没有错过这一盎司的"幸运",借助于资本运作,果断出手,最终成就了事业规模的量级跃升,后来,通过并购进行外延式扩张也推动了复星的快速生长。

70 年代早期,位列香港四大洋行之一的和黄,因投资过速、举债过重而陷入财务泥潭,以出让 33.65% 的股权的代价获得汇丰银行(HSBC)1.5 亿港元注资。彼时和黄虽然财务陷入困境,但是持有大批物业,升值潜力良好,且有收益稳定的零售业务,而且,汇丰银行不可以一直持股和黄,因为根据香港法律,债权银行可接管丧失偿债能力的工商企业,但一旦企业经营步入正常轨道,就必须出售企业。和黄有成为好资产的潜质,大股东不得不出售资产,为李嘉诚的介入提供了机会。

当时,汇丰银行高层的打算并非售股套利,而是希望放手后的和黄能够良好经营,其债权人的利益可以长期得到保证。由于数次商业活动展现的能力以及汇丰银行董事包玉刚的游说,李嘉诚慢慢得到了汇丰银行高层的认可。不过,李嘉诚的主要产业长江实业的净资产约在 7 亿港元左右,当时和黄的市值超过 60 亿港元,"蛇吞象"不仅需要汇丰银行给出一个好价格,还得有合适的财务安排,和黄才能平安落袋。

1979 年 9 月,长江实业宣布出资 6.39 亿港元收购汇丰银行持有和黄 22.4% 的普通股,这次收购成为李嘉诚事业的一个重要节点。而这笔交易之所以能够实现,首先,汇丰银行的每股转让价格为 7.1 港元,相比市价有近一半的折让;其次,汇丰银行允许长江实业分期付现,首期只需缴纳 20% 的收购资金(1.28 亿港元)就能控制和黄。为此,和黄前掌舵者公开评论说:"李嘉诚此举等于用 2400 万美元做订金,而购得价值 10 多亿美元的资产。"

事后看,这是一笔"双赢"的交易。尽管汇丰银行售股非常优惠,相比其 1975 年 8 月取得和黄股份的价格 1 港元 1 股,还是收益丰厚;李嘉诚入主前的 1978 年,和黄集团年综合纯利润为 2.31 亿港元,入主后的 1983 年,纯利润已达 11.6 亿港元,由于汇丰银行保留了大量优先股,也分享了经营业绩改善的成果。

不过,就交易本身而言,无疑李嘉诚受益最大,当时香港舆论因此役将李嘉诚冠以"超人"的称号,但该笔交易真正的推手是汇丰银行,不妨理解为是汇丰银行以优厚条件"投资"了李嘉诚。时至今日,汇丰银行仍是和黄主要的合作银行。当年的那笔交易,好似李嘉诚以杰出的财技以小博大,但其背后的利益考量,也只有局中人自己明白。英国《金融时报》有篇文章说到:"那些对李嘉诚不那么欣赏的人士指出,关于李嘉诚的传奇故事通常会避而不谈他的婚姻和汇丰银行 1979 年决定将和黄出售给他的交易。"

除了善于利用"捡漏"的好机会,李嘉诚驾驭资本的另外一个关键是稳健的财务,这使其可灵活择机而动。根据香港学者郎咸平的研究,长江实业在收购和黄之前的 1978 年,负债比率只有 0.4,比起当时潜在竞争对手新鸿基地产(00016. HK)0.59、太古(00019. HK)0.64 的负债比率要低得多。以最近五年为例,和黄的流动资产净额都在数百亿港元之巨,现金及其他速动资产往往达到千亿港元的规模。而李嘉诚能入主香港电灯(00006. HK),就是源于其大股东香港地产巨头置地犯了与和黄类似的大忌,周期判断失误,战线过长,财务负担过重。

1982 年,置地以高于市价 31% 的条件,完成了对香港电灯的收购,此间,置地进行了多起大宗投资,包括以 47.5 亿港元投得中环地王。1983 年,香港地产业进入萧条期,置地当年亏损 13 亿港元,负债超过 100 亿港元,陷入财务困境,寻求出售香港电灯以获取现金。李嘉诚决意收购香港电灯:其一,看中了香港电灯发电厂旧址的地皮,可用以发展大型住宅物业,与和黄的地产业务具有协同性;其二,香港电灯主要经营电力业务,盈利和收入都较为稳定,可以平滑整个"长江系"的收益。

1985 年 1 月,和黄以较市价低 13% 的条件,共 29.05 亿港元收购置地名下 34.6% 的香港电灯股权。按照郎咸平的数据,当时和黄的负债比率大约只有 0.4,而其同业的潜在竞争对手包括太古、新世界(00017. HK)及怡和洋行在内都超过 0.8,在财务能力上,和黄有绝对能力把握机会。

案例资料来源:作者根据相关资料整理。

第二节 实物期权及其在资本运作中的应用

一、期权的基本概念

期权(options)又称选择权,作为金融工具,是指在未来一定时期可以买卖某种资产的权利。期权持有者(一般通过付出一定成本)获得一种权利,在规定的时间内有权利但不负有义务(即可以但不是必须)按约定条件实施某种行为(如买卖某种资产)。

金融期权主要有如下几个构成因素:(1)执行价格(又称履约价格),即期权的买方行使权利时事先规定的标的物买卖价格。(2)期限,即期权合约的有效时限。欧式期权只有在合约到期日才被允许执行,而美式期权则可以在成交后有效期内的任何一天被执行,多为场内交易所采用。(3)类别,如看涨期权和看跌期权。看涨期权又称买权,是指在期权合约有效期内按执行价格买进一定数量标的物的权利;看跌期权又称卖权,是指在期权合约有效期内按执行价格卖出一定数量标的物的权利。当期权买方预期标的物价格会超出执行价格时,他就会买进看涨期权;反之,就会买进看跌期权。

以下是经过简化的期权的例子:

(1)看涨期权。1 月 1 日,标的物是 IBM 股票,它的期权执行价格为 50 美元/股。A 买入一张 3 个月到期的看涨期权,付出 4 美元;B 卖出这个权利,收入 4 美元。假设期权到期时,IBM 股票价格上升为 60 美元/股,则 A 可以获得 10 美元收益、6(=10-4)美元利润。如果期权到期时,IBM 股票价格在 50 美元/股以下,则 A 将一无所获,B 保留 4 美元作为利润。

(2)看跌期权。1 月 1 日,标的物是 IBM 股票,它的期权执行价格为 50 美元/股。A 买入一张 3 个月到期的看跌期权,付出 3 美元;B 卖出这个权利,收入 3 美元。如果期权到期时,IBM 股票价格在 50 美元/股以上,则 A 将一无所获,B 保留 3 美元作为利润。如果期权到期时,IBM 股票价格为 48 美元/股,则 A 将获得 2 美元收益,仍亏损 1(=3-2)美元。如果期权到期时,IBM 股票价格为 40 美元/股,则 A 将获得 10 美元收益、7(=10-3)美元利润。

上面的例子说明:期权的买方(无论是看涨期权还是看跌期权)只有权利而无义务,在理论上,他的风险是有限的(亏损最大值为权利金),但获利是无限的;期权的卖方(无论是看涨期权还是看跌期权)只有义务而无权利,在理论上,他的风险是无限的,但收益是有限的(收益最大值为权利金)。

期权有一个非常重要的特点,即不论是看涨期权还是看跌期权,其价值(权利金)都与标的物价格的波动性(即不确定性)成正向关系。标的物价格的波动性越大,期权越值钱。

二、实物期权的应用

受金融期权的启发,人们发现,在日常经营管理中也常会面临各种与金融期权有类似特征的选择权,称为实物期权(real option)。实物期权方法在项目评估、并购设计、投资决策等领域受到越来越多的关注。比如,在企业投资(资本预算)决策中,实物期权方法因克服了传统净现值法在理论上及实践中的某些缺陷,正在被越来越多的投资决策者所采用(周春生、长青、郭良勤,2001)。一个公司拥有对一个项目进行投资的机会,就如同拥有一个看涨期权,该期权赋予公司在一定时间内按执行价格(投资成本)购买标的资产(取得该项目)的权利。实物期权尽管一般不在市场上交易,但它同金融期权一样,也是有价值的。

下面我们先用一个简单的例子来示范实物期权在收购兼并中的应用。

假设市场利率为 10%。A 公司(收购方)和 B 公司(被收购方)达成协议:A 公司可以在一年内决定是否以 1 600 万元现金吸收合并 B 公司。如果现在就进行合并,预计 B 公司可为 A 公司带来 200 万元新增利润。一年以后,视市场情况的改变,B 公司带来的新增利润有可能(概率为 q)会上升为 300 万元,但也有可能(概率为 1-q)会下降到 100 万元,然后维持在相应水平上,直到永远。若概率 q=0.5,我们来分析 A 公司应如何进行决策。

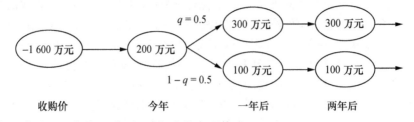

如果 A 公司立即收购 B 公司,则收购的净现值为

$$\text{NPV} = -1\,600 + 200 + \sum_{t=1}^{\infty} \frac{0.5 \times 300 + 0.5 \times 100}{1.1^t} = 600(\text{万元})$$

很显然,600 万元净现值意味着此项收购对 A 公司来说有利可图。按照传统的观念,A 公司应当立即收购 B 公司。但 A 公司现在拥有选择权,可以考虑等到一年结束时视当时情况再决定是否进行此项收购。这样一来,A 公司可获得的净现值为

$$NPV = 0.5 \times \left[\frac{-1\,600}{1.1} + \sum_{t=1}^{\infty} \frac{300}{1.1^t} \right] + 0.5 \times 0 = 773(万元)$$

通过简单的比较可以发现,如果 A 公司把收购的决策向后推延,则 A 公司可以获得高达 773 万元的净现值。

本例中,A 公司拥有的收购选择权(实物期权)相当于一个美式看涨期权。美式期权尽管可以随时执行,但选择恰当的行权时机至关重要。在本例中,显然立即行权(立即实行收购行为)不是最佳选择。当然,美式期权也非越晚行权越好,因为推迟行权意味着对当前某些机会的放弃。在本例中,A 公司将实行收购的时间推迟至年末,意味着放弃今年合并 B 公司可带来的利润增加(200 万元)。如果今年合并 B 公司可带来的利润增加不是 200 万元,而是 500 万元,那么,立即执行收购计划的净现值可高达 900 万元。在这种情况下,A 公司应当选择立即执行收购计划,而不是选择等待。

当市场不充分有效、价格与价值发生背离时,实物期权对于把握股票发行和并购的时机意义非常重大。从某种意义上说,因为公司管理层具备较好的信息优势,因而更了解公司真实价值与相应市场价格之间的差异。一般来说,这种差异是随机的,随时间而变化。但从长期来看,价格会向价值回归。如果一家公司希望能以尽可能高的价格 IPO 或增发股票,那么选择在市场条件不好、价值被市场低估的情况下发行股票显然是不合适的。问题是,是否只要市场价格高于真实价值就意味着应当立即发行股票呢?答案当然是否定的。由于公司不能经常性地、持续不断地发行股票,因此公司一旦发行股票,就意味着将来一段时间内不再具有发行股票的机会。这样一来,公司发行股票的机会就如同一种美式实物期权。一旦行权,期权的价值将随之消失。因此,为了实现公司价值最大化,行权(发行股票)带来的超额利润应当不低于实物期权所具备的内在价值。就发行问题而言,一方面,如果公司在市场价格比公司真实价值略高(比如市场价格比公司真实价值高出 2%)时,就急于发行股票,就很可能丧失以更高价格(比如市场价格比公司真实价值高出 10%)发行股票的机会;另一方面,如果公司对发行价格期望值过高,在市场价格比公司真实价值高出相当比例时仍然选择等待,则因价格有向价值逼近的特征,公司也很可能错失发行良机。对于究竟怎样把握发行时机,Wang and Yang/Zhou(2004)认为,在一定假设条件下,当股票市价与其真实(内在)价值之比达到某一临界比例时,公司应当选择立即发行股票。这一临界比例与公司股票价格的波动性成正向关系,但与价格向价值逼近的速度成反向关系。[①]

我们在第三章曾经提到,尽管 IPO 的近期表现非常耀眼,但无论是 IPO 还是 SEO(增发),股价的长期表现都不尽如人意。这一现象从一定程度上也反映了发行公司通常会选择在自身股价被市场高估时发行股票,导致从长期来看,股票市场价格向相对较低的股票内在价值回归。

上述对股票发行的分析同样可用于并购。如果是现金并购,则宜选择被并对象股票价格被相对低估的时候进行,这样有助于主并方获取较为有利的收购价格。如果采取换股方式进

[①] 期权价值与波动性成正向关系,因此,波动性越大,越不应急于行权;另外,价格逼近价值的速度越快,好的发行机会越易丧失,因而不宜久等。

行并购,则主并方最好能选择对方股票价格被市场相对低估,而自身股票价格被市场相对高估时进行。

举例来说,1998—2000 年,美国与世界许多国家或地区的大量网络股与 IT 股票发行上市,就是选择在市场条件非常有利的时候进行的(Ljungqvist,Nanda,Singh,2001)。美国 3COM 公司将其掌上电脑公司 Palm 分拆上市,基本选择了在掌上电脑公司最受投资者青睐的时候进行(Schill and Zhou,2002)。美国在线(AOL)以换股方式合并时代华纳公司,也是在美国在线股票受投资者追捧的情况下完成的。

案例分析
3COM 分拆 Palm

2000 年,3COM 卖掉很小一部分对 Palm 的股权,并将 Palm 在股票市场上发行上市。可以发现 Palm 是一个增长非常迅速的公司,它可以给 3COM 带来很好的利益,将其大约 5% 的股权卖给市场以后,Palm 成了独立的公司,但是仍然有 95% 的股权控制在 3COM 的手里。当时协议里面还承诺,半年以后,3COM 的股东每股可以享受到 1.48 股 Palm 股票的权利,也就是说,如果现在拥有 1 股 3COM 股票的话,半年以后就可以拥有 1 股 3COM 股票,加上 1.48 股的 Palm 股票。因为 Palm 现在的股权掌握在 3COM 手里面,那么 3COM 的股东就是间接地拥有 Palm 公司的股票。3COM 现在不将这些股票分给它的股东,但半年后就把这些股票分到股东个人手里面,到时就可以进行交易了。在上市以后,从理论上说,3COM 的总市值应该等于它拥有的 Palm 的总市值,再加上其他资产的市值。但是实际上市了以后,3COM 的总市值大大地低于 3COM 所拥有的 Palm 的股权市值。

在图 17-1 中以整个大圆圈代表 Palm 的市值,其中的 95% 是属于 3COM 的;在 Palm 的市值给定的时候,3COM 的市值就等于 Palm 95% 的市值,加上 3COM 其他资产的市值。但是实际上 3COM 的市值只相当于里面的那个小圆圈,也就是说,3COM 的市值还不及它拥有的 Palm 95% 的股权的市值,而 3COM 的其他资产也不是负的。按照 3COM 的承诺,如果购买 1 股 3COM 的股票,就相当于拥有了 1.5 股的 Palm 再加上 3COM 别的资产,在市场有效定价的情况下,如果 Palm 的股价是 100 美元,3COM 的股价就应该是 150 美元,这样的定价才是基本合理的。但是实际的情况是,Palm 的股价很长时间都维持在 150 美元左右,而 3COM 的股价从来就没有达到过 100 美元。如果 Palm 的价格和价值是合理的,3COM 的价格就是远远低于它的价值。因为它拥有 Palm 95% 的股权,它自己的价值怎么可能比拥有的 Palm 95% 的股权还低呢?这就是一个很明显的例子,在资本市场上,有时候定价价格和价值是背离的。这有点类似于估计一个人的财富,某人说拥有一套楼价值 500 万元,而且没有借债,但是估计他的总的财产价值是 300 万元,这就有问题了。要么就是这个楼的价格被高估了,要么就是这个人的总的财产价值被低估了。因为单这个楼就有 500 万元了,也没有借债,怎么可能说他的总资产才 300 万元呢?更明显的是,从单个股票来看,最高的时候 Palm 几乎达到了每股 160 美元,按照这个计算,3COM 至少应是每股 240 美元,甚至更多一点,但是 3COM 从来没达到过每股 100 美元,这就说明里面是有套利的。事实证明,最终买 Palm 股票的人,如果没有卖掉,都是以巨亏告终的,因为 Palm 股票从每股 100 多美元跌了几美元。这就是讲时机,所以当时 3COM 拆分 Palm,时机选择得是很好的。这个例子也说明了另外一个问题:即使在美国这样被认为是相对效率(说的是相对效率,不是绝对有效的)最高的资本市场上,也会出现明显的价格与价值背离的现象。这反过来证明,收购也好,买股票也好,准备上市也好,增发也好,都面临着一个很重要的时机选择问题。时机选择得好,3块钱的东西可以卖10块钱;时机选择得不好,10块钱的东西可能只能卖5块钱。所以,怎样选择时机,牵扯到很多技巧性的东西、价值评估的东西以及对市场走势的判断等问题。

Palm 市值的 95%

3COM 市值

图 17-1　3COM 和 Palm 市值示意图

案例资料来源:Lamont 和 Thaler(2003);Schill 和 Zhou(2001)。

第三节　实证研究成果

许多证据表明,兼并、IPO和股票增发均呈现一定的波浪特性,有高潮,也有低潮,而不是随时间均匀变化。Brealey 和 Myers(1991)就明确提出,兼并呈波浪式运动;Golbe 和 White(1993)通过对美国年度兼并数据的研究,也发现兼并具有波浪特性。

就股票发行(特别是IPO)而言,市场条件更是至关重要,有所谓"热市场"与"冷市场"之分(Helwege and Liang,2002)。在热市场中,市场对IPO的需求旺盛,某个行业或整个市场上市发行规模庞大、数量集中,且股票发行后二级市场价格增长幅度较大(Ibbotson and Jaffe,1975;Ritter,1984)。例如,美国在1999年的牛市里,共有500多家公司进行了IPO,其中网络类股票由于受投资者追捧,上市数量尤其庞大;在2000年,有446起IPO融资,总金额为1081.5亿美元;而由于股市在2000年达到高位后开始一路走低,导致2001年IPO数量大为减少,大约只有84起IPO融资,总金额为384.6亿美元。有学者认为此现象与投资者的时尚有关,并认为这种现象的发生是因为发行者利用了这些时尚创造的"机会窗口"。研究还发现,在好的市场条件下,IPO的发行价格明显较高。尽管股票上市后初始回报较高(即发行折价幅度较大),但发行者并不后悔,因为IPO的价格其实已被高估。Ljungqvist、Nanda 和 Singh(2001)的模型较好地解释了这一现象。在他们的模型中存在一类非理性投资者,他们对拟发行股票的未来表现寄予了过于乐观的期望。发行者正是利用这些不切实际的乐观预期去赚取超额发行利润的,导致股票发行后长期表现不佳。至于短期超额回报,则是由于发行者为了报答常规的IPO投资者在稳定股票价格中的作用而采取的定价策略所致。总而言之,在热市场条件下,股票发行具有以下特征:IPO定价高,发行后初始回报高,但长期回报较差(Derrien,2003)。

本章小结

在市场不充分有效、价格与价值可能发生背离的情况下,资本运作方通过选择适当时机,或把握好市场机遇,有可能大大降低资本运作的成本,从而提高并购上市等的经济效果。本章首先介绍了把握市场时机的一些方法和案例,然后借助实物期权的思想讨论了并购的时机问题。实物期权方法在项目评估、并购设计、投资决策等领域受到越来越多的关注。

思考题

1. 举例说明资本运作过程中把握时机的方法和重要性。

2. 你怎样理解实物期权?能否举例说明?

3. 如果一家公司希望能以尽可能高的价格 IPO 或者增发股票,那么股东应该怎样把握发行时机?

第十八章　中国的并购重组：法律与监管

- 有关上市公司收购方式的规定
- 信息和权益披露
- 反收购措施的法律规范
- 上市公司收购的监督协调

第十二章提到,收购兼并的法律规定主要是为了维护市场的公平与公正,实现如下目标:第一,促使有关收购信息的充分披露;第二,确保收购方式和收购程序的公正合理,保证各利益主体受到公平的对待;第三,维护市场秩序和良性竞争。为实现上述目标,中国各级机构制定了四个层次的证券法律制度:一是国家(全国人大)颁布的法律,如《公司法》《证券法》;二是国务院颁布的行政法规,如《国务院关于股份有限公司境内上市外资股的规定》;三是中国证监会颁布的部门规章,如《上市公司收购管理办法》;四是两个证交所规定的交易规则。本章我们将主要结合中国的现实状况,介绍《上市公司收购管理办法》和中国法律对上市公司反收购行为的规制。

第一节　有关上市公司收购方式的规定

中国证监会2006年颁布的《上市公司收购管理办法》(以下简称《管理办法》)适用范围为上市公司的并购重组和控制权转移。《管理办法》在总则的第五条中明确规定:"收购人可以通过取得股份的方式成为一个上市公司的控股股东,可以通过投资关系、协议、其他安排的途径成为一个上市公司的实际控制人,也可以同时采取上述方式和途径取得上市公司控制权。"收购人取得上市公司股份的方式包括协议收购、要约收购等。《管理办法》在相关条款中分别就协议收购和要约收购规定了具体操作规则和操作程序。

基于充分披露原则和目标公司股东平等待遇原则等方面的考虑,《管理办法》特别强调了收购过程中相关人员的诚信义务。上市公司的控股股东和其他实际控制人对其所控制的上市公司及该公司其他股东负有诚信义务;收购人对其所收购的上市公司及其股东负有诚信义务;上市公司的董事、监事和高级管理人员对其所任职的上市公司及其股东负有诚信义务。《管理办法》第三条规定:"上市公司的收购及相关股份权益变动活动,必须遵循公开、公平、公正的原则。上市公司的收购及相关股份权益变动活动中的信息披露义务人,应当充分披露其在上市公司中的权益及变动情况,依法严格履行报告、公告和其他法定义务。在相关信息披露前,负有保密义务。信息披露义务人报告、公告的信息必须真实、准确、完整,不得有虚假记载、误导性陈述或者重大遗漏。"第八条规定:"被收购公司的董事、监事、高级管理人员对公司负有忠实义务和勤勉义务,应当公平对待收购本公司的所有收购人。被收购公司董事会针对收购所作出的决策及采取的措施,应当有利于维护公司及其股东的利益,不得滥用职权对收购设置不适当的障碍,不得利用公司资源向收购人提供任何形式的财务资助,不得损害公司及其股东的合法权益。"

如果进行要约收购,被收购公司董事会应当对收购人的主体资格、资信情况及收购意图进行调查,对要约条件进行分析,对股东是否接受要约提出建议,并聘请独立财务顾问提出专业意见。对于协议收购,上市公司控股股东向收购人协议转让其所持有的上市公司股份的,应当对收购人的主体资格、诚信情况及收购意图进行调查,并在其权益变动报告书中披露有关调查情况。控股股东及其关联方未清偿其对公司的负债,未解除公司为其负债提供的担保,或者存在损害公司利益的其他情形的,被收购公司董事会应当对前述情形及时予以披露,并采取有效措施维护公司利益。

当一个公司面临被收购的威胁时,其董事会和管理层为了自身利益,往往会配合大股东或者独立采取相关反收购措施。《管理办法》明确规定,被收购公司董事会针对收购所作出的决策及采取的措施,应当有利于维护公司及其股东的利益。收购人作出提示性公告后,被收购公司董事会除可以继续执行已经订立的合同或者股东大会已经作出的决议外,不得提议:发行股份或者可转换公司债券;回购上市公司股份;修改公司章程;订立可能对公司的资产、负债、权益或者经营成果产生重大影响的合同(但是公司开展正常业务的除外);处置、购买重大资产,调整公司主要业务(但是面临严重财务困难的公司调整业务或者进行资产重组的除外)。

一、中国上市公司收购方式的具体规定

《管理办法》等有关法律法规规定上市公司收购可以通过协议收购、要约收购、间接收购等方式进行。

1. 协议收购规则

协议收购是收购人在证券交易所之外以协商的方式与被收购公司的股东签订收购其股份的协议,从而达到控制该公司的目的。

收购人通过协议方式在一个上市公司中拥有权益的股份原则上不得超过该公司已发行股份的30%。收购人拥有权益的股份达到该公司已发行股份的30%时,继续进行收购的,应当依法向该上市公司的股东发出全面要约或者部分要约。符合《管理办法》第六章规定情形的,收购人可以向中国证监会申请免除发出要约。收购人在取得中国证监会豁免后,履行其收购协议;未取得中国证监会豁免且拟继续履行其收购协议的,或者不申请豁免的,在履行其收购协议前,应当发出全面要约。

上市公司董事、监事、高级管理人员、员工或者其所控制或者委托的法人或者其他组织,拟对本公司进行收购或者通过其他相关方式取得本公司控制权(即管理层收购)的,该上市公司应当具备健全且运行良好的组织机构以及有效的内部控制制度,公司董事会成员中独立董事的比例应当达到或者超过1/2。公司应当聘请具有证券、期货从业资格的资产评估机构提供公司资产评估报告,本次收购应当经董事会非关联董事作出决议,且取得2/3以上的独立董事同意后,提交公司股东大会审议,经出席股东大会的非关联股东所持表决权过半数通过。独立董事发表意见前,应当聘请独立财务顾问就本次收购出具专业意见,独立董事及独立财务顾问的意见应当一并予以公告。

2. 要约收购规则

如前所述,要约收购有全面要约收购与部分要约收购之分。前者是指以取得目标公司100%控股权为目的的要约收购;后者是指以取得目标公司部分控股权为目的的要约收购,在要约中规定取得目标公司股份的最高数额或比例。在全面要约收购的情况下,受要约人接受

要约的,收购人应购买其股份;在部分要约收购的情况下,如果受要约人接受要约的数额超过要约中规定的最高数额,收购人只能按比例购买受要约人提供的股份。

从法律义务的角度看,要约收购又可分为自愿要约收购与强制要约收购。前者是指收购人在自主愿意的情况下进行要约收购;后者是指收购人持有目标公司一定数量或比例的股份时,法律要求收购人必须向该公司其余股东进行要约收购,而且对收购条件也有限定。自愿要约收购既可以是全面要约收购,也可以是部分要约收购;强制要约收购通常是法定的全面要约收购。

《管理办法》既允许部分要约,也允许全面要约,但明确规定拟收购一个上市公司的股份超过30%的,超过30%的部分应当改以要约方式进行——申请豁免获得批准者除外。按照《管理办法》第六十二条规定,有下列情形之一的,收购人可以向中国证监会提出免于以要约方式增持股份的申请:

（一）收购人与出让人能够证明本次转让未导致上市公司的实际控制人发生变化;

（二）上市公司面临严重财务困难,收购人提出的挽救公司的重组方案获得该公司股东大会批准,且收购人承诺3年内不转让其在该公司中所拥有的权益;

（三）经上市公司股东大会非关联股东批准,收购人取得上市公司向其发行的新股,导致其在该公司拥有权益的股份超过该公司已发行股份的30%,收购人承诺3年内不转让其拥有权益的股份,且公司股东大会同意收购人免于发出要约;

（四）中国证监会为适应证券市场发展变化和保护投资者合法权益的需要而认定的其他情形。

对于符合下列情形之一的当事人,按照《管理办法》第六十三条规定,还可以向中国证监会申请以简易程序免除发出要约:

（一）经政府或者国有资产管理部门批准进行国有资产无偿划转、变更、合并,导致投资者在一个上市公司中拥有权益的股份占该公司已发行股份的比例超过30%;

（二）在一个上市公司中拥有权益的股份达到或者超过该公司已发行股份的30%的,自上述事实发生之日起一年后,每12个月内增加其在该公司中拥有权益的股份不超过该公司已发行股份的2%;

（三）在一个上市公司中拥有权益的股份达到或者超过该公司已发行股份的50%的,继续增加其在该公司拥有的权益不影响该公司的上市地位;

（四）因上市公司按照股东大会批准的确定价格向特定股东回购股份而减少股本,导致当事人在该公司中拥有权益的股份超过该公司已发行股份的30%;

（五）证券公司、银行等金融机构在其经营范围内依法从事承销、贷款等业务导致其持有一个上市公司已发行股份超过30%,没有实际控制该公司的行为或者意图,并且提出在合理期限内向非关联方转让相关股份的解决方案;

（六）因继承导致在一个上市公司中拥有权益的股份超过该公司已发行股份的30%;

（七）中国证监会为适应证券市场发展变化和保护投资者合法权益的需要而认定的其他情形。

要约收购相关规定的出发点是为了保护中小股东的利益,以便在公司控制权发生转移的过程中,中小股东能够获得公平待遇。收购人应对所有受要约人一视同仁,并对同一类股份持有人提供相同的收购条件,即"收购要约提出的各项收购条件,适用于被收购公司的所有股东"。《管理办法》还对要约收购的收购价格作了以下明确规定:收购人按照《管理办法》规定进行要约收购的,对同一种类股票的要约价格,不得低于要约收购提示性公告日前 6 个月内收购人取得该种股票所支付的最高价格。要约价格低于提示性公告日前 30 个交易日该种股票的每日加权平均价格的算术平均值的,收购人聘请的财务顾问应当就该种股票前 6 个月的交易情况进行分析,说明是否存在股价被操纵、收购人是否有未披露的一致行动人、收购人前 6 个月取得公司股份是否存在其他支付安排、要约价格的合理性等。

关于要约期限,《管理办法》第三十七条规定:"收购要约约定的收购期限不得少于 30 日,并不得超过 60 日;但是出现竞争要约的除外。"

3. 间接收购规则

收购人虽不是上市公司的股东,但通过投资关系、协议、其他安排也可导致其拥有上市公司权益的股份达到相当比例,成为实际控制人。对此,《管理办法》明确规定,投资者在一个上市公司中拥有的权益,包括登记在其名下的股份和虽未登记在其名下但该投资者可以实际支配表决权的股份,投资者及其一致行动人在一个上市公司中拥有的权益应当合并计算,当收购人拥有权益的股份超过上市公司已发行股份的 30% 时,应当向该公司所有股东发出全面要约(申请豁免获得批准者除外)。

上市公司实际控制人及受其支配的股东,负有配合上市公司真实、准确、完整披露有关实际控制人发生变化的信息的义务;实际控制人及受其支配的股东拒不履行上述配合义务,导致上市公司无法履行法定信息披露义务而承担民事、行政责任的,上市公司有权对其提起诉讼。实际控制人、控股股东指使上市公司及其有关人员不依法履行信息披露义务的,中国证监会依法进行查处。

二、一致行动人

由于在收购操作过程中,收购人不仅可以单独行动,也可联合他人共同行动,以获取被收购公司的控制权。第十二章介绍的"一致行动人"的概念即由此而来。

"一致行动人"的概念在上市公司收购中具有重要的法律意义,直接关系到信息披露的公开、公正与公平。《管理办法》第五条和第十二条规定:"收购人包括投资者及与其一致行动的他人。投资者及其一致行动人在一个上市公司中拥有的权益应当合并计算。"

《管理办法》第八十三条对"一致行动人"作了具体的界定:"本办法所称一致行动,是指投资者通过协议、其他安排,与其他投资者共同扩大其所能够支配的一个上市公司股份表决权数量的行为或者事实。"按照《管理办法》第八十三条的定义,在上市公司的收购及相关股份权益变动活动中有一致行动情形的投资者,互为一致行动人。如无相反证据,投资者有下列情形之一的,为一致行动人:

(一)投资者之间有股权控制关系;

(二)投资者受同一主体控制;

(三)投资者的董事、监事或者高级管理人员中的主要成员,同时在另一个投资者担任董事、监事或者高级管理人员；

（四）投资者参股另一投资者，可以对参股公司的重大决策产生重大影响；

（五）银行以外的其他法人、其他组织和自然人为投资者取得相关股份提供融资安排；

（六）投资者之间存在合伙、合作、联营等其他经济利益关系；

（七）持有投资者30%以上股份的自然人，与投资者持有同一上市公司股份；

（八）在投资者任职的董事、监事及高级管理人员，与投资者持有同一上市公司股份；

（九）持有投资者30%以上股份的自然人和在投资者任职的董事、监事及高级管理人员，其父母、配偶、子女及其配偶、配偶的父母、兄弟姐妹及其配偶、配偶的兄弟姐妹及其配偶等亲属，与投资者持有同一上市公司股份；

（十）在上市公司任职的董事、监事、高级管理人员及其前项所述亲属同时持有本公司股份的，或者与其自己或者其前项所述亲属直接或者间接控制的企业同时持有本公司股份；

（十一）上市公司董事、监事、高级管理人员和员工与其所控制或者委托的法人或者其他组织持有本公司股份；

（十二）投资者之间具有其他关联关系。

早在1993年，我国第一起上市公司收购事件——"宝延风波"中，就因为"一致行动人"问题而引起过争议。宝安上海公司在1993年9月30日公告持有延中股票的5%，10月4日宝安上海公司再次公告称，已持有延中股票的16%，其跳跃幅度之大令人难以置信。后来经中国证监会查实，早在9月28日，宝安上海公司的关联企业宝安华阳保健用品公司和深圳龙岗宝灵电子灯饰公司，所持有的延中股票就分别达到4.52%和1.57%，合计持有6.09%。

第二节　信息和权益披露

充分披露原则是上市公司并购立法的重要原则之一，目标在于保证收购各当事人处于一个公平竞争的环境，尤其是保障目标公司中小股东免受收购人在收购过程中类似突袭行为以及有关当事人内幕交易、操纵价格等行为的侵害。《管理办法》要求上市公司股东持股变动达到法定持股变动报告比例的，任何负有信息披露义务的自然人、法人或其他组织都应依法履行信息披露义务，并就所披露信息的真实性、准确性和完整性作出公开承诺，保证没有虚假记载、误导性陈述或重大遗漏。任何人在依法履行信息披露义务前，不得泄露相关信息。它也强调，上市公司收购中，被收购公司的董事、监事、高级管理人员对公司及全体股东负有诚信义务，不得基于自身利益而作出损害公司及全体股东整体利益的决策或行动。禁止任何人利用上市公司股东持股变动损害公司的整体利益和股东的合法权益；禁止任何人利用上市公司股东持股变动进行欺诈、内幕交易和操纵证券交易市场的行为。

《管理办法》通过对股份持有人、实际控制人、一致行动人的界定，规定了信息披露的主体和内容，强化了持有、控制上市公司大额股份的股东的信息披露义务，避免在股权转让过程中内幕交易和损害中小投资者权益的其他行为的产生。

由于持股变动往往是上市公司实际控制权发生转移的前奏,《管理办法》规定,持有、控制一个上市公司的股份数量发生或者可能发生变化达到规定比例,信息披露义务人(包括股份持有人、实际控制人和一致行动人)应当严格履行信息披露义务,其所披露的信息应当真实、准确、完整,不得有虚假记载、误导性陈述或者重大遗漏。以下是《管理办法》中的一些重要条款:

第三条　上市公司的收购及相关股份权益变动活动,必须遵循公开、公平、公正的原则。

上市公司的收购及相关股份权益变动活动中的信息披露义务人,应当充分披露其在上市公司中的权益及变动情况,依法严格履行报告、公告和其他法定义务。在相关信息披露前,负有保密义务。

信息披露义务人报告、公告的信息必须真实、准确、完整,不得有虚假记载、误导性陈述或者重大遗漏。

第十二条　投资者在一个上市公司中拥有的权益,包括登记在其名下的股份和虽未登记在其名下但该投资者可以实际支配表决权的股份。投资者及其一致行动人在一个上市公司中拥有的权益应当合并计算。

第十三条　通过证券交易所的证券交易,投资者及其一致行动人拥有权益的股份达到一个上市公司已发行股份的5%时,应当在该事实发生之日起3日内编制权益变动报告书,向中国证监会、证券交易所提交书面报告,抄报该上市公司所在地的中国证监会派出机构(以下简称派出机构),通知该上市公司,并予公告;在上述期限内,不得再行买卖该上市公司的股票。

前述投资者及其一致行动人拥有权益的股份达到一个上市公司已发行股份的5%后,通过证券交易所的证券交易,其拥有权益的股份占该上市公司已发行股份的比例每增加或者减少5%,应当依照前款规定进行报告和公告。在报告期限内和作出报告、公告后2日内,不得再行买卖该上市公司的股票。

第十四条　通过协议转让方式,投资者及其一致行动人在一个上市公司中拥有权益的股份拟达到或者超过一个上市公司已发行股份的5%时,应当在该事实发生之日起3日内编制权益变动报告书,向中国证监会、证券交易所提交书面报告,抄报派出机构,通知该上市公司,并予公告。

投资者及其一致行动人拥有权益的股份达到一个上市公司已发行股份的5%后,其拥有权益的股份占该上市公司已发行股份的比例每增加或者减少达到或者超过5%的,应当依照前款规定履行报告、公告义务。

前两款规定的投资者及其一致行动人在作出报告、公告前,不得再行买卖该上市公司的股票。相关股份转让及过户登记手续按照本办法第四章及证券交易所、证券登记结算机构的规定办理。

第十五条　投资者及其一致行动人通过行政划转或者变更、执行法院裁定、继承、赠与等方式拥有权益的股份变动达到前条规定比例的,应当按照前条规定履行报告、公告义务,并参照前条规定办理股份过户登记手续。

第十六条　投资者及其一致行动人不是上市公司的第一大股东或者实际控制人,其

拥有权益的股份达到或者超过该公司已发行股份的5%,但未达到20%的,应当编制包括下列内容的简式权益变动报告书:

（一）投资者及其一致行动人的姓名、住所;投资者及其一致行动人为法人的,其名称、注册地及法定代表人;

（二）持股目的,是否有意在未来12个月内继续增加其在上市公司中拥有的权益;

（三）上市公司的名称,股票的种类、数量、比例;

（四）在上市公司中拥有权益的股份达到或者超过上市公司已发行股份的5%或者拥有权益的股份增减变化达到5%的时间及方式;

（五）权益变动事实发生之日前6个月内通过证券交易所的证券交易买卖该公司股票的简要情况;

（六）中国证监会、证券交易所要求披露的其他内容。

前述投资者及其一致行动人为上市公司第一大股东或者实际控制人,其拥有权益的股份达到或者超过一个上市公司已发行股份的5%,但未达到20%的,还应当披露本办法第十七条第一款规定的内容。

第十七条　投资者及其一致行动人拥有权益的股份达到或者超过一个上市公司已发行股份的20%但未超过30%的,应当编制详式权益变动报告书,除须披露前条规定的信息外,还应当披露以下内容:

（一）投资者及其一致行动人的控股股东、实际控制人及其股权控制关系结构图;

（二）取得相关股份的价格、所需资金额、资金来源,或者其他支付安排;

（三）投资者、一致行动人及其控股股东、实际控制人所从事的业务与上市公司的业务是否存在同业竞争或者潜在的同业竞争,是否存在持续关联交易;存在同业竞争或者持续关联交易的,是否已做出相应的安排,确保投资者、一致行动人及其关联方与上市公司之间避免同业竞争以及保持上市公司的独立性;

（四）未来12个月内对上市公司资产、业务、人员、组织结构、公司章程等进行调整的后续计划;

（五）前24个月内投资者及其一致行动人与上市公司之间的重大交易;

（六）不存在本办法第六条规定的情形;

（七）能够按照本办法第五十条的规定提供相关文件。

前述投资者及其一致行动人为上市公司第一大股东或者实际控制人的,还应当聘请财务顾问对上述权益变动报告书所披露的内容出具核查意见,但国有股行政划转或者变更、股份转让在同一实际控制人控制的不同主体之间进行、因继承取得股份的除外。投资者及其一致行动人承诺至少3年放弃行使相关股份表决权的,可免于聘请财务顾问和提供前款第（七）项规定的文件。

第十八条　已披露权益变动报告书的投资者及其一致行动人在披露之日起6个月内,因拥有权益的股份变动需要再次报告、公告权益变动报告书的,可以仅就与前次报告书不同的部分作出报告、公告;自前次披露之日起超过6个月的,投资者及其一致行动人应当按照本章的规定编制权益变动报告书,履行报告、公告义务。

第十九条　因上市公司减少股本导致投资者及其一致行动人拥有权益的股份变动出现本办法第十四条规定情形的,投资者及其一致行动人免于履行报告和公告义务。上市公司应当自完成减少股本的变更登记之日起2个工作日内,就因此导致的公司股东拥有权益的股份变动情况作出公告;因公司减少股本可能导致投资者及其一致行动人成为公司第一大股东或者实际控制人的,该投资者及其一致行动人应当自公司董事会公告有关减少公司股本决议之日起 3 个工作日内,按照本办法第十七条第一款的规定履行报告、公告义务。

第二十条　上市公司的收购及相关股份权益变动活动中的信息披露义务人依法披露前,相关信息已在媒体上传播或者公司股票交易出现异常的,上市公司应当立即向当事人进行查询,当事人应当及时予以书面答复,上市公司应当及时作出公告。

第二十一条　上市公司的收购及相关股份权益变动活动中的信息披露义务人应当在至少一家中国证监会指定媒体上依法披露信息;在其他媒体上进行披露的,披露内容应当一致,披露时间不得早于指定媒体的披露时间。

第二十二条　上市公司的收购及相关股份权益变动活动中的信息披露义务人采取一致行动的,可以以书面形式约定由其中一人作为指定代表负责统一编制信息披露文件,并同意授权指定代表在信息披露文件上签字、盖章。

各信息披露义务人应当对信息披露文件中涉及其自身的信息承担责任;对信息披露文件中涉及的与多个信息披露义务人相关的信息,各信息披露义务人对相关部分承担连带责任。

第五十三条　上市公司控股股东向收购人协议转让其所持有的上市公司股份的,应当对收购人的主体资格、诚信情况及收购意图进行调查,并在其权益变动报告书中披露有关调查情况。

控股股东及其关联方未清偿其对公司的负债,未解除公司为其负债提供的担保,或者存在损害公司利益的其他情形的,被收购公司董事会应当对前述情形及时予以披露,并采取有效措施维护公司利益。

第五十八条　上市公司实际控制人及受其支配的股东,负有配合上市公司真实、准确、完整披露有关实际控制人发生变化的信息的义务;实际控制人及受其支配的股东拒不履行上述配合义务,导致上市公司无法履行法定信息披露义务而承担民事、行政责任的,上市公司有权对其提起诉讼。实际控制人、控股股东指使上市公司及其有关人员不依法履行信息披露义务的,中国证监会依法进行查处。

第三节　反收购措施的法律规范

在企业收购中,时常会有恶意收购发生,为了减少市场震荡,避免股权大战伤及中小投资者,保护应该由政府控股的公用事业,我们需要一定的反恶意收购措施。当然,这种措施不能完全通过行政手段,而必须预设法律手段。我国企业并购的相关法规较少直接包含反收购的条文,但它们都强调各种并购最终都必须经过政府有关部门审批方能生效。这样,政府审批实际上就成了反收购的利器。下面我们将介绍一些主要的法律法规中有关反收购的部分条款。

一、《公司法》中的反收购行为规制

尽管我国《公司法》(2006年1月1日施行)没有明确提出反收购问题,但其中有许多条款对股份公司的反收购行为和公司控制有着重要影响,具体条款列举如下:

第一百零一条 股东大会应当每年召开一次年会。有下列情形之一的,应当在两个月内召开临时股东大会:

(一)董事人数不足本法规定人数或者公司章程所定人数的三分之二时;

(二)公司未弥补的亏损达实收股本总额三分之一时;

(三)单独或者合计持有公司百分之十以上股份的股东请求时;

(四)董事会认为必要时;

(五)监事会提议召开时;

(六)公司章程规定的其他情形。

第一百零四条 股东出席股东大会会议,所持每一股份有一表决权。但是,公司持有的本公司股份没有表决权。

股东大会作出决议,必须经出席会议的股东所持表决权过半数通过。但是,股东大会作出修改公司章程、增加或者减少注册资本的决议,以及公司合并、分立、解散或者变更公司形式的决议,必须经出席会议的股东所持表决权的三分之二以上通过。

第一百零六条 股东大会选举董事、监事,可以依照公司章程的规定或者股东大会的决议,实行累积投票制。

本法所称累积投票制,是指股东大会选举董事或者监事时,每一股份拥有与应选董事或者监事人数相同的表决权,股东拥有的表决权可以集中使用。

第一百二十二条 上市公司在一年内购买、出售重大资产或者担保金额超过公司资产总额百分之三十的,应当由股东大会作出决议,并经出席会议的股东所持表决权的三分之二以上通过。

第一百四十三条 公司不得收购本公司股份。但是,有下列情形之一的除外:

(一)减少公司注册资本;

(二)与持有本公司股份的其他公司合并;

(三)将股份奖励给本公司职工;

(四)股东因对股东大会作出的公司合并、分立决议持异议,要求公司收购其股份的。

第一百四十八条 董事、监事、高级管理人员应当遵守法律、行政法规和公司章程,对公司负有忠实义务和勤勉义务。

第一百五十三条 董事、高级管理人员违反法律、行政法规或者公司章程的规定,损害股东利益的,股东可以向人民法院提起诉讼。

《公司法》中的以上规定究竟对中国公司的反收购行为有着什么样的影响呢?在此,我们不妨对其中一些规定稍作分析。

例如,《公司法》第一百零一条规定,单独或者合计持有公司股份10%以上的股东请求时,必须在两个月内召开股东大会。也就是说,收购人持股超过10%后通过召集临时股东大会就有可能达到修改目标公司章程中诸如分级董事会制度等妨碍其获得目标公司控制权的有关条款。这样一来,目标公司的管理层就很难通过设立分期分级董事会来达到反收购的目的。

再如,按照《公司法》第一百零四条的规定,收购人为了实现对目标公司的合并,必须要争取到三分之二以上股东投票赞成己方的意见。这就增加了收购人接管、改组目标公司的难度和成本。我们在第十章曾经谈到,修改公司章程是国外公司反收购的重要举措之一,《公司法》第一百零四条"股东大会作出修改公司章程、增加或者减少注册资本的决议,以及公司合并、分立、解散或者变更公司形式的决议,必须经出席会议的股东所持表决权的三分之二以上通过"的规定无疑增加了上市公司修改章程的难度。

又如,《公司法》第一百四十三条对公司回购股份的限制制约了公司通过回购股份提高恶意收购者收购难度的企图,而第一百四十八条、第一百五十三条的规定则要求公司董事会、管理层在进行反收购活动时必须对公司负有忠实义务和勤勉义务,保护公司股东的利益。

二、《上市公司收购管理办法》中的反收购措施

中国证监会 2006 年颁布的《上市公司收购管理办法》没有辟专章讲述反收购问题,甚至没有出现"反收购"的字样,但其一定的篇幅实际上是用来规制反收购的。列举如下:

第七条 被收购公司的控股股东或者实际控制人不得滥用股东权利损害被收购公司或者其他股东的合法权益。

第八条 被收购公司的董事、监事、高级管理人员对公司负有忠实义务和勤勉义务,应当公平对待收购本公司的所有收购人。

被收购公司董事会针对收购所作出的决策及采取的措施,应当有利于维护公司及其股东的利益,不得滥用职权对收购设置不适当的障碍,不得利用公司资源向收购人提供任何形式的财务资助,不得损害公司及其股东的合法权益。

第六十七条 上市公司董事会或者独立董事聘请的独立财务顾问,不得同时担任收购人的财务顾问或者与收购人的财务顾问存在关联关系。独立财务顾问应当根据委托进行尽职调查,对本次收购的公正性和合法性发表专业意见。独立财务顾问报告应当对以下问题进行说明和分析,发表明确意见:

（一）收购人是否具备主体资格;

（二）收购人的实力及本次收购对被收购公司经营独立性和持续发展可能产生的影响分析;

（三）收购人是否存在利用被收购公司的资产或者由被收购公司为本次收购提供财务资助的情形;

（四）涉及要约收购的,分析被收购公司的财务状况,说明收购价格是否充分反映被收购公司价值,收购要约是否公平、合理,对被收购公司社会公众股股东接受要约提出的建议;

（五）涉及收购人以证券支付收购价款的,还应当根据该证券发行人的资产、业务和盈利预测,对相关证券进行估值分析,就收购条件对被收购公司的社会公众股股东是否公平合理、是否接受收购人提出的收购条件提出专业意见;

（六）涉及管理层收购的，应当对上市公司进行估值分析，就本次收购的定价依据、支付方式、收购资金来源、融资安排、还款计划及其可行性、上市公司内部控制制度的执行情况及其有效性、上述人员及其直系亲属在最近 24 个月内与上市公司业务往来情况以及收购报告书披露的其他内容等进行全面核查，发表明确意见。

《上市公司收购管理办法》对收购双方作了诚信义务的规定，目标公司的反收购措施不能违背诚信义务，不得损害公司及股东的合法权益。

第四节　上市公司收购的监督协调

一、上市公司收购的监管

国外对上市公司收购监管的模式大体可分为集中型、自律型、综合型三种类型。所谓监管模式一般包括监管法律制度体系、监管主体设置及监管方式等。集中型监管体系模式指政府设有专门的证券监管机构，它是以统一的证券监管立法为基础、以权威的证券监管机构为中心、以规范管理为特色的体系。美国是该模式的典型代表。自律型监管体系模式指政府相对较少地对证券市场进行集中统一的干预，而主要依靠证券交易所、证券商协会等组织实施自律性监管。它是以非独立性的证券立法为基础、以自律组织为中心、以自律监管为特色的体系。英国是该模式的典型代表。综合型监管体系模式是介于集中型监管体系模式与自律型监管体系模式之间的一种监管模式，它既强调集中统一的立法管理，又注重自律约束。德国是该模式的典型代表。①

根据《证券法》及其他相关规定，中国证券市场实行的是集中统一的监管体系，即以中国证监会作为证券市场监管的主导机构，并将集中监管和市场自律组织相结合。《上市公司收购管理办法》中对于监管主体在上市公司收购中的定位是，中国证监会依法对上市公司的收购及相关股份权益变动活动进行监督管理。中国证监会设立由专业人员和有关专家组成的专门委员会。专门委员会可以根据中国证监会职能部门的请求，就是否构成上市公司的收购、是否有不得收购上市公司的情形以及其他相关事宜提供咨询意见。中国证监会依法作出决定。证券交易所依法制定业务规则，为上市公司的收购及相关股份权益变动活动组织交易和提供服务，对相关证券交易活动进行实时监控，监督上市公司的收购及相关股份权益变动活动的信息披露义务人切实履行信息披露义务。证券登记结算机构依法制定业务规则，为上市公司的收购及相关股份权益变动活动所涉及的证券登记、存管、结算等事宜提供服务。

二、上市公司收购监管的法律冲突和国际协调

全球证券市场正在经历着前所未有的国际化过程。随着证券市场的国际化，上市公司收

---

① 吴淑琨、于建国等：《完善上市公司收购法律制度》，上证联合研究计划，2003 年。

购过程常常涉及境外因素,导致多个证券监督管理机构试图对同一项收购予以监管。由于不同国家和地区关于上市公司收购的法规在收购程序、信息披露、会计准则等方面存在不同之处,因此会不可避免地存在上市公司收购监管法律之间的冲突,这种冲突带有公法冲突的性质。为了促进收购以更低成本、更高效率进行,同时使收购各方特别是投资者的利益得到妥善安排,证券监管机构试图协调其监管职能,消除法律冲突带来的消极影响。

综观国际上解决法律冲突的模式,一般存在以下几种:第一,单方面主动限制本国法的域外适用,例如为了鼓励收购人向美国股份持有人发出要约,美国证监会出台了主动限制美国证券法、证券交易法适用范围的豁免规定——《跨境要约收购和易券要约、商业合并和向股东募集股份》。第二,单方面主动限制本国法的域内适用,比如法国证券交易所执行委员会在2002年4月实行的《第2002—2004号关于向在受到监管的市场上交易的金融票据作出的公开交易要约的规定》就规定,已在外国证券市场发出收购要约的收购人,在一定条件下可以豁免本规定下的义务。第三,订立双边协议协调监管法律冲突,如美国证监会和加拿大三个省的证券监管机构建立的多重管辖权信息披露制度。根据该制度,依据一方证券监管法规制作信息披露文件或者履行信息披露义务,可以在另一方得到承认而无须根据另一方证券法规的规定重新履行有关义务。第四,通过国际组织协调法律冲突,比如欧盟2002年提出了《关于要约收购的指令草案》,规定了欧盟成员国之间证券市场上发生的要约收购的统一规则。

我国《上市公司收购管理办法》就跨国并购的监管问题作了以下规定:外国投资者进行上市公司的收购及相关股份权益变动活动的,应当取得国家相关部门的批准,适用中国法律,服从中国的司法、仲裁管辖。从目前情况看,我国关于上市公司跨国收购,或在境内外同时上市的公司收购的法律冲突协调的规定相对较少,虽然和其他国家也订有谅解备忘录,但是内容限于无约束力的信息技术交流等事项,可操作的实质性规定并不多。针对此种不利情况,中国相关政府机构应当积极通过国际组织或者双边谈判,协调各自对跨国上市公司收购的监管,由此形成一套上市公司收购监管法律涉外适用的规则,使我国上市公司收购制度更加完善。

本章小结

本章介绍了《上市公司收购管理办法》和其他法律法规有关公司收购兼并的相关规定,并研究探讨了反收购措施的法律规范。主要内容包括:《上市公司收购管理办法》对协议收购、要约收购、间接收购的相关规定,一致行动人的界定,收购和持股变动过程中信息和权益披露的要求,《公司法》等法律规定中的反收购行为规则,以及上市公司收购监管等。

思考题

1. 简述一致行动人的法律意义。
2. 要约收购义务在哪些情况下可以豁免?
3. 如何看待上市公司收购中的信息披露?
4. 简述上市公司收购的监管模式。

附录 A　综合案例

甲骨文-仁科的收购大战

2004 年 2 月 4 日(星期三)美国甲骨文公司(Oracle,ORCL)(以下称"甲骨文")宣称,将以每股 26 美元共 94 亿美元的现金,收购核心竞争力为 ERP(企业资源管理)和 CRM(客户关系管理)的企业应用软件厂商仁科(PeopleSoft,PSFT)公司(以下称"仁科")。

该宣称标志着甲骨文第二次提高了收购仁科的价格,第一次提价是在 2003 年 6 月。甲骨文 2003 年 6 月初的最初提议是每股 16 美元,而两周后价格就涨到 19.50 美元。2004 年 2 月 4 日的二度提价比前一天仁科 21.89 美元的收盘价高出 19%。

甲骨文宣称该价格是购买仁科的最后价位。甲骨文总裁 Jeff Henley 希望仁科股东们慎重考虑这个价格。Henley 表示:"这是我们最后的价格了。考虑到仁科的前景,我们相信这个价格将对仁科的股东非常有吸引力,甲骨文会对这桩交易的完成承担责任,这会让两家的股东获得双赢。"

一、案例背景

(一) 过去十年

过去十年中,高科技行业为数不多的几起敌意收购案的结果不尽相同。1995 年,IBM 向莲花公司发出敌意收购要约,结果一周后以 35 亿美元的善意交易了结。另外一起较大的交易计划发生在 Computer Associates International 和 Computer Sciences 之间,不过最后无果而终。在高科技行业中,敌意收购的做法通常是被小心避免的,因为一旦这样做,如果被收购公司中的技术精英们(高科技公司的最大财富)不开心就会离职而去,反而达不到应有的并购效果。

(二) 高科技产业的萧条与复苏

甲骨文的举动出现在高科技产业动荡不安的时代。高科技企业从来没有遇到过如此漫长和严重的萧条,美国公司在 1985 年和 1990 年两次削减信息技术方面的投资,但削减程度从未超过 5%,持续时间也从未超过 6 个季度。这一次则不同,到 2001 年第四季度,企业在科技上的投入达到最低点,比 2000 年第三季度的 4 530 亿美元下降了 15%。按照美国商务部的数据,产业的萧条还没有完全过去,一片安静死寂的气氛笼罩着硅谷,许多首席执行官们绝望地伸出了双手。

2002 年,全球重要的 CRM 软件市场新许可证的销售收入下降了 24.7%,从 2001 年的 37 亿美元下降到了 28 亿美元。2001 年的销售收入比 2000 年的 39.5 亿美元减少了 6.4%。抑制市场增长的因素包括全球经济低迷、最终用户购买产品的优先次序和购买方式的改变以及 CRM 厂商之间的激烈竞争等。北美是受影响最严重的地区,2002 年 CRM 软件的销售收入比

2001 年减少了 27.6%；欧洲的销售收入下降了 22.4%；亚太地区的销售收入下降了 15.2%。

现在这种情况已有所改观，企业在信息科技上的投入在缓慢增长，客户正在购买新的产品。IDC 的市场研究人员预测，在经过两年的衰退之后，2003 年 IT 行业的收入会增长 2.3%，高科技企业的股票行情也开始看涨。产业复苏时期，企业并购会十分活跃，甲骨文以数十亿美元收购仁科就是一个例子。IBM、Dell、Verizon、Nokia 和 Microsoft（微软）也都在制定相应的进攻战略。它们认为，这个时候可以充分利用竞争对手的薄弱，及时大胆出击。波士顿大学商学院主任 Mark P. Rice 说道："那些在低迷时期主动出击并能坚持下来的企业，将占据有利地位。当衰退过去之后，其他企业就会发觉自己已经落在后面了。"

一些重量级的企业在大肆扩张：Dell 正把它的核心业务 PC 向新的市场延伸；Verizon 通讯公司（VZ）计划在资本市场上投入 130 亿美元；IBM 就把它的未来发展赌在了按需计算上……

许多行业人士都想知道高科技产业能否回到 20 世纪 90 年代的快速增长，那时技术开支达到平均每年 10% 的增幅。微软公司的财务总监 John G. Connors 说："我们认为它会比国民生产总值增长快，但快得不会太多。"甲骨文的首席执行官 Larry Ellison 更直截了当，他说："当革新十分活跃时，高技术产业处于一个初始阶段，之后快速增长就会逐渐放慢，我们所知道的那个硅谷已不复存在，永远不会再回来了，这个产业现在已经很成熟了。"

（三）高科技企业们及其策略

10 个最富有的高科技公司拥有 1 300 亿美元的现金，它们在衰退时期依然保持着盈利能力。微软位居第一位，它拥有 460 亿美元现金，可以下大赌注在下一代新版本的 Windows 操作系统上，也可以进入新的市场，如协同软件市场。甲骨文能收购仁科是因为它手上有 60 亿美元现金。IBM、Cisco、HP 和 Dell 也都手持大量现金，每一家都不低于 40 亿美元。与此同时，Nokia 和 Intel 也都在瞄准自己的新目标。

IBM 的首席执行官 Palmisano 正在改造 IBM，期望克服现在的困境。在他看来，解决的办法就是使计算更简单，把管理技术系统的重担从企业客户转移到像 IBM 这样的专家手中，将计算机和应用更好地结合在一起，让大部分复杂性工作通过软件来解决。不是买一个盒装的计算机，而是把计算作为服务来销售，借助互联网将计算能力传送到用户手中。目前 IBM 几乎是唯一实施这项战略的企业，HP 和 SUN 在与之竞争，期望能领导这场革命。可是 IBM 的雄心更大，如果这项计划得以成功，就像其大型机取得的辉煌一样，IBM 将能够轻松锁定客户，得到稳定的收益。

微软也有同样的雄心，它在进行另一项计划，使用户对科技重新产生热情。这家公司投入了数十亿美元在下一代 Windows 操作系统上，估计新系统将在 2005 年问世。这个新的操作系统与过去相比，从外观看有很大的不同，全新的文件系统使得你在计算机上存储和搜寻文件更为方便。微软的财务总监 Connors 说："微软把未来的发展都放在了这个新操作系统上，一旦成功，在可预见的将来，我们会成为利润最丰厚的公司之一。"

德国的 SAP 公司一直致力于提高产品质量与服务，以进一步搞好与消费者之间的关系，它的远期目标是要使 SAP 变成一个值得企业信赖的"咨询专家"。根据独立公司的调查，SAP 的客户满意度在德国评估系统中的得分为 7.4 分，该系统的最高分为 10 分。过去两年中，这一得分一直保持上升势头，SAP 拥有的市场份额也在不断增加。市场研究公司 AMR Research 预计，SAP 核心产品的市场份额将从 2001 年的 33% 增加到 2003 年的 36%。在 20 世纪 90 年代,SAP 一直被人们看作一个稳步增长但缺乏活力的公司,但现在它们似乎已经变成了一个保守市场的领导者。并不是所有的消费者们都喜欢冒险,而 SAP 给人以最为稳重的感觉。在一个安全已经成为第一要务的世界里,SAP 或许是人们最为关注的一个焦点。

人们把甲骨文视作一家数据库和工具公司,而不是一家应用软件公司。其中的一个主要原因是,许多年来,该公司尝试使用其数据库产品销售团队和相关销售技巧来销售应用软件。例如,甲骨文的销售团队习惯于在一两个星期内结束一笔新的数据库买卖。与之形成鲜明对比的是,对于一份 ERP 软件合同,6—9 个月仅仅够销售代表与顾客达成一份计划表。而直到最近,甲骨文才开始建立一支专门从事应用软件业务的销售团队。

(四) 并购的气候

一个不同的高科技产业正在形成,它是由少数超级大企业控制的。过去每个企业无论大小都能获利的日子已经过去,今天,只有那些掌握了技术创新和采取积极主动战略的大企业,才能保证它们收入和利润的稳定增加。这些公司多数规模巨大,但行动却毫不迟缓,它们总是比别人提前一步计划自己的市场行动。

越来越多的迹象表明,恶劣的环境将掀起大规模的合并浪潮。高科技行业不仅面临着又一次下降的趋势,也逐渐趋向成熟,这意味着长期的增长速度放慢,而生产商的数量越来越少。在 20 世纪 90 年代,高科技企业还能通过在狂热的证券市场发行股票求得发展,现在却只能靠与强大的对手合并维持生存了。事实上,在甲骨文宣布收购仁科之前,除了仁科宣布收购 J. D. Edwards 外,还有 Handspring 和 Palm 的合并。

但在目前严峻的形势中,此类敌意收购可能变得容易实行。尽管技术精英是高科技公司的最大财富,如果他们不开心一走了之,对这些公司来说是不小的损失,但是科技行业的就业市场不景气,工程师们想离开也要三思而行。

二、收购过程

(一) 甲骨文发起对仁科的要约收购

2003 年 6 月 6 日,对硅谷的软件企业仁科来说,是一个不寻常的日子。5 天前它刚刚宣布以 16 亿美元签约收购竞争对手 J. D. Edwards,没想到这一天突如其来地收到甲骨文 51 亿美元的巨额敌意收购要约。甲骨文计划以每股 16 美元的价格收购仁科的股票。6 月 5 日仁科的收盘价为 15. 11 美元,甲骨文的出价有近 6% 的溢价。真可谓"螳螂捕蝉,黄雀在后"。消息发布后,仁科股价上涨 18%,达 17. 82 美元。

两次行动涉及企业、制造和人力资源软件市场的第二大、第三大和第四大巨头。根据 AMR Research 的统计,目前甲骨文在这一市场拥有 13% 的市场份额,位居第二位;仁科所占份额为 10%,与拥有 5% 份额的 J. D. Edwards 分列第三位和第四位;市场老大 SAP 则占据着 35% 的市场份额。

甲骨文目前是仅次于微软的全球第二大独立软件公司。如果该项收购成功的话,将成为软件产业史上最大的并购。新公司将成为一个收入达到 358 亿美元的新的应用软件制造商,仅次于排名第一的 SAP。甲骨文制订如此大手笔的敌意收购计划,是要掀起一场软件行业的兼并浪潮,还只是借机阻挠仁科的规模重组进程? 对此,舆论界议论纷纷。

过去,甲骨文的首席执行官 Larry Ellison 总是对并购持轻视态度,他认为甲骨文根本不需要它。甲骨文追求彻底歼灭敌人,而不是与人合并。但现在,他认为高科技行业的鼎盛时期已经过去,从今以后,只有几家大公司能生存下来,其余的不是逐渐衰败就是彻底消失。而风行一时的单一产品软件时代也已结束,客户更喜欢能提供综合软件的大公司。Larry Ellison看到了击倒强大的竞争对手、建立未来甲骨文的机会。他说:"强者会更强。这是个正在整合的产业,在里面你需要适应竞争。"

在过去几个月中,Larry Ellison 一直在悄悄地准备合并的庞大方案。方案的重点是适用于财会、供应链、客户关系以及其他企业功能的商业应用软件。开发这类软件是甲骨文的弱项,甲骨文是世界上最大的数据库软件生产商,但在更专业的应用软件领域,它并不比仁科、SAP、Siebel 等公司有更强的实力,因此竞争很激烈。

Larry Ellison 的收购计划显得颇为诡秘。在甲骨文于 1986 年上市之后,Larry Ellison 就成了亿万富翁。他拥有赛艇、日本风格的大楼,说话通常咄咄逼人。一年前,甲骨文就与仁科有过接触,从此 Larry Ellison 和其部属就开始了行业并购的征程。Larry Ellison 也曾同 Siebel 公司商谈过,但并没有结果。当然,仁科一直是 Larry Ellison 关注的目标,而位于丹佛的 J. D. Edwards 也被列入候选对象。当 6 月 2 日仁科宣布收购 J. D. Edwards 后,Larry Ellison 的计划就正式启动了。

甲骨文目前有 60 亿美元现金,足够支付收购仁科初步交易的款项。甲骨文还向瑞士信贷第一波士顿投资银行(CSFB)申请了 50 亿美元贷款,用来向股东支付现金。

(二) 仁科、J. D. Edwards 及其用户的最初反应

仁科的总裁兼首席执行官 Craig Conway 知道这一消息时,正在荷兰出差。Conway 曾经供职于甲骨文,他对前东家这样的做法极度不满。2003 年 6 月 9 日,Conway 对甲骨文的收购提议作出声明,称此次收购提议是"一贯心术不正的公司的卑劣行径"。Conway 说:"此举显然是为了干扰仁科本周早些时候宣布的并购 J. D. Edwards 的计划。甲骨文的这种反应充分证明了我们收购 J. D. Edwards 的正确性。"同时,仁科提醒股东们不要贸然采取行动。公司不少股东则对每股 16 美元的价格表示不满。仁科十大机构投资者的持股超过 45%。Northern Trust Corp. 旗下的 Northern Technologies Fund 的联席经理 George Gilbert 持有仁科的股票,他称,鉴于仁科的股价已经升至甲骨文每股 16 美元的报价以上,Larry Ellison 必须耗费时间说服投资者出售他们的股票。随着 7 月 7 日标购期限临近,甲骨文可能会提高报价。他表示不打算把股票出售给甲骨文。

仁科因担心甲骨文的敌意收购行为吓跑客户,在其营业的消费合同中附加了一条价格保护条款(退款保证),以防止他们转向其竞争对手。第二季度销售的约一半产品都适用于该保护条款。仁科向它的客户保证,在公司被收购以及一些特定的前提下,客户会获得相当于所付软件许可费 2—5 倍的退款。该退款保证不但可以帮助本公司避免第二财政季度收益不达标,而且可以对抗甲骨文的敌意收购,使其增加收购成本。如果甲骨文能在明年成功收购仁科,并宣布将在两年内停止销售或升级仁科的产品,它将支付 3.54 亿美元退款。

J. D. Edwards 的首席执行官 Bob Dutkowsky 在 6 月 9 日发表声明说,甲骨文敌意收购仁科的企图不能影响该公司与仁科合并。6 月 12 日,J. D. Edwards 在给科罗拉多州法院的诉状中称,甲骨文非法干扰了它与仁科提议的合并,要求法院判决甲骨文赔偿 17 亿美元损失并且处以一定数额的罚金。它还在加利福尼亚州法院对甲骨文及该公司的两名高管提起了诉讼,指控甲骨文首席执行官 Larry Ellison 和副总裁 Chuck Phillips 的错误行径与不正当的商业行为。

这起诉讼请求法院下达禁止令,禁止甲骨文收购仁科的行动。该公司董事会同时修改了离职费政策。如果该公司与仁科合并,新的离职费政策将给一些公司管理人员比目前薪金高 3 倍的补偿,合并后的公司将负责为 197 位公司管理人员支付大约 5 300 万美元的离职补偿金。

仁科的客户们似乎颇为不快,纷纷推迟了购买新产品的计划。许多客户表示,他们不能保证将来会改用甲骨文的软件,在寻找仁科软件的替代产品时,除了甲骨文,他们还会同其他软件公司接洽。

(三) 媒体和评估机构的反应,甲骨文延长收购期限

舆论认为,如果这起交易能顺利完成,软件行业将被重新洗牌。即使甲骨文无法吞并仁科,它也达到了冻结仁科应用软件业务、削弱其竞争地位的目的。也有舆论认为,实际上,也可以把它理解为甲骨文对自己前景的一种恐慌:为了扩大其应用软件业务,甲骨文不惜一改以往做法,转而直接收购对手。其至有人怀疑,对仁科的收购计划只是为了再一次演绎 Larry Ellison 个人具有英雄色彩的传奇故事。还有许多推测认为,还有其他软件竞争对手要竞价收购仁科。业内观察人士认为,IBM、SAP 和微软都可能是竞价者。

穆迪(Moody)把甲骨文的前景展望调低至"负面",理由是甲骨文很可能会提高出价完成交易。这家信贷评级机构重申甲骨文 3 亿美元债券的评级为 AAA,但调低该公司的前景展望。穆迪称,如果甲骨文大幅调高对仁科 51 亿美元的收购出价,或者在完成收购后削减的成本不足以弥补收购仁科的损失,甲骨文的信贷评级将面临下调压力。穆迪在一份声明中称,完成收购可能导致甲骨文在财务方面的灵活性有所减弱。

甲骨文敌意收购软件竞争对手仁科的出价原将在 7 月 7 日过期,但是,甲骨文 6 月 9 日向美国证券交易委员会正式递交了一份文件称,仁科董事会还没有批准这个出价或者对出价的截止日期发表评论,甲骨文要求延长这个期限。甲骨文还表示,它将停止向新客户销售仁科的产品。如果有另一家公司竞价收购仁科,它将退出收购。

(四) IBM 称甲骨文的收购思想是荒谬的

2003 年 6 月 11 日,IBM 软件集团副总裁 Steve Mills 称,甲骨文的首席执行官 Larry Ellison 收购仁科的想法是幼稚可笑的,其至是荒谬的,与 IBM 的收购理念完全不同。IBM 的收购哲学是"不分裂、不取代",它们更愿意与其他公司达成合作伙伴的关系。Mills 说:"我们有许多全球服务都与甲骨文有关,但是很明显,我们之间更像是竞争对手,而不是合作伙伴。"IBM 将不会受此消息的影响,继续推行自己的新产品。

Mills 称,尽管目前全球经济不景气,但信息技术领域每年的投资总额仍然高达 1 万亿美元。"一般来说,用户所购买的应用软件可以保持 10 年、20 年甚至 30 年,因为软件产品是可靠的,不会像公司那样分裂和解散。""无论软件市场发生怎样的变化,谁合并了谁,谁又对谁怎么样,应用软件集成的市场需求仍然是不断增长的。"有鉴于此,IBM 不理会甚嚣尘上的甲骨文-仁科认购风波,而是仍然坚持其"中间件"的策略,并于近期成功推出了几款新型的 WebSphere Business Integration 软件,这些产品面向众多市场,包括能源利用市场、汽车电子市场以及健康卫生市场,预计这些新产品将于 7 月份上市。

虽然有人认为 IBM 可能会亲自下海扮演拯救仁科的收购者角色,但 IBM 内部已否决了这个想法,原因是 IBM 不会为了收购一家应用软件商而得罪其他合作厂商。

如果甲骨文成功收购仁科的话,IBM 将停止向客户销售作为"蓝色诡计"战略同盟之一的

仁科的产品,IBM 原先通过仁科、J. D. Edwards 合作所获得的数亿美元营业收入可能因此付诸东流。更糟糕的是,如果甲骨文此举引发了软件产业的合并风潮,那么 IBM 苦心与超过 90 家应用软件商经营的合作关系也将面临挑战。IBM 可能将被迫改变策略。短期内,IBM 将加强与其他伙伴的合作,尤其是巩固与德国应用软件商 SAP 的结盟关系。IBM 内部人士透露,SAP 每年为 IBM 带来的营业收入超过 10 亿美元。

(五) SAP 乘机发动销售攻势

2003 年 6 月 11 日,德国应用软件商 SAP 通过印刷媒体广告,发起了全球销售攻势。SAP 此举意在利用甲骨文收购仁科计划带来的不确定性,吸引仁科和 J. D. Edwards 的客户。

SAP 的首席执行官 Henning Kagermann 表示,全世界的企业都对这一合并案感到困惑,因为它们不清楚这会对它们的产品和投资产生什么样的影响。这也是我们进行这次广告营销活动的原因。我们要让全世界的企业都知道,SAP 是可靠的、值得信赖的市场领先者,能够帮助企业轻松地由使用仁科、甲骨文或其他公司的产品转向使用 SAP 的产品。

SAP 的全球营运总裁 Leo Apotheker 对《华尔街日报》(欧洲版)说,该公司的销售人员周二早上开始致电 J. D. Edwards 和仁科的客户。其中,SAP 推出了财务优惠方案,并承诺所有软件转换工作都将顺利完成。他说,当年 Invensys PLC 收购 Baan Co. 的时候,大约有 40 或 45 家原 Baan Co. 的客户转而选择使用 SAP 的产品。

(六) 仁科董事会的正式拒绝和仁科的诉讼

2003 年 6 月 13 日,仁科董事会全体成员一致投票建议股东拒绝甲骨文的收购计划,并且重申收购 J. D. Edwards 的计划不变。此后,仁科正式向美国通信委员会和美国司法部提交了要求收购 J. D. Edwards 的文件。仁科的财务总监 Kevin Parker 称,除认为甲骨文的收购出价过低和收购的敌意性质外,仁科董事会拒绝这一收购计划的另一个原因是,觉得甲骨文的收购将不会被美国联邦反托拉斯机构所允许。

2003 年 6 月 16 日,仁科宣布,公司已正式向阿拉梅达县高级法院(Alameda County Superior Court)起诉甲骨文,要求甲骨文停止意欲破坏仁科业务的敌意收购提案。仁科在诉状中称:甲骨文采取了不公平的商业行为,恶意干扰仁科同客户的关系。甲骨文收购提议的真正意图是通过贬低仁科的产品、服务和前景规划,干扰仁科的正常运营,通过在仁科的客户和潜在客户中造成不确定性和疑问,扰乱仁科的发展,同时干扰仁科与 J. D. Edwards 的合并计划。甲骨文的声明及相关的媒体活动在很大程度上误导了市场,使人们认为甲骨文有能力继续对仁科现有用户提供支持,而没有指出实质的障碍以及仁科客户迁移到甲骨文平台过程中所需要的成本。诉状中称,甲骨文曾多次通过新闻稿、电话会议和其他公关手段发表错误言论,有意冻结客户采购决策并试图影响仁科第二季度末的销售。

(七) 仁科收购 J. D. Edwards 策略的改变以及甲骨文的反应

仁科原来打算以股票交换的方式收购 J. D. Edwards。2003 年 6 月 17 日,为了阻挠甲骨文的敌意收购,仁科宣布,在对 J. D. Edwards 的收购中,它将提供最多达收购价一半的现金。根据新的出价,仁科将向 J. D. Edwards 的股东支付 8.63 亿美元现金和 5 260 万股仁科的股票,J. D. Edwards 股票的价格被定为每股 14.33 美元,它的股东将可以选择要现金还是股票。仁科还表示,它预计收购完成的时间将由原来预期的第四季度提前到第三季度,这就给甲骨文施加了很大的压力。仁科的发言人 Stephen 说,这再次表明了两家公司合并的态度,加快完成交易也有助于将客户的疑虑降到最低程度。

(八) 甲骨文、仁科在欧洲的广告战

2003 年 6 月 17 日,甲骨文、仁科把战火烧到了欧洲,在报纸上打起了广告战。在《金融时报》和《华尔街日报》(欧洲版)上所作的整版广告中,两家软件公司对对方的商业信誉进行了攻击,并要求客户和股东来决定谁是谁非。仁科说,"由于拥有更好的产品和比较好的形势,仁科成为敌意收购的目标,请客户通过提前实施采购计划表示对我们的支持"。甲骨文则对仁科进行了攻击,该公司在广告中说"看看仁科的管理层都干了些什么吧",还用两个图表表明了仁科股价不断下降和新许可收入不断下降的形势。

(九) 甲骨文的新报价和仁科的对策

2003 年 6 月 18 日,甲骨文将收购仁科的价码提高了将近 22%,由最初的 51 亿美元增加到大约 63 亿美元,即从每股 16 美元涨到每股 19.5 美元,希望增加收购价码能够敦促仁科的股东批准这一遭到了仁科管理层拒绝的竞购提议。该提价的附加条件是仁科须降低对 J. D. Edward 的收购价。

而仁科则立即宣布,经过谨慎的考虑和一个独立股东委员会的建议,仁科董事会通过投票一致建议仁科股东拒绝甲骨文以每股 19.5 美元的价格购买仁科所有股票的单方面收购提议。之所以作出这样的建议,董事会重申了前一次的立场,担心此次收购提议有悖于公司股东的最大利益。董事会认为,此次仁科和甲骨文的合并提议将面临审查过程带来的延迟,而且此提议有极大的被阻止的可能性。这些延迟和不确定性,加上甲骨文公开表示不再延续仁科产品的声明,将会给仁科业务造成不可弥补的损失。董事会认为,从仁科的财务业绩和巨大的未来商机(包括通过并购 J. D. Edwards 带来的价值)来看,甲骨文经过修改的提议低估了公司的价值。而且,董事会发现此项提议给股东带来了额外的风险,指出此提议是有条件的,而且甲骨文随时有可能撤回。

2003 年 6 月 19 日,仁科宣布启动收购 J. D. Edward 的所有已发行普通股,并以 17.5 亿美元加价收购 J. D. Edwards,欲以此举挫败甲骨文收购仁科的企图。仁科将根据股东的选择,提供给 J. D. Edwards 股东以现金或仁科的普通股作为交换。J. D. Edwards 每股已发行普通股的股价按照 14.33 美元来计算,总交易值约为 17.5 亿美元(基于 J. D. Edwards 已发行 1.224 亿股)。据预计,双方合并将显著增加仁科在 2004 年经过调整后的每股收益,不包括与收购无形资产相关的摊销、延期收入的贬值和其他采购账务调整。此次并购预计于 2003 年第三季度结束。除非延期,此项股权交易权及撤回权截止到美国东部时间 2003 年 6 月 17 日午夜 12 点。

(十) 政府反垄断部门的初步介入

2003 年 6 月 20 日,康涅狄格州首席检察官宣布,他计划对甲骨文提出反托拉斯诉讼,以阻挠该公司对其竞争对手仁科的收购。该州领导人也在一份声明中表示,甲骨文所提议的收购违反该州和联邦的反托拉斯法,直接对该州及其经济造成损害,甲骨文通过降低仁科服务器在市场上的竞争力,从而提高本产品面向企业、政府和消费者的价格。

2003 年 7 月 11 日,据知晓内情的媒体报道,来自美国大约 30 个州的反垄断律师们本周将共同评审甲骨文价值 63 亿美元的敌意收购案。这些律师们签署了保密协议,以使得他们

与甲骨文、仁科、J. D. Edwards、司法部一起共享关于收购案的所有资料和信息。尽管此举绝不意味着这些律师们会一起提起反收购诉讼，但它还是显示了法律界人士对共同评审本收购案的兴趣。

2003 年 8 月 2 日，包括加利福尼亚、纽约、得克萨斯在内的关注甲骨文敌意收购仁科这一事件的约 30 个州的总检察长已经达成协议，将在评估这一交易对竞争的影响方面进行合作。

2003 年 8 月 8 日，有消息透露，加拿大反垄断部门正在对甲骨文敌意收购仁科一案进行审查。此举又增加了一个甲骨文需要越过的反垄断障碍。

（十一）甲骨文的让步

2003 年 6 月 25 日，甲骨文表示，它已经放弃了以 63 亿美元收购仁科的条件之一，即它已经不再反对仁科改变收购 J. D. Edwards 的出价。同时它表示，即使仁科收购 J. D. Edwards 的交易完成，它也将收购仁科，而且可能进行更多的收购。同时，将在未来至少 10 年的时间内继续开发仁科的产品。

为展开对仁科的收购，甲骨文已经将 7 月 7 日定为仁科股东们股权登记日的最后期限。

（十二）J. D. Edwards 和仁科的回应

2003 年 6 月 30 日，J. D. Edwards 董事长兼首席执行官 Bob Dutkowsky 表示，尽管来自甲骨文的挑战越来越积极，但公司董事会和高层人士仍坚定不移地支持仁科的收购。

2003 年 7 月 1 日，仁科再次拒绝了甲骨文的收购建议。仁科董事会在给股东的公开信中说，甲骨文 63 亿美元的出价低估了本公司的价值，其恶意收购企图并不会有利于股东权益的最佳选择，而董事会当前的战略，包括拟对 J. D. Edwards 的并购，则会使投资人的利益最大化。为对抗甲骨文的收购，仁科提高了第二季度的收入和利润预期，反驳了甲骨文的敌意收购会影响其销售的传言，对反对敌意收购的活动提供了有力支持，使甲骨文宣扬的"仁科需要有人来拯救"的论调不攻自破。此举使华尔街大为吃惊，但却坚定了仁科战斗到底的决心。甲骨文很快作出反应，嘲笑这不过是一个"绝望公司的一种伎俩"。

（十三）仁科受到双重诉讼

2003 年 7 月 2 日，该收购战引发了两桩诉讼。

其中一桩诉讼是由甲骨文提起的，攻击仁科软件的反收购计划。

另外一桩诉讼是由部分仁科股东提起的，要求法院阻止该公司斥资 17.5 亿美元收购 J. D. Edwards 的计划，并阻止仁科在进行软件销售时向客户提供额外退款保证。这些股东认为，仁科较高的销售收入主要来自于反收购保卫战，客户在采购软件时可以得到最多比仁科被收购后多 5 倍的价值。仁科的财务总监帕克尔在与投资者进行的电话会议上说，预计在 1.05 亿—1.15 亿美元的第二季度软件许可销售额中，有超过一半的销售额来自与这次促销活动有关的合同。为了提高第二季度的销售额，仁科可能牺牲了未来的销售额，他表示，这种强劲趋势在未来几个季度是不会持续下去的。

（十四）甲骨文一再推迟收购日期

甲骨文 2003 年 7 月 14 日称，在以 63 亿美元敌意收购仁科的过程中，它已经再次延期了收购仁科股权的出价截止日期，并且表示它仍坚持收购仁科的承诺，无论仁科是否收购

J. D. Edwards。在联邦反垄断机构批准仁科与 J. D. Edwards 合并之后,甲骨文现在决定把股权收购截止日期从原定的 2003 年 7 月 18 日延期到 2003 年 8 月 15 日。

后来,甲骨文又将其竞购仁科的竞标时间分别延长到了 2003 年 9 月 19 日、2003 年 12 月 31 日和 2004 年 2 月 13 日。

(十五) 仁科完成对 J. D. Edwards 的收购并启动新的反收购行动

仁科于 2003 年 7 月 18 日宣布,投资者已经同意卖出 88% 的 J. D. Edwards 的股票,为仁科下星期完成 18 亿美元的合并交易铺平了道路。7 月 22 日,仁科完成对 J. D. Edwards 的收购,两公司的合并成就了全球第二大企业应用软件公司。

2003 年 7 月 28 日,甲骨文再次重申,不会放弃对仁科的收购计划,公司准备再支付 12 亿美元(即总额升至 75 亿美元),将 J. D. Edwards 一并纳入旗下。2003 年 7 月 29 日,甲骨文向美国特拉华大法官法庭提起申请,要求该法庭在 2003 年 9 月 15 日前召开听证会,以对其敌意收购仁科一案进行最终裁决。

针对甲骨文的行动,仁科发言人在 2003 年 8 月 26 日证实,该公司已经重新启动用户返款计划,这是为了消除甲骨文正在进行的敌意收购对其销售产生的负面影响而推出的。仁科在 2003 年 10 月 6 日再次调高公司第三季度收益预期。一些市场分析家认为,这可能会使甲骨文敌意收购仁科变得更加困难。

(十六) 甲骨文第二次提高收购价格

这就是本案例最初的一幕。

需要说明的是,2004 年 3 月 25 日仁科举行年度股东大会和管理层选举。两家公司的高层在董事会管理权上明争暗斗。甲骨文要求重新选举仁科董事会成员,仁科董事会应增加到 9 位主管,并推荐了 15 名候选人任职其他岗位工作。2004 年 3 月 26 日,仁科的股东通过投票,再次以绝对多数同意公司现任董事会成员连任。95% 的人通过投票赞同现任首席执行官 Craig Conway 以及公司董事会其他 3 名成员连任。此举将使仁科的领导层在反对甲骨文的恶性收购方面获得更大的施展空间。

(十七) 美国司法部、有关州及欧盟反对甲骨文收购仁科

2004 年 2 月 26 日,美国司法部表示,它们将阻止甲骨文对仁科的价值 94 亿美元的恶意收购。司法部已经在美国旧金山联邦法院递交了反垄断起诉书,要求叫停这一提议中的并购。司法部称,合并后的甲骨文-仁科有害于大企业软件市场上的竞争。因为两家公司的并购计划将使大企业软件市场上只剩下两家厂商——SAP 和甲骨文,产品的价格会因此而提高。阻止这一交易将保护使大企业、政府机构受益的市场竞争。夏威夷州、马里兰州、马萨诸塞州、明尼苏达州、纽约州、北达科他州、得克萨斯州的总检察长也成了司法部的同盟军。

甲骨文则认为司法部是在仁科大力游说的情况下作出这一决定的,该决定和这一市场上竞争日益激烈的现状是相抵触的,甲骨文认为这一决定既不符合事实,也不符合法律。甲骨文和仁科的合并将使所有客户和股东受益。

2004 年 3 月 12 日,甲骨文宣布接获欧盟执行委员会(EC)异议书,表达欧盟反对甲骨文并购仁科的立场。

（十八）甲骨文向宿敌微软求援，微软的冷箭与 SAP 的帮助

2004 年 3 月 1 日,甲骨文表示,为在由司法部提起的反垄断诉讼中打赢官司,它正求助于其宿敌微软,让其提供相关资料。因为美国司法部称此次收购会破坏公平竞争的市场环境,而甲骨文则反驳说,合并是为了更好地抵御来自微软的"即时威胁",即认为微软是巨大的潜在竞争者。

有舆论认为,即使甲骨文成功地收购仁科,它们在随后的数年里也将面临苦战,这次的敌人是它们的老对手——微软。在应用软件领域,过去几年微软对建立一个成功的商务软件部门的工作加大了力度。为此,它们分别收购了美国的 Great Plains 和欧洲的 Navision。尽管目前微软的商务软件部门的收入只及甲骨文的商务软件部门收入的 1/5,但是微软决心在未来的 12 个月内向该部门投入 20 亿美元,以使它们的商务解决方案成为一个有力的竞争者。商务应用软件上的争夺对于软件业巨头,特别是像甲骨文这样习惯为客户提供长期服务的公司来说显得特别有意义。因为在商务应用软件市场,一旦你获得了一个客户,就意味着你将拥有这个客户 10—15 年,可以向其销售服务、维护和附加产品。这是长期的收入来源。

具有讽刺意味并让人记忆犹新的是,甲骨文的首席执行官 Larry Ellison 是微软在受到反垄断诉讼时最不讲情面的批评者,当时他竭力主张拆分微软,认为微软是"罪恶深重的垄断者"。

但有意思的是,微软并不领"情"。自从甲骨文宣布收购仁科以来,微软一直保持沉默。尽管其从 460 亿美元现金中拿出一部分收购其他公司是一件易如反掌的事情,但微软多次强调其不太愿意收购其他大企业,况且微软还面临着欧洲反垄断机构的调查。不过,微软在美国司法部的干预下,作出了正式承诺,不会在甲骨文的核心数据库业务上与其竞争,即微软在未来 2 年里没有进入大企业数据库市场的计划。这一承诺使甲骨文失去了收购仁科的主要依据。微软向北加利福尼亚州联邦地区法院提交了多达 2 万多页的文件和其他信息。不过,微软表示,该公司提供了颇具深度的信息,要求法院对该公司向美国司法部和甲骨文外部律师提交的"高度敏感"的商业文件和信息予以额外保护。

反而是甲骨文的现实竞争对手 SAP 愿意发函替它收购仁科一案辩护。多位 SAP 高层主管都公开表达了对美国司法部决定的不满,因为官司中竟没有将微软列为潜在竞争对手。究其原因,有人认为,这场收购之争攸关 SAP 自家利益。反托拉斯机关将 SAP 列为市场头号大厂也不利于 SAP 未来的市场扩张计划。甲骨文与仁科双方互咬也有利于 SAP,因为 SAP 反而成了不确定市场中的安全选择。

（十九）欧盟与美国反垄断态度的转变

在 2004 年 4 月 5 日致甲骨文的一封信函中,欧盟委员会原将 4 月 12 日定为提交相关资料的最后期限。但由于甲骨文没有能够按时提供新的市场资料,4 月 16 日欧盟反垄断监管机构被迫推迟了对甲骨文敌意收购仁科案件作出裁决的最后期限。

2004 年 6 月,美国司法部起诉甲骨文,认为收购仁科会使甲骨文具有非法哄抬产品的能力,并会扼杀技术创新。甲骨文则认为,由于面临着 SAP 和其他许多厂商的竞争,它不可能具有哄抬价格的实力。2004 年 9 月 9 日,美国联邦地方法院裁决,甲骨文对仁科的收购不会影响大企业软件市场上的竞争,从而使甲骨文首先在美国赢得了反垄断官司。一个多月后,即 2004 年 10 月 26 日,欧盟也认可了甲骨文收购仁科的计划,并对这一交易不附加任何条件。

有报道指出,甲骨文能顺利获得欧盟批准,与一个月前仁科首席执行官 Conway 的离职密不可分,因为他的离职意味着肃清了仁科内部反对的声音。

(二十) 甲骨文收购成功

就在 2004 年 9 月甲骨文竞购仁科计划出现"柳暗花明又一村"时,微软高层急急忙忙聚集在华盛顿雷德蒙的总部,研究甲骨文的竞价对微软这个全球最大的软件制造商将产生什么样影响。据文件显示,微软和企业应用软件巨头 SAP 曾讨论过它们之间的并购问题,但这一谈判于 2004 年早些时候破裂了。微软在集团数据库市场的日益显现和它在企业应用软件市场的努力,将给企业应用软件市场增添竞争压力,甲骨文也正是抓住这点来陈述不必要有反托拉斯担心观点的。但是,微软官员对法院关于支持甲骨文竞购仁科计划的裁决拒绝发表评论。

2004 年 12 月,甲骨文将其收购仁科的出价又由每股 24 美元①提高到了每股 26.50 美元,总收购价格达 103 亿美元。仁科于 2004 年 12 月 13 日同意了甲骨文 103 亿美元的报价,两家合并后仁科将成为甲骨文的子公司。与在 2003 年 6 月公布恶意收购计划前的仁科市值相比,甲骨文的最后出价高出了 75%。

此次收购历时 18 个月,可谓好事多磨。先是美国司法部跳出来反对,甲骨文在法庭上战胜了司法部,后来又通过了欧盟的审查;数次提高收购出价都被仁科的董事会否决,直到仁科的原首席执行官 Conway 被解职后,事情才开始出现转机。

三、策略点评

(一) 甲骨文的收购策略

甲骨文采用的收购策略起到了"一石二鸟"的作用,即如果收购交易能顺利完成,则可一连"消灭"两个竞争对手。而即使甲骨文无法吞并仁科,也可达到冻结仁科应用软件业务、削弱其竞争地位的目的。

此外,甲骨文的司法诉讼也在很大程度上使仁科管理层陷入被动。

然而,甲骨文一再提高收购价格的做法(即两次提价,从 51 亿美元提高到 94 亿美元)却显得策略欠周,其涨幅过大,过分显示了仁科的价值,助长了仁科股东的观望态度,使得收购成功的可能性大大降低。

(二) 仁科的反收购策略

在此案中,仁科的反收购策略确实有许多可圈可点之处:

首先,价格保护条款、金降落伞计划(提高离职补偿金)都构成了毒丸,大大提高了收购方的成本。

其次,仁科诉状甲骨文采取了不公平的商业行为,提高收入预期,提高收购 J. D. Edwards 的现金比例,提前完成收购 J. D. Edwards,都在很大程度上降低了甲骨文收购成功的可能性。

---

① 2004 年 5 月,随着股票市场降温,甲骨文将其收购仁科的出价调整到了每股 21 美元,后于 2004 年 11 月又将其收购仁科的出价调高至每股 24 美元。

（三）第三方策略

SAP、微软、IBM 等公司在这场并购战中,都适当地提出了自己的博弈策略。

例如,SAP 及时争夺了仁科和 J. D. Edwards 的客户,却又支持甲骨文的并购,以对付微软的潜在威胁,实际上是在追求一种战略的平衡。

此外,微软郑重地隐蔽其战略计划,IBM 慎重地调整其战略联盟的策略,也都是巨人手笔。

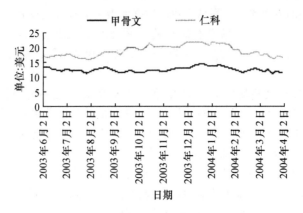

图1　收购大战中的甲骨文–仁科股价走势

案例资料来源:作者根据相关媒体报道整理。

附录 B 《上市公司收购管理办法》

中国证券监督管理委员会令
第 35 号

《上市公司收购管理办法》已经 2006 年 5 月 17 日中国证券监督管理委员会第 180 次主席办公会议审议通过,现予公布,自 2006 年 9 月 1 日起施行。

中国证券监督管理委员会

二〇〇六年七月三十一日

第一章 总 则

第一条 为了规范上市公司的收购及相关股份权益变动活动,保护上市公司和投资者的合法权益,维护证券市场秩序和社会公共利益,促进证券市场资源的优化配置,根据《证券法》《公司法》及其他相关法律、行政法规,制定本办法。

第二条 上市公司的收购及相关股份权益变动活动,必须遵守法律、行政法规及中国证券监督管理委员会(以下简称中国证监会)的规定。当事人应当诚实守信,遵守社会公德、商业道德,自觉维护证券市场秩序,接受政府、社会公众的监督。

第三条 上市公司的收购及相关股份权益变动活动,必须遵循公开、公平、公正的原则。

上市公司的收购及相关股份权益变动活动中的信息披露义务人,应当充分披露其在上市公司中的权益及变动情况,依法严格履行报告、公告和其他法定义务。在相关信息披露前,负有保密义务。

信息披露义务人报告、公告的信息必须真实、准确、完整,不得有虚假记载、误导性陈述或者重大遗漏。

第四条 上市公司的收购及相关股份权益变动活动不得危害国家安全和社会公共利益。

上市公司的收购及相关股份权益变动活动涉及国家产业政策、行业准入、国有股份转让等事项,需要取得国家相关部门批准的,应当在取得批准后进行。

外国投资者进行上市公司的收购及相关股份权益变动活动的,应当取得国家相关部门的批准,适用中国法律,服从中国的司法、仲裁管辖。

第五条 收购人可以通过取得股份的方式成为一个上市公司的控股股东,可以通过投资关系、协议、其他安排的途径成为一个上市公司的实际控制人,也可以同时采取上述方式和途径取得上市公司控制权。

收购人包括投资者及与其一致行动的他人。

第六条 任何人不得利用上市公司的收购损害被收购公司及其股东的合法权益。

有下列情形之一的,不得收购上市公司:

（一）收购人负有数额较大债务，到期未清偿，且处于持续状态；

（二）收购人最近3年有重大违法行为或者涉嫌有重大违法行为；

（三）收购人最近3年有严重的证券市场失信行为；

（四）收购人为自然人的，存在《公司法》第一百四十七条规定情形；

（五）法律、行政法规规定以及中国证监会认定的不得收购上市公司的其他情形。

第七条　被收购公司的控股股东或者实际控制人不得滥用股东权利损害被收购公司或者其他股东的合法权益。

被收购公司的控股股东、实际控制人及其关联方有损害被收购公司及其他股东合法权益的，上述控股股东、实际控制人在转让被收购公司控制权之前，应当主动消除损害；未能消除损害的，应当就其出让相关股份所得收入用于消除全部损害做出安排，对不足以消除损害的部分应当提供充分有效的履约担保或安排，并依照公司章程取得被收购公司股东大会的批准。

第八条　被收购公司的董事、监事、高级管理人员对公司负有忠实义务和勤勉义务，应当公平对待收购本公司的所有收购人。

被收购公司董事会针对收购所做出的决策及采取的措施，应当有利于维护公司及其股东的利益，不得滥用职权对收购设置不适当的障碍，不得利用公司资源向收购人提供任何形式的财务资助，不得损害公司及其股东的合法权益。

第九条　收购人进行上市公司的收购，应当聘请在中国注册的具有从事财务顾问业务资格的专业机构担任财务顾问。收购人未按照本办法规定聘请财务顾问的，不得收购上市公司。

财务顾问应当勤勉尽责，遵守行业规范和职业道德，保持独立性，保证其所制作、出具文件的真实性、准确性和完整性。

财务顾问认为收购人利用上市公司的收购损害被收购公司及其股东合法权益的，应当拒绝为收购人提供财务顾问服务。

第十条　中国证监会依法对上市公司的收购及相关股份权益变动活动进行监督管理。

中国证监会设立由专业人员和有关专家组成的专门委员会。专门委员会可以根据中国证监会职能部门的请求，就是否构成上市公司的收购、是否有不得收购上市公司的情形以及其他相关事宜提供咨询意见。中国证监会依法做出决定。

第十一条　证券交易所依法制定业务规则，为上市公司的收购及相关股份权益变动活动组织交易和提供服务，对相关证券交易活动进行实时监控，监督上市公司的收购及相关股份权益变动活动的信息披露义务人切实履行信息披露义务。

证券登记结算机构依法制定业务规则，为上市公司的收购及相关股份权益变动活动所涉及的证券登记、存管、结算等事宜提供服务。

第二章　权益披露

第十二条　投资者在一个上市公司中拥有的权益，包括登记在其名下的股份和虽未登记在其名下但该投资者可以实际支配表决权的股份。投资者及其一致行动人在一个上市公司中拥有的权益应当合并计算。

第十三条　通过证券交易所的证券交易，投资者及其一致行动人拥有权益的股份达到一个上市公司已发行股份的5%时，应当在该事实发生之日起3日内编制权益变动报告书，向中国证监会、证券交易所提交书面报告,抄报该上市公司所在地的中国证监会派出机构(以下简称派出机构),通知该上市公司,并予公告;在上述期限内,不得再行买卖该上市公司的股票。

前述投资者及其一致行动人拥有权益的股份达到一个上市公司已发行股份的5%后,通过证券交易所的证券交易,其拥有权益的股份占该上市公司已发行股份的比例每增加或者减少5%,应当依照前款规定进行报告和公告。在报告期限内和作出报告、公告后2日内,不得再行买卖该上市公司的股票。

第十四条 通过协议转让方式,投资者及其一致行动人在一个上市公司中拥有权益的股份拟达到或者超过一个上市公司已发行股份的5%时,应当在该事实发生之日起3日内编制权益变动报告书,向中国证监会、证券交易所提交书面报告,抄报派出机构,通知该上市公司,并予公告。

投资者及其一致行动人拥有权益的股份达到一个上市公司已发行股份的5%后,其拥有权益的股份占该上市公司已发行股份的比例每增加或者减少达到或者超过5%的,应当依照前款规定履行报告、公告义务。

前两款规定的投资者及其一致行动人在作出报告、公告前,不得再行买卖该上市公司的股票。相关股份转让及过户登记手续按照本办法第四章及证券交易所、证券登记结算机构的规定办理。

第十五条 投资者及其一致行动人通过行政划转或者变更、执行法院裁定、继承、赠与等方式拥有权益的股份变动达到前条规定比例的,应当按照前条规定履行报告、公告义务,并参照前条规定办理股份过户登记手续。

第十六条 投资者及其一致行动人不是上市公司的第一大股东或者实际控制人,其拥有权益的股份达到或者超过该公司已发行股份的5%,但未达到20%的,应当编制包括下列内容的简式权益变动报告书:

(一) 投资者及其一致行动人的姓名、住所;投资者及其一致行动人为法人的,其名称、注册地及法定代表人;

(二) 持股目的,是否有意在未来12个月内继续增加其在上市公司中拥有的权益;

(三) 上市公司的名称、股票的种类、数量、比例;

(四) 在上市公司中拥有权益的股份达到或者超过上市公司已发行股份的5%或者拥有权益的股份增减变化达到5%的时间及方式;

(五) 权益变动事实发生之日前6个月内通过证券交易所的证券交易买卖该公司股票的简要情况;

(六) 中国证监会、证券交易所要求披露的其他内容。

前述投资者及其一致行动人为上市公司第一大股东或者实际控制人,其拥有权益的股份达到或者超过一个上市公司已发行股份的5%,但未达到20%的,还应当披露本办法第十七条第一款规定的内容。

第十七条 投资者及其一致行动人拥有权益的股份达到或者超过一个上市公司已发行股份的20%但未超过30%的,应当编制详式权益变动报告书,除须披露前条规定的信息外,还应当披露以下内容:

(一) 投资者及其一致行动人的控股股东、实际控制人及其股权控制关系结构图;

(二) 取得相关股份的价格、所需资金额、资金来源,或者其他支付安排;

(三) 投资者、一致行动人及其控股股东、实际控制人所从事的业务与上市公司的业务是否存在同业竞争或者潜在的同业竞争,是否存在持续关联交易;存在同业竞争或者持续关联交易的,是否已做出相应的安排,确保投资者、一致行动人及其关联方与上市公司之间避免同业竞争以及保持上市公司的独立性;

(四)未来12个月内对上市公司资产、业务、人员、组织结构、公司章程等进行调整的后续计划;

(五)前24个月内投资者及其一致行动人与上市公司之间的重大交易;

(六)不存在本办法第六条规定的情形;

(七)能够按照本办法第五十条的规定提供相关文件。

前述投资者及其一致行动人为上市公司第一大股东或者实际控制人的,还应当聘请财务顾问对上述权益变动报告书所披露的内容出具核查意见,但国有股行政划转或者变更、股份转让在同一实际控制人控制的不同主体之间进行、因继承取得股份的除外。投资者及其一致行动人承诺至少3年放弃行使相关股份表决权的,可免于聘请财务顾问和提供前款第(七)项规定的文件。

第十八条 已披露权益变动报告书的投资者及其一致行动人在披露之日起6个月内,因拥有权益的股份变动需要再次报告、公告权益变动报告书的,可以仅就与前次报告书不同的部分作出报告、公告;自前次披露之日起超过6个月的,投资者及其一致行动人应当按照本章的规定编制权益变动报告书,履行报告、公告义务。

第十九条 因上市公司减少股本导致投资者及其一致行动人拥有权益的股份变动出现本办法第十四条规定情形的,投资者及其一致行动人免于履行报告和公告义务。上市公司应当自完成减少股本的变更登记之日起2个工作日内,就因此导致的公司股东拥有权益的股份变动情况作出公告;因公司减少股本可能导致投资者及其一致行动人成为公司第一大股东或者实际控制人的,该投资者及其一致行动人应当自公司董事会公告有关减少公司股本决议之日起3个工作日内,按照本办法第十七条第一款的规定履行报告、公告义务。

第二十条 上市公司的收购及相关股份权益变动活动中的信息披露义务人依法披露前,相关信息已在媒体上传播或者公司股票交易出现异常的,上市公司应当立即向当事人进行查询,当事人应当及时予以书面答复,上市公司应当及时作出公告。

第二十一条 上市公司的收购及相关股份权益变动活动中的信息披露义务人应当在至少一家中国证监会指定媒体上依法披露信息;在其他媒体上进行披露的,披露内容应当一致,披露时间不得早于指定媒体的披露时间。

第二十二条 上市公司的收购及相关股份权益变动活动中的信息披露义务人采取一致行动的,可以以书面形式约定由其中一人作为指定代表负责统一编制信息披露文件,并同意授权指定代表在信息披露文件上签字、盖章。

各信息披露义务人应当对信息披露文件中涉及其自身的信息承担责任;对信息披露文件中涉及的与多个信息披露义务人相关的信息,各信息披露义务人对相关部分承担连带责任。

第三章 要约收购

第二十三条 投资者自愿选择以要约方式收购上市公司股份的,可以向被收购公司所有股东发出收购其所持有的全部股份的要约(以下简称全面要约),也可以向被收购公司所有股东发出收购其所持有的部分股份的要约(以下简称部分要约)。

第二十四条 通过证券交易所的证券交易,收购人持有一个上市公司的股份达到该公司已发行股份的 30% 时,继续增持股份的,应当采取要约方式进行,发出全面要约或者部分要约。

第二十五条　收购人依照本办法第二十三条、第二十四条、第四十七条、第五十六条的规定,以要约方式收购一个上市公司股份的,其预定收购的股份比例均不得低于该上市公司已发行股份的 5%。

第二十六条　以要约方式进行上市公司收购的,收购人应当公平对待被收购公司的所有股东。持有同一种类股份的股东应当得到同等对待。

第二十七条　收购人为终止上市公司的上市地位而发出全面要约的,或者向中国证监会提出申请但未取得豁免而发出全面要约的,应当以现金支付收购价款;以依法可以转让的证券(以下简称证券)支付收购价款的,应当同时提供现金方式供被收购公司股东选择。

第二十八条　以要约方式收购上市公司股份的,收购人应当编制要约收购报告书,并应当聘请财务顾问向中国证监会、证券交易所提交书面报告,抄报派出机构,通知被收购公司,同时对要约收购报告书摘要作出提示性公告。

收购人依照前款规定报送符合中国证监会规定的要约收购报告书及本办法第五十条规定的相关文件之日起 15 日后,公告其要约收购报告书、财务顾问专业意见和律师出具的法律意见书。在 15 日内,中国证监会对要约收购报告书披露的内容表示无异议的,收购人可以进行公告;中国证监会发现要约收购报告书不符合法律、行政法规及相关规定的,及时告知收购人,收购人不得公告其收购要约。

第二十九条　前条规定的要约收购报告书,应当载明下列事项:

(一)收购人的姓名、住所;收购人为法人的,其名称、注册地及法定代表人,与其控股股东、实际控制人之间的股权控制关系结构图;

(二)收购人关于收购的决定及收购目的,是否拟在未来 12 个月内继续增持;

(三)上市公司的名称、收购股份的种类;

(四)预定收购股份的数量和比例;

(五)收购价格;

(六)收购所需资金额、资金来源及资金保证,或者其他支付安排;

(七)收购要约约定的条件;

(八)收购期限;

(九)报送收购报告书时持有被收购公司的股份数量、比例;

(十)本次收购对上市公司的影响分析,包括收购人及其关联方所从事的业务与上市公司的业务是否存在同业竞争或者潜在的同业竞争,是否存在持续关联交易;存在同业竞争或者持续关联交易的,收购人是否已作出相应的安排,确保收购人及其关联方与上市公司之间避免同业竞争以及保持上市公司的独立性;

(十一)未来 12 个月内对上市公司资产、业务、人员、组织结构、公司章程等进行调整的后续计划;

(十二)前 24 个月内收购人及其关联方与上市公司之间的重大交易;

(十三)前 6 个月内通过证券交易所的证券交易买卖被收购公司股票的情况;

(十四)中国证监会要求披露的其他内容。

收购人发出全面要约的,应当在要约收购报告书中充分披露终止上市的风险、终止上市后收购行为完成的时间及仍持有上市公司股份的剩余股东出售其股票的其他后续安排;收购人发出以终止公司上市地位为目的的全面要约,无须披露前款第(十)项规定的内容。

第三十条　收购人按照本办法第四十七条拟收购上市公司股份超过30%,须改以要约方式进行收购的,收购人应当在达成收购协议或者做出类似安排后的3日内对要约收购报告书摘要作出提示性公告,并按照本办法第二十八条、第二十九条的规定履行报告和公告义务,同时免于编制、报告和公告上市公司收购报告书;依法应当取得批准的,应当在公告中特别提示本次要约须取得相关批准方可进行。

未取得批准的,收购人应当在收到通知之日起2个工作日内,向中国证监会提交取消收购计划的报告,同时抄报派出机构,抄送证券交易所,通知被收购公司,并予公告。

第三十一条　收购人向中国证监会报送要约收购报告书后,在公告要约收购报告书之前,拟自行取消收购计划的,应当向中国证监会提出取消收购计划的申请及原因说明,并予公告;自公告之日起12个月内,该收购人不得再次对同一上市公司进行收购。

第三十二条　被收购公司董事会应当对收购人的主体资格、资信情况及收购意图进行调查,对要约条件进行分析,对股东是否接受要约提出建议,并聘请独立财务顾问提出专业意见。在收购人公告要约收购报告书后20日内,被收购公司董事会应当将被收购公司董事会报告书与独立财务顾问的专业意见报送中国证监会,同时抄报派出机构,抄送证券交易所,并予公告。

收购人对收购要约条件做出重大变更的,被收购公司董事会应当在3个工作日内提交董事会及独立财务顾问就要约条件的变更情况所出具的补充意见,并予以报告、公告。

第三十三条　收购人作出提示性公告后至要约收购完成前,被收购公司除继续从事正常的经营活动或者执行股东大会已经作出的决议外,未经股东大会批准,被收购公司董事会不得通过处置公司资产、对外投资、调整公司主要业务、担保、贷款等方式,对公司的资产、负债、权益或者经营成果造成重大影响。

第三十四条　在要约收购期间,被收购公司董事不得辞职。

第三十五条　收购人按照本办法规定进行要约收购的,对同一种类股票的要约价格,不得低于要约收购提示性公告日前6个月内收购人取得该种股票所支付的最高价格。

要约价格低于提示性公告日前30个交易日该种股票的每日加权平均价格的算术平均值的,收购人聘请的财务顾问应当就该种股票前6个月的交易情况进行分析,说明是否存在股价被操纵、收购人是否有未披露的一致行动人、收购人前6个月取得公司股份是否存在其他支付安排、要约价格的合理性等。

第三十六条　收购人可以采用现金、证券、现金与证券相结合等合法方式支付收购上市公司的价款。收购人聘请的财务顾问应当说明收购人具备要约收购的能力。

以现金支付收购价款的,应当在作出要约收购提示性公告的同时,将不少于收购价款总额的20%作为履约保证金存入证券登记结算机构指定的银行。

收购人以证券支付收购价款的,应当提供该证券的发行人最近3年经审计的财务会计报告、证券估值报告,并配合被收购公司聘请的独立财务顾问的尽职调查工作。

收购人以在证券交易所上市交易的证券支付收购价款的,应当在作出要约收购提示性公告的同时,将用于支付的全部证券交由证券登记结算机构保管,但上市公司发行新股的除外;收购人以在证券交易所上市的债券支付收购价款的,该债券的可上市交易时间应当不少于一个月;收购人以未在证券交易所上市交易的证券支付收购价款的,必须同时提供现金方式供被收购公司的股东选择,并详细披露相关证券的保管、送达被收购公司股东的方式和程序安排。

第三十七条　收购要约约定的收购期限不得少于 30 日,并不得超过 60 日;但是出现竞争要约的除外。

在收购要约约定的承诺期限内,收购人不得撤销其收购要约。

第三十八条　采取要约收购方式的,收购人作出公告后至收购期限届满前,不得卖出被收购公司的股票,也不得采取要约规定以外的形式和超出要约的条件买入被收购公司的股票。

第三十九条　收购要约提出的各项收购条件,适用于被收购公司的所有股东。

收购人需要变更收购要约的,必须事先向中国证监会提出书面报告,同时抄报派出机构,抄送证券交易所和证券登记结算机构,通知被收购公司;经中国证监会批准后,予以公告。

第四十条　收购要约期限届满前 15 日内,收购人不得变更收购要约;但是出现竞争要约的除外。

出现竞争要约时,发出初始要约的收购人变更收购要约距初始要约收购期限届满不足 15 日的,应当延长收购期限,延长后的要约期应当不少于 15 日,不得超过最后一个竞争要约的期满日,并按规定比例追加履约保证金;以证券支付收购价款的,应当追加相应数量的证券,交由证券登记结算机构保管。

发出竞争要约的收购人最迟不得晚于初始要约收购期限届满前 15 日发出要约收购的提示性公告,并应当根据本办法第二十八条和第二十九条的规定履行报告、公告义务。

第四十一条　要约收购报告书所披露的基本事实发生重大变化的,收购人应当在该重大变化发生之日起 2 个工作日内,向中国证监会作出书面报告,同时抄报派出机构,抄送证券交易所,通知被收购公司,并予公告。

第四十二条　同意接受收购要约的股东(以下简称预受股东),应当委托证券公司办理预受要约的相关手续。收购人应当委托证券公司向证券登记结算机构申请办理预受要约股票的临时保管。证券登记结算机构临时保管的预受要约的股票,在要约收购期间不得转让。

前款所称预受,是指被收购公司股东同意接受要约的初步意思表示,在要约收购期限内不可撤回之前不构成承诺。在要约收购期限届满 3 个交易日前,预受股东可以委托证券公司办理撤回预受要约的手续,证券登记结算机构根据预受要约股东的撤回申请解除对预受要约股票的临时保管。在要约收购期限届满前 3 个交易日内,预受股东不得撤回其对要约的接受。在要约收购期限内,收购人应当每日在证券交易所网站上公告已预受收购要约的股份数量。

出现竞争要约时,接受初始要约的预受股东撤回全部或者部分预受的股份,并将撤回的股份售予竞争要约人的,应当委托证券公司办理撤回预受初始要约的手续和预受竞争要约的相关手续。

第四十三条　收购期限届满,发出部分要约的收购人应当按照收购要约约定的条件购买被收购公司股东预受的股份,预受要约股份的数量超过预定收购数量时,收购人应当按照同等比例收购预受要约的股份;以终止被收购公司上市地位为目的的,收购人应当按照收购要约约定的条件购买被收购公司股东预受的全部股份;未取得中国证监会豁免而发出全面要约的收购人应当购买被收购公司股东预受的全部股份。

收购期限届满后 3 个交易日内,接受委托的证券公司应当向证券登记结算机构申请办理股份转让结算、过户登记手续,解除对超过预定收购比例的股票的临时保管;收购人应当公告本次要约收购的结果。

第四十四条 收购期限届满，被收购公司股权分布不符合上市条件，该上市公司的股票由证券交易所依法终止上市交易。在收购行为完成前，其余仍持有被收购公司股票的股东，有权在收购报告书规定的合理期限内向收购人以收购要约的同等条件出售其股票，收购人应当收购。

第四十五条 收购期限届满后15日内，收购人应当向中国证监会报送关于收购情况的书面报告，同时抄报派出机构，抄送证券交易所，通知被收购公司。

第四十六条 除要约方式外，投资者不得在证券交易所外公开求购上市公司的股份。

第四章 协议收购

第四十七条 收购人通过协议方式在一个上市公司中拥有权益的股份达到或者超过该公司已发行股份的5%，但未超过30%的，按照本办法第二章的规定办理。

收购人拥有权益的股份达到该公司已发行股份的30%时，继续进行收购的，应当依法向该上市公司的股东发出全面要约或者部分要约。符合本办法第六章规定情形的，收购人可以向中国证监会申请免除发出要约。

收购人拟通过协议方式收购一个上市公司的股份超过30%的，超过30%的部分，应当改以要约方式进行；但符合本办法第六章规定情形的，收购人可以向中国证监会申请免除发出要约。收购人在取得中国证监会豁免后，履行其收购协议；未取得中国证监会豁免且拟继续履行其收购协议的，或者不申请豁免的，在履行其收购协议前，应当发出全面要约。

第四十八条 以协议方式收购上市公司股份超过30%，收购人拟依据本办法第六章的规定申请豁免的，应当在与上市公司股东达成收购协议之日起3日内编制上市公司收购报告书，提交豁免申请及本办法第五十条规定的相关文件，委托财务顾问向中国证监会、证券交易所提交书面报告，同时抄报派出机构，通知被收购公司，并公告上市公司收购报告书摘要。派出机构收到书面报告后通报上市公司所在地省级人民政府。

收购人自取得中国证监会的豁免之日起3日内公告其收购报告书、财务顾问专业意见和律师出具的法律意见书；收购人未取得豁免的，应当自收到中国证监会的决定之日起3日内予以公告，并按照本办法第六十一条第二款的规定办理。

中国证监会发现收购报告书不符合法律、行政法规及相关规定的，应当及时告知收购人，收购人未纠正的，不得公告收购报告书，在公告前不得履行收购协议。

第四十九条 依据前条规定所作的上市公司收购报告书，须披露本办法第二十九条第（一）项至第（六）项和第（九）项至第（十四）项规定的内容及收购协议的生效条件和付款安排。

已披露收购报告书的收购人在披露之日起6个月内，因权益变动需要再次报告、公告的，可以仅就与前次报告书不同的部分作出报告、公告；超过6个月的，应当按照本办法第二章的规定履行报告、公告义务。

第五十条 收购人进行上市公司的收购，应当向中国证监会提交以下文件：

（一）中国公民的身份证明，或者在中国境内登记注册的法人、其他组织的证明文件；

（二）基于收购人的实力和从业经验对上市公司后续发展计划可行性的说明，收购人拟修改公司章程、改选公司董事会、改变或者调整公司主营业务的，还应当补充其具备规范运作上市公司的管理能力的说明；

（三）收购人及其关联方与被收购公司存在同业竞争、关联交易的，应提供避免同业竞争等利益冲突、保持被收购公司经营独立性的说明；

（四）收购人为法人或者其他组织的，其控股股东、实际控制人最近2年未变更的说明；

（五）收购人及其控股股东或实际控制人的核心企业和核心业务、关联企业及主营业务的说明；收购人或其实际控制人为两个或两个以上的上市公司控股股东或实际控制人的，还应当提供其持股5%以上的上市公司以及银行、信托公司、证券公司、保险公司等其他金融机构的情况说明；

（六）财务顾问关于收购人最近3年的诚信记录、收购资金来源合法性、收购人具备履行相关承诺的能力以及相关信息披露内容真实性、准确性、完整性的核查意见；收购人成立未满3年的，财务顾问还应当提供其控股股东或者实际控制人最近3年诚信记录的核查意见。

境外法人或者境外其他组织进行上市公司收购的，除应当提交第一款第（二）项至第（六）项规定的文件外，还应当提交以下文件：

（一）财务顾问出具的收购人符合对上市公司进行战略投资的条件、具有收购上市公司的能力的核查意见；

（二）收购人接受中国司法、仲裁管辖的声明。

第五十一条　上市公司董事、监事、高级管理人员、员工或者其所控制或者委托的法人或者其他组织，拟对本公司进行收购或者通过本办法第五章规定的方式取得本公司控制权（以下简称管理层收购），该上市公司应当具备健全且运行良好的组织机构以及有效的内部控制制度，公司董事会成员中独立董事的比例应当达到或者超过1/2。公司应当聘请具有证券、期货从业资格的资产评估机构提供公司资产评估报告，本次收购应当经董事会非关联董事作出决议，且取得2/3以上的独立董事同意后，提交公司股东大会审议，经出席股东大会的非关联股东所持表决权过半数通过。独立董事发表意见前，应当聘请独立财务顾问就本次收购出具专业意见，独立董事及独立财务顾问的意见应当一并予以公告。

上市公司董事、监事、高级管理人员存在《公司法》第一百四十九条规定情形，或者最近3年有证券市场不良诚信记录的，不得收购本公司。

第五十二条　以协议方式进行上市公司收购的，自签订收购协议起至相关股份完成过户的期间为上市公司收购过渡期（以下简称过渡期）。在过渡期内，收购人不得通过控股股东提议改选上市公司董事会，确有充分理由改选董事会的，来自收购人的董事不得超过董事会成员的1/3；被收购公司不得为收购人及其关联方提供担保；被收购公司不得公开发行股份募集资金，不得进行重大购买、出售资产及重大投资行为或者与收购人及其关联方进行其他关联交易，但收购人为挽救陷入危机或者面临严重财务困难的上市公司的情形除外。

第五十三条　上市公司控股股东向收购人协议转让其所持有的上市公司股份的，应当对收购人的主体资格、诚信情况及收购意图进行调查，并在其权益变动报告书中披露有关调查情况。

控股股东及其关联方未清偿其对公司的负债，未解除公司为其负债提供的担保，或者存在损害公司利益的其他情形的，被收购公司董事会应当对前述情形及时予以披露，并采取有效措施维护公司利益。

第五十四条　协议收购的相关当事人应当向证券登记结算机构申请办理拟转让股份的临时保管手续，并可以将用于支付的现金存放于证券登记结算机构指定的银行。

第五十五条　收购报告书公告后，相关当事人应当按照证券交易所和证券登记结算机构的业务规则,在证券交易所就本次股份转让予以确认后,凭全部转让款项存放于双方认可的银行账户的证明,向证券登记结算机构申请解除拟协议转让股票的临时保管,并办理过户登记手续。

收购人未按规定履行报告、公告义务,或者未按规定提出申请的,证券交易所和证券登记结算机构不予办理股份转让和过户登记手续。

收购人在收购报告书公告后 30 日内仍未完成相关股份过户手续的,应当立即作出公告,说明理由;在未完成相关股份过户期间,应当每隔 30 日公告相关股份过户办理进展情况。

第五章　间接收购

第五十六条　收购人虽不是上市公司的股东,但通过投资关系、协议、其他安排导致其拥有权益的股份达到或者超过一个上市公司已发行股份的 5% 未超过 30% 的,应当按照本办法第二章的规定办理。

收购人拥有权益的股份超过该公司已发行股份的 30% 的,应当向该公司所有股东发出全面要约;收购人预计无法在事实发生之日起 30 日内发出全面要约的,应当在前述 30 日内促使其控制的股东将所持有的上市公司股份减持至 30% 或者 30% 以下,并自减持之日起 2 个工作日内予以公告;其后收购人或者其控制的股东拟继续增持的,应当采取要约方式;拟依据本办法第六章的规定申请豁免的,应当按照本办法第四十八条的规定办理。

第五十七条　投资者虽不是上市公司的股东,但通过投资关系取得对上市公司股东的控制权,而受其支配的上市公司股东所持股份达到前条规定比例、且对该股东的资产和利润构成重大影响的,应当按照前条规定履行报告、公告义务。

第五十八条　上市公司实际控制人及受其支配的股东,负有配合上市公司真实、准确、完整披露有关实际控制人发生变化的信息的义务;实际控制人及受其支配的股东拒不履行上述配合义务,导致上市公司无法履行法定信息披露义务而承担民事、行政责任的,上市公司有权对其提起诉讼。实际控制人、控股股东指使上市公司及其有关人员不依法履行信息披露义务的,中国证监会依法进行查处。

第五十九条　上市公司实际控制人及受其支配的股东未履行报告、公告义务的,上市公司应当自知悉之日起立即作出报告和公告。上市公司就实际控制人发生变化的情况予以公告后,实际控制人仍未披露的,上市公司董事会应当向实际控制人和受其支配的股东查询,必要时可以聘请财务顾问进行查询,并将查询情况向中国证监会、派出机构和证券交易所报告;中国证监会依法对拒不履行报告、公告义务的实际控制人进行查处。

上市公司知悉实际控制人发生较大变化而未能将有关实际控制人的变化情况及时予以报告和公告的,中国证监会责令改正,情节严重的,认定上市公司负有责任的董事为不适当人选。

第六十条　上市公司实际控制人及受其支配的股东未履行报告、公告义务,拒不履行第五十八条规定的配合义务,或者实际控制人存在不得收购上市公司情形的,上市公司董事会应当拒绝接受受实际控制人支配的股东向董事会提交的提案或者临时议案,并向中国证监会、派出机构和证券交易所报告。中国证监会责令实际控制人改正,可以认定实际控制人通过受其支配的股东所提名的董事为不适当人选;改正前,受实际控制人支配的股东不得行使其持有股份的表决权。上市公司董事会未拒绝接受实际控制人及受其支配的股东所提出的提案的,中国证监会可以认定负有责任的董事为不适当人选。

第六章 豁免申请

第六十一条 符合本办法第六十二条、第六十三条规定情形的,投资者及其一致行动人可以向中国证监会申请下列豁免事项:

(一) 免于以要约收购方式增持股份;

(二) 存在主体资格、股份种类限制或者法律、行政法规、中国证监会规定的特殊情形的,可以申请免于向被收购公司的所有股东发出收购要约。

未取得豁免的,投资者及其一致行动人应当在收到中国证监会通知之日起 30 日内将其或者其控制的股东所持有的被收购公司股份减持到 30% 或者 30% 以下;拟以要约以外的方式继续增持股份的,应当发出全面要约。

第六十二条 有下列情形之一的,收购人可以向中国证监会提出免于以要约方式增持股份的申请:

(一) 收购人与出让人能够证明本次转让未导致上市公司的实际控制人发生变化;

(二) 上市公司面临严重财务困难,收购人提出的挽救公司的重组方案取得该公司股东大会批准,且收购人承诺 3 年内不转让其在该公司中所拥有的权益;

(三) 经上市公司股东大会非关联股东批准,收购人取得上市公司向其发行的新股,导致其在该公司拥有权益的股份超过该公司已发行股份的 30%,收购人承诺 3 年内不转让其拥有权益的股份,且公司股东大会同意收购人免于发出要约;

(四) 中国证监会为适应证券市场发展变化和保护投资者合法权益的需要而认定的其他情形。

收购人报送的豁免申请文件符合规定,并且已经按照本办法的规定履行报告、公告义务的,中国证监会予以受理;不符合规定或者未履行报告、公告义务的,中国证监会不予受理。中国证监会在受理豁免申请后 20 个工作日内,就收购人所申请的具体事项做出是否予以豁免的决定;取得豁免的,收购人可以继续增持股份。

第六十三条 有下列情形之一的,当事人可以向中国证监会申请以简易程序免除发出要约:

(一) 经政府或者国有资产管理部门批准进行国有资产无偿划转、变更、合并,导致投资者在一个上市公司中拥有权益的股份占该公司已发行股份的比例超过 30%;

(二) 在一个上市公司中拥有权益的股份达到或者超过该公司已发行股份的 30% 的,自上述事实发生之日起一年后,每 12 个月内增加其在该公司中拥有权益的股份不超过该公司已发行股份的 2%;

(三) 在一个上市公司中拥有权益的股份达到或者超过该公司已发行股份的 50% 的,继续增加其在该公司拥有的权益不影响该公司的上市地位;

(四) 因上市公司按照股东大会批准的确定价格向特定股东回购股份而减少股本,导致当事人在该公司中拥有权益的股份超过该公司已发行股份的 30%;

(五) 证券公司、银行等金融机构在其经营范围内依法从事承销、贷款等业务导致其持有一个上市公司已发行股份超过 30%,没有实际控制该公司的行为或者意图,并且提出在合理期限内向非关联方转让相关股份的解决方案;

(六) 因继承导致在一个上市公司中拥有权益的股份超过该公司已发行股份的 30%;

(七) 中国证监会为适应证券市场发展变化和保护投资者合法权益的需要而认定的其他

情形。

中国证监会自收到符合规定的申请文件之日起 5 个工作日内未提出异议的，相关投资者可以向证券交易所和证券登记结算机构申请办理股份转让和过户登记手续。中国证监会不同意其以简易程序申请的，相关投资者应当按照本办法第六十二条的规定提出申请。

第六十四条　收购人提出豁免申请的，应当聘请律师事务所等专业机构出具专业意见。

第七章　财　务　顾　问

第六十五条　收购人聘请的财务顾问应当履行以下职责：

（一）对收购人的相关情况进行尽职调查；

（二）应收购人的要求向收购人提供专业化服务，全面评估被收购公司的财务和经营状况，帮助收购人分析收购所涉及的法律、财务、经营风险，就收购方案所涉及的收购价格、收购方式、支付安排等事项提出对策建议，并指导收购人按照规定的内容与格式制作申报文件；

（三）对收购人进行证券市场规范化运作的辅导，使收购人的董事、监事和高级管理人员熟悉有关法律、行政法规和中国证监会的规定，充分了解其应当承担的义务和责任，督促其依法履行报告、公告和其他法定义务；

（四）对收购人是否符合本办法的规定及申报文件内容的真实性、准确性、完整性进行充分核查和验证，对收购事项客观、公正地发表专业意见；

（五）接受收购人委托，向中国证监会报送申报材料，根据中国证监会的审核意见，组织、协调收购人及其他专业机构予以答复；

（六）与收购人签订协议，在收购完成后 12 个月内，持续督导收购人遵守法律、行政法规、中国证监会的规定、证券交易所规则、上市公司章程，依法行使股东权利，切实履行承诺或者相关约定。

第六十六条　收购人聘请的财务顾问就本次收购出具的财务顾问报告，应当对以下事项进行说明和分析，并逐项发表明确意见：

（一）收购人编制的上市公司收购报告书或者要约收购报告书所披露的内容是否真实、准确、完整；

（二）本次收购的目的；

（三）收购人是否提供所有必备证明文件，根据对收购人及其控股股东、实际控制人的实力、从事的主要业务、持续经营状况、财务状况和诚信情况的核查，说明收购人是否具备主体资格，是否具备收购的经济实力，是否具备规范运作上市公司的管理能力，是否需要承担其他附加义务及是否具备履行相关义务的能力，是否存在不良诚信记录；

（四）对收购人进行证券市场规范化运作辅导的情况，其董事、监事和高级管理人员是否已经熟悉有关法律、行政法规和中国证监会的规定，充分了解应承担的义务和责任，督促其依法履行报告、公告和其他法定义务的情况；

（五）收购人的股权控制结构及其控股股东、实际控制人支配收购人的方式；

（六）收购人的收购资金来源及其合法性，是否存在利用本次收购的股份向银行等金融机构质押取得融资的情形；

（七）涉及收购人以证券支付收购价款的，应当说明有关该证券发行人的信息披露是否真实、准确、完整以及该证券交易的便捷性等情况；

（八）收购人是否已经履行了必要的授权和批准程序；

（九）是否已对收购过渡期间保持上市公司稳定经营作出安排,该安排是否符合有关规定;

（十）对收购人提出的后续计划进行分析,收购人所从事的业务与上市公司从事的业务存在同业竞争、关联交易的,对收购人解决与上市公司同业竞争等利益冲突及保持上市公司经营独立性的方案进行分析,说明本次收购对上市公司经营独立性和持续发展可能产生的影响;

（十一）在收购标的上是否设定其他权利,是否在收购价款之外还作出其他补偿安排;

（十二）收购人及其关联方与被收购公司之间是否存在业务往来,收购人与被收购公司的董事、监事、高级管理人员是否就其未来任职安排达成某种协议或者默契;

（十三）上市公司原控股股东、实际控制人及其关联方是否存在未清偿对公司的负债、未解除公司为其负债提供的担保或者损害公司利益的其他情形;存在该等情形的,是否已提出切实可行的解决方案;

（十四）涉及收购人拟提出豁免申请的,应当说明本次收购是否属于可以得到豁免的情形,收购人是否作出承诺及是否具备履行相关承诺的实力。

第六十七条　上市公司董事会或者独立董事聘请的独立财务顾问,不得同时担任收购人的财务顾问或者与收购人的财务顾问存在关联关系。独立财务顾问应当根据委托进行尽职调查,对本次收购的公正性和合法性发表专业意见。独立财务顾问报告应当对以下问题进行说明和分析,发表明确意见:

（一）收购人是否具备主体资格;

（二）收购人的实力及本次收购对被收购公司经营独立性和持续发展可能产生的影响分析;

（三）收购人是否存在利用被收购公司的资产或者由被收购公司为本次收购提供财务资助的情形;

（四）涉及要约收购的,分析被收购公司的财务状况,说明收购价格是否充分反映被收购公司价值,收购要约是否公平、合理,对被收购公司社会公众股股东接受要约提出的建议;

（五）涉及收购人以证券支付收购价款的,还应当根据该证券发行人的资产、业务和盈利预测,对相关证券进行估值分析,就收购条件对被收购公司的社会公众股股东是否公平合理、是否接受收购人提出的收购条件提出专业意见;

（六）涉及管理层收购的,应当对上市公司进行估值分析,就本次收购的定价依据、支付方式、收购资金来源、融资安排、还款计划及其可行性、上市公司内部控制制度的执行情况及其有效性、上述人员及其直系亲属在最近 24 个月内与上市公司业务往来情况以及收购报告书披露的其他内容等进行全面核查,发表明确意见。

第六十八条　财务顾问受托向中国证监会报送申报文件,应当在财务顾问报告中作出以下承诺:

（一）已按照规定履行尽职调查义务,有充分理由确信所发表的专业意见与收购人申报文件的内容不存在实质性差异;

（二）已对收购人申报文件进行核查,确信申报文件的内容与格式符合规定;

（三）有充分理由确信本次收购符合法律、行政法规和中国证监会的规定,有充分理由确信收购人披露的信息真实、准确、完整,不存在虚假记载、误导性陈述和重大遗漏;

（四）就本次收购所出具的专业意见已提交其内核机构审查,并获得通过;

（五）在担任财务顾问期间，已采取严格的保密措施，严格执行内部防火墙制度；

（六）与收购人已订立持续督导协议。

第六十九条　财务顾问在收购过程中和持续督导期间，应当关注被收购公司是否存在为收购人及其关联方提供担保或者借款等损害上市公司利益的情形，发现有违法或者不当行为的，应当及时向中国证监会、派出机构和证券交易所报告。

第七十条　财务顾问为履行职责，可以聘请其他专业机构协助其对收购人进行核查，但应当对收购人提供的资料和披露的信息进行独立判断。

第七十一条　自收购人公告上市公司收购报告书至收购完成后 12 个月内，财务顾问应当通过日常沟通、定期回访等方式，关注上市公司的经营情况，结合被收购公司定期报告和临时公告的披露事宜，对收购人及被收购公司履行持续督导职责：

（一）督促收购人及时办理股权过户手续，并依法履行报告和公告义务；

（二）督促和检查收购人及被收购公司依法规范运作；

（三）督促和检查收购人履行公开承诺的情况；

（四）结合被收购公司定期报告，核查收购人落实后续计划的情况，是否达到预期目标，实施效果是否与此前的披露内容存在较大差异，是否实现相关盈利预测或者管理层预计达到的目标；

（五）涉及管理层收购的，核查被收购公司定期报告中披露的相关还款计划的落实情况与事实是否一致；

（六）督促和检查履行收购中约定的其他义务的情况。

在持续督导期间，财务顾问应当结合上市公司披露的季度报告、半年度报告和年度报告出具持续督导意见，并在前述定期报告披露后的 15 日内向派出机构报告。

在此期间，财务顾问发现收购人在上市公司收购报告书中披露的信息与事实不符的，应当督促收购人如实披露相关信息，并及时向中国证监会、派出机构、证券交易所报告。财务顾问解除委托合同的，应当及时向中国证监会、派出机构作出书面报告，说明无法继续履行持续督导职责的理由，并予公告。

第八章　持 续 监 管

第七十二条　在上市公司收购行为完成后 12 个月内，收购人聘请的财务顾问应当在每季度前 3 日内就上一季度对上市公司影响较大的投资、购买或者出售资产、关联交易、主营业务调整以及董事、监事、高级管理人员的更换、职工安置、收购人履行承诺等情况向派出机构报告。

收购人注册地与上市公司注册地不同的，还应当将前述情况的报告同时抄报收购人所在地的派出机构。

第七十三条　派出机构根据审慎监管原则，通过与承办上市公司审计业务的会计师事务所谈话、检查财务顾问持续督导责任的落实、定期或者不定期的现场检查等方式，在收购完成后对收购人和上市公司进行监督检查。

派出机构发现实际情况与收购人披露的内容存在重大差异的，对收购人及上市公司予以重点关注，可以责令收购人延长财务顾问的持续督导期，并依法进行查处。

在持续督导期间，财务顾问与收购人解除合同的，收购人应当另行聘请其他财务顾问机构履行持续督导职责。

第七十四条　在上市公司收购中,收购人持有的被收购公司的股份,在收购完成后 12 个月内不得转让。

收购人在被收购公司中拥有权益的股份在同一实际控制人控制的不同主体之间进行转让不受前述 12 个月的限制,但应当遵守本办法第六章的规定。

第九章　监管措施与法律责任

第七十五条　上市公司的收购及相关股份权益变动活动中的信息披露义务人,未按照本办法的规定履行报告、公告以及其他相关义务的,中国证监会责令改正,采取监管谈话、出具警示函、责令暂停或者停止收购等监管措施。在改正前,相关信息披露义务人不得对其持有或者实际支配的股份行使表决权。

第七十六条　上市公司的收购及相关股份权益变动活动中的信息披露义务人在报告、公告等文件中有虚假记载、误导性陈述或者重大遗漏的,中国证监会责令改正,采取监管谈话、出具警示函、责令暂停或者停止收购等监管措施。在改正前,收购人对其持有或者实际支配的股份不得行使表决权。

第七十七条　投资者及其一致行动人取得上市公司控制权而未按照本办法的规定聘请财务顾问,规避法定程序和义务,变相进行上市公司的收购,或者外国投资者规避管辖的,中国证监会责令改正,采取出具警示函、责令暂停或者停止收购等监管措施。在改正前,收购人不得对其持有或者实际支配的股份行使表决权。

第七十八条　发出收购要约的收购人在收购要约期限届满,不按照约定支付收购价款或者购买预受股份的,自该事实发生之日起 3 年内不得收购上市公司,中国证监会不受理收购人及其关联方提交的申报文件;涉嫌虚假信息披露、操纵证券市场的,中国证监会对收购人进行立案稽查,依法追究其法律责任。

前款规定的收购人聘请的财务顾问没有充分证据表明其勤勉尽责的,中国证监会依法追究法律责任。

第七十九条　上市公司控股股东和实际控制人在转让其对公司的控制权时,未清偿其对公司的负债,未解除公司为其提供的担保,或者未对其损害公司利益的其他情形作出纠正的,中国证监会责令改正、责令暂停或者停止收购活动。

被收购公司董事会未能依法采取有效措施促使公司控股股东、实际控制人予以纠正,或者在收购完成后未能促使收购人履行承诺、安排或者保证的,中国证监会可以认定相关董事为不适当人选。

第八十条　上市公司董事未履行忠实义务和勤勉义务,利用收购谋取不当利益的,中国证监会采取监管谈话、出具警示函等监管措施,可以认定为不适当人选。

上市公司章程中涉及公司控制权的条款违反法律、行政法规和本办法规定的,中国证监会责令改正。

第八十一条　为上市公司收购出具资产评估报告、审计报告、法律意见书和财务顾问报告的证券服务机构或者证券公司及其专业人员,未依法履行职责的,中国证监会责令改正,采取监管谈话、出具警示函等监管措施。

第八十二条　中国证监会将上市公司的收购及相关股份权益变动活动中的当事人的违法行为和整改情况记入诚信档案。

违反本办法的规定构成证券违法行为的,依法追究法律责任。

第十章 附 则

第八十三条 本办法所称一致行动,是指投资者通过协议、其他安排,与其他投资者共同扩大其所能够支配的一个上市公司股份表决权数量的行为或者事实。

在上市公司的收购及相关股份权益变动活动中有一致行动情形的投资者,互为一致行动人。如无相反证据,投资者有下列情形之一的,为一致行动人:

(一)投资者之间有股权控制关系;

(二)投资者受同一主体控制;

(三)投资者的董事、监事或者高级管理人员中的主要成员,同时在另一个投资者担任董事、监事或者高级管理人员;

(四)投资者参股另一投资者,可以对参股公司的重大决策产生重大影响;

(五)银行以外的其他法人、其他组织和自然人为投资者取得相关股份提供融资安排;

(六)投资者之间存在合伙、合作、联营等其他经济利益关系;

(七)持有投资者30%以上股份的自然人,与投资者持有同一上市公司股份;

(八)在投资者任职的董事、监事及高级管理人员,与投资者持有同一上市公司股份;

(九)持有投资者30%以上股份的自然人和在投资者任职的董事、监事及高级管理人员,其父母、配偶、子女及其配偶、配偶的父母、兄弟姐妹及其配偶、配偶的兄弟姐妹及其配偶等亲属,与投资者持有同一上市公司股份;

(十)在上市公司任职的董事、监事、高级管理人员及其前项所述亲属同时持有本公司股份的,或者与其自己或者其前项所述亲属直接或者间接控制的企业同时持有本公司股份;

(十一)上市公司董事、监事、高级管理人员和员工与其所控制或者委托的法人或者其他组织持有本公司股份;

(十二)投资者之间具有其他关联关系。

一致行动人应当合并计算其所持有的股份。投资者计算其所持有的股份,应当包括登记在其名下的股份,也包括登记在其一致行动人名下的股份。

投资者认为其与他人不应被视为一致行动人的,可以向中国证监会提供相反证据。

第八十四条 有下列情形之一的,为拥有上市公司控制权:

(一)投资者为上市公司持股50%以上的控股股东;

(二)投资者可以实际支配上市公司股份表决权超过30%;

(三)投资者通过实际支配上市公司股份表决权能够决定公司董事会半数以上成员选任;

(四)投资者依其可实际支配的上市公司股份表决权足以对公司股东大会的决议产生重大影响;

(五)中国证监会认定的其他情形。

第八十五条 信息披露义务人涉及计算其持股比例的,应当将其所持有的上市公司已发行的可转换为公司股票的证券中有权转换部分与其所持有的同一上市公司的股份合并计算,并将其持股比例与合并计算非股权类证券转为股份后的比例相比,以二者中的较高者为准;行权期限届满未行权的,或者行权条件不再具备的,无需合并计算。

前款所述二者中的较高者,应当按下列公式计算:

(一)投资者持有的股份数量/上市公司已发行股份总数

（二）（投资者持有的股份数量＋投资者持有的可转换为公司股票的非股权类证券所对应的股份数量）/（上市公司已发行股份总数＋上市公司发行的可转换为公司股票的非股权类证券所对应的股份总数）

第八十六条　投资者因行政划转、执行法院裁决、继承、赠与等方式取得上市公司控制权的，应当按照本办法第四章的规定履行报告、公告义务。

第八十七条　权益变动报告书、收购报告书、要约收购报告书、被收购公司董事会报告书、要约收购豁免申请文件等文件的内容与格式，由中国证监会另行制定。

第八十八条　被收购公司在境内、境外同时上市的，收购人除应当遵守本办法及中国证监会的相关规定外，还应当遵守境外上市地的相关规定。

第八十九条　外国投资者收购上市公司及在上市公司中拥有的权益发生变动的，除应当遵守本办法的规定外，还应当遵守外国投资者投资上市公司的相关规定。

第九十条　本办法自2006年9月1日起施行。中国证监会发布的《上市公司收购管理办法》（证监会令第10号）、《上市公司股东持股变动信息披露管理办法》（证监会令第11号）、《关于要约收购涉及的被收购公司股票上市交易条件有关问题的通知》（证监公司字〔2003〕16号）和《关于规范上市公司实际控制权转移行为有关问题的通知》（证监公司字〔2004〕1号）同时废止。

参考文献

一、英文部分

［1］Aboody,David,Ron Kasznik,and Michael Williams,"Purchase versus Pooling in Stock for Stock Acquisitions,Why do Firms Care?",*Journal of Accounting Economics*,2000,Vol. 29,pp. 261—286.

［2］Aggarwal,Reena,"Stabilization Activities by Underwriters after Initial Public Offerings",*Journal of Finance*,2000,Vol. LV,No. 3,pp. 1075—1103.

［3］Agrwwal,Anup,and Nagarajan Nandu J. ,"Corporate Capital Structure,Agency Costs,and Ownership Control：The Case of All-Equity Firms",*Journal of Finance*,1990,Vol. 45,No. 4,pp. 1325—1331.

［4］Amihud,Yakov,Baruch Lev,and N. G. Travlos,"Corporate Control and the Choice of Investment Financing：The Case of Corporate Acquisitions",*Journal of Finance*,1997,Vol. 45,No. 2,pp. 603—616.

［5］Andrade,Gregor,Mark L. Mitchell,and Erik Stafford,"New Evidence and Perspectives on Mergers",*Journal of Economic Perspectives*,2001,Vol. 15,No. 2,pp. 103—120.

［6］Baek,J. ,J. Kang,and K. S. Park. ,"Corporate Governance and Firm Value：Evidence from the Korean Financial Crisis",*Journal of Financial Economics*,2004,71,pp. 265—313.

［7］Barber,Brad M. ,and Chih-Ling Tsai,"Improved Methods for Tests of Long-run Abnormal Stock Returns",*Journal of Finance*,1999,Vol. 54,pp. 165—201.

［8］Barber,Brad M. ,and John D. Lyon,"Detecting Long-run Abnormal Stock Returns：The Empirical Power and Specification of Test Statistics",*Journal of Financial Economics*,1997,Vol. 43,pp. 341—372.

［9］Bebchuk,Lucian Arye,Jesse M. Fried,and David I. Walker,"Managerial Power and Rent Extraction in the Design of Executive Compensation",*The University of Chicago Law Review*,2002,Vol. 69,pp. 751—846.

［10］Bebchuk,Lucian Arye,John C. Coates IV,and Guhan Subramanian, "The Powerful Antitakeover Force of Staggered Boards：Theory,Evidence,and Policy",*Stanford Law Review*,2002,Vol. 54,pp. 887—951.

［11］Bebchuk,L. A. ,J. C. Coates IV and G. Subramanian,"The Powerful Antitakeover Force of Staggered Boards：Theory,Evidence,and Policy",*Stanford Law Review*,2002,Vol. 55,pp. 885—917.

［12］Benveniste,Lawrence M. ,Sina M. Erdal,and William J. Wilhelm Jr. ,"Who Benefits from Secondary Market Price Stabilization of IPOs?",*Journal of Banking and Finance*,1998,Vol. 22,pp. 741—767.

［13］Berger,Philip G. ,and Eli Ofek,"Diversification's Effect on Firm Value", *Journal of Financial Economics*,1995,Vol. 37,pp. 39—65.

［14］Berkovitch,Elazar,and Naveen Khanna,"A Theory of the Acquisition Markets：Mergers versus Tender Offers,and Golden Parachutes",*Review of Financial Studies*,1991,vol. 4,pp. 149—174.

［15］Berle,Adolf A. ,and G. C. Means,*The Modern Corporation and Private Property*,Macmillan Publishing Co. ,1932.

［16］Black,B. S. ,and R. J. Gilson,"Venture Capital and the Structure of Capital Markets：Banks versus Stock Markets",*Journal of Financial Economics*,1998,Vol. 47,pp. 243—277.

［17］Black,F. ,and M. Scholes,"The Pricing of Options and Corporate Liabilities", *Journal of Political Economy*,1973,Vol. 81,No. 3,pp. 637—654.

[18] Born, J. , E. Trahan, and H. Faria, "Golden Parachutes: Incentive Aligners, Management Entrenchers, or Takeover Bid Signals", *Journal of Financial Research*, 1993, Vol. 62, pp. 299—308.

[19] Bolton, Patrick, and Xavier Freixas, "Equity, Bonds, and Bank Debt: Capital Structure and Financial Market Equilibrium under Asymmetric Information", *Journal of Political Economy*, 2000, Vol. 108, No. 2, pp. 324—351.

[20] Bradley, M. and L. M. Wakeman, "The Wealth Effects of Targeted Share Repurchases", *Journal of Financial Economics*, 1983, Vol. 11, pp. 301—328.

[21] Brandler, J. and Lewis, T. R. , "Oligopoly and Financial Structure: The Limited Liabilities Effects", *American Economic Reviews*, 1986, 76, pp. 956—970.

[22] Brav, Alon, and Paul A. Gompers, "Myth or Reality? The Long-run Underperformance of Initial Public Offerings: Evidence from Venture and Nonventure Capital-backed Companies", *Journal of Finance*, 1997, Vol. 52, No. 4, pp. 1791—1821.

[23] Brealey, R. A. and S. C. Myers, *Principles of Corporate Finance*, Fourth Edition, McGraw-Hill, 1991.

[24] Brennan, M. , and E. Schwartz, "Analyzing Convertible Bonds", *Journal of Financial and Quantitative Analysis*, November 1980, pp. 907—929.

[25] Brennan, M. J. and A. Kraus, "Efficient Financing under Asymmetric Information", *Journal of Finance*, December 1987, pp. 1225—1243.

[26] Bruner, Robert F. , "Does M&A Pay?", *Journal of Applied Finance*, 2003, Vol. 12, No. 1.

[27] Campa, J. M. and I. Hernando, "Shareholder Value Creation in European M&As", *European Financial Management*, 2004, Vol. 10, pp. 47—81.

[28] Choe, H. , R. W. Masulis and V. Nanda, "Common Stock Offerings Across the Business Cycle", *Journal of Empirical Finance*, 1993, Vol. 1, pp. 3—31.

[29] Coffee, J. C. , Jr. , "Shareholders Versus Managers: The Strain in the Corporate Web", in J. C. Coffee Jr. , L. Lowenstein & S. Rose-Ackerman (eds.), *Knights, Raiders, and Targets: The Impact of the Hostile Takeover*, Oxford University Press, 1988.

[30] Comment, Robert, and Gregg A. Jarrell, "Corporate Focus and Stock Returns", *Journal of Financial Economics*, 1995, Vol. 37, pp. 67—87.

[31] Comment, Robert, and G. W. Schwert, "Poison or Placebo? Evidence on the Deterrence and Wealth Effects of Modern Anti-Takeover Measures", *Journal of Financial Economics*, 1995, Vol. 39, pp. 3—43.

[32] Constantinides, G. , and B. Grundy, "Optimal Investment with Stock Repurchases and Financing as Signals", *Review of Financial Studies*, 1989, 2, pp. 445—466.

[33] Cox, J. , S. Ross, and M. Rubinstein, "Option Pricing: A Simplified Approach", *Journal of Financial Economics*, September 1979.

[34] Cusatis, P. , J. Miles and J. Woolridge, "Restructuring through Spinoffs", *Journal of Financial Economics*, 1993, 33, pp. 293—311.

[35] Daines, Robert, "Does Delaware Law Improve Firm Value?", *Journal of Financial Economics*, 2001, Vol. 62, No. 3, pp. 525—558.

[36] Daley, Lane, Vikas Mehrotra, and Ranjini Sivakumar, "Corporate Focus and Value Creation: Evidence from Spin-offs", *Journal of Financial Economics*, 1997, Vol. 45, pp. 257—281.

[37] Dann, L. and H. DeAngelo, "Standstill Agreements, Privately Negotiated Stock Repurchases, and the Market for Corporate Control", *Journal of Financial Economics*, 1983, Vol. 11, pp. 275—300.

[38] Demsetz, Harold, and Kenneth Lehn, "The Structure of Corporate Ownership: Causes and Conse-

quences", *Journal of Political Economy*, 1985, Vol. 93, No. 6, pp. 1155—1177.

[39] Derrien, Francois, *IPO Pricing in "Hot" Market Conditions: Who Leaves Money on the Table?* University of Toronto, 2003.

[40] Desai, H. and P. C. Jain. "Firm Performance and Focus: Long-run Stock Market Performance Following Spin-offs", *Journal of Financial Economics*, October 1999, pp. 75—101.

[41] Chatterjee, R. and A. Kuenzi, "Mergers and Acquisitions: the Influence of Methods of Payment on Didder's Share Price", Judge Institute of Management, Cambridge University, Research Paper 2001, No. 2001/6.

[42] Edwards, J. S. and A. J., "Weichenrieder, Ownership Concentration and Share Valuation: Evidence from Germeny", 1999, Cambridge University, Working Paper 8285.

[43] Faccio, M. and M. Lasfer, "Managerial Ownership, Board structure and Firm Value: the UK Evidence", 1999, City University Working Paper.

[44] Faccio, M. and R. Masulis, "The Choice of Financing Methods in European Mergers & Acquisitions", *Journal of Finance*, 2005, Vol. 60, No. 3, pp. 1345—1388.

[45] Fama, Eugene F., "Agency Problems and the Theory of the Firm", *Journal of Political Economy*, 1980, Vol. 88, pp. 288—307.

[46] Ferrara, Ralph C., Meredith M. Brown, and John H. Hall, "*Takeovers—Attack and Survival, A Strategist's Manual*", Lexis Law Publishing, 1987, pp. 275, 291—293.

[47] Fleming, Michael J., "New Evidence on the Effectiveness of the Proxy Mechanism", Federal Reserve Bank of New York Research Paper, 1995, Vol. 3.

[48] Golbe, Devra L., and Lawrence J. White, "Catch a Wave: The Time Series Behavior of Mergers", *Review of Economics and Statistics*, 1993, Vol. 75, No. 3, pp. 493—499.

[49] Harris, M. and Raviv, A., "Corporate Control Contest and Capital Structure", *Journal of Financial Economics*, 1988, Vol. 20 (1), pp. 55—86.

[50] Hart, Oliver, *Firms, Contracts and Financial Structure*, Oxford University Press, 1995.

[51] Heinkel, R. and Zechner, J., "The Role of Debt and Preferred Stock as a Solution to Adverse Investment Incentives", *Journal of Financial and Quantitative Analysis*, 1990, 25, pp. 1—24.

[52] Helwege, Jean, and Nellie Liang, "*Initial Public Offerings in Hot and Cold Markets*", Ohio State University and Federal Reserve Board, 2002.

[53] Heron, R. A., and W. G. Lewellen, "An Empirical Analysis of the Reincorporation Decision", *Journal of Financial and Quantitative Analysis*, 1998, Vol. 33, pp. 549—568.

[54] Himmelberg, C., G. Hubbard, and D. Palia, "Understanding the determinants of managerial ownership and the link between ownership and performance", *Journal of Financial Economics*, 1999, 53, pp. 353—384.

[55] Hite, G. L., and J. E. Owers, "Security Price Reactions around Corporate Spin-Off Announcements", *Journal of Financial Economics*, 1983, Vol. 12, No. 4, pp. 409—436.

[56] Holderness, C. and Sheehan D., "The Role of Majority Shareholder in Publicly Held Corporations: An Exploratory Analysis", *Journal of Financial Economics*, 1988, 20, pp. 317—346.

[57] Hong, Gifford, and Arthur D. Warga, "An Empirical Study of Bond Market Transactions", *Financial Analysts Journal*, 2000, Vol. 56, pp. 32—46.

[58] Ibboston, Roger G., and Jeffrey F. Jaffe, "'Hot Issue' Markets", *Journal of Finance*, 1975, Vol. 30, No. 4, pp. 1027—1042.

[59] Ibbotson, R. G., "Price Performance of Common Stock New Issues", *Journal of Financial Econom-*

ics, 1975, Vol. 2, pp. 235—272.

[60] Ikenberry, D. and J. Lakonishok, "Corporate Governance through the Proxy Contest: Evidence and Implications", *Journal of Business*, 1993, Vol. 66, pp. 405—436.

[61] Israel, R. , "Capital Structure and the Market for Corporate Control: The Defensive Role of Debt Financing", *Journal of Finance*, 1991, 46, pp. 1391—1410.

[62] Jensen, Michael C. , "Agency Costs of Free Cash Flow, Corporate Finance and Takeovers", *American Economic Review*, 1986, Vol. 76, No. 2, pp. 323—329.

[63] Jensen, Michael C. , "Takeovers: Their Causes and Consequences", *Journal of Economic Perspectives*, 1988, Vol. 2, No. 1, pp. 21—48.

[64] Jensen, Michael C. , and William H. Meckling, "Theory of the Firm: Managerial Behavior, Agency Costs and Ownership Structure", *Journal of Financial Economics*, 1976, Vol. 3, No. 4, pp. 305—360.

[65] Jensen, M. C. and R. S. Ruback, "The Market for Corporate Control: The Scientific Evidence", *Journal of Financial Economics*, 1983, Vol. 11, pp. 5—50.

[66] Jensen, M. C. , S. Kaplan and L. Stiglin, "Effects of LBOs on Tax Revenues of the U. S. Treasury", *Tax Notes*, 1989, Vol. 42, No. 6, pp. 727—733.

[67] John, Kose, and Eli Ofek, "Assets Sales and Increase in Focus", *Journal of Financial Economics*, 1995, Vol. 37, pp. 105—126. .

[68] Kaplan, S. N. , "The Staying Power of Leveraged Buyouts," *Journal of Financial Economics*, 1991, Vol. 29, pp. 287—314.

[69] Kim, Moonchul, and Jay R. Ritter, "Valuing IPOs", *Journal of Financial Economics*, 1999, Vol. 53, pp. 409—437.

[70] Knoeber, Charles R. , "Golden Parachutes, Shark Repellents, and Hostile Takeovers", *American Economic Review*, 1986, Vol. 76, pp. 155—167.

[71] Krishnaswami, Sudha, and Venkat Subramaniam, "Information Asymmetry, Valuation, and the Corporate Spin-off Decision", *Journal of Financial Economics*, 1999, Vol. 53, No. 1, pp. 73—112.

[72] Lambert, Richard, and David Larcker, "Golden Parachutes, Executive Decision-making, and Shareholder Wealth", *Journal of Accounting and Economics*, 1985, Vol. 7, pp. 179—203.

[73] Lamont, Owen, and Richard Thaler, "Can the Market Add and Subtract? Mispricing in Tech-Stock Carve-Outs", *Journal of Political Economy*, 2003, Vol . 111, pp. 227—268.

[74] Lamont, O. and C. Polk, "Does Diversification Destroy Value? Evidence From Industry Shocks", 2000, NBER Working Papers 7803.

[75] La Porta, Rafel, Andrei Shleifer, Florencio Lopez de Silanes, and Robert W. Vishny, "Legal Determinants of External Finance", *Journal of Finance*, 1997, Vol. 52, pp. 1131—1150.

[76] La Porta, Rafael, Florencio Lopez De Silanes, and Andrei Shleifer, "Corporate Ownership around the World", *Journal of Finance*, 1999, Vol. 54, pp. 471—517.

[77] Lemmon, Michael L. , and Karl V. Lins, "Ownership Structure, Corporate Governance, and Firm Value: Evidence from the East Asian Financial Crisis", *Journal of Finance*, 2003, Vol. 58, No. 4, pp. 1445—1468.

[78] Lins, Karl V. , "Equity Ownership and Firm Value in Emerging Markets", *Journal of Financial and Quantitative Analysis*, 2003, Vol. 38, No. 1, pp. 159—184.

[79] Lipton, Martin, "Takeover Bids in the Target's Boardroom", *Business Lawyer*, 1979, Vol. 35, pp. 101—134.

[80] Ljungqvist, Alexander, Vikram K. Nanda, and Rajdeep Singh, "Hot Markets, Investor Sentiment, and IPO Pricing", 2001, New York University, Working Paper.

［81］ Logue，D. E. ，"On the Pricing of Unseasoned Equity Issues：1965—1969，" *Journal of Financial and Quantitative Analysis*，1973，Vol. 30，pp. 91—103.

［82］ Loughran，Tim，and Anand M. Vijh，"Do Long-term Shareholders Benefit from Corporate Acquisitions?"，*Journal of Finance*，1997，Vol. 52，pp. 1765—1790.

［83］ Loughran，Tim，and J. R. Ritter，"The New Issue Puzzles"，*Journal of Finance*，1995，Vol. 50，pp. 23—50.

［84］ Loughran，T. and A. Vijh，"Do Long-term Shareholders Benefit from Corporate Acquisitions?"，*Journal of Finance*，1997，Vol. 52. pp. 1765—1790.

［85］ Lucas，D. ，and R. MacDonald，"Equity Issues and Stock Price Dynamics"，*Journal of Finance*，Vol. 45，pp. 1019—1043.

［86］ Maksimovic，V. and P. Pichler，"Technological Innovation and Initial Public Offerings"，*Review of Financial Studies*，2001，Vol. 14，No. 2，pp. 459—494.

［87］ Malekzadeh，R. ，B. McWilliams and N. Sen，"Implications of CEO Structural and Ownership Powers，Board Ownership and Composition for the Market's Reaction to Antitakeover Charter Amendments"，*Journal of Applied Business Research*，1998，Vol. 14，No. 2，pp. 53—62.

［88］ Mansi，S. and D. Reeb，"Corporate Diversification：What Gets Discounted?"，*Journal of Finance*，2002，57，pp. 2167—2183.

［89］ Margrabe，William，"The Value of an Option to Exchange One Asset for Another"，*Journal of Finance*，March 1978，pp. 177—186.

［90］ Martin，Kenneth J. ，"The Method of Payment in Corporate Acquisitions，Investment Opportunities，and Management Ownership"，*Journal of Finance*，1996，Vol. 51，No. 4，pp. 1227—1246.

［91］ Maxwell，W. F. and R. P. Rao，"Do Spin-offs Expropriate Wealth from Bondholders?"，*Journal of Finance*，2003，Vol. 58，No. 5，pp. 2087—2108.

［92］ McConnell，John J. ，Jeffrey Allen，Scott L. Lummer，and Debra K. Reed，"Can Takeover Losses Explain Spin-off Gains?"，*Journal of Financial and Quantitative Analysis*，1995，Vol. 30，No. 4，pp. 465—485.

［93］ McConnell，John J. ，and E. Schwartz，"LYON Taming"，*Journal of Finance*，July 1986，pp. 561—576.

［94］ McConnell，J. J. and H. Servaes，"Additional Evidence on Equity Ownership and Corporate Value"，*Journal of Financial Economics*，1990，27，pp. 595—612.

［95］ McWilliams，V. B. and N. Sen，"Board Monitoring and Antitakeover Amendments"，*Journal of Financial and Quantitative Analysis*，1997，Vol. 32，pp. 491—505.

［96］ Mello，Antonio S. ，and John E. Parsons，"Going Public and the Ownership Structure of the Firm"，*Journal of Financial Economics*，1998，Vol. 49，pp. 79—109.

［97］ Mikkelson，Wayne H. ，and Richard S. Ruback，"An Empirical Analysis of the Interfirm Equity Investment Process"，*Journal of Financial Economics*，1985，Vol. 14，pp. 523—553.

［98］ Mikkelson，Wayne H. ，and Megan M. Partch，"Managers' Voting Rights and Corporate Control"，*Journal of Financial Economics*，1989，Vol. 25，p. 263.

［99］ Miles，J. A. and J. D. Rosenfeld，"The Effect of Voluntary Spin-Off Announcements on Shareholder Wealth"，*Journal of Finance*，1983，Vol. 38，No. 5，pp. 1597—1606.

［100］ Miller，Merton H. ，"Some Estimates of the Cost of Capital to the Electric Utility Industry，1954—57：Reply"，*The American Economic Review*，1967，Vol. 57，pp. 1268—1278.

［101］ Miller，E. M. ，"Risk，Uncertainty，and Divergence of Opinion"，*Journal of Finance*，1977，Vol. 32，No. 4，pp. 1151—1168.

[102] Mitchell, Mark L., and Erik Stafford, "Managerial Decisions and long-term Stock Price Performance", *Journal of Business*, 2000, Vol. 73, pp. 287—329.

[103] Modigliani, Franco, and Merton H. Miller, "The Cost of Capital, Corporation Finance, and the Theory of Investment", *The American Economic Review*, 1958, Vol. 48, pp. 261—297.

[104] Mogavero, D. J. and M. F. Toyne, "The Impact of Golden Parachutes on Fortune 500 Stock Returns: A Re-examination of the Evidence", *Quarterly Journal of Business and Economics*, 1995, Vol. 34, No. 4, pp. 30—38.

[105] Morck, R., A. Shleifer and R. W. Vishny, "Management Ownership and Market Valuation: An Empirical Analysis", *Journal of Financial Economics*, 1988, 20, pp. 293—315.

[106] Mueller, D. C., "A Theory of Conglomerate Mergers", *Quarterly Journal of Economics*, No. 83, November 1969, pp. 643—659.

[107] Myers, Stewart C., "Determinants of Corporate Borrowing", *Journal of Financial Economics*, 1977, Vol. 5, pp. 147—176.

[108] Myers, Stewart C., "The Capital Structure Puzzle", *Journal of Finance*, 1984, Vol. 39, pp. 575—592.

[109] Myers, Stewart C., and N. S. Majluf, "Corporate Financing and Investment Decision When Firms Have Information That Investors Do not Have", *Journal of Financial Economics*, 1984, Vol. 13, pp. 187—221.

[110] Nanda, Vikram, and Youngkeol Yun, "Reputation and Financial Intermediation: An Empirical Investigation of the Impact of IPO Mispricing on Underwriter Market Value", *Journal of Financial Intermediation*, 1997, Vol. 6, pp. 39—63.

[111] Narayaran, M. P., "Debt versus Equity under Asymmetric Information", *Journal of Financial and Quantitative Analysis*, 1988, Vol. 23, pp. 39—51.

[112] Noe, T., "Capital Structure Choice and Signaling Game Equilibria", *Review of Financial Studies*, 1988, 1, pp. 331—356.

[113] Opler, T. C., "Operating Performance in Leveraged Buyouts: Evidence From 1985—1989", *Financial Management*, 1992, Vol. 21, pp. 27—35.

[114] Rajan, R., and H. Servaes, "Analyst Following of Initial Public Offerings", *Journal of Finance*, 1997, Vol. 52, pp. 507—529.

[115] Rajan, R., H. Servaes and L. Zingales, "The Cost of Diversity: The Diversification Discount and Inefficient Investment", *Journal of Finance, American Finance Association*, 2000, Vol. 55(1), pp. 35—80, 02.

[116] Reilly, F. K., "Further Evidence on Short-Run Results for New Issues Investors", *Journal of Financial and Quantitative Analysis*, 1973, Vol. 8, pp. 83—90.

[117] Ritter, Jay R., "The 'Hot Issue' Market of 1980", *Journal of Business*, 1984, Vol. 57, No. 2, pp. 215—250.

[118] Ritter, Jay R., "The Long-run Performance of Initial Public Offerings", *Journal of Finance*, 1991, Vol. 46, No. 1, pp. 3—27.

[119] Ritter, Jay R., and Ivo Welch, "A Review of IPO Activity, Pricing, and Allocations", 2002, NBER Working Paper Series, No. 8805.

[120] Robinson, J. R., and Shane P. B., "Acquisition Accounting Method and Bid Premium for Target Firms", *The Accounting Review*, 1990, Vol. 65, pp. 25—48.

[121] Roberts, Michael R., and Mark Leary, "Do Firms Rebalance Their Capital Structures?", *Journal of Finance*, 2005, Vol. 60, pp. 2575—2619.

[122] Roll, R., "The Hubris Hypothesis of Corporate Takeovers", *Journal of Business*, No. 59, April, 1986, pp. 197—216.

［123］ Rosenfeld，J. D. ，"Additional Evidence on the Relation between Divestiture Announcements and Shareholder Wealth"，*Journal of Finance*，1984，Vol. 39，No. 5，pp. 1437—1448.

［124］ Ross，S. A. ，"The Determination of Financial Structure：The Incentive Signaling Approach"，*Bell Journal of Economics*，1977，Vol. 8，pp. 23—40.

［125］ Schipper，Katherine，and Abbie Smith，"Effects of Recontracting on Shareholder Wealth：The Case of Voluntary Spin-offs"，*Journal of Financial Economics*，1983，Vol. 12，pp. 437—467.

［126］ Schill，Michael，and Chunsheng Zhou，"Pricing an Emerging Industry：Evidence from Internet Subsidiary Carve-outs"，*Financial Management*，Autumn 2001，pp. 5—33.

［127］ Schipper，K. and S. Abbie，"Effects of Reconstructing on Shareholder Wealth，"*Journal of Financial Economics*，1983，Vol. 12，pp. 437—467.

［128］ Schultz，Paul H. ，"The Timing of Initial Public Offerings"，2000，University of Notre Dame，Working Paper.

［129］ Shiller，R. J. ，"Market Volatility and Investor Behavior"，*American Economic Review*，1990，Vol. 80，pp. 58—62.

［130］ Stern，R. L. and P. Bornstein，"Why New Issues are Lousy Investments"，*Forbes*，December 2，1985，pp. 152—190.

［131］ Stiglitz，Joseph E. ，"Why Financial Structure Matters"，*Journal of Economic Perspective*，1988，Vol. 2，pp. 121—126.

［132］ Stoll，H. R. and A. J. Curley，"Small Business and the New Issues Market for Equities"，*Journal of Financial and Quantitative Analysis*，1970，Vol. 5，pp. 309—322.

［133］ Stulz，Rene M. ，"Managerial Control of Voting Rights"，*Journal of Financial Economics*，1988，Vol. 20，pp. 25—54.

［134］ Stulz，Rene M. ，"Managerial Discretion and Optimal Financing Policies"，*Journal of Financial Economics*，1990，Vol. 26，pp. 3—27.

［135］ Subrahmanyam，A. ，and S. Titman，"The Going Public Decision and The Development of Financial Markets"，*Journal of Finance*，Vol. 54，pp. 1045—1082.

［136］ Taylor，J. ，*Storming the Magic Kingdom：Wall Street Raiders and the Bottle for Disney*，Knopf，1987.

［137］ Tim Jenkinson and Alexander Ljungqvist，*Going Public：The Theory and Evidence on How Companies Raise Equity Finance*，Oxford University Press，1996.

［138］ Teoh，Siew Hong，Ivo Welch，and T. J. Wong，"Earnings Management and the Long-run Market Performance of Initial Public Offerings"，*Journal of Finance*，1998，Vol. 53，pp. 1935—1974.

［139］ Titman，S. ，"The Effects of Capital Structure on a Firm Liquidation Decision"，*Journal of Financial Economics*，1984，Vol. 13，pp. 137—151.

［140］ Vijh，Anad M. ，"The Spin-off and Merger Ex-date Effects"，*Journal of Finance*，1994，Vol. 49，pp. 581—609.

［141］ Walkling，R. A. and P. H. Malatesta，"Poison Pill Securities：Stockholder Wealth，Profitability，and Ownership Structure"，*Journal of Financial Economics*，1988，Vol. 20，No. 1/2，pp. 347—376.

［142］ Wang，Yaping，Yunhong Yang，and Chunsheng Zhou，"Optimal Investment Policy when Stock Market is Inefficient"，2004，Peking University，Working Paper.

［143］ Warga，A. and I. Welch，"Bondholder Losses in Leveraged Buyouts"，*The Review of Financial Studies*，1993，Vol. 6，No. 4，pp. 959—982.

［144］ Watts，R. L. ，and Zimmerman J. L. ，"Positive Accounting Theory：A Ten Year Perspective"，*The*

Accounting Review, 1990, Vol. 65, pp. 131—156.

[145] Weiss, Avi, "Vertical Mergers and Firm-Specific Physical Capital: Three Case Studies and Some Evidence on Timing", *Journal of Industrial Economics*, 1994, Vol. 42, No. 4, pp. 395—417.

[146] Welch, Ivo, "Seasoned Offerings, Imitation Costs, and the Underpricing of Initial Public Offerings", *Journal of Finance*, 1989, Vol. 44, pp. 421—450.

[147] Wu, Y., "Management Buyouts and Earnings Management", *Journal of Accounting, Auditing and Finance*, 1997, Vol. 12. No. 4, pp. 374—389.

[148] Zhao, Longkai, "Collars and Value Maximization in Stock Mergers: Theory and Evidence", UBS Ph. D. Thesis, 2003.

[149] Zingales, L., "Insider Ownership and the Decision to Go Public", *Review of Economic Studies*, 1995, Vol. 62, pp. 425—448.

二、译文部分

[1] E. 约翰·拉森著，张文贤译：《现代高级会计》，东北财经大学出版社 1999 年版。

[2] 格里·格瑞、帕特里克·古萨蒂、兰德·伍瑞奇著，于春海、詹燕萍、谢静译：《股票价值评估：简单、量化的股票价值评估方法》，中国财政经济出版社 2004 年版。

[3] 拉杰科斯、威斯顿著，张秋生、周绍妮等译：《并购的艺术：融资与再融资》，中国财政经济出版社 2001 年版。

[4] Matthias M. Bekier, Anna J. Bogardus, Tim Oldham 著：《为什么兼并会失败?》，《麦肯锡报告》，2001 年第 4 期。

[5] 罗斯、威斯特菲尔德、杰富著，吴世农、沈艺峰等译：《公司理财》，机械工业出版社 2003 年版。

[6] J. 弗雷德·威斯通、S. 郑光、苏姗·E. 侯格等著，唐旭等译：《兼并、重组与公司控制》，经济科学出版社 1999 年版。

[7] 博思管理咨询公司著，沈浩云译：《警惕企业并购误区》，中国企业咨询网，2000 年 3 月 1 日。

三、中文部分

[1] 《宝马公司收购罗弗失败的背后》，中国决策信息网，2001 年 2 月 6 日。

[2] 财政部注册会计师考试委员会：《财务成本管理》，中国财政经济出版社 2000 年版。

[3] 曹凤岐：《我国上市公司并购的回顾及建议》，《中国证券业通讯》，2002 年第 9 期。

[4] 陈超、陆金海、冯嗣全：《中国证券投资基金：IPO 与后市绩效》，《国际金融研究》，2002 年第 12 期。

[5] 陈工孟、高宁：《中国股票一级市场发行抑价的程度与原因》，《金融研究》，2000 年第 8 期。

[6] 陈武朝：《如何做好财务审慎调查》，中华财会网，2003 年 11 月 27 日。

[7] 陈晓、江东：《股权多元化、公司业绩与行业竞争性》，《经济研究》，2000 年第 8 期。

[8] 陈晓、单鑫：《债务融资是否会增加上市公司的融资成本》，《经济研究》，1999 年第 9 期。

[9] 陈小悦、徐晓东：《股权结构、企业绩效与投资者利益保护》，《经济研究》，2001 年第 11 期。

[10] 丁新娅：《浅议企业合并的会计方法——购买法和权益集合法的比较》，《中华女子学院学报》，2002 年第 6 期。

[11] 杜海清：《"标致"不并购的理由》，《环球财经》，2004 年 2 月 1 日。

[12] 段文斌：《代理成本理论与资本结构理论的融合趋向》，《南开经济研究》，1998 年第 3 期。

[13] 范建得：《自"利益输送"问题谈中、美保护少数股东权之法律制度》，《台、港、澳及海外法学》，1991 年第 9 期。

[14] 范钛、张明善、舒建平：《中国证券市场分割的理论与对策研究》，《经济体制改革》，2003 年第 5 期。

[15] 冯灿仪：《论外商并购国有企业的法律控制》，《国际经贸探索》，1996 年第 5 期。

[16] 郭富青:《论公司要约收购与反收购中少数股东利益的保护》,《法商研究》,2000 年第 4 期。

[17] 姜硕、张影:《中国企业跨国并购融资实例剖析》,《商业时代》,2004 年第 6 期。

[18] 郭丽红:《不同合并会计方法下的盈利指标》,中华财会网,2003 年 8 月 22 日。

[19] 何德勇:《尽职调查,暗藏玄机》,《经理人月刊》,2002 年第 2—3 期。

[20] 何浚:《上市公司治理结构的实证分析》,《经济研究》,1998 年第 5 期。

[21] 胡滨:《试论上市公司收购的基本原则》,经济法网,2004 年 1 月 25 日。

[22] 胡冬梅:《对近期 IPO 市场的实证分析和政策研究》,《华南金融研究》,2002 年 6 月。

[23] 胡鸿高、赵林梅:《论目标公司反收购行为的决定权及其规则》,《中国法学》,2001 年第 2 期。

[24] 胡舒立:《中策现象:关于"引资改造"的解析与思考》,《改革》,1994 年第 3 期。

[25] 黄贵海、宋敏:《中国上市公司的资本结构》,《上证研究》,2002 年第 2 辑。

[26] 黄少安、张岗:《中国上市公司股权融资偏好分析》,《经济研究》,2001 年第 11 期。

[27] 李康、杨兴君、杨雄:《配股和增发的相关者利益分析和政策研究》,《经济研究》,2003 年第 3 期。

[28] 李麟、李骥:《企业价值评估与价值增长》,民主与建设出版社 2001 年版。

[29] 李荣融等:《并购重组——企业发展的必由之路》,中国财政经济出版社 2004 年版。

[30] 李善民、苏赟:《影响中国上市公司资本结构的因素分析》,载刘树成、沈沛主编,《中国资本市场前沿理论研究文集》,社会科学文献出版社 2000 年版。

[31] 李蕴玮、宋军、吴冲锋:《考虑市值权重的 IPO 长期业绩研究》,《当代经济科学》,2002 年第 6 期。

[32] 林燕平:《美、德、日企业合并规制的最新发展及其评述》,《政治与法律》,1998 年第 2 期。

[33] 刘俊海:《股东权法律保护概论》,人民法院出版社 1995 年版。

[34] 刘俊海:《股份有限公司股东权的保护》,法律出版社 1997 年版。

[35] 刘力:《财务管理学》,企业管理出版社 1996 年版。

[36] 刘力、李文德:《中国股票市场股票首次发行长期绩效研究》,《经济科学》,2002 年第 6 期。

[37] 刘彤:《所有权结构研究综述》,《经济研究资料》,2002 年第 7 期。

[38] 刘星:《中国上市公司融资策略影响因素的实证分析》,载刘树成、沈沛主编,《中国资本市场前沿理论研究文集》,社会科学文献出版社 2000 年版。

[39] 刘志勇:《外资并购国企》,《资本市场》,2002 年第 10 期。

[40] 陆正飞:《上市企业适度负债的理论分析》,《经济研究》,1996 年第 2 期。

[41] 罗飞、蒋茵:《企业购并会计股权联合法的探讨》,《中南财经大学学报》,2000 年第 1 期。

[42] 马宏涛:《走好并购第一步》,世界经理人网站,2003 年 7 月 1 日。

[43] 梅君:《公司收购必须规范化运作》,《经济日报》,2000 年 12 月 5 日。

[44] 牛凯龙、李永军:《我国 IPO 定价的实证分析》,《农村金融研究》,2003 年第 7 期。

[45] 欧阳谦:《资金效率》,中信出版社 1999 年版。

[46] 桑榕:《国外股票 IPO 的三种实证现象及其理论解释》,《证券市场导报》,2002 年第 5 期。

[47] 上海大道律师事务所:《上市公司的协议收购》,http://www.law-china.com。

[48] 邵建云:《上市公司资产重组实务》,中国发展出版社 2000 年版。

[49] 沈田丰:《企业并购的会计处理》,http://www.sh-lawyer.com。

[50] 沈艺峰:《资本结构理论史》,经济科学出版社 1999 年版。

[51] 沈艺峰、吴世农:《我国证券市场过度反应了吗?》,《经济研究》,1999 年第 2 期。

[52] 沈艺峰、田静:《我国上市公司资本成本的定量研究》,《经济研究》,1999 年第 11 期。

[53] 宋逢明、梁洪昀:《发行市盈率放开后的 A 股市场初始回报研究》,《金融研究》,2001 年第 2 期。

［54］宋颂兴、金伟根：《上海股市市场有效实证研究》，《经济学家》，1995 年第 4 期。

［55］孙永祥：《所有权、融资结构与公司治理机制》，《经济研究》，2001 年第 1 期。

［56］汤欣：《公司治理与上市公司收购》，中国人民大学出版社 2001 年版。

［57］谭峻、吴林祥：《股票增发效应实证分析》，《上海证券报》，2002 年 9 月 16 日。

［58］田素华：《境内外交叉上市企业 IPO 价格差异研究》，《世界经济》，2002 年第 10 期。

［59］王春娣：《美国规制企业合并标准问题研究》，《中国人民大学学报》，1998 年 第 2 期。

［60］王金志：《IPO 通道悄然变法》，《中国证券期货》，2002 年第 2 期。

［61］王英辉、李文陆：《中国企业跨国并购风险系统分析及对策研究》，《中国经济评论》，2003 年第 12 期。

［62］尉高师：《IPO 的回报》，《银行家》，2002 年第 2 期。

［63］吴淑琨、于建国等：《完善上市公司收购法律制度》，上证联合研究计划，2003 年。

［64］熊川：《惠普康柏知识整合：堵住"科克波塔后门"》，《21 世纪经济报道》，2003 年 4 月 10 日。

［65］熊南京：《并购管理》，四川人民出版社 2003 年版。

［66］杨开明等：《融资理论与实务》，中国财政经济出版社 2001 年版。

［67］杨朝军、蔡明超、洪泳：《上海股票市场弱式有效性实证分析》，《上海交通大学学报》，1998 年第 3 期。

［68］杨朝军、蔡明超：《控制权转移公司的股票价格行为研究》，载刘树成、沈沛主编，《中国资本市场前沿理论研究文集》，社会科学文献出版社 2000 年版。

［69］叶厚元：《反并购六法及相关案例》，《企业改革与管理》，2001 年第 11 期。

［70］俞乔：《市场有效、周期异常与股价波动——对上海、深圳股票市场的实证分析》，《经济研究》，1994 年第 9 期。

［71］张舫：《强制要约收购制度及我国的相关立法》，中华财会网，2002 年 1 月 30 日。

［72］张极井：《项目融资》，中信出版社 1997 年版。

［73］张秋生、王东：《企业兼并与收购》，北京交通大学出版社 2001 年版。

［74］张维迎：《所有制、治理结构与委托—代理关系》，《经济研究》，1996 年第 9 期。

［75］张新：《〈上市公司收购管理办法〉价值取向和操作流程》，《新财富》，2002 年第 12 期。

［76］赵昌文等：《壳资源研究——中国上市公司并购理论与案例》，西南财经大学出版社 2001 年版。

［77］赵宇龙：《会计盈余披露的信息含量——来自上海股市的经验证据》，《经济研究》，1998 年第 7 期。

［78］郑江淮、何旭强、王华：《上市公司投资的融资约束：从股权结构角度的实证分析》，《金融研究》，2001 年第 11 期。

［79］周春生、杨云红：《中国股市的理性泡沫》，《经济研究》，2002 年第 7 期。

［80］周春生、吴治宇、黄金老：《中国上市公司的反收购措施及其规制》，上证联合研究计划，2004 年。

［81］张锐：《外资并购的四大悬念》，《中华工商时报》，2002 年 10 月 11 日。

［82］周立、陈小悦：《国有企业债务危机的激励不当因素》，《经济科学》，2001 年第 2 期。

［83］周林：《企业并购与金融整合》，经济科学出版社 2002 年版。

［84］朱江、田映华：《IPO 首日初始收益的实证研究》，《决策借鉴》，2002 年第 1 期。

［85］朱武祥、宋勇：《股权结构与企业价值——对家电行业上市公司实证分析》，《经济研究》，2001 年第 12 期。

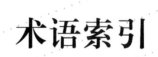

术语索引

此索引中的页码为该术语在书中首次出现的页码。